interactive
SCIENCE

Multilingual Glossary

PEARSON

Boston, Massachusetts   Chandler, Arizona   Glenview, Illinois   Upper Saddle River, New Jersey

This Multilingual Glossary contains key terms from *Interactive Science*, translated into these eight languages:

- Chinese (Simplified)
- Chinese (Traditional)
- Haitian Creole
- Hmong
- Korean
- Russian
- Spanish
- Vietnamese

PEARSON

ISBN-13: 978-0-13-369880-0
ISBN-10:   0-13-369880-7

4 5 6 7 8 9 10   V084   14 13 12 11

Strategies for Relating to English Language Learners

There are a number of basic strategies teachers can implement to meet the needs of their English language learners. These common-sense strategies lay the foundation for a positive learning relationship between you and your ELL students.

Simplify Your Teacher Talk

One of the most important strategies is to modify and simplify your "teacher talk," or the way you speak to your students during instruction. Often, the vocabulary and sentence structure that teachers use are beyond the comprehension of their ELL students. To avoid this problem, speak directly and succinctly, using simple words and sentences with students who are beginning to learn language. Since ELL students are learning a new language as well as new academic concepts, avoid using slang or idiomatic expressions, which can add to their confusion. Using body language to emphasize important words or rephrasing a sentence or definition will also aid the English language learner in understanding new information.

Learn About Your Students' Heritage

You do not need to be able to speak a second language to make your ELL students feel you are interested in them. Learn as much as you can about the cultures and languages represented by the students in your classroom. Not only will you increase your own knowledge, but you will enhance the self-esteem of your students as they become aware of your interest in their heritage. You can also use your knowledge to broaden the horizons of the English-speaking students in your class.

Limited English Proficiency Does Not Mean Limited Thinking Skills

ELL students possess higher-order thinking skills. Avoid the trap of thinking that because these students are not proficient in English, they lack certain skills. Encourage hypothesizing, analyzing, inferring, asking questions, and making predictions, as well as other thinking skills. Students need opportunities to observe and use these skills in the classroom.

Give ELL Students Time to Respond

Increase response "wait time" for English language learners. Your ELL students must process information in two languages and will respond better in a relaxed, risk-free environment. Repeat student responses in a natural manner in standard English. Repeating a response correctly will validate each student's response. Be sure to give encouragement and praise.

Give ELL Students a Sneak Preview

Provide an outline or list of instructions and preview these with your ELL students. Give them an opportunity to look ahead in the text or view a model of the assignment. By doing so, you also inform students of your expectations.

Watch for Nonverbal Signals

English language learners use a number of nonverbal signals to show lack of understanding. These may include lowering the head, avoiding eye contact, covering the assignment paper, or simply a general look of confusion. Watch for these signs and be prepared to provide individual attention or assign the student to a partner in the classroom for help.

Provide a Risk-Free Learning Environment

Many English language learners come from cultures in which they were taught not to question the teacher, critique the information presented, or request clarification, simplification, or repetition. Some ELL students do not ask for help because their lack of English language proficiency makes them feel uncomfortable. Often, these students will nod their head in agreement, smile, and appear to understand exactly what you are saying—until their test results prove otherwise. Be prepared to teach students that it is acceptable to ask questions and critique information presented. At the same time, try to provide a risk-free environment that will foster questioning, no matter what the level of your students' language proficiency. Help your students view you as being sensitive to their needs and as someone who will provide guidance in understanding content material.

Allow Students to Use Their Native Language

Let students know that it is acceptable to use their native language in the classroom. One way to allow students to use their native language is student-to-student collaboration. Because many ELL students feel that their native language is not valued, you may want to use any knowledge you may have of the students' language in instruction. This not only helps those students with very limited English proficiency, but it also shows acceptance and appreciation of the students' native language. Encourage students to bring to class an English/native-language dictionary.

For more information on best practices and teaching strategies for English language learners, refer to *Accelerating the Progress of English Language Learners* that accompanies *Interactive Science*. Also look for content-specific strategies in the *Interactive Science Teacher's Edition and Resource*.

interactive SCIENCE

A

abiotic factor | 非生物因子 生物体生活环境中的非生物组成部分。

Abrasion | 磨蚀 岩石被水中、冰中或风中的其他岩石颗粒逐渐磨损。

absolute age | 绝对年龄 按照岩石形成之后的年数计算的岩石年龄。

absolute brightness | 绝对亮度 在地球之外的标准距离上星球所具备的亮度。

absolute zero | 绝对零度 在此温度下物质没有任何能量可被除去。

absorption | 吸收 1. 营养分子通过消化系统进入血液的过程。2. 物体获取或吸取光能。

abyssal plain | 深海平原 深海底部中光滑且近乎平坦的地区。

acid rain | 酸雨 空气中的二氧化硫及氮氧化物释放化学分子，造成酸性较大的雨水或其他形式的降水。

activation energy | 活化能 引发化学反映所需的最小能量。

active immunity | 自动免疫 人体自身免疫系统应对病菌、产生抗体时激发的免疫性。

active transport | 活性转移 利用细胞能量透过细胞膜进行的物质运动。

adaptation | 适应 帮助生物体在其生活环境中生存并繁殖的内在行为或物理特性。

aerospace engineering | 航空工程 包括飞机与太空船设计、建造及测试的工程分支。

air mass | 气团 在任何既定高度上温度、湿度与气压相似的一个巨大空气团。

air pressure | 空气压力 空气由于其自身重量对一个单位面积施加的压力。

alloy | 合金 两种或两种以上元素的混合物，其中至少有一个为金属。

alluvial fan | 冲积扇 水流离开山体时留下的广阔且倾斜的沉淀物。

alpha particle | 阿尔法粒子 放射性衰变过程中释放出来的粒子，它包含两个质子与两个中子。

alternating current | 交流电 电路中含有来回移动电荷的电流。

alveoli | 肺泡 肺部组织的小囊泡，主要负责空气及血液之间的气体运动。

amniotic egg | 羊膜卵 拥有能够保护胚胎湿润的外壳与内膜的卵；这是爬行类、鸟类与卵生哺乳动物对陆地生活的一个重大适应变化。

amniotic sac | 羊膜囊 支撑并保护子宫中胚胎或胎儿的一个液体囊。

amorphous solid | 非晶态固体 由不规则排列粒子组成的固体。

amphibian | 两栖动物 身体温度取决于周围环境的脊椎动物，幼年时生活在水中，成年后生活在陆地上。

amplitude | 振幅 1. 横波从中心到波峰或波谷的高度。2. 当纵波穿越介质时介质粒子离开平衡位置的最大距离。

amplitude modulation | 调幅 通过改变电波振幅来传送信号。

angiosperm | 被子植物 种子包裹在富含营养的保护性果实中的有花植物。

anomalous data | 异常数据 与数据集中其他内容不符的数据。

antibiotic resistance | 抗生素抗性 细菌抵御抗生素药效的能力。

antibody | 抗体 由免疫系统中的 B 细胞制造、能够消灭病菌的蛋白质。

antigen | 抗原 被免疫系统视为身体一部分或来自体外的分子。

anus | 肛门 生物体消化系统末端的开口（人体的消化系统是直肠），废弃物由此排出体外。

aorta | 大动脉 身体中最大的血管，吸收来自左心室的血液。

apparent brightness | 表观亮度 从地球上看到的星球亮度。

aquifer | 蓄水层 地下含水的岩石层或沉淀层。

artery | 动脉 将血液从心脏输送到身体各个部位的血管。

artesian well | 自流井 井中的水因为蓄水层压力而向上流动。

arthropod | 节肢动物 拥有外部骨骼、分节身体及关节附肢的无脊椎动物。

asexual reproduction | 无性繁殖 该繁殖过程仅需一个母体就能生产出与母体拥有相同基因结构的后代。

asteroid | 小行星 围绕太阳旋转的岩石体，因为它们体积过小且数量过大，因此不能被视为行星。

asthenosphere | 岩流圈 地幔中岩石圈可以流动的软质层。

astronomical unit | 天文单位 与地球到太阳之间的平均距离相等，约为 15000 万公里。

atherosclerosis | 动脉硬化 脂肪物质积累导致动脉壁加厚的情况。

atmosphere | 大气 构成地球最外层的相对稀薄气体层。

atom | 原子 构成所有元素的最基本粒子形态；带有元素特性的最小元素粒子。

atomic mass | 原子质量 某个元素所有同位素的平均质量。

atomic number | 原子序数 原子核中所含的质子数目。

atrium | 心房 接受血液的上部心室。

autonomic nervous system | 自主神经系统 末梢神经系统中控制非自主活动的神经群。

autotroph | 自养生物 能够从阳光或化学物中捕获能量，用以生产自己所需食物的生物体。

auxin | 植物生长素 加快植物细胞生长并控制植物对光照反应的植物激素。

axis | 轴 穿越行星中心及其南北极的假想线，行星围绕这条假想线旋转。

axon | 轴突 神经元传导神经冲动离开细胞体的线状突起。

B

B cell | B 细胞 一种淋巴细胞，它生产的蛋白质能够消灭病菌。

bacteria | 细菌 没有细胞核的单细胞生物体；原核生物。

basalt | 玄武岩 一种致密的黑色火山岩，存在于海洋底壳中。

base | 碱 一种味苦、光滑的物质，能够将红色石蕊试纸变成蓝色。

batholith | 岩基 当岩浆在地壳中冷却时形成的岩石群。

bedrock | 岩床 构成地球地壳的岩石；土壤下面的坚固岩石层。

benthos | 海底生物 生活在海洋或其他水体底部的生物体。

beta particle | 贝塔粒子 在放射衰变中释放出的一种高速运动的电子。

big bang | 宇宙大爆炸 引发宇宙形成与膨胀的最初大爆炸。

bilateral symmetry | 左右对称 在一幅正视图中，一条假想线将身体分为彼此之间完全一样的左右两个部分。

bile | 胆汁 肝脏生成的一种物质，能够分解脂肪颗粒。

binary fission | 二分体 一个细胞分裂并形成两个相同细胞的无性繁殖形式。

binary star | 双子星 由两个星球组成的天体系统。

binomial nomenclature | 二名法 一种分类系统，给每个生物体确定一个由两部分内容组成的独特科学名称，用以表示该生物体的属和种类。

biodiversity | 生物多样性 地球上不同物种的全部数量，包括陆地、水中与天上的所有物种。

bioengineering | 生物工程 将工程原理应用于生物及医药的工程分支。

biogeography | 生物地理学 研究生物体栖居地及生物体如何到达这些栖居地的科学。

biomass fuel | 生物燃料 由生物制成的燃料。

biome | 生物群系 拥有相似气候及生物体的生态系统。

biosphere | 生物圈 包括现存生物体的地球环境。

biotic factor | 生物因子 生物体生活环境中的现存或原有生物组成部分。

birth rate | 出生率 在既定的时间段之内每 1000 人口中的新生儿人数。

black hole | 黑洞 引力巨大的物体，任何物质、包括光在内，都无法逃脱其引力。

boiling point | 沸点 将液体转化为气体的温度；与凝固点相同，或者说将气体转化为液体的温度。

boreal forest | 北方森林 北半球偏北地区浓密的长青森林。

| **波义耳定律** 描述常温下气体压力
之间关系的一种原理。

脑 1. 动物头部左右对称的有组织神
2. 位于人的头部、控制身体大部分
的中央神经系统组成部分。

stem | **脑干** 位于小脑与脊髓之间、控制
体非自主活动的大脑组成部分。

chi | **支气管** 引导空气进入肺部的通道。

nchitis | **支气管炎** 呼吸道发炎，导致细小
的呼吸道变得比平时狭窄，可能还会被粘液
阻塞。

budding | **发芽** 从母体之中生长出新生物体的
无性繁殖形式。

C

caldera | 火山口 火山岩浆房崩塌时在火山顶部
形成的巨大开口。

cambium | 形成层 能够形成新韧皮部及木质部
细胞的植物细胞层。

canopy | 树荫 雨林中高耸的树木形成的阔叶
树顶。

capillary | 毛细管 能够让血液及身体细胞进行
物质交换的细小血管。

captive breeding | 人工繁殖 在动物园或野生
保护区进行的动物交配。

carbohydrate | 碳水化合物 富含能量的有机化
合物，例如糖或淀粉这些由碳、氢及氧元素
构成的物质。

carbon film | 碳膜 岩石上由非常薄的碳衣组成
的一种矿石。

carbon monoxide | 一氧化碳 包括烟草在内的
一些物质燃烧所产生的无色无味的气体。

carcinogen | 致癌物质 环境中能够引发癌症的
物质或因素。

cardiac muscle | 心肌 只存在于心脏之中的不
随意肌肉组织。

cardiovascular system | 心血管系统 由心脏、
血管与血液组成的身体系统；也称作循环系
统。

carrier | 带基因者 拥有能够表现出某种特性的
隐性基因及显性基因的人。

carrying capacity | 承载能力 一个特定环境能
够支持的最大人群数。

cartilage | 软骨 一种比骨头要柔软的连接组
织，它能够保护骨头末端并防止骨头之间发
生摩擦。

cast | 铸件 当矿物质注入模件时构成的硬质的
生物体形状模型。

catalyst | 催化剂 一种通过降低活化能量来加
速反应速度的物质。

cell cycle | 细胞周期 细胞生长、准备分裂及分
裂为两个子细胞的一系列活动。

cell membrane | 细胞膜 包裹细胞的一层纤
薄、柔软的隔膜，它能够控制进入细胞的物
质。

cell theory | 细胞理论 一种被人广泛接受、用
于描述细胞与活体之间关系的解释。

cell wall | 细胞壁 植物及其他生物体细胞外层
的硬质部分。

cellular respiration | 细胞呼吸 氧气与葡萄糖
在细胞内经过一系列复杂的化学反应释放能
量的过程。

Celsius scale | 摄氏温标 水在 0 度结冰、在
100 度沸腾的温度标准。

cementation | 粘固 溶解物结晶并将沉淀微粒
粘附在一起形成一群物质的过程。

central nervous system | 中枢神经系统 由人
脑与脊髓构成的神经系统组成部分。

centripetal force | 向心力 导致物体进行圆周
运动的力。

cerebellum | 小脑 人脑的一部分，协调肌肉运
动，保持人体平衡。

cerebrum | 大脑 人脑的一部分，传达情感、控
制运动并执行复杂的心理运作。

Charles's law | 查尔斯定律 描述常温下气体温
度与体积之间关系的一种原理。

chemical bond | 化学键 保持两个原子结合在
一起的吸引力。

chemical change | 化学变化 一种或多种物质
结合或分离成新物质的变化。

chemical energy | 化学能量 储藏在原子之间
化学键之中的潜在能量形式。

chemical engineering | 化学工程 将化学品转
变为有用产品的工程分支。

chemical property | 化学特性 描述某种物质能
够转变为其他物质的特性。

chemical reaction | 化学反应 某种物质转变为
具备不同特性的其他物质的过程。

chemical rock | 化学岩 溶液中的元素结晶形成
的水成岩。

chemical weathering | 化学侵蚀 化学变化造
成的岩石消解过程。

chemistry | 化学 以物质特性及物质变化为目
标的研究。

chemotherapy | 化学疗法 利用药物治疗疾
病，例如癌症。

chlorofluorocarbons | 含氯氟烃 包含氯与氟（也称为氯氟烃）的人造气体，它们是臭氧层衰竭的主要原因。

chlorophyll | 叶绿素 植物、藻类及一些细菌叶绿体中的绿色光合作用色素。

chloroplast | 叶绿体 植物与其他生物体细胞中的细胞器官，能够从阳光中捕捉能量并将其转化为可供细胞食用的能量形式。

chordate | 脊索动物 在某些生命阶段中拥有脊索、神经索及鳃裂的动物。

chromosome | 染色体 细胞核中的一种线状结构，它包含有世代相传的生物体 DNA。

chromosphere | 色球 太阳大气的中间层。

cilia | 细胞颤毛突起 细胞外部细小的毛状突起，如波浪般进行运动。

cinder cone | 火山灰烬锥状物 陡峭的锥状丘陵或小山，由堆积在火山开口处的火山灰、灰烬及球状熔岩组成。

circadian rhythm | 生理节奏 一天内的行为周期。

circulatory system | 循环系统 为细胞运送所需物质并排除废弃物的器官系统。

cirrus | 卷云 在高空中由冰晶形成的束状轻软云层。

civil engineering | 土木工程 包括道路、桥梁与建筑物设计与建造的工程分支。

clastic rock | 碎屑岩 岩石碎块在高压挤压下形成的水成岩。

clear-cutting | 皆伐 一次性砍伐某个地区的所有树木。

cleavage | 分裂 矿石表面能够轻易裂开的能力。

clone | 克隆 与母体具备相同基因结构的生物体。

closed circulatory system | 封闭循环系统 血液只在由血管及心脏组成的一套连接网络中进行流动的循环系统。

closed system | 封闭系统 任何物质不得进出的系统。

cnidarian | 刺细胞动物 拥有放射对称身体的无脊椎动物，它们利用刺细胞捕获食物和自我防卫。

cochlea | 耳蜗 内耳中形状如蜗牛壳的液体腔，与负责处理声音的神经末梢细胞相连。

codominance | 共显性 一个基因中两个等位基因完全传递的情况。

coefficient | 系数 方程式中化学式前面的数字，表示一个化学反应中每个反应物及生成物的分子或原子数量。

colloid | 胶质 包含微小、不溶解且不沉淀粒子的混合物。

coma | 彗发 彗星的模糊外层。

comet | 彗星 围绕太阳旋转、拥有细长轨道由冰与尘土组成的一团物质。

commensalism | 共栖 两个物种之间的共生现象，其中一个物种能够从中受益，而另一物种不会因此得到好处但也不会受损。

compact bone | 致密骨 坚硬且致密但不是硬质的骨头组织，位于骨头外部膜下方。

compaction | 压实 沉淀物因为其自身重量而挤压在一起的过程。

compass | 指南针 拥有一个自由旋转磁头的设备；指南针磁头永远指向北方。

competition | 竞争 不同生物体试图在同一时间、同一地点使用相同有限资源的斗争。

complementary colors | 补色 任何两种混合起来能够产生白色（对光线来说）的颜色。

complete metamorphosis | 完全变态 拥有四个完全不同阶段的蜕变类型：胚胎、幼虫、作俑与成虫。

composite volcano | 复式火山 高耸的锥形山体，其中层叠着火山岩、火山灰与其他火山物质。

compound | 化合物 由两种或多种元素按照特定比率或比例通过化学反应而成的物质。

compression | 压缩 (密集) 1. 挤压岩石导致其出现折痕或断裂的压力。 2. 纵波中介质粒子集中的部分。

concave lens | 凹透镜 中间薄、边缘厚的透镜。

concave mirror | 凹面镜 镜面向里凹进的镜子。

concentration | 浓度 一种物质在一定体积内的其他物质中所占的数量。

concussion | 脑震荡 人脑中软组织与头颅碰撞形成的撞伤。

condensation | 冷凝 气体变为液体。

conditioning | 条件因素 将刺激或反应与好结果或者坏结果联系起来的学习过程。

conduction | 传导 (导电) 1. 热能从一个物质质点传向另一个物质质点。 2. 通过直接接触让电子从一个物体传向另一个物体的送电方法。

conductor | 导体 1. 能够很好传导热量的物质。 2. 允许电荷传导的物体。

cone | 球果 裸子植物的生殖结构。

cones | 圆锥细胞 视网膜中对颜色作出反应及探测颜色的细胞。

coniferous tree | 针叶树 通过球果生产种子的树木，该树木的针状树叶被包裹在一种蜡状物质中，以减少水份流失。

conjugation | 结合 单细胞生物体将自身的一部分基因物质转移到另一个单细胞生物体中的有性繁殖方式。

connective tissue | 结缔组织 支撑身体并连接身体各部分的一种身体组织。

conservation of charge | 电荷守恒 认为电荷既不能创造也不能破坏的一种定律。

conservation plowing | 保护性耕作 一种土地保护方法，将种子与前一年庄稼的死亡根茎耕作到土地中。

constraint | 约束 任何限制设计的因素。

constructive force | 构造力 任何构建地表地貌的天然过程。

constructive interference | 相长干涉 两波重叠，合成波的振幅大于任何一个成分波的振幅时所出现的干涉。

consumer | 取食者 以其他生物体为食从而获取能量的生物体。

continental (air mass) | 气团 陆地上空的干燥空气群。

continental climate | 大陆气候 大陆中心地区的气候，冬天寒冷，夏天温热。

continental drift | 大陆漂移 认为大陆在地球表面缓慢移动的一种假设。

continental glacier | 大陆冰川 覆盖大陆或大型岛屿绝大部分地区的冰川。

continental shelf | 大陆架 从大陆边缘延伸出来的倾斜海底浅面。

continental slope | 大陆斜坡 从大陆架边缘到海底的斜坡。

contour interval | 等高间隔 从一条等高线到另一条等高线的高度差。

contour line | 等高线 地质图上连接相同高度点的线。

contour plowing | 等高耕作 沿斜坡曲线进行耕作、防止土地流失的方法。

contractile vacuole | 收缩液泡 从细胞质吸收多余水份并将其排出细胞的细胞结构。

control rod | 控制棒 核反应堆中从裂变反应中吸收中子的镉棒。

controlled experiment | 核对实验 一次只改变一个变量的实验。

convection current | 对流 由温差造成、传递热量的液体运动。

convection zone | 对流层 太阳内部的最外层。

convergent boundary | 会聚边界 两个板块向彼此靠近时的板块边界。

convergent evolution | 趋同进化 毫无关系的生物体进化出相似特性的过程。

convex lens | 凸透镜 中间厚、边缘薄的透镜。

convex mirror | 凸面镜 镜面向外凸出的镜子。

core | 核 发生核聚变的太阳中心部分。

Coriolis effect | 科里奥利效应 地球旋转对风向及洋流的影响。

cornea | 角膜 覆盖眼睛前端的透明组织。

corona | 日冕 太阳大气的外层。

coronary artery | 冠状动脉 为心脏肌肉供血的动脉。

cosmic background radiation | 宇宙背景辐射 宇宙大爆炸后留下的电磁辐射。

cotyledon | 子叶 种子植物胚的叶片；有时用于储备食物。

covalent bond | 共价键 当两个原子共享一个电子时形成的化学键。

crater | 弹坑 1. 流星体造成的巨大圆坑。2. 火山中心开口处形成的碗状区域。

critical night length | 临界夜长 决定植物是否开花的夜长时间。

crop rotation | 轮作 在一块土地上每年耕作不同庄稼，保持土壤肥沃。

crust | 地壳 形成地球外部表面的岩石层。

crystal | 晶体 原子按照一定模式重复排列的固体。

crystalline solid | 结晶固体 由晶体组成的固体，其粒子按照一种规则且重复的模式进行排列。

crystallization | 结晶化 对原子进行排列的过程，形成带有晶体结构的物质。

cumulus | 积云 蓬松的白云，通常底部平滑，看起来像一堆层叠的棉花。

current | 洋流 在海洋中流动的一大团水流。

cuticle | 表皮 大多数植物叶子及根茎表面的蜡状防水层。

cyclone | 气旋 一个快速旋转的低气压中心。

cytokinesis | 胞质分裂 细胞周期的最后阶段，这时细胞质进行分裂，形成两个新的子细胞，进而形成新的细胞器官。

cytoplasm | 细胞质 （原核细胞）细胞膜内或（真核细胞）细胞膜与细胞核之间浓厚的液体区域。

D

dark energy | 暗能量 导致宇宙扩张加速的神秘力量。

dark matter | 暗物质 不发射电磁辐射但在宇宙中数量众多的物质。

day-neutral plant | 日中性植物 在任何日照条件下都能开花的植物。

death rate | 死亡率 在既定的时间段之内每1000人口中的死亡人数。

decibel (dB) | 分贝（dB） 比较不同声音强度的单位。

deciduous tree | 落叶树 每年在特定季节落叶并生长出新叶子的树木。

decomposer | 腐生物 通过分解生物废弃物与死亡生物体获取能量并将自然物质返回到土壤与水中的生物体。

decomposition | 分解 将化合物分离成简单组成部分的化学反应。

deductive reasoning | 演绎推论 将普遍概念运用到具体实例上的解释方法。

deep-ocean trench | 海底深沟 大洋底部的深谷，海洋地壳由此缓缓沉入地幔。

deflation | 风蚀 风吹去表面物质的过程。

degree | 度 衡量圆周距离的单位。一度等于一个完整圆周的1/360。

delta | 三角洲 河水流入海洋或湖泊时淤积而成的沉淀地形。

dendrite | 树突 神经元传导神经冲动朝向细胞体的线状突起。

density | 密度 在一定体积时物体能够包含的物质数量。

deposition | 沉淀 沉淀物不断积累的过程。

depressant | 镇静剂 能够减缓中枢神经系统活动的药剂。

dermis | 真皮 皮肤的内层。

desertification | 沙漠化 曾经肥沃的绿地变为沙漠的过程；由过渡耕作、过渡放牧、干旱及气候变化引起。

destructive force | 破坏力 破坏或磨损地表的所有自然进程。

destructive interference | 相消干涉 两波重叠，合成波的振幅小于任何一个成分波的振幅时所出现的干涉。

development | 发育 生物体生长出更加复杂器官的变化过程。

dew point | 露点 出现冷凝的温度。

diaphragm | 横膈膜 肺部低端一个巨大的半球形肌肉，起到辅助呼吸的作用。

diatomic molecule | 二原子分子 拥有两个原子的分子。

dicot | 双子叶植物 拥有两个子叶的被子植物。

Dietary Reference Intakes (DRIs) | 膳食营养素参考摄入量（DRIs） 人体每天需要吸收的营养成分参考量。

diffraction | 衍射 当波绕过障碍物或通过一个开口时发生的弯曲及传播变化。

diffuse reflection | 漫反射 平行光线照射到粗糙的表面时向不同角度进行反射。

diffusion | 扩散 分子从高密度地区向低密度地区运动。

digestion | 消化 将食物中的复杂分子分解为较小的营养分子的过程。

digestive system | 消化系统 具备特别结构、获取并消化食物的一套器官系统。

digitizing | 数字化 将信息转化为计算机能够使用的数字。

dike | 岩墙 熔岩穿越岩石层时形成的一大片火山岩。

dilute solution | 稀溶液 只有少量溶质溶解在其中的混合物。

direct current | 直流电 电路中电荷朝同一个方向流动的电流。

directly proportional | 正比 一种描述两个变量之间关系的术语，这两个变量的图表是一条通过切点（0，0）的直线。

dispersal | 分散 生物体从一个地方向另一个地方的运动。

divergent boundary | 离散边界 两个板块彼此分离时的板块边界。

divide | 分水线 分离两个流域的陆脊。

DNA | DNA 脱氧核糖核酸；承载生物体信息、从母体传向后代的基因物质。

DNA replication | DNA 复制 细胞分裂之前，DNA 进行自我复制的过程。

dominant allele | 显性基因 总能在生物体中表现出某种特性的等位基因。

Doppler effect | 都普勒效应 波源与观察者相对运动时产生的频率变化。

dormancy | 休眠 生物体生长或活动停止的一段时间。

dormant | 休眠的 现在不活动，但以后会活动（诸如火山）。

double bond | 双键 当两个原子共享两个电子对时形成的化学键。

double helix | 双螺旋线 DNA 分子的形状。

duct | 管 供腺体分泌的化学物流动的细小管道。

ductile | 有延展性的 形容物质能够被拉长成线的术语。

dwarf planet | 矮行星 围绕太阳飞行但未能清除其轨道上其他小天体的球形天体。

E

ear canal | 耳道 从人耳外部通向鼓膜的狭窄区域。

eardrum | 鼓膜 细小、拉紧的鼓状细胞膜，将中耳与外耳分割开来，受到声波刺激时发生震动。

echinoderm | 棘皮类动物 一种无脊椎动物，拥有放射对称身体、内部骨架及充满液体的管状系统。

echolocation | 回声定位法 使用反射声波确定物体距离或位置的方法。

eclipse | 蚀 太空中天体被部分或完全遮挡。

eclipsing binary | 食双星 双星中的一个运作经过另一个，使它出现有规律的蚀。

ecological footprint | 生态足迹 满足人们资源需求并吸收人们生活废弃物的土地与水资源数量。

ecology | 生态学 针对生物体之间及生物体与环境之间如何互动的研究。

ecosystem | 生态系统 居住在特定区域、与自身生活环境共存的一个生物群体。

ectotherm | 冷血动物 体温由周围环境决定的动物。

efficiency | 效率 输入工作变成输出工作的比率。

El Niño | 厄尔尼诺 每两年至七年发生在太平洋的气候反常现象，造成风向、洋流及气候模式的变化，持续一年到两年。

elastic potential energy | 弹性势能 拉伸或压缩物体的能量。

electric circuit | 电路 电荷能够流动的完整路径。

electric current | 电流 电荷通过物质的持续流动。

electric field | 电场 带电物体周围的地区，该物体的电力能够施加于其他带电物体上。

electric force | 电力 带电物体之间的力。

electric motor | 电机 将电能转化为机械能的设备。

electrical conductivity | 电传导 物体传导电流的能力。

electrical energy | 电能 电荷的能量。

electrical engineering | 电子工程 与电子系统设计有关的工程分支，包括电力、控制系统与电讯。

electromagnet | 电磁体 将带电线圈缠绕在铁磁铁心时产生的磁体。

electromagnetic energy | 电磁能 光及其他辐射形式的能量，以波的形式进行运动。

electromagnetic induction | 电磁感应 导体穿过磁场时创造电流的过程。

electromagnetic radiation | 电磁辐射 电磁波具备的能量。

electromagnetic spectrum | 电磁频谱 根据频率从弱到强排列的电磁波族。

electromagnetic wave | 电磁波 1. 由变化的电场及 变化的磁场结合组成的波。2. 在真空中运动、能够传递电能与磁能的波。

electromagnetism | 电磁性 电与磁之间的关系。

electron | 电子 在原子核外围运动、带有负电的微小粒子。

electron dot diagram | 电子点图 用点表示出原子中的价电子。

element | 元素 通过化学方法或物理方法都不能分离成其他物质的纯物质。

elevation | 水平面 高出海平面的高度。

ellipse | 椭圆 能够拉长或近似圆形的椭圆形状；行星的绕行轨道形状。

elliptical galaxy | 椭圆星系 外形呈正圆形或椭圆形的星系，一般只包括古老的星球。

embryo | 胚胎 1. 从受精卵发育而成的幼年生物体。2. 授精之后八周之内发育着的人体。

emergent layer | 突出层 雨林的最高层，能够接收最多光照。

emigration | 迁移 人们搬离居住地。

emissions | 排放 污染物进入空气。

endangered species | 濒危物种 很快就可能从地球上消失的物种。

endocytosis | 内噬作用 细胞膜通过改变形状与吞噬微粒来获取外界微粒。

endoplasmic reticulum | 内质网 形成一套通道网络的细胞器官，蛋白质与其他物质能够借此从细胞一部分运动到另一部分。

endoskeleton | 内骨骼 内部骨骼；动物体内的结构性支撑系统。

endospore | 内生孢子 由诸如细菌这样的原核细胞在不利环境下生成的一种结构；包裹DNA 及其他细胞质的厚壁。

endotherm | 温血动物 体温由自身产生的内部热量调节的动物。

endothermic change | 吸热变化 能量被吸收的变化。

endothermic reaction | 吸热反应 吸收能量的反应。

energy | 能量 做工或引发变化的能力。

energy conservation | 节能 减少能量使用。

energy level | 能级 原子中包括相同能量的电子的区域。

energy pyramid | 能量金字塔 食物网络中一个营养级向另一个营养级运动的总能量示意图。

energy transformation | 能量转化 能量从一种形式转化为另一种形式；也称为能量转换。

engineer | 工程师 利用技术与科学知识解决实际问题的人。

engineering | 工程 利用科学满足各类需求或解决问题。

enzyme | 酶 1. 活体内能够加速化学反应的一种蛋白质。2. 一种生物催化剂，它能够降低细胞反应所需的活性能量，

epicenter | 震中 地震中心正上方的地表位置。

epidermis | 表皮 皮肤的外层。

epiglottis | 会厌 盖住气管并防止食物进入肺部的薄片组织。

epithelial tissue | 上皮组织 覆盖身体内层与表层的身体组织。

equinox | 二分时刻 在整个一年中，有两天会出现这样的情况：半球不朝向也不偏离太阳。

era | 纪元 从前寒武纪到现在为止的三个长远地质时代之一。

erosion | 侵蚀 水、冰、风或动力运动消磨岩石或土壤微粒的过程。

esophagus | 食道 连接嘴与胃的肌肉管道。

estrogen | 雌激素 由卵巢产生的一种激素，控制卵子发育及成年女性的特征。

estuary | 海湾 来自河流的淡水与海洋盐水混合时形成的湿地。

eukaryote | 真核细胞 细胞中拥有细胞核的生物体。

eutrophication | 富（养）化作用 淡水湖泊与池塘中逐渐积累起来的营养物导致藻类过渡增长。

evacuate | 撤离 暂时离开即将遭受恶劣天气影响的地区。

evaluating | 评估 比较现有观察资料与数据从而得到相关结论。

evaporation | 蒸发 液体表面分子吸收足够的能之后变化为气体的过程。

evolution | 进化 随着时间而变化；现代生物体从远古生物体发展而来的过程。

excretion | 排泄 废弃物从身体排出的过程。

excretory system | 排泄系统 排出身体内含氮废弃物以及多余的盐和水的器官系统。

exocytosis | 胞外分泌 液泡包裹微粒与细胞膜结合，迫将细胞内的废弃物排出体外的过程。

exoskeleton | 外骨骼 外部骨骼；坚硬、防水的外部覆盖物，能够起到保护与支持作用，并防止水份从无脊椎动物体内挥发。

exosphere | 外大气层 大气的外层。

exothermic change | 放热变化 能量被释放的变化。

exothermic reaction | 放热反应 通常以热量形式释放能量的反应。

exotic species | 外来物种 被人带到一个新地方的物种。

experimental bias | 实验偏向 为了让特定结果更有说服力而错误地进行实验设计。

exponential growth | 指数增长 人口以恒率进行繁衍的增长模式，人口越多，增长速度越快。

external fertilization | 体外受精 卵子在雌性体外受精。

extinct | 灭绝的 (不活动的) 1. 指的是一群相互联系的生物体，它们已经从地球上消失且没有任何存活的个体。2. 指的是不再活动而且不太可能再次喷发的火山。

extinction | 灭绝 一个物种的所有成员的全部从地球上消失。

extrusion | 石突 熔岩喷涌到地表并冷却硬化的一层火成岩。

extrusive rock | 火山岩 熔岩在地表形成的火成岩。

eyepiece | 目镜 放大物体图像的透镜。

F

Fahrenheit scale | 华氏温标 水在 32华氏度结冰、在 212 华氏度沸腾的温度标准。

Fallopian tube | 输卵管 卵子从卵巢进入子宫的通道。

farsighted | 远视的 人能够看清远处物体但看不清近处物体。

farsightedness | 远视 人能够看清远处物体但看不清近处物体。

fat | 脂肪 富含能量的营养物，由碳、氧和氢组成。

fault | 断层 地壳断裂，这里的岩石可以移动。

feedback | 反馈 改变系统或者让系统自我调整的成果。

fermentation | 发酵 细胞无需氧气对食物分子进行分解并释放能量的过程。

fertility | 肥沃 土壤支持植物生长的能力。

fertilization | 受精 在有性繁殖中，卵细胞与精子细胞结合成为新细胞的过程。

fertilizer | 肥料 为庄稼提供营养，帮助其生长的物质。

fetus | 胎儿 受精之后从第九周开始到出生为止的发育着的人体。

field | 实地 实验室之外的所有区域。

filter feeder | 滤食动物 从水中利用过滤的方式获取食物的动物。

fishery | 渔场 拥有多种有价海洋生物体的区域。

flagellum | 鞭毛 帮助细胞运动的长形鞭状结构。

flood plain | 漫滩 河边一片平整且宽广的区域。

flower | 花朵 被子植物的生殖结构。

fluid friction | 液体摩擦 物体通过液体时产生的摩擦。

focal point | 焦点 平行与光轴的光线经过镜子的反射（或折射）后聚集或看似聚集的一个点。

focus | 震中 位于地表下方，在这个点上岩石受到压力而断裂从而引发地震。

foliated | 剥离成层的 用于描述变质岩石的术语，此类岩石拥有平行层或平行边缘的纹理。

follicle | 毛囊 真皮中的结构，毛发由此生长。

food chain | 食物链 生态系统中生物体通过捕食或者被捕食来传递能量的一系列活动。

food web | 食物网 生态系统中各种生物体之间重叠的食物关系或食物链。

force | 力 施加在物体之上的推或拉。

fossil | 化石 生活在过去的生物体被保存下来的身体残留部分或痕迹。

fossil fuel | 矿物燃料 远古生物体残余物经过数百万年形成的煤炭、石油或天然气；通过燃烧释放能量。

fracture | 破裂 (骨折) 1. 物质的不规则折断。2. 骨头断裂。

free fall | 自由降落 只受重力影响的物体下落运动。

frequency | 频率 在一定时间内穿过固定点的完整波动的数量。

frequency modulation | 调频 通过改变电波频率来传送信号。

friction | 摩擦力 (摩擦) 1. 两个表面紧密接触时相互之间的作用力。2. 一个不带电物体通过紧密接触后电子转至另一个不带电物体。

frond | 叶 蕨类植物的叶子。

front | 锋面 不同气团相遇但不会混合的交界处。

frost wedging | 冰楔作用 水流渗入裂缝后冷冻并扩张，从而导致石头裂开的过程。

fruit | 果实 被子植物成熟后的子房及其他结构，其中包含有一个或多个种子。

fruiting body | 子实体 菌类的生殖结构，其中包含很多菌丝并可以生产孢子。

fuel rod | 燃料棒 核反应堆中进行裂变的铀棒。

fulcrum | 支点 支持杠杆转动的固定点。

fundamental tone | 基音 物体的最低天然频率。

fungus | 菌类 拥有细胞壁的真核生物体，利用孢子进行繁殖，还是一种吸收外界食物的异养生物。

fuse | 保险丝 一种金属条式的保险设备，当电路中的电压过量时就会融化。

G

galaxy | 星系 独立的星球、星球系统、星团、尘埃与气体因为重力聚集而成的一团巨大物质。

gallbladder | 胆囊 储存肝脏所分泌的胆汁的器官。

galvanometer | 检流计 利用电磁来探测微弱电流的装置。

gametophyte | 配子体 植物生命周期中生产配偶子或生殖细胞的阶段。

gamma rays | 伽马射线 波长最短、频率最高的电磁波。

gas | 气体 没有固定形状与体积的物质。

gas giant | 气体巨星 经常用于外行星的称呼：木星、土星、天王星与海王星。

gasohol | 瓦斯油 汽油与酒精的混合物。

gene | 基因 决定某种特点、由母体传给后代的 DNA 序列。

gene therapy | 基因疗法 改变基因用于治疗医疗疾病或失调的过程。用具备正常功能的基因来替代缺失基因或缺陷基因。

generator | 发电机 将机械能转化为电能的设备。

genetic disorder | 基因性疾病 由基因或染色体问题造成的人体异常状况。

genetic engineering | 基因工程 将来自一个生物体 DNA 的基因转移到另一个生物体中，目的是为了创造一个具备某些目标特点的生物体。

genetics | 遗传学 研究遗传的科学。

genome | 基因组 生物体 DNA 中包含的一套完整的基因信息。

genotype | 基因型 生物体的基因构造或等位基因组合。

genus | 种类 由一定数量的类似且联系紧密的物种构成的分组类别。

geocentric | 以地球为中心的 一种解释宇宙模型的术语，在该模型中，地球是所有行星与天体的中心。

geode | 晶洞 内部常有矿物晶体的空心岩洞。

Geographic Information System | 地理信息系统 一个由计算机硬件与软件组成的系统，用于生成互动地图。

geologic time scale | 地质年代表 地球历史上的地质活动与生命形式记录。

geosphere | 地层 地球密度最大的部分，包括地壳、地幔与地核。

geostationary orbit | 对地静止轨道 在这个轨道上卫星围绕地球旋转的速度与地球自转相同，因此卫星总是位于地球的某一个固定位置上。

geothermal energy | 地热能 来自地球内部的巨大热能。

germination | 萌芽 种子胚胎发出的芽；这是胚胎休眠之后继续生长的结果。

gestation period | 妊娠期 哺乳动物从受精到出生的时间长度。

gill | 鳃 允许气体在水与血液之间进行交换的轻软结构。

gizzard | 胃 由肌肉组成的厚壁器官，用于挤压并碾磨部分消化的食物。

gland | 腺 一种人体器官，生产并释放透过管道或进入血流的化学物。

Global Positioning System | 全球定位系统 使用卫星信号确定地表上信号接收器的导航系统。

global winds | 全球风 来自具体方向、吹送距离很长的稳定气流。

globular cluster | 恒星团 由古老恒星组成的巨大、圆形、高密度恒星群体。

glucose | 葡萄糖 1. 一种糖类，它是身体细胞的主要能量来源。2. 一种简单的碳水化合物；复杂碳水化合物的单体。

Golgi apparatus | 高尔基体 一种细胞器官：从内质网接收蛋白质与其他新形成的物质，然后将这些物质一起传送到细胞的其他部分。

gradualism | 逐步进化 一种进化形式：在较长的一段时间内由缓慢且稳定发生的少量基因变化积累而成。

grains | 纹理 决定矿石或其他岩石结构的微粒。

granite | 花岗岩 通常位于大陆地壳中的淡色火成岩。

grassland | 草原 主要由草类及非树木植物构成的茂盛区域，每年的降雨量为 25 至 75 厘米。

gravitational potential energy | 重力势能 物体所处高度决定的势能。

gravity | 重力 物体之间的吸引力；使物体下落的力。

greenhouse effect | 温室效应 行星大气中的某些气体导致行星表面热量堆积。

greenhouse gases | 温室气体 大气中能够积累热量的气体。

groin | 堤坝 由岩石或水泥建成，从海滩伸出以保护海滩不受侵蚀。

grounded | 接地的 发生短路时，让电荷直接从电路中流向建筑物的地线然后流入地下。

groundwater | 地下水 地下土壤与岩石层存在裂缝与空间，位于这些裂缝与空间之中的水称为地下水。

group | 族 同属元素周期表一栏的元素；也称为属。

gully | 冲沟 土壤中的大型水道，暴风雨之后的冲刷物由此流过。

gymnosperm | 裸子植物 直接在球果上生产种子的植物，种子外没有包裹着保护性果实。

H

habitat | 栖息地 为一个特定生物体提供其存活、生长与繁衍所需之物的环境。

half-life | 半衰期 放射元素中一半原子衰变所需的时间。

hazardous waste | 危险废弃物 如果处理不当就会造成危险的物品。

headland | 海岬 从海洋中突出来的一部分海岸。

heat | 加热 热能从温度较高的物体传向温度较低的物体。

heliocentric | 日心的 一种描述太阳系结构的术语：地球与其他行星围绕太阳旋转。

hemoglobin | 血红蛋白 通过化学方式与氧分子结合的含铁蛋白质；红血球的主要组成部分。

heredity | 遗传 父母的特点传给后代。

hertz (Hz) | 赫兹（Hz） 频率衡量单位。

Hertzsprung-Russell diagram | 赫罗图 描述星球表面温度与绝对亮度的图谱。

heterotroph | 异养生物 无法自我制造食物，必须捕食其他活体的生物体。

heterozygous | 杂合的 在一个特定基因上有两个不同的等位基因。

hibernation | 冬眠 冬季动物大幅度降低身体活动的状态。

histamine | 组胺 表现出过敏症状的化学物。

homeostasis | 体内平衡 生物体内部环境不受外部环境变化的影响，保持稳定。

homologous structures | 同源结构 不同物种之间的相似结构，这些结构来自一个共同的祖先。

homozygous | 纯合的 在一个特定基因上有两个相同的等位基因。

hormone | 激素 1. 影响生长及发育的化学物。2. 内分泌腺生产的化学物。

host | 宿主 供寄生生物伴随生存、寄生体内或寄生体表的生物体，为寄生生物提供能量及稳定的环境，供其生存。

hot spot | 热区 地幔深处的熔岩从上方的地壳中融化而出。

Hubble's law | 哈勃定律 距离越远的星系移动速度越快。

humid subtropical | 湿润亚热带 热带边缘地区上的湿润、温暖气候。

humidity | 湿度 一定体积的空气中水蒸气的数量。

humus | 腐殖质 土壤中的深色有机物质。

hurricane | 飓风 时速超过 119 公里或更快的热带暴风。

hybrid | 杂种 由杂交而生的后代，一个性状拥有两个不同等位基因。

hybridization | 杂交 一种育种方式，通过不同类个体的结合来创造拥有亲本最佳特点的后代。

hydrocarbon | 碳氢化合物 只含有碳原子与氢原子的有机化合物。

hydroelectric power | 水力电能 利用瀑布或水坝中水的动能发电。

hydrogen ion | 氢离子 氢原子失去电子后形成的带有正点的离子（H+）。

hydrosphere | 水界 地球中含水的所有组成部分，无论是何种形态的水，包括海洋、冰川、河流、湖泊、地下水和水蒸气。

hydroxide ion | 氢氧离子 氢与氧形成的带有负电的离子（OH－）。

hypertension | 高血压 人体血压高于正常水平的疾病；也称为高血症。

hyphae | 菌丝 构成多细胞真菌的多支、线状管。

hypothalamus | 下丘脑 人脑的组成部分，连接神经系统与内分泌系统。

hypothesis | 假设 针对观察或对科学问题的可能性解释；需要经过验证。

I

igneous rock | 火成岩 融化岩石冷却或在表面之下形成的岩石。

image | 图像 光线反射或折射形成的物体复制。

immigration | 迁入 人们搬至居住地。

immune response | 免疫反应 身体某些组成部分防御病菌入侵，免疫系统的细胞针对每种病菌做出反应与具体防御。

immunity | 免疫性 在病菌引发疾病之前身体能够消灭病菌的能力。

impermeable | 不能渗透的 水无法轻易通过的物质，诸如粘土与花岗岩。

imprinting | 铭记 新孵化的鸟类与新诞生的哺乳动物对自己看到的第一个物体进行学习的行为。

impulse | 神经脉冲 在神经系统中传递信息的电子讯息。

inbreeding | 近亲繁殖 一种育种方式，通过拥有相似等位基因的个体结合来创造后代。

incineration | 焚化 燃烧固体废弃物。

inclined plane | 平刨 平整、带有斜面的简单机械。

incomplete dominance | 不完全显性 一个等位基因未能完全压制另一个等位基因的情况。

incomplete metamorphosis | 不完全变态 拥有三个不同阶段的蜕变类型：胚胎、作俑与成虫。

index contour | 指标等高线 地质图上等高线上升形成较粗的线。

index fossil | 标准化石 在一个短期地质年代中生活过、分部广泛的生物体所形成的化石。

index of refraction | 折射率 光线穿越一个介质到达另一个介质时发生弯转的数量。

indicator | 指示剂 遇到酸或碱变色的化合物。

induction | 感应 在不发生直接接触的情况下，利用其他物体的电场改变某一个物体的电荷分布。

inductive reasoning | 归纳法 通过具体观察结果得出一般性结论。

inertia | 惯性 物体保持运动的趋势。

infectious disease | 传染病 生物体中能够导致疾病的某种活体从一个生物体传向另一个生物体。

inflammatory response | 炎症反应 身体某个部分抵御病菌，这时体液与白细胞从血管中渗出并进入身体组织，消灭病菌。

infrared radiation | 红外辐射 波长大于可见光但小于微波的电磁波。

infrared rays | 红外线 波长小于微波、频率高于微波的电磁波。

inhibitor | 抑制剂 降低反应速度的物质。

inner core | 内核 地球中心铁与镍构成的高密度球体。

inorganic | 无机的 不是来自活体或活体残留物的物质。

input | 输入 进入系统的物质、能量或信息。

input force | 输入力 施加于机器上的力。

insight learning | 顿悟学习 通过已经了解的知识来学习如何解决问题或学习新的事物。

instantaneous speed | 瞬时速度 物体在一瞬间的速度。

instinct | 直觉 动物与生俱来的能力，在首次遇到状况时就能做出正确举动。

insulation | 隔热 防止建筑物内部空气与外部空气进行热量交换的物质。

insulator | 隔热材料 1. 不能很好传导热量的物质。2. 无法顺利传导电荷的物质。

insulin | 胰岛素 胰腺产生的激素，使得身体细胞能够从血液中获取葡萄糖从而用作能量。

intensity | 强度 波在一个单位区域每秒承载的能量。

interference | 干扰 两个波相遇时的相互作用。

internal fertilization | 体内受精 卵子在雌性体内受精。

interneuron | 中间神经元 在神经元之间传送神经冲动的神经元。

interphase | 分裂间期 细胞周期的第一个阶段，发生在细胞分裂之前，在该期间，细胞生长并复制自己的 DNA。

intertidal zone | 潮间带 海水涨至最高时所淹没的地方开始至潮水退到最低时露出水面的范围。

intestine | 肠 负责消化与吸收食物的器官。

intrusion | 侵入 熔岩在地表下变硬后形成的火成岩石层。

intrusive rock | 侵入岩 熔岩在地表下变硬后形成的火成岩。

inversely proportional | 反比 形容两个变量之间关系的术语，这两个变量的乘积为常数。

invertebrate | 无脊椎动物 没有脊椎的动物。

involuntary muscle | 不随意肌 不受意识控制的肌肉。

ion | 离子 带有电子的原子或原子群。

ionic bond | 离子键 正负离子之间的吸引力。

ionic compound | 离子化合物 由正离子和负离子组成的化合物。

ionosphere | 电离层 大气的较低层。

iris | 虹膜 瞳孔周围的一圈肌肉，调节进入眼睛的光线数量；决定眼睛的颜色。

irregular galaxy | 不规则星系 形状不规则的星系。

island arc | 岛弧 海洋板块下降到另一个海洋板块之下形成的一列火山。

isobar | 等压线 气象图上联结气压相同的各个地方的联线。

isotherm | 等温线 气象图上联结温度相同的各个地方的联线。

isotope | 同位素 同种元素中质子数量相同、中子数量不同的原子。

J

jet streams | 急流 在地球表面运动，时速达到 10 公里的高速风带。

joule | 焦耳 能量单位：等于1牛顿的力使物体移动1米的距离所做的功。

K

karst topography | 岩溶地形 石灰石层靠近地表，形成深谷、洞穴及岩坑的地区。

karyotype | 染色体组型 人体一个细胞中所有染色体成对组合并以数量的递减顺序排列。

Kelvin scale | 开氏温标 一种温标方式：在零度时物质不释放任何能量。

kettle | 锅状陷落 冰碛物中留下的陷落，由冰川的雪块融化而成。

keystone species | 基石物种 生态系统中能够影响很多其他物种的一个物种。

kidney | 肾脏 排泄系统的一个主要器官；排出尿液与血液中的其他废弃物。

kinetic energy | 动能 物体因为运动而具备的能量。

Kuiper belt | 柯伊伯带 从海王星轨道之外开始，扩散至一定长度的太空地带，这个长度为地球与太阳之间距离的 100 倍。

L

La Niña | 拉尼娜 东太平洋地区的一种气候现象：表面水温低于正常水平。

land breeze | 陆风 陆地的风吹向水体的风。

land reclamation | 开垦荒地 改造土地，使其更更加天然、更加多产。

landform | 地形 改变地球表面的过程所形成的地貌特点。

landform region | 地形区域 地貌主要由一种地形组成的一大块陆地。

large intestine | 大肠 消化系统的最大组成部分，水分由此被血流吸收，其他物质被排出体外。

larva | 幼体 与成年体区别很大的幼年动物。

larynx | 喉 发声器官；位于气管顶部、会厌下方。

latitude | 纬度 赤道向北或向南的角距离。

lava | 熔岩 到达地表的液态岩浆。

law of conservation of energy | 能量守恒定律 能量不能创造也无法毁灭的定律。

law of conservation of energy | 质量守恒定律 物质在任何化学变化或物理变化中都不会创造或消灭质量。

law of conservation of energy | 动量守恒定律 在没有外力的情况下，物体相互作用的动量不会发生变化。

law of superposition | 叠加定律 一种地质原理：在水成岩层中，每一层岩石都比上面一层岩石年代久远，但要比下一层岩石年代更加靠近现代。

law of universal gravitation | 万有引力定律 一种科学定律：宇宙中的任何一个物体都能吸引其他任一物体。

leachate | 浸析液 水流过之后产生的污染液体以及垃圾场中埋在地下的废弃物形成的溶解化学物。

learning | 学习 通过实践或经验改变行为的过程。

leeward | 下风面 背朝来风的山体。

lens | 晶状体 (透镜) 1. 一种灵活结构，它能够聚焦进入眼睛的光线。2. 用于折射光线的弯曲玻璃或其他透明物质。

lever | 杠杆 一个结实的杆子在一个固定点上进行旋转的简单机械。

lichen | 地衣 菌类与藻类或自养细菌结合，在一种相互依存、相互受益的关系中生活。

ligament | 韧带 一种结实的连接组织，连接移动关节处的骨头。

light-year | 光年 光在一年内行走的距离，大约等于 9.5 万亿千米。

limiting factor | 限制因素 造成生物数量减少的环境因素。

lipid | 脂质 富含能量的有机化合物，例如脂肪、油或蜡这些由碳、氢及氧元素构成的物质。

liquid | 液体 没有确定形状但有确定体积的物质状态。

lithosphere | 岩石圈 地幔最上层部分与地壳组成的坚实地质层。

litter | 杂草 肥沃的土壤中由落叶及枯草组成的最上层部分。

liver | 肝脏 人体内最大的器官，具备多种机能，例如生产消化系统所需的胆汁。

loam | 肥土 富饶、肥沃的土地，由等量的粘土、沙土及泥沙组成。

loess | 黄土 在风吹的作用下由粘土与泥沙组成的沉淀物质。

long-day plant | 长日照植物 当夜晚短于自身的临界夜长时会开花的植物。

longitude | 经度 本初子午线向东或向西的角距离。

longitudinal wave | 纵波 在介质中运动的方向与波本身运动方向平行的波。

longshore drift | 沿岸物质流 水波以某个角度冲刷水岸引起水流与沉淀物沿着河岸运动。

loudness | 响度 声音能量的百分比。

lunar eclipse | 月蚀 地球位于太阳及月亮正中间时造成太阳光无法照射到月球。

lung | 呼吸器官 (肺) 1. 能够在水中呼吸的脊椎动物所拥有的身体器官，它能够进行吸入氧气并排出血液中的二氧化碳。2. 人体中呼吸系统的两个主要器官。

luster | 光泽 元素表面反射的光线。

lymph | 淋巴 淋巴系统从血流中收集与送回的液体，其中包括水与其他溶解化合物。

lymph node | 淋巴结 淋巴系统中的小型组织结块，抵御能够引起疾病的细菌与其他微生物。

lymphatic system | 淋巴系统 血管状组织构成的网络，它能够将血管渗出的液体送回血流中。

lymphocyte | 淋巴细胞 能够分辨各类病菌的白细胞。

lysosome | 溶酶体 包含有某些化学物质的细胞器官，这些化学物质能够将稍大一些的食物颗粒分解成能够被其他细胞利用的较小颗粒。

M

machine | 机械 改变施力总量、施力距离或施力方向的装置。

magma | 岩浆 来自地幔、能够形成岩石的物质、气体与水的融化混合物。

magnetic declination | 磁偏角 地理位置上的真正北方与指南针针头所指的北方之间的角度差距。

magnetic field | 磁场 磁体周围拥有磁力的地区。

magnetic force | 磁力 磁极相互所用时产生的力。

magnetic pole | 磁极 磁体的末端，那里的磁力最强。

magnetism | 磁性 磁体之间的吸引力或排斥力。

magnitude | 震级 根据地震波与断层运动来确定地震强度。

main sequence | 主星序 赫罗图上超过 90% 的所有恒星都分布在一条从左上角到右下角的带状区域中。

malleable | 可延展的 一种形容金属的术语，这些金属能够被打造成或卷成平板。

mammal | 哺乳动物 一种脊椎动物：体温由内在热量调节、皮肤覆盖有毛发或绒毛，拥有乳腺，可以产生牛奶以喂养后代。

mammary gland | 乳腺 雌性哺乳动物的一个身体器官，能够产生牛奶以喂养幼年后代。

manipulated variable | 操纵量 科学家在试验中改变的因素，也被称为独立变量。

mantle | 地幔 地壳与地核之间一层炎热的固体物质。

map projection | 地图投影 将地球表面的各个区域点反应在一张平整地图上的线条框架。

maria | （月）海 由远古熔岩流在月表形成的黑暗、平坦地区。

marine climate | 海洋气候 一些海岸地区的气候：相对来说，冬天较为温暖，夏天较为凉爽。

marrow | 骨髓 充满骨头内部空间的软性连接组织。

marsupial | 有袋动物 一种在发育早期阶段就出生的哺乳动物，通常在出生后会继续在母亲身体的一个育儿袋中继续发育。

mass | 质量 物体所含的物质多少。

mass extinction | 大量消亡 很多类型的活体在同一时间消亡。

mass movement | 块体移动 重力将沉淀物层向下移动的若干过程中任一一个过程。

mass number | 质量数 原子核中质子和中子的总数。

matter | 物质 任何拥有质量并占据空间的物体。

mean | 平均值 一系列数据中的数字平均值。

meander | 曲流 河流中环状弯曲。

mechanical advantage | 机械效益 机械将受到的力增加的倍数。

mechanical energy | 机械能 与物体的动作或位置有关的动能或势能。

mechanical engineering | 机械工程 研究机械设计、建造与运作的工程分支。

mechanical wave | 机械波 需要介质才能传送的波。

mechanical weathering | 机械风化 岩石被物理分解成较小碎块的风化类型。

median | 中值 一系列数据中的中间数值。

medium | 介质 能够传送波的物质。

medusa | 水母 身体如打开的雨伞、在水中自由游动的刺细胞动物体。

meiosis | 减数分裂 生殖细胞（精子和卵子）形成时候发生的染色体数量减半的过程。

melanin | 黑色素 形成皮肤颜色的色素

melting point | 熔点 将固体转化为液体的温度；与凝固点相同，或者说将液体转化为固体的温度。

meniscus | 弯月面 一列液体中一个液体的弯曲上表面。

mercury barometer | 水银气压计 测量空气压力变化的一种工具：在一个玻璃管中部分充入水银，开口处位于装满水银的碟子中。

mesosphere | 中间层 平流层正上方的地球大气层。

messenger RNA | 信使核糖核酸 带有遗传信息的RNA，指导氨基酸与 DNA 中的蛋白质及细胞质中的核糖体合成。

metabolism | 新陈代谢 生物体生成或分解物质的化学反应合成。

metal | 金属 一类具备物理特性的元素，包括亮度、柔韧性、延展性与传导性。

metallic bond | 金属键 正电金属离子与周围电子之间的吸引力。

metalloid | 类金属 同时拥有金属与非金属特点的元素。

metamorphic rock | 变质岩 由现有岩石通过热量、压力或化学反应变化而成的岩石类别。

metamorphosis | 蜕变 动物在其生命周期中外形与形态发生重大变化的过程。

meteor | 流星 流星体在地球大气中燃烧在天空中形成的光带。

meteorite | 陨星 穿越地球大气并撞击地表的流星体。

meteoroid | 流星体 宇宙中的一大块岩石或尘埃，体积通常小于小行星。

metric system | 公尺制 以 10 为基础的测量系统。

microgravity | 微重力 沿轨道飞行中出现没有重量的情况。

microorganism | 微生物 非常小的活体，只有通过显微镜才能看到。

microscope | 显微镜 能够放大微小物体的设备。

microwaves | 微波 波长小于电波、频率高于电波的电磁波。

mid-ocean ridge | 大洋中脊 形成新的海底的水下山脉；海洋下方的分叉板块边界。

migration | 移栖 为了捕食或繁衍，动物有规则地进行季节性迁移，离开一个环境然后再返回这个环境。

mineral | 矿物 (无机元素) 1. 能够通过无机过程而形成的天然固体，拥有晶体结构及确定的化学合成物。2. 人体所需的来自非活体的少量营养物。

mirage | 海市蜃楼 折射光线穿越不同温度的空气后形成的远处物体的图像。

mitochondria | 线粒体 一种杆状细胞器官：将食物分子中的能量转化为细胞开展自身功能所需的能量。

mitosis | 有丝分裂 细胞周期的第二个阶段：细胞核分裂成两个两个新的细胞核，而一套完整的 DNA 则分别进入每个子细胞之中。

mixture | 混合物 彼此之间合并在一起，但是原子没有发生化学反应的两种或多种物质。

mode | 众数 在一系列数字中出现最多的一个数字。

model | 模式 一个复杂物体或过程的表示，用以帮助人们理解自己无法直接观察到的一个概念。

Modified Mercalli scale | 修正麦加利震级 地震中的震量等级。

Mohs hardness scale | 莫氏硬度等级 从最软到最硬的十种矿物硬度标准；用于测试矿物硬度。

mold | 模型 化石的一种，属于空心沉淀物，具备生物体或生物体一部分的形状。

molecular compound | 分子化合物 由分子构成的化合物。

molecule | 分子 通过共价键结合在一起、由两个或多个原子组成的自然组。

mollusk | 软体动物 拥有柔软、无分节身体的无脊椎动物；通常由坚硬的外壳来保护身体。

molting | 蜕皮 去除无用的外部骨骼的过程。

moment magnitude scale | 地震矩规模 通过评估地震释放的总能量来确定其强度。

momentum | 动量 物体质量与速度综合作用所产生的能量。

monocot | 单子叶植物 只有一个子叶的被子植物。

monotreme | 单孔目动物 蛋生哺乳动物。

monsoon | 季风 覆盖范围较广、随气候变化的海风或陆风。

moraine | 冰碛 由冰川边缘的沉淀物构成的堆积。

motion | 运动 一个物体与其他物体之间的距离发生变化的状态。

motor neuron | 运动神经元 向肌肉或腺体发送冲动引发肌肉或腺体反应的神经元。

mountain range | 山脉 形状、结构、大小与年龄相似的山群。

mucus | 粘液 身体产生的一种浓厚、粘稠的物质。

multiple alleles | 复等位基因 决定一种特点的基因中三种或多种可能性等位基因。

municipal solid waste | 城市固体废弃物 家庭、商业机构、学校及社区制造的废弃物。

mutation | 变异 DNA 的基因或染色体发生变化。

mutualism | 互利共生 两个物种生活在一起，相互受益的一种共生。

N

natural selection | 自然选择 最能适应周围环境的生物体最有可能生存与繁衍。

neap tide | 小潮 潮汐的高水位与低水位之间的最小落差。

nearsighted | 近视 人能够看清近处物体但看不清远处物体。

nebula | 星云 太空中一大团气体与尘埃。

negative feedback | 负反馈 系统产生的一些因素消弱了自己的运作情况。

nekton | 自游生物 能够在水中自由游动的动物。

nephron | 肾单元 肾脏中的小型过滤结构，去除血液中的废弃物并产生尿。

neritic zone | 浅海带 从低水位延伸到大陆的海洋地区。

nerve | 神经 神经纤维束。

nerve impulse | 神经冲动 神经元传递的信息。

nervous system | 神经系统 接收来自周围环境的信息并协调身体做出反应的器官系统。

nervous tissue | 神经组织 在人脑与其他身体部分之间来回传送电子信息的身体组织。

net force | 合力 各种单独的力共同施加在一个物体上的总力。

neuron | 神经元 在神经系统中传送信息的细胞。

neutralization | 中和 酸与碱之间的反应，得到的溶液酸碱性都弱于之前的溶液。

neutron | 中子 原子核中不带电的粒子。

neutron star | 中子星 大质量恒星经过超新星爆发后形成的体积小密度巨大的天体。

Newton | 牛顿 能使一千克质量的物体获得1m/s2的加速度所需的力的大小。

Newton's first law of motion | 牛顿第一运动定律 一个科学定律：在不受外力的情况下，静止的物体将会保持静止，而运动的物体将会保持运动速度与方向不变。

niche | 生境 生物体生活并与周围的生物及非生物因素相互作用。

nitrogen bases | 氨基 包含氮及其他元素的分子。

nitrogen fixation | 固氮 将大气中的氮气转化为植物能够吸收和利用的氮化合物。

noble gas | 惰性气体 周期表上第 18 组元素。

node | 波节 驻波中零振幅的点。

nodule | 矿结核 例如锰这样的金属包裹贝壳而形成的小块。

noninfectious disease | 非传染性疾病 不是由病菌引起的疾病。

nonpoint source | 非点源 散播广泛的污染源，很难确定其具体源头。

nonpolar bond | 非极性键 电子平均共享的共价键。

normal fault | 正断层 悬壁向下滑动的断层类型；由地壳张力造成。

notochord | 脊索 位于脊索动物神经索正下方、支持其背部的柔软杆状结构。

nuclear energy | 核能 原子核中的潜在能量。

nuclear fission | 核裂变 原子核分裂为两个较小的原子核与中子，释放巨大能量。

nuclear fusion | 核聚变 两个原子核合并为一个较大的原子核，构成更重的元素并释放巨大能量（星球产生能量的过程）。

nuclear reaction | 核反应 原子核粒子发生反应将一种元素改变为另一种元素。

nucleic acid | 核酸 一种巨大的有机分子，由碳、氧、氢、氮与磷组成，包括开展生命活动所需的指令细胞。

nucleus | 细胞核（核子（彗核） 1. 细胞中巨大的椭圆细胞器官，以 DNA 的形式包含着细胞的基因物质，它还可以控制细胞的很多活动。 2. 原子的核心，包含质子与中子。3. 彗星的固体核心。

nutrient | 营养物 1. 供应植物及藻类生长的物质，诸如氮与磷。 2. 食物中为生物体提供原料及能量，保证其开展基本生命活动的物质。

nutrient depletion | 营养贫瘠 附生物提供的营养物无法满足土壤需求的情况。

nymph | 蛹 不完全变态发育的一个阶段，幼虫的样子通常与成虫相似。

O

objective | 物镜（客观） 1. 收集来自物体的光线并形成图像的透镜。 2. 根据可用的证据做出决策或得出结论。

obsolete | 过时的 不再使用的。

occluded |（气旋）锢囚 阻断，例如在锋面上，一个温暖的气团被夹在两个温度较低的气团中间。

Ohm's law | 欧姆定律 电路电阻等于其两端的电压。

omnivore | 杂食动物 食用植物与动物获取能量的生物体。

Oort cloud | 奥尔特云 环绕太阳系的一个球形彗星区。

opaque | 不透明物 一类物质，它们能够完全反射或吸收投射进自身的所有光线。

open circulatory system | 开放循环系统 一种循环系统：心脏将血液输送到身体的开放空间中而不是局限于血管之内。

open cluster | 疏散星团 外形疏松、不规则的星团，其中的星球只有几千个。

open system | 开放系统 物质可以进入或逃散而进入周围环境的系统。

open-ocean zone | 深海区 大陆架边缘之外的海洋最深处、最黑暗处。

optic nerve | 视觉神经 短小、密集的神经，负责将信号从眼睛传向大脑。

optical axis | 光轴 将镜面划分为两半的假想线。

optical telescope | 光学望远镜 利用透镜或镜面收集并聚焦可见光的望远镜。

orbit | 轨道 太空中一个物体围绕一个物体运动的路线。

orbital velocity | 轨道速度 火箭围绕太空中的物体飞行所需的速度。

organ | 器官 由不同类型相互合作的组织组成一种身体组织。

organ system | 器官系统 相互合作，发挥某种主要功能的一组器官。

organelle | 细胞器官 在细胞内发挥某种具体功能的微小细胞结构。

organic rock | 有机岩 生物体残留部分在厚层中形成的沉淀岩。

osmosis | 渗透 水分子穿越一些可渗透的膜形成扩散。

outer core | 外核 由融化的铁及镍组成的环绕地球内核的一层物质。

output | 输出 来自一个系统的物质、能量、效果或产物。

output force | 输出力 机器施加于物体上的力。

ovary | 子房 (卵巢) 1. 将胚珠与胚芽包裹起来并在其发育过程中发挥保护作用的花朵结构。2. 女性生殖系统中生长卵子与雌激素的器官。

overtone | 谐波 频率为基波整倍数的自然频率。

ovulation | 排卵 成熟卵子从卵巢中排出进入输卵管的过程。

ovule | 胚珠 种子植物中能够生长雌性配偶体的植物结构；包括一个卵子细胞。

oxbow lake | 牛轭湖 河流被切断后形成的弯流。

oxidation | 氧化 物质与氧进行结合的一种化学变化，例如铁与氧发生反应后形成铁锈。

ozone | 臭氧 分子中含有三个而非两个氧原子的一种氧气；如果它出现在地表附近，那么就会毒害生物体。

ozone layer | 臭氧层 大气的最高层，其中的臭氧浓度最高。

P

P wave | P 波 对地面形成压缩与扩展的一种地震波。

pacemaker | 起搏点 右心房中的一组细胞，发送信号，引导心脏肌肉收缩并调节心率。

paleontologist | 古生物学者 研究化石从而了解远古时代生物体的科学家。

pancreas | 胰腺 在胃与小肠顶端之间的一个三角形器官，生成能够分解营养物的消化酶。

Pangaea | 泛古陆 2 亿年前开始分裂的一个单一大陆，逐渐形成现在的几个大洲。

parallax | 视差 从不同地方看到物体位置明显发生变化的情况。

parallel circuit | 并联电路 不同电路分支并列地连接到电路中。

parasite | 寄生生物 在寄生生态相互作用中，伴随寄主生存、寄生寄主体内或寄生寄主体表的生物体。

parasitism | 寄生生态 生物体伴随寄主生存、寄生寄主体内或寄生寄主体外并伤害寄主的共生。

passive immunity | 被动免疫 向人体输送此人身体内无法产生的抗体，从而获得免疫性。

passive transport | 被动运输 溶解物质无需细胞能量而穿越细胞膜的运动。

pasteurization | 巴氏杀菌法 将食物加热到一定温度，在不改变食物味道的情况下杀灭大部分细菌。

pathogen | 病菌 能够引发疾病的生物体。

peat | 泥煤 在沼泽中堆积起来的死亡泥炭藓压缩层。

pedigree | 谱系 一种能够显示某个特点存在或缺乏的图表，其参考根据为几代家族的内部关系。

penumbra | 半影 最阴暗部分周围的影子。

Percent Daily Value | 每日摄入量百分比 对于一个每天消耗 2000 卡路里的人来说，一次进食所包含的营养物多少。

percent error | 百分误差 通过计算来确定一个试验数据相对真实数据的准确性或精准度。

period | 周期 (纪) 1. 周期表中的横排元素。2. 地质学家划分地质时代的地质单位。

peripheral nervous system | 末梢神经系统 位于中枢神经系统之外的所有神经系统。

peristalsis | 蠕动 平滑肌收缩，将食物从食道运送到胃中。

permafrost | 永冻土 冻原生物群落气候带中永久结冻的土壤。

permeable | 可渗透的 含有连续的空气空间或气孔、能够让水顺利穿过的物质特性。

petrified fossil | 石化化石 矿物替代了全部或部分生物体的化石。

petrochemical | 石化产品 石油构成的化合物。

petroleum | 石油 液体矿物燃料；石油。

pH scale | pH 值 确定物质酸性或碱性程度的数值；说明了溶液中氢粒子的浓度。

phagocyte | 吞噬细胞 能够吞噬并消灭病菌的白细胞。

pharynx | 咽 喉咙；呼吸系统与消化系统的组成部分。

phase | （月亮）变相 从地球上看到的月球外形的变化。

phenotype | 显型 生物体的物理外观或可见特点。

pheromone | 信息素 动物释放的化学物质，能够影响同一物种中其他动物的行为。

phloem | 韧皮部 一些植物中传送食物的导管组织。

photochemical smog | 光化烟雾 污染物与阳光发生反应所产生的褐色浓雾，由臭氧与其他化学物质组成。

photoelectric effect | 光电效应 物质受到光照后将电子散射出去。

photon | 光子 细小的光能粒子或光能束。

photoperiodism | 光周期现象 植物对昼夜长度季节变化的反应。

photosphere | 光球 太阳大气的里层，释放可见光；太阳表面。

photosynthesis | 光合作用 植物与其他自养生物捕捉及利用光能，以二氧化碳和水为原料制造食物。

physical change | 物理变化 改变物质外表的变化，但不会将该物质转化为其他物质。

physical property | 物理属性 无需将其变为其他物质就能看到的纯物质的特点。

pigment | 色素 (颜料) 1. 吸收光的有色化合物。2. 给其他物质上色的有色物质。

pioneer species | 先锋种 自然演替中第一个广泛生长的物种。

pipe | 喷火孔道 熔岩从熔岩房进入地表的巨大管道。

pistil | 雌蕊 花朵的雌性繁殖结构。

pitch | 音高 声音听起来高或低的情况。

pituitary gland | 垂体 调节身体多种活动的内分泌腺，它还能够控制若干个其他内分泌腺。

pixel | 象素 数字图像的一部分，通常看起来就是一个小方块或小点。

placenta | 胎盘 存在于大多数怀孕的哺乳动物体内的器官，包括人类；该器官将母体与发育中的胚胎连接在一起，使得他们能够进行物质传送。

placental mammal | 有胎盘哺乳动物 在母体中发育，直到身体系统能够正常运作的哺乳动物。

plain | 平原 由地貌较低且平坦或稍有起伏的陆地组成的地貌。

plane mirror | 平面镜 能够产生直立、虚拟、与物体大小相等的图像的平坦镜面镜子。

planet | 行星 环绕恒星飞行的天体；拥有足够的重力，能够变成圆形；其飞行轨道上没有其他天体。

planetesimal | 星子 一种类似小行星的小型天体，构成了行星的阻隔带。

plankton | 浮游生物 漂浮在水中的小型藻类与动物，随着波浪与水流运动。

plasma | 血浆 (等离子体) 1. 血液的液体部分。2. 自由电子及失去电子的原子组成的气体状物质。

plate | 板块 承载着一些大陆及海底壳、在岩流圈中慢慢移动的一部分岩石圈。

plate tectonics | 板块构造论 地球的若干个岩石圈在地幔的对流推动下始终处于运动状态。

plateau | 高原 一块大面积地貌，拥有高地及数量不等的平地。

platelet | 血小板 形成血栓的重要细胞组成部分。

plucking | 拔蚀 冰川流过大陆时带走岩石的过程。

point source | 点源 能够确定的具体污染源。

polar bond | 极性键 电子非共享的共价键。

polar zones | 极地 南纬 66.5 度到 90 度及北纬66.5 度到 90 度的地球两级附近区域。

polarization | 极化作用 电子被外界电场吸引或排斥从而导致电子在其原子中运动的过程。

polarized light | 偏振光 光被过滤后其光波相互平行。

pollen | 花粉 种子植物的细小结构（雄性配偶体），包括之后能够变为配子细胞的细胞。

pollination | 授粉 植物雄性繁殖结构中的花粉传给雌性繁殖结构。

polyatomic ion | 多原子离子 由一个以上的原子组成的离子。

polygenic inheritance | 多基因遗传 由两个或多个基因决定的遗传特点，例如人类的身高。

polyp | 水螅虫 拥有垂直瓶装外形的刺细胞动物，通常生活在水体表面的下方。

population | 种群 生活在相同地区内同一物种的所有成员。

population density | 种群密度 在特定大小的区域内所有个体的数量。

potential energy | 势能 物体因为其所在位置而获得的能量；也是物体内部储存的能量，例如化学键中所储存的能量。

power | 功率 一种能量转化为另一种能量的比率。

precipitate | 沉淀物 化学反应的溶液所形成的固体。

precision | 精确性 一组测量结果之间的近似程度。

predation | 捕食 一个生物体杀死另一个生物体以获取食物或营养。

predator | 掠食者 在掠食作用中杀死其他对方的生物体。

pressure | 压力 施加在一个表面的各个部分之上的力。

prey | 猎物 在掠食作用中被其他生物体杀死并吃掉的是生物体。

primary succession | 原生演替 在没有土壤或生物体存在的区域发生的一系列变化。

prime meridian | 本初子午线 平均划分北极半球与南极半球并且穿越英格兰格林威治的划分线。

producer | 自养有机体 能够制造自身所需食物的生物体。

product | 产物 化学反应产生的物质。

prokaryote | 原核生物 没有细胞核与其他细胞结构的单细胞生物体。

prominence | 日珥 太阳表面产生的巨大红色气团，连接日斑区域的一些组成部分。

protein | 蛋白质 大型有机分子，由碳、氢、氧、氮构成，有时还包括硫。

protist | 原生生物 不能被划分为动物、植物或菌类的真核生物体。

protons | 质子 原子核中微小、带有正电的粒子。

protostar | 原恒星 气体与尘埃组成的收缩云团，质量足够大，可以形成星球。

prototype | 原型 测试一个设计的工作模型。

protozoan | 原生动物 单细胞、类似动物的原生生物。

pseudopod | 伪足 一些原生动物所拥有的"假的脚"或细胞质的暂时性突起，用于捕食及运动。

psychrometer | 干湿表 测量相对湿度的设备。

pulley | 滑车 由带槽的轮子及缠绕的绳子或线缆构成的简单机械。

pulsar | 脉冲星 能够发射电波、快速旋转的中子星。

punctuated equilibrium | 间断平衡 一种进化模式：长期的稳定被短期的剧烈变化所打断。

Punnett square | 庞纳特方格 一张能够显示基因交叉得到的所有等位基因组合的图谱。

pupa | 蛹 完全变态中的第三个阶段，幼虫在这个阶段中发育为成虫。

pupil | 瞳孔 虹膜中间的开口部分，光线由此进入眼睛。

purebred | 纯种 拥有同样特点的双亲所产下的后代。

pyroclastic flow | 火山灰流 火山灰、灰烬、球形熔岩与气体混合而成的流体在火山喷发期间沿火山一侧向下流出。

Q

qualitative observation | 定性观察 与特点有关的观察，无法以数量进行描述。

quantitative observation | 定量观察 与数字或数量有关的观察。

quasar | 类星体 非常明亮且距离遥远的星系，其中心为一个巨大黑洞。

R

radial symmetry | 放射对称 所有假想线全部通过动物身体的一个中间点，并将其划分为完全相同的两个部分。

radiation | 发射 通过电磁波传送能量。

radiation zone | 辐射区 太阳内部一个气体高度压缩的地区，能量在这里主要通过电磁发射进行出传送。

radio telescope | 射电望远镜 探测太空物体所发射电波的设备。

radio waves | 电波 波长最长、频率最低的电磁波。

radioactive dating | 放射性测定年代 利用一个或多个放射同位素的半衰期来测定一个物体的年龄。

radioactive decay | 放射性衰变 放射元素的原子核分解，释放出快速移动的粒子和能量。

radioactivity | 自动放射 不稳定的原子核产生的自行放射。

radon | 氡 无色无味的放射性气体。

radula | 齿舌 软体动物的身上带有牙齿、像舌头一样的弹性器官。

rain forest | 雨林 每年降水量不少于 2 米的森林，主要位于热带湿润气候区。

range | 范围 一系列数据中最大值与最小值的差距。

rarefaction | 稀疏区 纵波中介质粒子间隔较远的部分。

ray | 光线 代表光波的直线。

reactant | 反应物 进行化学反应的物质。

reactivity | 反应性 元素与其他元素及化合物结合或反应的容易程度与速度。

reactor vessel | 反应容器 核反应堆的一部分，核裂变在这里进行。

real image | 实像 光线相遇时所成的上下翻转的图像。

recessive allele | 隐性等位基因 当显性等位基因存在时被隐藏起来的等位基因。

red blood cell | 红血球 位于血液中的细胞，负责将肺中的氧气传送到身体的各个细胞之中。

reference point | 参考点 起到对比作用的地点或物体，用于确定其他物体是否处于运动状态。

refinery | 精炼厂 在这个工厂中，原油被加热与分离，制成燃料及其他产品。

reflecting telescope | 反射式望远镜 利用弯曲镜面收集并聚焦光线的望远镜。

reflection | 反射 当物体或波遇到一个自己无法穿越的表面时被反弹回来。

reflex | 条件反射 迅速做出的不受意识控制的自动反应。

refracting telescope | 折射式望远镜 利用凸起的透镜收集并聚焦光线的望远镜。

refraction | 折射 波的速度发生变化时以某个角度进入新的介质从而发生弯曲。

regular reflection | 单向反射 平行光线照射到平滑的表面时以同样角度进行反射。

relative age | 相对年龄 一块岩石与其他岩石相比较的年龄。

relative humidity | 相对湿度 在特定温度下，空气中水蒸气的数量所占空气能够包含的最大水蒸气数量的百分比。

relief | 起伏 一个地区最高点与最低点之间的差异。

remote sensing | 远程传感 通过卫星或探测器在地球与太空中其他物体之间收集信息。

replacement | 置换 在反应中，一个元素替换化合物中的另一个元素，或者说不同化合物之间的两个元素交换位置。

replication | 复制 在分裂之前，细胞复制其细胞核中 DNA 的过程。

reptile | 爬行动物 体温由周围环境温度决定的爬行动物，拥有肺和磷质皮肤，在陆地产蛋。

reservoir | 水库 一个水域，能够储存供人们使用的水。

resistance | 电阻 电荷流过物体的难度。

resonance | 共振 当外部振动与物体天然频率一致时引起振幅增强。

respiratory system | 呼吸系统 使得生物体能够与环境交换气体的器官系统。

responding variable | 相应变量 在试验中随着自变量改变而改变的因素；也称为因变量。

response | 反应 受到刺激后做出的动作或行为改变。

retina | 视网膜 位于眼睛后部的接收细胞层，图像在这里聚焦。

reverse fault | 逆向断层 悬壁向上滑动的断层类型；由地壳压缩力造成。

revolution | 旋转 物体围绕另一个物体运动。

rhizoid | 假根 固定苔类植物的一个细小、根状结构，能够吸收植物所需的水与营养物。

ribosome | 核糖体 细胞质中能够产生蛋白质的谷物状微小细胞器官。

Richter scale | 里氏震级 根据地震波来确定地震强度的标准。

rift valley | 裂谷 两个板块分离时形成的深谷。

rill | 小溪 土壤中流水形成的小沟。

ring | 环 行星周围由小的冰与岩石颗粒组成的稀薄的盘状物体。

rip current | 激流 一股强劲有力而狭窄的表面流，它通过一个狭窄开口急速地离岸流动。

risk-benefit analysis | 风险 – 收益分析 技术潜在问题与期待利益之间的对比评估过程。

rock cycle | 岩石周期 地球表面与内部发生的缓慢变化，其中岩石从一个类型变位另一个类型。

rock-forming mineral | 成岩矿物 形成地壳中大多数岩石的一般性矿物。

rods | 杆状细胞 视网膜中探测昏暗光线的细胞。

rolling friction | 滚动摩擦 物体在一个表面滚动时产生的摩擦。

root cap | 根冠 覆盖根部顶端的一种结构，在根生长露出土壤时保护根不受伤害。

rotation | 自转 行星绕自身的轴旋转的运动。

rover | 飞行器 小型的遥控式空间探测器，能够飞过行星或月球表面。

runoff | 径流 在地表流动而不是渗入地下的水流。

S

S wave | S 波 震波的一种，振动与波的运动方向平行。

salinity | 盐浓度 水样中所溶解的盐的总量。

salt | 盐 酸碱中和而产生的一种离子化合物。

sanitary landfill | 垃圾埋地 将没有危险的废弃物埋入地下，这些物质包括市政固体废弃物、建筑废料与一些农业及工业废弃物。

satellite | 卫星 1. 环绕行星飞行的物体。2. 太空中一个围绕其他物体飞行的物体。

saturated solution | 饱和溶液 在既定温度下包含最大限度溶质的混合物。

saturated zone | 饱和地区 可渗透岩石或土壤组成的地区，这里的裂缝与孔洞全部充满了水。

savanna | 热带大平原 靠近赤道的一片草原，可能包括灌木丛与矮小的树木，每年降水量为 1.2 米。

scale | 比例尺 在地图或地球仪上表示地球表面上各个地点之间的距离。

scattering | 散射 光线朝各个方向反射。

scavenger | 食腐动物 食用生物体死尸或腐烂生物体的食肉动物。

scientific law | 科学定律 一种陈述，表明科学家期待在特定条件下总会发生的事情。

scientific notation | 科学计数法 利用十为基准单位记录数字的数学方法。

scientific theory | 科学理论 针对一系列观察或试验结果、经过完整且准确测试的一种解释。

scrotum | 阴囊 在身体外部、由皮肤组成的袋装物，里面装有睾丸。

sea breeze | 海风 来自海洋或湖泊、吹向陆地的清凉空气。

sea-floor spreading | 海底扩张 融化的物质为海底添加了新的海底壳的过程。

seamount | 海山 从海底深处上升而成的陡峭火山。

secondary succession | 次生演替 某个地方的生态系统受到干扰但依旧存在土壤与生物体时发生的一系列变化。

sediment | 沉淀物 来自岩石或生物体遗留物的小型固体物质；侵蚀形成的土质物体。

sedimentary rock | 水成岩 当其他岩石颗粒或植物及动物残留物被挤压并压缩在一起时形成的一种岩石。

seismic wave | 震波 在地球中运动并带有地震释放的能量的震动。

seismogram | 波震图 地震仪记录的地震震波。

seismograph | 地震仪 一种地震记录设备，记录震波在地球中运动时造成的地面运动。

selective breeding | 选择育种 只允许带有所需特点的生物体繁衍后代。

selective cutting | 选择性砍伐 只砍伐某地区若干个树木种类的过程。

selectively permeable | 选择性渗透 细胞膜允许一些物质通过自己，而其他物质不能通过自己的特性。

semicircular canals | 半规管 内耳中的结构，负责平衡感。

semiconductor | 半导体 在有些条件下能够传导电流的物质。

sensory neuron | 传感神经元 收集内部环境或外部环境的刺激，然后将每个刺激转化为神经冲动。

sepal | 萼片 包裹并保护花朵蓓蕾的叶状结构。

series circuit | 串联电路 不同电路分支按照顺序首尾相连。

sex chromosomes | 性染色体 一对带有基因的染色体，这些基因决定一个人的性别。

sex-linked gene | 伴性基因 位于性（X 或 Y）染色体上的基因。

sexual reproduction | 有性繁殖 一种繁殖过程：两个母体结合自己的基因物质从而产生一个与两个母体都不相同的新的生物体。

shared derived characteristic | 共源特点 一群物种拥有相同的祖先，作为后代，它们继承了祖先的一些特点或特性，例如皮毛。

shearing | 剪力 在侧向运动中将石块推往反方向的力。

shield volcano | 盾状火山 由熔岩层构成、在安静式喷发中形成的宽广、倾斜角度不大的山体。

short circuit | 短路 在此电路连接中，电流遇到的阻力最小。

short-day plant | 短日照植物 当夜晚长于自身的临界夜长时会开花的植物。

significant figures | 有效数字 在一个测量结果中精确测量的所有数字，加上一个经过评估而来的数字。

silica | 硅石 在岩浆中发现的一种物质，由氧及硅元素构成；这是地壳与地幔的主要构成物质。

sill | 岩床 熔岩在岩石层发生挤压时形成的一大片火山岩。

skeletal muscle | 骨骼肌 与骨骼的骨头相连的肌肉，为骨头运动提供动力；也称为横纹肌。

sliding friction | 滑动摩擦 当一个滑动面在另一个滑动面上滑动时发生的摩擦。

small intestine | 小肠 消化系统的一部分，大部分化学消化在此处发生。

smooth muscle | 平滑肌 身体中很多内部器官里的不随意肌。

society | 群落 相同种族、联系紧密的动物组成的一个群体，以高度的组织性谋求共同利益。

soil horizon | 土层 颜色与质地各不相同的土壤层。

solar eclipse | 日食 月亮位于太阳及地球正中间时造成太阳光无法照射到地球。

solar flare | 太阳耀斑 当太阳黑子突然连接在一起时在太阳表面引发的气体喷发。

solar wind | 太阳风 从日冕中喷发出来的带电粒子流。

solenoid | 螺线管 带电的线圈。

solstice | 至日 一年中有两天，在这两天中太阳距离赤道北极或南极最远。

solubility | 溶解性 在一定温度时有多少溶质能够溶解在一个特定溶剂中。

solute | 溶质 溶液的一部分，被溶剂溶解的物质。

solution | 溶液 由溶剂与至少一种溶质组成的、拥有固定特性的混合物；一种物质溶解在另一种物质中形成的混合物。

solvent | 溶剂 溶液中数量较多的一部分，用于溶解溶质。

somatic nervous system | 体干神经系统 末梢神经系统中控制自主活动的神经群。

sonar | 声纳 通过反射声波确定水下物体的位置与距离。

sonogram | 超声波扫描图 利用反射超声波形成的图像。

space probe | 太空探测器 拥有多种科学设备的飞船，能够收集包括实像在内的各种数据，飞船里没有宇航员。

species | 物种 类似生物体组成的群体，它们相互交配并繁衍后代，而后代也能互相交配并继续繁衍后代。

specific heat | 比热 将一公斤的物质温度提高一开所需的热量，等于一摄氏度。

spectrograph | 光谱仪 将光线分解成各种颜色并通过得到的光谱形成图像的设备。

spectrum | 光谱 电磁波的波长范围。

speed | 速度 每个单位时间内物体移动的距离。

spinal cord | 脊髓 浓厚的柱状神经组织，连接大脑与末梢神经系统中的大部分神经。

spiral galaxy | 螺旋星云 中间凸出，臂状物向外以风车样子旋转而出的星云。

spit | 海峡 沿岸漂流形成的海滨，形状如深处水面的手指。

spongy bone | 松质骨 拥有很多细小空间的骨组织层，位于密质骨层之内。

spontaneous generation | 自然发生 一种错误的观点，认为生物体来自非生物体。

spore | 孢子 在细菌、原生生物及菌类体中拥有厚壁的微小细胞，能够在恶劣环境中生存并成长为新的生物体。

sporophyte | 孢子生成期 植物生命周期中生产孢子的阶段。

spring tide | 朔望潮 潮汐的高水位与低水位之间的最大落差。

stalactite | 钟乳石 洞穴顶部下垂的冰柱状结构。

stalagmite | 石笋 洞穴中从地面向上生长的柱状物体。

stamen | 雄蕊 花朵的雄性繁殖结构。

standing wave | 驻波 一个看似停留在一个地方的波，其实这是两个在相互穿越对方会发生干扰的波。

star | 恒星 一个热气团，主要依靠氢与氦进行核聚变。

static discharge | 静电放电 经一个物体的电荷传给另一个物体，从而让其失去静电。

static electricity | 静电 一个物体中不断积累的电荷。

static friction | 静摩擦 没有运动的物体之间产生的摩擦。

steppe | 大平原 半干旱地区的平原或草原。

stimulant | 兴奋剂 能够加快身体某些进程的药物。

stimulus | 刺激因素 环境中能够引发生物体做出某些反应的变化或信号。

stoma | 气门 叶子下方的微小开口，氧气、水还有二氧化碳从此通过。

stomach | 胃 位于腹部、由肌肉组成的口袋状器官，食物在这里被消化。

storm surge | 风暴潮 飓风吹过海岸时引发的一种巨大海浪。

stratosphere | 同温层 地球大气最靠近地面的倒数第二层。

stratus | 层云 在平层形成的云，通常覆盖大部分天空。

streak | 条纹 矿物粉末的颜色。

stress | 压力 1. 施加在岩石上、能够改变其形状或体积的力。2. 人体对于潜在的威胁、挑战或干扰事件做出的反应。

striated muscle | 横纹肌 看起来有条纹的肌肉；也称为骨骼肌。

strike-slip fault | 平移断层 每一边的岩石都依次向侧面移动的断层类型，其中还伴随着轻微的上下运动。

subarctic | 亚北极 位于湿润大陆气候带北方的气候地区。

subduction | 潜没 洋底壳沉入到一个深海海沟，重新进入地幔的一个会聚地块边界中。

sublimation | 升华 固体不经过液体状态直接转变为气体的变化。

subscript | 下标 化学方程中的数字，表示分子中的原子数量或化合物中某一个元素的比率。

subsoil | 下层土 表层土下面的土壤，这里的植物与动物较少，其主要成分为粘土与其他矿物。

substance | 物质 一种拥有具体特性、纯粹的一类物体。

succession | 演替 一个群体随着时间推移发生的一系列可预测变化。

sunspot | 黑子 1. 太阳表面气体中的黑暗地区，温度低于周围气体。2. 太阳表面相对黑暗、温度较低的地区。

supernova | 超新星 即将衰亡的巨大质量恒星发生的耀眼爆炸。

surface tension | 表面张力 液体分子向内拉伸造成表面分子更加紧凑，使得液体表面看起来似乎拥有了一张薄薄的表皮。

surface wave | 表面波 P 波与 S 波到达地表时形成的一种地震波。

surveying | 测量 通过一些设备与地理原则来收集制作地图所需要的数据，从而确定物体的距离及高度。

suspension | 悬浮液 一种混合物，人们能够看到其中的微粒，通过沉淀或过滤能够轻易地分离这些微粒。

sustainable use | 可持续使用 一种资源使用方式：确保该资源在一定时期内具备一定的使用质量。

sustainable yield | 可持续生产 在不会影响未来供给的情况下能够供人们进行日常采集的可再生资源。

swim bladder | 鱼鳔 帮助多骨鱼在不同深度的水中平衡身体的一种器官，里面充满了气体。

symbiosis | 共生 两个物种紧密地生活在一起的一种关系，在这种共同生活中，至少有一个物种可以从中获益。

synapse | 神经键 一种连接结构，神经元在这里将神经冲动传送到另一个结构。

synthesis | 合成 一种化学反应：两个或多个物质结合称为一种更加复杂的新物质。

system | 系统 1. 由很多部分组成并共同发挥作用的一个群体。2. 由相互联系的各个部分组成并且共同发挥某个功能或实现某个结果的群体。

T

T cell | T 细胞 一种淋巴细胞：能够识别病菌及病菌的类型。

tar | 焦油 烟草燃烧时产生的黑色、粘稠物质。

target cell | 靶细胞 人体中能够识别激素化学结构的细胞。

taste buds | 味蕾 对食物中的化学物产生反应的感觉接收细胞。

taxonomy | 分类法 针对如何划分生物体的科学研究。

temperate zones | 温带 热带与极地之间的地区。

temperature | 温度 物体有多热或多冷；物质粒子的平均运动能量；物质粒子的平均动能。

temperature inversion | 气温倒转 温暖空气迫使污染空气停留在靠近地表的地方。

tendon | 腱 连接肌肉与骨头的连接组织，非常结实。

tension | 张力 拉伸岩石，使其中间变得更薄的力。

terrestrial planets | 类地行星 经常用于近日行星的称呼：水星、金星、地球与火星。

territory | 领地 被一个动物或一群动物占领并防卫的地区。

testis | 睾丸 男性生殖系统中生长精子与睾丸激素的器官。

testosterone | 睾丸激素 由睾丸产生的一种激素，控制精子发育及成年男性的特征。

thermal conductivity | 热传导 物体传导热量的能力。

thermal energy | 热能 物体中所有粒子具备的全部动能与势能。

thermal expansion 〓〓〓〓 〓〓〓〓〓〓〓〓〓〓〓

thermogram | 温谱图 以不同颜色表示不同温度的图像。

thermosphere | 热大气层 地球大气的最外层。

thrust | 推力 推动火箭向前运动的反作用力。

till | 冰渍 冰川直接形成的沉淀物。

tissue | 组织 负责某个具体功能的一群类似细胞。

tolerance | 耐药量 药物使用者使用更多剂量的药物从而取得与之前相同的药效。

topography | 地形 土地的上升、起伏及地貌形成的土地形状。

topsoil | 上层土 土壤的最上层，易碎；由粘土和其他矿物及腐殖质（营养物与腐烂的植物及动物体）组成。

tornado | 龙卷风 直接到达地面、高速旋转的一个漏斗状云团。

toxin | 毒素 能够损伤一个生物体的毒害物质。

trace fossil | 踪迹化石 能够证明远古生物体活动的一类化石。

tracer | 示踪剂 一种能够被放入化学反应或工业过程并被人观察的放射性同位素。

trachea | 气管 呼吸管道；空气在呼吸系统中运动的管道。

trait | 特性 生物体通过基因遗传给后代的具体特点。

transfer RNA | 转移核糖核酸 在蛋白质合成期间，细胞质中将氨基酸传给核糖体的一类 RNA。

transform boundary | 转换边界 两个板块远离彼此时的板块边界。

transformer | 变压器 增加或降低电压的设备，通常由两个分离的绝缘线圈缠绕在一个铁核上构成。

translucent | 半透明的 导致进入自身的光线发生散射的一类物质。

transparent | 透明的 能够让进入自身的光线全部透过去的一类物质。

transpiration | 蒸发 水分离开植物叶子的过程。

transverse wave | 横波 在介质中运动的方向与波本身运动方向呈直角的波。

trench | 海沟 海底中陡峭的深沟。

tributary | 支流 流入更大的河流的水流或河流。

triple bond | 三键 当原子共享三个电子对时形成的化学键。

tropical zone | 热带 赤道附近南纬 23.5 度及北纬 23.5 度的地区。

tropism | 向性 植物针对刺激作出的靠近或远离的反应。

troposphere | 对流层 地球大气最靠近地面的一层。

trough | 波谷 横波的最低部分。

tsunami | 海啸 通常由海底地震造成的巨大波浪。

tundra | 冻土地带 非常寒冷、干燥的生物群系地区，该地区夏季凉爽而冬天异常寒冷。

U

ultrasound | 超声波 频率高于 20000 Hz 以上的声波。

umbra | 暗影 阴影中最为黑暗的部分。

unconformity | 不整合面 地质岩石层之间显示的侵蚀面。

understory | 地被层植物 生活在森林树荫下较为矮小的树木及蔓类。

uniformitarianism | 均变说 一种地质理论：现在发生的地质进程以前也曾经在地球表面发生过。

unsaturated zone | 不饱和地区 地下水位之上的岩石与土壤层，这里的孔洞包含空气与水。

upwelling | 上涌 深海中的冰冷海水在风的作用下向上运动。

urea | 尿 蛋白质分解产生的化学物。

ureter | 输尿管 将尿液从肾脏传向膀胱的一个狭窄管道。

urethra | 尿道 尿液通过这个小型管道排出身体。

urinary bladder | 膀胱 口袋状的肌肉器官，尿液在排出体外之前都储存在这里。

uterus | 子宫 女性生殖系统中的一个空心肌肉器官，受精卵在这里发育。

V

vaccination | 接种疫苗 将无害的抗原导入人体，从而产生主动免疫性；也称为免疫接种。

vaccine | 疫苗 接种免疫中使用的物质，其中的病菌已经被减弱甚至消灭，但还是能够引发身体产生能够消灭这种病菌的化学物。

vacuole | 液泡 储存水、食物与其他物质的袋装细胞器官。

vacuum | 真空 没有任何物质的空间。

valence electrons | 价电子 原子最高能量层的电子，它还包括化学键。

valley glacier | 山谷冰川 当雪与冰堆积成山谷时形成的狭长冰川。

valve | 瓣 心脏或血管中的一个片状组织，防止血液倒流。

vaporization | 蒸馏 液体变为气体。

variable | 变量 试验中能够变化的因素。

variation | 变异 个体出现的与其他同物种组成部分的任何不同。

vascular tissue | 维管组织 一些植物中的内部传送组织，由传送水、食物及其他物质的管状结构组成。

vein | 纹理 (静脉) 1. 矿物中让自己表现出与周围岩石明显不一样的狭窄沉淀物。2. 将血液传送回心脏的血管。

velocity | 速度 既定方向上的速度。

vent | 火山口 融化的岩石与气体由此离开火山。

ventricle | 心室 心脏中较低的一个腔体，将血液输送至肺部或身体。

vertebrae | 脊椎骨 组成生物体脊柱的骨头。人体中组成脊柱的 26 块骨头。

vertebrate | 脊椎动物 拥有脊椎的动物。

vibration | 振动 重复的前后或上下运动。

villi | 绒毛 布满小肠内部的手指状结构，能够提供一个巨大表面，用于吸收已经消化过的食物。

virtual image | 实像 一幅直立图像，光线看起来就是从这里发射出来的。

virus | 病毒 微小的无生命微粒，进入生命细胞并在此进行繁殖。

viscosity | 粘性 液体的流动阻力。

visible light | 可见光 肉眼可以看到的电磁辐射。

volcanic neck | 火山颈 火山喷火通道中硬化的岩浆沉淀物。

voltage | 电压 电路中两个地方之间每个电荷的电子势能之差。

voluntary muscle | 随意肌 受意识控制的肌肉。

W

water cycle | 水循环 地球大气、海洋与陆地表面之间水以蒸发、凝结及降雨的形式进行的持续运动。

water table | 地下水位 饱和地区的顶部或地表的地下水深处。

water vascular system | 水管系统 棘皮类动物身体中充满液体的管道系统。

watershed | 流域 为河流系统供水的大陆地区。

watt | 瓦特 一焦耳的功在一秒中具备的功率。

wave | 波 1. 将能量从一个地方传送到另一个地方的运动。2. 能量在水中的运动。

wave height | 波高 从波的顶部到底部的垂直距离。

wavelength | 波长 一个波两个相应组成部分的距离，例如两个波峰之间的距离。

weathering | 侵蚀 岩石及其他物质被逐渐消磨的化学过程与物理过程。

wedge | 楔子 一个简单机械，就是一个可以移动且倾斜的刨。

weight | 重量 物体受到的重力大小。

wetland | 湿地 全年或一年中的某些时候都覆盖有一层浅水的土地。

wheel and axle | 轮轴 由两个围绕同一个轴旋转的圆形或圆柱形物体构成的简单机械，这两个圆形或圆柱形物体的旋转半径不同。

white blood cell | 白血球 对抗疾病的血液细胞。

white dwarf | 白矮星 星球的外层物质膨胀并漂流到太空中后，剩下的蓝白色炙热内核。

wind | 风 空气从高压地区向低压地区垂直运动。

wind-chill factor | 风寒指数 结合温度与风速所得出的寒冷程度。

windward | 上风面 面朝来风的山体。

work | 功 造成物体移动的力。

X

X-rays | X 光 波长短于紫外线但长于伽玛射线的电磁波。

xylem | 木质部 一些植物中传送水分与矿物的导管组织。

Z

zygote | 受精卵 已经受精的卵子，由精子细胞与卵子细胞相结合而产生。

Traditional Chinese
繁體中文

interactive SCIENCE

A

abiotic factor | 非生物因子 形成生態系統的無生命因子。

abrasion | 磨蝕 岩石顆粒在水、冰或風的作用下形成的一種磨擦方式。

absolute age | 絕對年齡（世紀時代） 岩石的年齡，也就是岩石已經形成的時間。

absolute brightness | 絕對亮度 恒星處於地球標準距離時的亮度。

absolute zero | 絕對零度 物體不具有任何熱量時的溫度。

absorption | 吸收 1. 營養物質的分子通過消化系統進入血液的過程。 2. 物體獲取或吸取陽光的過程。

abyssal plain | 深海平原 深海海底的平坦區域。

acid rain | 酸雨 酸度超過正常值的雨水或其他形式的降水。由於空氣中的二氧化硫和氧化氮分子導致。

activation energy | 活化能 使化學反應開始所需要的最小能量。

active immunity | 主動免疫 人體免疫系統在遇到病原體時產生抗原致使的免疫。

active transport | 主動運輸 物質在細胞能量的作用下通過細胞膜進入細胞內的運動。

adaptation | 適應性 增加有機體在環境中生存與繁殖能力的遺傳特徵或體型特徵。

aerospace engineering | 航太工程 關於設計、製造和測試飛機和航天器的一種工程。

air mass | 氣團 在空中某一高度具有相同溫度、濕度和氣壓的一大團氣體。

air pressure | 氣壓 空氣柱的重量對地面形成的壓力。

alloy | 合金 有兩種或多種物質組成的材料，其中至少一種物質必須為金屬。

alluvial fan | 沖積扇 河流在流出山脈時形成的寬闊和傾斜的沉積物區域。

alpha particle | 阿爾法粒子 放射線衰變過程中釋放出的由兩個質子和兩個中子組成的粒子。

alternating current | 交流電 由電路中循環運動的電荷形成的電流。

alveoli | 肺泡 肺組織中專門負責空氣和血液間氣體運輸的微小氣囊。

amniotic egg | 羊膜卵 由殼與膜組成的卵，能夠保持胚胎濕潤，幫助爬行動物、鳥類和卵生哺乳動物適應在陸地上繁衍後代。

amniotic sac | 羊膜囊 子宮內保護胚胎或胎兒發育的液體氣囊。

amorphous solid | 非晶質固體 物質顆粒以不規則圖案形式組成的固體。

amphibian | 兩棲動物 一種脊椎動物，其體溫隨環境溫度而變化，並且小時候生活在水中，長大後生活在陸地。

amplitude | 振幅 1. 橫波的波峰或波谷距離中心位置的高度。 2. 縱波在通過物體介質時介質分子距離平衡位置的最大距離。

amplitude modulation | 調幅 通過改變無線電波振幅的方式來傳輸信號的方法。

angiosperm | 被子植物 在一層保護種子的組織內結種子的有花植物。

anomalous data | 異常數據 與數據組中其他數據不匹配的數據。

antibiotic resistance | 抗生素抗性 細菌不受抗生素作用的能力。

antibody | 抗體 由能夠殺死病原體的免疫系統中的 B 細胞產生的一種蛋白質。

antigen | 抗原 一種能夠令免疫系統識別來自體內或體外物質的分子。

anus | 肛門 有機生物消化系統末端的出口（人體的直腸），能夠將廢物排出體外。

aorta | 主動脈 身體最大的動脈，血液從左心室進入主動脈。

apparent brightness | 表觀亮度 從地球上觀察到的某顆恒星的亮度。

aquifer | 含水層 含水的地下岩層或沉積層。

artery | 動脈 將血液從心臟輸送到身體組織的血管。

artesian well | 自流井 其水深能夠在含水層的壓力下自動保持的一種井。

arthropod | 節肢動物 一種無脊椎動物，擁有外骨骼、分段軀體和附肢。

asexual reproduction | 無性繁殖 涉及單親的繁殖過程，生出的下一代在基因上與上一代完全相同。

asteroid | 小行星 圍繞太陽運行的岩石體，由於體積太小並且數量太多，不能稱為行星。

asthenosphere | 岩流圈 岩石圈上柔軟的地幔層。

astronomical unit | 天文單位 一個距離單位，等於地球與太陽之間的平均距離，大約 1.5 億千米。

atherosclerosis | 動脈粥狀硬化 由於脂肪沉積造成的動脈壁變厚情況。

atmosphere | 大氣層 形成地球最外層的較薄的一層氣體。

atom | 原子 組成所有物質元素的基本單位元；具有該物質元素屬性的最小元素顆粒。

atomic mass | 原子質量 物質元素中所有同位素的平均質量。

atomic number | 原子序數 原子核中的質子數量。

atrium | 心房 心臟接受身體各處流回的血液的上部腔室。

autonomic nervous system | 自主神經系統 末梢神經系統的一部分，管制非自主控制的活動。

autotroph | 自養生物 能從陽光或化學物中捕捉能量並從中製造自己的食物的有機體。

auxin | 植物生長素 一種植物激素，能夠刺激植物細胞生長並控制植物對光的反應。

axis | 軸線 一根假像的線，貫穿行星的中心和南北兩極，行星圍繞此線自轉。

axon | 軸突 神經元細胞的線狀延伸，能夠將神經衝動從細胞體中傳遞出去。

B

B cell | B 細胞 一種淋巴細胞，能夠產生殺死病原體的蛋白質。

bacteria | 細菌 沒有細胞核的單細胞原核有機體。

basalt | 玄武岩 位於海洋底殼的深色的、高密度的、具有細緻紋理的火成岩。

base | 鹼基 一種味苦的光滑物質，可以使紅色石蕊試紙變藍。

batholith | 岩基 大體積岩漿在地殼內部冷卻之後形成的大體積岩石。

bedrock | 基岩 組成地殼的岩石；亦是位於土壤下方的堅實岩層。

benthos | 底生生物 依附於湖泊、河流或海洋底部生活的有機體。

beta particle | 貝他粒子 核輻射產生的高速運動的電子。

big bang | 宇宙大爆炸 宇宙誕生時的一次大爆炸，造成了宇宙的形成與擴張。

bilateral symmetry | 兩側對稱 可以用一條假想線將身體分成左右對稱的兩個鏡像的身體藍圖。

bile | 膽汁 由肝臟產生的能夠分解脂肪的物質。

binary fission | 二分裂 一種無性繁殖形式，由一個細胞分裂成兩半，形成兩個完全相同的子細胞。

binary star | 雙子星 由兩顆恒星組成的恒星系統。

binomial nomenclature | 雙名法 一種分類系統，每個有機體將給予一個獨有的由兩部分組成的名稱，表明其屬種。

biodiversity | 生物多樣性 地球生物圈內有機體的所有種類，包括海中、陸地上和空中的物種。

bioengineering | 生物工程 將工程學原理應用於生物學和醫學領域的一種工程。

biogeography | 生物地理學 對地球上有機體分佈情況的研究。

biomass fuel | 生物燃料 通過生物製成的燃料。

biome | 生態群系 具有相似氣候與有機體的一群生態系統。

biosphere | 生物圈 地球上存在有機生命體的部分。

biotic factor | 生物因子 生態系統中有生命或曾經有生命的部分。

birth rate | 出生率 在某一時期內，每 1,000 個生命體中的出生數量。

black hole | 黑洞 一個重力非常巨大的物體，任何物體（即使是光線）也無法逃脫其重力影響。

boiling point | 沸點 物體由液態轉變為氣態時的溫度；與凝結點的意思相同，即物體由氣態轉變為液態時的溫度。

boreal forest | 北方針葉林 位於北半球高緯度地區的常綠密林。

Boyle's law | 波義耳定律 該理論闡述了在恒定溫度下，氣體體積與壓力之間的關係。

brain | 腦 1. 兩側對稱的動物頭部內的神經細胞高度集中的地方。 2. 中樞神經系統的一部分，位於顱骨內，控制身體的大多數功能。

brain stem | 腦幹 腦的一部分，連接小腦與脊髓，控制身體的無意識活動。

bronchi | 支氣管 空氣進入肺部的通道。

bronchitis | 支氣管炎 呼吸道疼痛，由於黏液阻塞和小呼吸道變窄導致。

budding | 芽殖 一種無性繁殖方式，新生有機體從母體中生長出來。

C

caldera | 死火山口 火山岩漿房頂部崩塌形成的位於火山山頂的大洞。

cambium | 新生層 植物上生成新的韌皮部和木質部細胞的細胞層。

canopy | 冠層 雨林中高大樹梢所形成的緊密覆蓋。

capillary | 微血管 最小的血管，在血液和身體細胞之間交換物質。

captive breeding | 人工繁殖 在動物園或野生動植物保護區對動物進行人工交配。

carbohydrate | 碳水化合物 由碳、氫和氧原子構成的有機能量化合物，如糖和澱粉等。

carbon film | 碳膜 由一層薄碳附著在岩石外表面形成的一種化石。

carbon monoxide | 一氧化碳 物質（如菸草）燃燒時產生的一種無色無味氣體。

carcinogen | 致癌原 環境中能夠導致癌症的物質或因子。

cardiac muscle | 心肌 只有在心臟中才有的非隨意性肌肉組織。

cardiovascular system | 心血管系統 由心臟、血管和血液組成的身體系統；亦稱為循環系統。

carrier | 帶因者 對一性狀擁有一個隱性基因和一個顯性基因的人。

carrying capacity | 容受力 一個特定環境所能支持的某個特定物種的最大個體數量。

cartilage | 軟骨 保護骨骼末端，避免其互相摩擦，並且比骨骼更富有彈性的一種結締組織。

cast | 塑件 一個與有機體形狀相同的固體複製品，由礦物質滲入模具而成。

catalyst | 催化劑 一種能夠減少活化能量而加速化學反應的物質。

cell cycle | 細胞週期 細胞成長、準備分裂以及分裂後形成兩個子細胞的一連串活動。

cell membrane | 細胞膜 環繞細胞的薄而有彈性的屏障，可調控進出細胞的物質。

cell theory | 細胞學說 一個廣為認可的，闡述細胞與生命體之間關係的理論。

cell wall | 細胞壁 植物和其他一些有機體細胞四周的一層強韌的支撐物。

cellular respiration | 細胞呼吸作用 氧氣和葡萄糖在細胞內所經歷的複雜的化學反應過程可釋出能量。

Celsius scale | 攝氏溫標 溫度尺規，水在攝氏 0 度結冰，在攝氏 100 度沸騰。

cementation | 膠合 溶解礦物質結晶並將沉積物顆粒黏合形成一個物體的過程。

central nervous system | 中央神經系統 由大腦和脊髓組成的神經系統。

centripetal force | 向心力 使物體以圓形軌跡運動的力量。

cerebellum | 小腦 腦部控制肌肉協調運動與保持身體平衡的部分。

cerebrum | 大腦 腦部負責處理感官資訊、控制身體運動、以及進行複雜思想活動的部分。

Charles's law | 查爾斯定律 該理論闡述了在恒定壓力下，氣體體積與溫度之間的關係。

chemical bond | 化學鍵 使兩個原子保持結合在一起的吸引力。

chemical change | 化學變化 一種或多種物質結合或分離形成一種新物質的變化。

chemical energy | 化學能量 一種儲存於原子間的化學鍵上的潛在能量形式。

chemical engineering | 化學工程 關於將化學品轉化為有用的產品的一種工程。

chemical property | 化學屬性 物質的一種屬性，描述其轉變為不同物質的能力。

chemical reaction | 化學反應 將物質轉變為具有不同屬性的新物質的過程。

chemical rock | 化學岩 礦物質通過溶液結晶形成的沉積岩。

chemical weathering | 化學風化 通過化學變化使岩石受侵蝕的過程。

chemistry | 化學 研究物質屬性與物質變化的學科。

chemotherapy | 化學療法 使用藥物治療疾病（如癌症）。

chlorofluorocarbons | 氯氟碳 含氯和氟的人造氣體（亦稱為 CFC），是破壞臭氧層的罪魁禍首。

chlorophyll | 葉綠素 一種存在於植物、水藻和細菌的葉綠體中的綠色光合作用色素。

chloroplast | 葉綠體 一種存在於植物及其他某些有機體細胞內的細胞器，能夠捕捉陽光的能量，然後轉化為能量形式，讓細胞用以製造食物。

chordate | 脊索類動物 在其生命中某段時期擁有脊索、神經索和咽喉的動物。

chromosome | 染色體 細胞核內包含從一代傳給下一代的遺傳資訊的線狀構造。

chromosphere | 色球 太陽大氣層的中間層。

cilia | 纖毛 細胞外以波浪方式運動的短毛。

cinder cone | 火山渣錐 火山口附近由火山灰、碳渣和熔岩堆積而成的陡峭錐形小山。

circadian rhythm | 晝夜節律 在一天的期間發生的行為週期。

circulatory system | 循環系統 為細胞輸送養料並排除廢物的器官系統。

cirrus | 卷雲 在高海拔地區由冰晶形成的束狀雲層。

civil engineering | 土木工程 研究道路、橋樑和建築物的設計和建造的一種工程。

clastic rock | 碎屑岩 岩石碎片在高壓下堆積而成的沉積岩。

clear-cutting | 墾伐 一次性將區域內的所有樹木全部清除的過程。

cleavage | 劈裂 礦物容易沿其平整表面裂開的特性。

clone | 複製體 經複製的有機體，其遺傳特徵與原來的有機體完全相同。

closed circulatory system | 閉鎖循環系統 一種循環系統，血液完全在延伸至全身各處的血管內和心臟中循環。

closed system | 閉鎖系統 一種物質無法進出的系統。

cnidarian | 腔腸動物 一種徑向對稱的無脊椎動物，使用刺細胞捕食和防禦。

cochlea | 耳蝸 內耳中充滿液體的部分，形狀似蝸牛殼，內有線性排列的聲音感受細胞。

codominance | 共顯性 兩個對偶基因所產生的表現型完全顯現的情況。

coefficient | 係數 配平化學方程式中物質前面的數字，表示化學反應中每個反應物和生成物的分子或原子數量。

colloid | 膠體 一種混合物，其中包含不沉澱和不溶解的小顆粒。

coma | 彗尾 彗星模糊的較外層。

comet | 彗星 由冰和塵埃結合而成，通常以狹長的橢圓軌道繞太陽運行。

commensalism | 片利共生 一個有機體獲益，但是對另一方既無益又無害的一種共生性關係。

compact bone | 密質骨 堅實但非實心的骨組織，位於骨膜外層的下方。

compaction | 壓實 沉積物在其自身重量的作用下相互壓制在一起的過程。

compass | 羅盤 一個帶有可自由旋轉的磁針的設備；羅盤磁針始終指向北方。

competition | 競爭 有機體之間在同一時間和地點為求生存而爭奪同一有限資源所進行的搏鬥。

complementary colors | 互補色 疊加在一起能夠形成白色光的任意兩種顏色。

complete metamorphosis | 完全蛻變 具有四個不同階段的蛻變類型：卵、幼蟲、蛹和成蟲。

composite volcano | 複式火山 高聳的錐形山，由火山岩層、火山灰層和其他火山噴發物交疊形成。

compound | 化合物 兩個或多個元素按一定比例在化合作用下形成的物質。

compression | 壓縮 1. 擠壓岩石使其折疊或斷裂的壓力。 2. 縱波的一部分，介質顆粒在此位置靠近在一起。

concave lens | 凹透鏡 邊緣厚中心薄的透鏡。

concave mirror | 凹面鏡 表面呈內弧線形的鏡子。

concentration | 濃度 一定體積其他物質中，此物質含有的數量。

concussion | 腦震盪 腦部軟組織與顱骨碰撞時，對腦部造成的創傷。

condensation | 冷凝 氣態轉化為液態。

conditioning | 制約作用 將刺激或反應與好或壞的結果相結合的學習過程。

conduction | 導熱（導電） 1. 熱量從一個粒子轉移到另一個粒子。 2. 一種充電方式，兩個物體直接接觸時，電子可在物體間流動。

conductor | 導體 1. 能夠傳導熱量的材料。 2. 能夠傳遞電荷的材料。

cone | 錐細胞 裸子植物的繁殖細胞。

cones | 視錐細胞 視網膜上感受色彩的細胞。

coniferous tree | 針葉樹 一種樹木，種子為錐形，葉細如針且表面覆有蠟狀物質，以減少水分流失。

conjugation | 接合作用 一種有性生殖方式，一個單細胞有機體將部分遺傳物質傳遞給另一個單細胞有機體。

connective tissue | 結締組織 為身體提供支撐並連接其各部分的一種身體組織。

conservation of charge | 電荷守恆 該定律闡述了電荷既不會增加也不會減少。

conservation plowing | 翻耕保護 土壤保護措施，前一年土壤中的雜草和枯莖被耕種到泥土中。

constraint | 約束 限制設計的各種因素。

constructive force | 建構力量 形成地表形態的各種自然過程。

constructive interference | 建構干涉 當兩個波組合成一個波，而新波的振幅比之前的任何一個都要大時所出現的干涉。

consumer | 消費者 依賴其他有機體供應能量的有機體。

continental (air mass) | 大陸（氣團） 陸地上空形成的乾燥氣團。

continental climate | 大陸氣候 大陸中心的氣候，冬季冷，夏季溫暖或酷熱。

continental drift | 大陸漂移說 大陸在地球表面緩慢移動的學說。

continental glacier | 大陸冰川 大陸或大型島嶼上覆蓋的冰川。

continental shelf | 大陸架 海底略微傾斜的淺水區域，通常從大陸邊緣向外延伸。

continental slope | 大陸斜坡 大陸架邊緣部分急劇陡峭的海底地形。

contour interval | 等高間隔 相鄰等高線的海拔差距。

contour line | 等高線 地圖上相同海拔高度點的連線。

contour plowing | 等高耕種 為保護土壤流失而沿斜坡的曲線進行耕種。

contractile vacuole | 伸縮泡 從細胞質中抽取多餘水分並將其排除到細胞外的細胞構造。

control rod | 操作棒 核反應爐中使用的鎘控制棒，可在裂變反應中獲取中子。

controlled experiment | 控制實驗 一次只改變一個變數的實驗。

convection current | 對流 溫差導致的液體流動，能夠將熱量傳遞到液體的另一個部分。

convection zone | 太陽對流層 太陽內核的最外層。

convergent boundary | 聚合邊界 兩個板塊相向運動的板塊邊界。

convergent evolution | 趨同進化 不相干的有機體演化出相似特徵的過程。

convex lens | 凸透鏡 邊緣薄中心厚的透鏡。

convex mirror | 凸面鏡 表面呈外弧線形的鏡子。

core | （太陽）核心 太陽的中心進行核聚變的區域。

Coriolis effect | 寇裏奧利效應 地球自轉對風向和洋流造成的影響。

cornea | 角膜 眼睛前端覆蓋的透明組織。

corona | 日冕 太陽大氣層的外層。

coronary artery | 冠狀動脈 為心肌輸送血液的動脈。

cosmic background radiation | 宇宙背景輻射 宇宙大爆炸遺留下來的電磁輻射。

cotyledon | 子葉 種子植物的胚芽所產生的葉片，有時候會儲藏食物。

covalent bond | 共價鍵 兩個原子共用電子時所形成的化學鍵。

crater | 火山口 1. 流星撞擊地表產生的一個大型圓坑。2. 火山噴發口周圍形成的一個碗型區域。

critical night length | 臨界夜長 黑夜持續的小時數，決定植物能否開花。

crop rotation | 輪植 每年在耕地種植不同作物來保持土壤肥沃。

crust | 地殼 地球表面的岩層。

crystal | 結晶體 原子按規則順序重複排列形成的固體。

crystalline solid | 結晶固體 由結晶體組成的固體，結晶體的粒子規則重複排列。

crystallization | 結晶化 原子按規則順序排列形成晶狀結構物質的過程。

cumulus | 積雲 蓬鬆的白色雲朵，底部平整，看似圓形棉花。

current | 洋流 海洋中流動的大量海水。

cuticle | 外皮 多數植物莖葉覆蓋的蠟質防水層。

cyclone | 氣旋 低壓空氣的旋渦中心。

cytokinesis | 細胞質分裂 細胞週期的最後階段，細胞質分開，將細胞器分配到兩個新生的子細胞中。

cytoplasm | 細胞質 （原核生物的）細胞膜內或（真核生物的）細胞膜與細胞核之間的黏稠液體。

D

dark energy | 暗能量 促使宇宙加速擴張的一種神秘力量。

dark matter | 暗物質 宇宙中大量存在卻不產生電磁輻射的物質。

day-neutral plant | 日中性植物 開花不受日照時間長度影響的植物。

death rate | 死亡率 在某一時期內，每 1,000 個生命體中的死亡數量。

decibel (dB) | 分貝（dB） 比較不同聲音響度的單位。

deciduous tree | 落葉樹 每年在特定季節落葉而後長出新葉的樹木。

decomposer | 分解者 分解生物廢棄物和死去的有機體並且從中獲取能量，將原料輸送回土壤和水中的有機體。

decomposition | 分解 將化合物分離成簡單生成物的化學反應。

deductive reasoning | 演繹推理 一種解釋事物的方式，從普通概念開始，然後將此概念應用到特定的觀察結果中。

deep-ocean trench | 深海溝 沿海床延伸的深峽谷，海底地殼在此向地幔層緩慢下沉。

deflation | 風蝕 風將物體表面物質剝落的緩慢過程。

degree | （弧）度 計量圓周距離的單位。 一（弧）度等於圓周的 1/360。

delta | 三角洲 河流入海口或入湖口區域沉降形成的地形。

dendrite | 樹突 神經元細胞的線狀延伸，能夠將神經衝動傳遞到細胞體。

density | 密度 一種測量方法，指一定體積的物體質量。

deposition | 沉澱 沉積物下沉到新位置的過程。

depressant | 鎮靜劑 一種能夠減緩中央神經系統活動的藥物。

dermis | 真皮 存在於表皮之下的皮層。

desertification | 沙漠化 沙漠性的狀況逐漸向原先肥沃的土地擴張，這是由於過度耕作、過度放牧、乾旱及氣候變化而導致。

destructive force | 破壞力 拆毀或磨損地球表面的自然過程。

destructive interference | 破壞性干涉 當兩個波組合成一個波，而新波的振幅比之前的任何一個都要小的時候所產生的干涉。

development | 生長 有機生命體在產生更複雜的有機體時發生的變化過程。

dew point | 露點 開始冷凝時的溫度。

diaphragm | 橫膈膜 胸腔底部協助呼吸的一大塊圓頂形肌。

diatomic molecule | 二原子分子 由兩個原子組成的分子。

dicot | 雙子葉植物 子房中具有兩片子葉的被子植物。

Dietary Reference Intakes (DRIs) | 膳食營養素參考攝入量（DRIs） 人體每天需要攝入營養數量的參考指南。

diffraction | 衍射 波通過柵欄或缺口時發生彎曲或擴張。

diffuse reflection | 漫反射 平行光束照射到不平整表面時發生反射，所有反射光線均會改變原來的角度。

diffusion | 擴散 分子傾向于從一個較集中的區域移向一個較不集中的區域的過程。

digestion | 消化 食物分子被分解為更小的營養分子的過程。

digestive system | 消化系統 一個器官系統，其特有的構造能夠獲取並消化食物。

digitizing | 數位化 將資訊轉換為數字，以供電腦使用。

dike | 岩脈牆 岩漿穿過岩層時形成的平而厚的火山岩。

dilute solution | 稀溶液 溶解物很少的溶液混合物。

direct current | 直流電 由電路中始終沿相同方向移動的電荷形成。

directly proportional | 成正比例 該詞用來描述兩個變數之間的關係，其關係圖形是一條通過原點 (0, 0) 的直線。

dispersal | 疏散 有機體從一個地方向另一個地方移動。

divergent boundary | 離散邊界 兩個板塊反向運動的板塊邊界。

divide | 分水嶺 分隔兩個流域的脊狀突起地面。

DNA | DNA 去氧核糖核酸；有機生命體將遺傳資訊從母體傳遞給後代的遺傳物質。

DNA replication | DNA 複製 細胞分裂前，複製自身 DNA 的過程。

dominant allele | 顯性對偶基因 具有顯性對偶基因的有機體始終會表現出此基因特性。

Doppler effect | 多普勒效應 由於波源和觀察者的相對位置改變，而使波的頻率發生改變。

dormancy | 休眠期 有機體停止活動或發育的一段時間。

dormant | 休眠 現在不活動，但未來可能活動（比如火山）。

double bond | 雙鍵 原子共用兩對電子時形成的一種化學鍵。

double helix | 雙螺旋線 DNA 分子的形狀。

duct | 輸送管 腺體釋放化學物質的微小腺管。

ductile | 延展性 該詞用來描述物質可被拉成長線的特性。

dwarf planet | 矮行星 圍繞太陽運行的近似球形的天體，但在其近似軌道上的其他小天體未能清除。

E

ear canal | 耳孔 人體外耳通向耳膜的狹長通道。

eardrum | 耳膜 分隔外耳和中耳的小而緊密的狹長薄膜,接收聲波時產生振動。

echinoderm | 棘皮動物 一種徑向對稱的海洋無脊椎動物,擁有內骨骼和一個注滿液體的管狀系統。

echolocation | 回聲定位 通過聲波的反射來確定距離或物體位置的方法。

eclipse | 蝕 一個物體被另一個物體完全遮擋或部分遮擋的現象。

eclipsing binary | 蝕雙星 雙子星系統中,一顆恆星定期被另一顆恆星遮擋的現象。

ecological footprint | 生態足跡 生物個體為滿足其所需資源並排除廢物所用的土地量和水量。

ecology | 生態學 研究有機體之間以及有機體與環境之間相互影響的學科。

ecosystem | 生態系統 共同生活在一個地方的所有有機體及其無生命環境形成的生態群落。

ectotherm | 外溫動物 體溫由其所在環境的溫度決定的動物。

efficiency | 功效 輸入功轉換成輸出功的百分比。

El Niño | 聖嬰現象 一種異常氣候現象,太平洋地區每隔 2-7 年出現一次,隨後一兩年中風向、洋流和氣候會發生變化。

elastic potential energy | 彈性勢能 拉伸或壓縮物體時產生的能量。

electric circuit | 電路 一個可供電荷流動的閉合完整路徑。

electric current | 電流 電荷在一種物質中持續流動。

electric field | 電場 帶電物體周圍的區域,該物體的電子力受另一帶電物體影響。

electric force | 電子力 帶電物體之間的力。

electric motor | 電動機 一種將電能轉換為機械能的設備。

electrical conductivity | 電導性 物體傳輸電流的能力。

electrical energy | 電能 電荷的能量。

electrical engineering | 電機工程 設計電氣系統,包括電源、控制系統和電信的一種工程。

electromagnet | 電磁鐵 鐵芯周圍纏繞著線圈,電流通過線圈便能產生磁性。

electromagnetic energy | 電磁能 以波的形式在空間中傳播的光線和其他射線具有的能量。

electromagnetic induction | 電磁感應 導體運動通過磁場時產生電流的過程。

electromagnetic radiation | 電磁輻射 通過電磁波在空間中傳遞的能量。

electromagnetic spectrum | 電磁波頻譜 按頻率遞增的順序列出的所有電磁波。

electromagnetic wave | 電磁波 1. 由一個變化電場和一個變化磁場組成的波。 2. 能夠在真空中傳遞電能和磁能的波。

electromagnetism | 電磁學 研究電學和磁學關係的學科。

electron | 電子 帶負電的小粒子,環繞原子核週邊運動。

electron dot diagram | 電子式結構圖 用圓點顯示原子價電子結構的圖。

element | 元素 即使通過化學或物理方法也無法轉變為其他物質的一種純物質。

elevation | 海拔 距離海平面的高度。

ellipse | 橢圓 橢圓形,可被拉長或接近圓形;行星運行的軌道形狀。

elliptical galaxy | 橢圓星系 形似圓形或扁平球形的星系,通常只由老恆星構成。

embryo | 胚胎 1. 有機體受精卵發育的初期階段。 2. 人類受精細胞發育過程中前八週的形態。

emergent layer | 露生層 雨林生態系統的最外層,能夠獲得最多陽光。

emigration | 遷出 人們從一個聚居區域向外移出。

emissions | 排放物 釋放到空氣中的廢棄物。

endangered species | 瀕危物種 未來極有可能滅絕的物種。

endocytosis | 胞吞 細胞膜改變細胞形狀將外部粒子吞入細胞內的過程。

endoplasmic reticulum | 內質網 一種細胞器,其通道網路能夠將蛋白質和其他材料運輸到細胞的其他部分。

endoskeleton | 內骨骼 內部骨骼;在動物體內的結構支撐體系。

endospore | 內生孢子 原核生物(如細菌)在不利條件下產生的結構;圍繞 DNA 和一部分細胞質的厚內壁。

endotherm | 恆溫動物 利用體內產生的熱量來調節體溫的動物。

endothermic change | 吸熱變化 吸收能量的一種變化。

endothermic reaction | 吸熱反應 吸收熱量的一種反應。

energy | 能量 能夠產生功或導致變化的力量。

energy conservation | 能源節約 減少能源的使用。

energy level | 能量級 原子的一個區域，具有相同能量的電子存在於此區域。

energy pyramid | 能量金字塔 一個圖表，顯示了食物網中從一個攝食水準轉換到另一個時所需的能量。

energy transformation | 能量轉換 能量從一種形式轉換為另一種形式；亦稱為能量變換。

engineer | 工程師 利用技術和科學知識解決實際問題的人。

engineering | 工程學 應用科學知識來滿足需求或解決問題的學科。

enzyme | 酶（酵素） 1.一種能夠加速生命體化學反應的蛋白質。 2.一種能夠降低細胞內反應的活化能的生物催化劑。

epicenter | 震中 地震震源直接投射到地球表面的點。

epidermis | 表皮 皮膚的較外一層。

epiglottis | 喉軟骨 封閉氣管的軟組織瓣，能夠防止食物進入肺部。

epithelial tissue | 上皮組織 覆蓋身體內部器官及身體外部表面的組織。

equinox | 春分（秋分） 一年中太陽光線直射到赤道上的那兩天。

era | 代（紀） 前寒武紀至今，最長的三個地質年代之一。

erosion | 侵蝕 岩石和土壤的風化顆粒在水、冰、風或重力作用下移動的過程。

esophagus | 食道 從口腔一直連接到胃部的肌肉質管。

estrogen | 雌激素 卵巢產生的可控制卵子成長和成年女性特徵的一種激素。

estuary | 河口 在河流與海洋交會處形成的一種濕地。

eukaryote | 真核生物 細胞內含有核子的有機體。

eutrophication | 優養化 淡水湖和池塘中的營養物質累積過盛，導致水藻數量劇增。

evacuate | 疏散 為避免受惡劣氣候的影響而暫時離開某個地區。

evaluating | 評估 對比觀測結果和資料，得出結論。

evaporation | 蒸發 吸收足夠的能量之後，液體表面分子從液態變為氣態的過程。

evolution | 進化 隨時間變化；現代有機體從古代有機體轉變而來的過程。

excretion | 排泄 新陳代謝廢物從體內排出的過程。

excretory system | 排泄系統 身體將含氮廢棄物和多餘的鹽和水分排出體外的官能系統。

exocytosis | 胞外分泌 粒子周圍的液泡與細胞膜合併，防止其他物質進入細胞的過程。

exoskeleton | 外骨骼 外部骨骼；保護與支撐許多無脊椎動物的身體並防止水分蒸發的堅韌防水外殼。

exosphere | 外逸層 熱大氣層的較外一層。

exothermic change | 放熱變化 釋放能量的一種變化。

exothermic reaction | 放熱反應 釋放能量的反應，通常以熱量形式釋放。

exotic species | 外來物種 當地本來沒有的，後來被人類從其他地區帶來的物種。

experimental bias | 實驗偏差 設計實驗的時候出現的錯誤，使實驗容易產生特定的結果。

exponential growth | 指數式成長 某族群的人口數以恒速繁殖的生長模式，數量越大，繁殖速度越快。

external fertilization | 體外受精 卵子在雌性個體體外受精。

extinct | 絕種（死火山） 1.該詞用來形容一個已經全部死亡並且沒有尚存個體的有機生物族群。 2.該詞用來形容一座很久沒有爆發並且幾乎不會再次爆發的火山。

extinction | 滅絕 生物族群的所有成員均已從地球上消失。

extrusion | 噴發岩層 岩漿噴發後流經地面凝固後形成的火成岩岩層。

extrusive rock | 噴發岩 岩漿噴發後流經地面後形成的火成岩。

eyepiece | 目鏡 能夠放大物體圖像的透鏡。

F

Fahrenheit scale | 華氏溫標 溫度尺規，水在華氏 32 度結冰，在華氏 212 度沸騰。

Fallopian tube | 輸卵管 卵子從卵巢輸送到子宮的通道。

farsighted | 遠視 人體的眼睛看遠處物體清晰，近處物體模糊。

farsightedness | 遠視 人體的眼睛看遠處物體清晰，近處物體模糊的情況。

fat | 脂肪 含能量的營養物質，由碳、氧和氫組成。

fault | 斷層 岩層移動造成的地殼斷裂面。

feedback | 回饋 改變系統或使系統自我調整的資訊。

fermentation | 發酵作用 細胞在缺氧的情況下分解食物分子並釋放能量的過程。

fertility | 肥沃程度 描述土壤為植物生長提供支援的能力。

fertilization | 受精現象 在有性生殖的過程中，卵細胞和精細胞結合在一起形成新的細胞的過程。

fertilizer | 肥料 提供營養幫助作物生長的物質。

fetus | 胎兒 人類受精細胞發育過程中從第九週至出生時的形態。

field | 實地 實驗室外的區域。

filter feeder | 濾食動物 從水中過濾獲取食物的動物。

fishery | 漁場 富含有價值的海洋有機生物的區域。

flagellum | 鞭毛 幫助細胞運動的長長的鞭狀結構。

flood plain | 河漫灘 沿河流形成的寬而平的陸地區域。

flower | 花 被子植物的繁殖結構。

fluid friction | 流體摩擦 物體在液體中移動時產生的摩擦。

focal point | 焦點 平行於光軸的光束經鏡面（或透鏡）反射（或折射）後，交叉或近似交叉的點。

focus | 震源 地震發生時，地表之下首先受到壓力而斷裂的岩石所處的位置點。

foliated | 葉理岩 該詞用來形容擁有平行層或平行帶狀紋理的變質岩。

follicle | 毛囊 位於皮膚真皮組織中的能夠生長毛髮的結構。

food chain | 食物鏈 生態系統中有機體經由被進食和進食來轉換能量的一連串層級。

food web | 食物網 生態系統中不同有機體之間的食物鏈或交疊供食關係圖。

force | 力 對一個物體或被一個物體施壓。

fossil | 化石 古代有機體被保存下來的軀殼或痕跡。

fossil fuel | 化石燃料 由數百萬年之前的古代有機體形成的煤炭、石油或天然氣；可燃燒以釋放能量。

fracture | 裂痕（骨折） 1. 礦物質不規則斷裂產生的紋路。 2. 骨頭折斷。

free fall | 自由落體運動 物體在只受到重力影響時的自由下落。

frequency | 頻率 在一定時間內，完全通過某點位的波的數量。

frequency modulation | 調頻 通過改變無線電波頻率的方式來傳輸信號的方法。

friction | 摩擦力（摩擦帶電） 1. 兩個物體相互摩擦時，接觸面之間相互施加的力。 2. 不帶電物體相互摩擦時，電子從一個物體轉移到另一個物體。

frond | 複葉 蕨類植物的葉子。

front |（氣）鋒 相遇但並未結合的不同性質氣團的邊界部分。

frost wedging | 冰楔作用 水滲入岩石裂縫後結冰膨脹，最後將岩石脹裂的過程。

fruit | 果實 被子植物中含有一個或多個種子的成熟子房和其它構造。

fruiting body | 子實體 真菌中含有許多菌絲而能夠產生孢子的生殖結構。

fuel rod | 燃料棒 核子反應爐中發生核裂變的鈾棒。

fulcrum | 支點 杠杆藉以轉動的定點。

fundamental tone | 基音 物體最低的自然頻率。

fungus | 真菌 一種真核有機生物，擁有細胞壁，通過孢子繁殖，需要獲取食物才能生長的異養生物。

fuse | 保險絲 一種安全裝置，含有一條過多電流通過電路時會熔化的細金屬帶。

G

galaxy | 星系 重力作用下由單個恒星、恒星系統、星團、塵埃和氣體組成的巨型天體系統。

gallbladder | 膽囊 存儲肝臟產生的膽汁的器官。

galvanometer | 檢流計 利用電磁鐵探測微量電流的設備。

gametophyte | 配子體 植物生命週期的一個階段；製造配子或性細胞。

gamma rays | 伽馬射線 具有最短波長和最高頻率的電磁波。

gas | 氣體 物質的一種狀態，無確切的體積或形狀。

gas giant | 氣體巨星 較遠位置的行星：木星、土星、天王星和海王星。

gasohol | 汽油醇 汽油和酒精的混合物。

gene | 基因 由父母遺傳給子女的決定物種特徵的 DNA 序列。

gene therapy | 基因療法 通過改變基因來治療生理疾病或紊亂失調的過程。 有缺陷或欠缺的基因將被正常的健康基因取代。

generator | 發電機 一種將機械能轉換為電能的設備。

genetic disorder | 遺傳障礙 人體通過基因或染色體遺傳生命特徵時出現異常。

genetic engineering | 基因工程 將一個有機體NDA 中的基因轉移到另一個有機體，製造一個理想的生命特徵的有機體。

genetics | 遺傳學 遺傳問題的科學研究。

genome | 基因組 有機體在其 DNA 中攜帶的一組完整的遺傳資訊。

genotype | 基因型 有機體的遺傳結構，或對偶元基因組合。

genus | 種 血緣十分接近的物種群。

geocentric | 地球中心說 該詞用來形容一種宇宙形式，太陽和其他行星均以地球為中心運行。

geode | 晶洞 內部長有礦物晶體的空心岩石。

Geographic Information System | 地球資訊系統 用來生產互動式地圖的電腦硬體和軟體系統。

geologic time scale | 地質年代表 用來代表地球歷史上地質事件和生命形式的時間年表。

geosphere | 岩石圈 地球最稠密的部分，包括地殼、地幔和地核。

geostationary orbit | 對地靜止軌道 衛星圍繞地球運行的一種軌道，其運行速度與地球自轉速度相同，衛星能夠始終保持在相對地面的靜止位置。

geothermal energy | 地熱能 來自地球內部的巨大熱能。

germination | 萌芽 種子胚胎發芽；種子胚胎在休眠之後重新開始生長。

gestation period | 孕期 哺乳動物從受孕到分娩的時間。

gill | 鰓 在水和血液之間交換氣體的羽狀結構。

gizzard | 砂囊 壁厚的肌肉器官，用於擠壓和碾磨部分消化的食物。

gland | 腺 製造和釋放化學物質，並輸送到輸送管或進入血液循環的器官。

Global Positioning System | 全球定位系統 導航系統，通過衛星信號來確定無線電接收者在地面的位置。

global winds | 全球風 沿穩定方向長距離運動的風。

globular cluster | 球狀星團 由老恒星組成的大密度圓形星團。

glucose | 葡萄糖 1. 一種糖，為身體細胞提供主要的能量。 2. 單一性碳水化合物；組成許多複雜糖類的單體。

Golgi apparatus | 高基氏體 細胞內的胞器，能接受和包裝來自內質網的蛋白質和其他新形成的物質以分配到細胞的其它部分。

gradualism | 漸進主義 物種在很長一段時間下來逐漸積累很小的基因的改變而演化。

grains | 紋理 使岩石具有網紋的礦物顆粒或岩石顆粒。

granite | 花崗岩 在大陸地殼中發現的通常為淺色的火成岩。

grassland | 草原 大部分是草和非木本植物的地區，年降雨量為 25-75 釐米。

gravitational potential energy | 重力勢能 由物體高度決定的勢能。

gravity | 重力（引力） 物體之間相互吸引的力量；令物體向下運動的力量。

greenhouse effect | 溫室效應 特定的氣體將熱量困在地球大氣層中形成熱氣的過程。

greenhouse gases | 溫室氣體 將熱量困在大氣層中的氣體。

groin | 防砂堤 由岩石或混凝土在海灘外側築起的牆，用於防止海水腐蝕。

grounded | 接地 當出現短路時，電路中的電荷將直接通過建築物的地線傳遞到地球大地中。

groundwater | 地下水 地下土壤和岩層的裂縫和空隙中存在的水。

group | 族 元素週期表中位元於同一縱列的元素；亦稱為 "系"。

gully | 溪谷 土壤中的大型溝谷，由暴雨後的水流沖刷而成。

gymnosperm | 裸子植物 直接在毬果的鱗片上結種且沒有果實的種子植物。

H

habitat | 棲息地 為有機體的生存、發育和繁殖提供所需物質的環境。

half-life | 半衰期 放射性原子能量衰減一半所需的時間長度。

hazardous waste | 有害廢物 若不適當處理將會造成危害的材料。

headland | 岬 插入大海的海灘部分。

heat | 導熱 熱量從較熱物體向較冷物體轉移。

heliocentric | 太陽中心說 該詞用來形容一種宇宙形式，地球和其他行星均以太陽為中心運行。

hemoglobin | 血紅蛋白 以化學方式與氧分子結合的含鐵蛋白質；紅血球細胞的絕大組成部分。

heredity | 遺傳 生命特徵從母體傳遞給後代。

hertz (Hz) | 赫茲（Hz） 頻率的計量單位。

Hertzsprung-Russell diagram | 赫羅圖 恒星表面溫度和絕對亮度之間關係的圖表。

heterotroph | 異營 自身無法獲取食物，靠消耗其他生物而取得食物的有機體。

heterozygous | 異型 一個特定的基因有兩個不同的對偶基因。

hibernation | 多眠 動物在冬季最大程度減少活動的狀態。

histamine | 組織胺 造成過敏症狀的化學物質。

homeostasis | 恆定 儘管外部環境發生變化，有機體內仍維持相對穩定的條件。

homologous structures | 同源結構 不同物種從同一祖先繼承的相似結構。

homozygous | 同型 一個特定的基因有兩個完全相同的對偶基因。

hormone | 荷爾蒙 1.影響生長發育的化學物質。 2.由內分泌腺產生的化學物質。

host | 宿主 體內或體外存在寄生生物的有機體，為寄生生物提供生存環境或能量來源。

hot spot | 熱點 岩漿從地幔深處熔化流出地殼的區域。

Hubble's law | 哈勃定律 一種看法，說明距離越遠的星系離開的速度越快。

humid subtropical | 濕潤亞熱帶氣候 熱帶地區邊緣的潮濕溫暖氣候。

humidity | 濕度 一定體積空氣中含有的水蒸汽量。

humus | 腐植質 土壤中的黑色有機物質。

hurricane | 颶風 風速不低於每小時 119 千米的熱帶風暴。

hybrid | 雜種 某一特性含有兩種不同對偶基因的雜交後代。

hybridization | 雜交 使相異個體配種以結合雙方生物最佳遺傳性狀的配種技術。

hydrocarbon | 碳氫化合物（烴） 只含碳原子和氫原子的有機化合物。

hydroelectric power | 水力發電 利用瀑布或水壩中水流運動的動能進行發電。

hydrogen ion | 氫離子 氫原子失去電子後形成的帶正電荷的粒子（H+）。

hydrosphere | 水圈 地球的一部分，由任何形式的水構成，包括海洋、冰川、河流、湖泊、地下水和水蒸氣。

hydroxide ion | 氫氧離子（羥） 由氫和氧構成的帶負電荷的離子（OH－）。

hypertension | 高血症 一種疾病，人體血壓始終高於正常水準；亦稱為"高血壓"。

hyphae | 菌絲 多細胞真菌身體上線狀分叉管。

hypothalamus | 下視丘 腦部中連接神經系統和內分泌系統的部分。

hypothesis | 假設 針對一連串觀察可能的解釋或針對科學問題可能的答案；必須進行驗證。

I

igneous rock | 火成岩 地表或地下的熔融岩石冷卻之後形成的岩石。

image | 圖像 光線反射或折射後出現的物體影像。

immigration | 移民 人們移入一個聚居區域。

immune response | 免疫反應 身體防禦病原體的一種能力，免疫系統的細胞採用專門有針對性的防禦方式來攻擊各種病原體。

immunity | 免疫力 在病原體導致身體疾病之前將其摧毀的能力。

impermeable | 防滲 物質的一種特性，如黏土和花崗石，水分不能輕易進入此物質。

imprinting | 銘記 一種學習行為，雛鳥和新生的哺乳動物會跟隨他們第一眼看到的運動物體。

impulse | 衝動 神經系統中載有資訊的電子訊息。

inbreeding | 同系繁殖 將特徵相似的兩個個體繼續交配的配種技術。

incineration | 焚化 焚燒固體垃圾。

inclined plane | 斜面 表面平整傾斜的一種簡單機械裝置。

incomplete dominance | 不完全顯性 一個對偶基因未完全控制另一個對偶基因的情況。

incomplete metamorphosis | 不完全蛻變 具有三個不同階段的蛻變類型：卵、若蟲和成蟲。

index contour | 標準等高線 地圖上，一條標記有此處海拔高度的較粗的等高線。

index fossil | 標準化石 生活在某個為期短暫的地質年代且廣泛分佈的有機體的化石。

index of refraction | 折射率 光線從一種介質進入另一種介質時，光線彎曲的程度。

indicator | 指示劑 遇酸或鹼時，顏色發生變化的化合物。

induction | （電磁）感應 一個物體受另一物體電場影響發生的電荷重新分配；物體之間並未直接接觸。

inductive reasoning | 歸納推理 使用確切的觀察結果進行類化歸納。

inertia | 慣性 物體阻止運動方向發生變化的傾向。

infectious disease | 傳染性疾病 由存在於體內的生命體所造成，而能夠在有機體之間相互傳播的疾病。

inflammatory response | 炎症反應 身體防禦病原體的一種能力，白血球和體液從血管流出到組織中並摧毀病原體。

infrared radiation | 紅外線輻射 電磁波，波長大於可見光但小於微波。

infrared rays | 紅外線 與微波相比，具有較短波長和較高頻率的電磁波。

inhibitor | 抑制劑 一種能夠降低反應速度的物質。

inner core | 內核 含固體鐵和鎳的密實球體部分，位於地球內核心。

inorganic | 無機物 非由生命體或生命體殘骸形成。

input | 輸入 進入到系統中的物質、能量或資訊。

input force | 輸入力 作用於機械的力。

insight learning | 領悟學習 學習如何利用已經獲取的知識來解決問題或進行創新的過程。

instantaneous speed | 瞬時速度 物體在某一時刻的即時速度。

instinct | 本能 一種先天行為，動物根據第一反應採取正確行動。

insulation | 隔熱材料 一種材料，其內部的空氣可以阻止熱量向建築物外部傳遞。

insulator | 絕緣體（絕熱體） 1. 不能夠輕易傳導熱量的材料。 2. 不能夠輕易傳遞電荷的材料。

insulin | 胰島素 胰腺產生的一種激素，能夠令身體細胞從血液中獲取葡萄糖並轉換為能量。

intensity | 強度 波通過單位區域時，每秒鐘攜帶的能量。

interference | 干涉 波與波相遇時的相互干擾。

internal fertilization | 體內受精 卵子在雌性個體體內受精。

interneuron | 中間神經元 將神經衝動傳遞到另一個神經元細胞的神經元細胞。

interphase | 分裂期 細胞週期的第一個階段，處於細胞分裂前，細胞開始生長並複製自身DNA。

intertidal zone | 潮間帶 陸地上的高潮線和大陸架上的低潮線之間的濱海區域。

intestine | 腸 完成消化以吸收食物的器官。

intrusion | 侵入層 岩漿在地表下凝固形成的火成岩岩層。

intrusive rock | 侵入岩 岩漿在地表下凝固形成的火成岩。

inversely proportional | 成反比例 該詞用來描述兩個變數之間的關係，兩變數的相乘值始終不變。

invertebrate | 無脊椎動物 沒有脊椎的動物。

involuntary muscle | 不隨意肌 一種不可用意識控制的肌肉。

ion | 離子 一個或一組帶電荷的原子。

ionic bond | 離子鍵 不同電荷離子間的吸引。

ionic compound | 離子化合物 由正負離子組成的化合物。

ionosphere | 電離層 熱大氣層的較下一層。

iris | 虹膜 瞳孔周圍的環狀肌肉，可調節進入眼睛的光線；是眼睛的有色部分。

irregular galaxy | 不規則星系 形狀不規則的星系。

island arc | 弧形列島 一連串火山島，由一個海洋板塊俯衝至另一個海洋板塊下方形成。

isobar | 等壓線 氣候地圖上，氣壓相同地點的連線。

isotherm | 等溫線 氣候地圖上，溫度相同地點的連線。

isotope | 同位素 單一元素的許多形式之一，其中包含的質子數相同但中子數不同。

J

jet streams | 噴射氣流 地表上方速度約 10 千米的高速風流。

joule | 焦耳 功的單位，等於 1 牛頓米。

K

karst topography | 喀斯特地貌 一種地貌形態，石灰岩接近地表時形成了深谷、岩洞和天坑。

karyotype | 染色體組型 所有人類細胞染色體成對按逐減順序排列的圖形。

Kelvin scale | 開氏溫標 溫度尺規，物質在不具有任何能量時的溫度為零。

kettle | 鍋穴 厚重冰塊在冰川沉積物上留下的小窪地。

keystone species | 關鍵物種 在一個生態系統中影響許多其他物種生存的物種。

kidney | 腎臟 排泄系統的主要器官；從血液中排除尿素和其他廢物。

kinetic energy | 動能 物體運動時具有的能力。

Kuiper belt | 庫伯帶 海王星軌道之外，到 100 倍地日距離之間的區域。

L

La Niña | 反聖嬰現象 一種氣候現象，東太平洋表面水溫低於正常時的溫度。

land breeze | 陸風 陸地吹向海洋的風。

land reclamation | 開墾荒地 將土地恢復至更自然富饒的狀態。

landform | 地形 塑造地球表面的過程所形成的地貌特徵。

landform region | 地形區 主要由一種類型地形組成地貌的大片陸地區域。

large intestine | 大腸 消化系統的最後一個部分，水分在此被吸收進入血流，剩餘物質被排除體外。

larva | 幼蟲 有機體的未成熟階段，外形與成蟲截然不同。

larynx | 喉 發音部位；位於氣管上方，喉軟骨下方。

latitude | 緯度 赤道南方或北方距離赤道的度數。

lava | 火山岩 到達地球表面的液態岩漿。

law of conservation of energy | 能量守恆定律 能量既不會增加也不會減少。

law of conservation of mass | 質量守恆定律 任何化學變化或物理變化過程中，物體質量既不會增加也不會減少。

law of conservation of momentum | 動量守恆定律 在沒有外力作用的情況下，相互影響的物體之間的總動量既不會增加也不會減少。

law of superposition | 疊加定律 地質理論，水平方向的沉積岩岩層，任何一層的地質年代比其上面一層年老，比其下面一層年輕。

law of universal gravitation | 萬有引力定律 科學定律，宇宙中的每個物體均會對其他每個物體產生吸引力。

leachate | 滲濾污水 水流過和溶解填埋場掩埋的廢物化學物質時產生的污染液體。

learning | 學習 由於實踐或經驗而造成行為上的改變的過程。

leeward | 背風面 非迎風一邊的山脈。

lens | 水晶體（透鏡） 1. 使進入眼中的光線集中的彈性構造。 2. 用來折射光線的一片弧形玻璃或其他透明材料。

lever | 杠杆 一種簡單機械裝置，是能圍繞固定點轉動的一根硬棒。

lichen | 地衣 真菌和藻類或自營細菌的結合物，兩種有機物之間存在共贏的生存關係。

ligament | 韌帶 使骨骼與活動關節結合在一起的堅韌結締組織。

light-year | 光年 光一年走過的距離，大約 9.5 萬億千米。

limiting factor | 限制因素 導致人口成長降低的環境因素。

lipid | 脂質 由碳、氫和氧原子構成的有機化合物，比如脂肪、油或蠟，具有豐富能量。

liquid | 液體 一種物質狀態，沒有明確的形狀，但有確切的體積。

lithosphere | 岩石圈 地殼和地幔的最上面一層堅硬部分。

litter | 落葉層 含枯葉和枯草的肥沃土地的最上層。

liver | 肝臟 體內最大的器官；在許多身體活動中起著重要作用，比如為消化系統分泌膽汁。

loam | 沃土 富饒肥沃的土壤，由等量的黏土、砂石和淤泥構成。

loess | 黃土 風化沉積物，由黏土和淤泥微粒構成。

long-day plant | 長日照植物 當夜晚較植物的臨界夜長更短時會開花的植物。

longitude | 經度 本初子午線東方或西方距離本初子午線的度數。

longitudinal wave | 縱波 在介質中移動時，振動方向與行進方向平行的波。

longshore drift | 沿岸物質流 波浪以特定角度衝擊海岸時導致水和沉積物在海灘運動。

loudness | 響度 對聲音的能量的感覺。

lunar eclipse | 月蝕 當地球位於太陽和月球正中間時陽光無法照射到月球的現象。

lung | 肺部 1. 吸氣脊椎動物的一個器官，能夠與血液交換氧和二氧化碳。 2. 人體呼吸系統的兩個重要器官之一。

luster | 光澤 礦物質表面反射光線的一種方式。

lymph | 淋巴 水和其他溶解物質組成的液體，由淋巴系統生成並傳遞到血流中。

lymph node | 淋巴結 淋巴系統中的小球體組織，能夠過濾淋巴並捕殺引起疾病的細菌或其他微生物。

lymphatic system | 淋巴系統 一個類似靜脈的血管網路，能夠將滲漏到血管外的液體送回血流。

lymphocyte | 淋巴細胞 一種能夠識別各種病原體的白血球。

lysosome | 溶酶體 一種含化學物質的細胞器，能夠將較大的食物顆粒分解成供其他細胞組織利用的較小顆粒。

M

machine | 機械 一種能改改變施力大小、施力距離或施力方向的裝置。

magma | 岩漿 來自地幔的氣體、水和成岩物質形成的熔融混合物。

magnetic declination | 偏磁角 地理北極與羅盤指示的北極之間形成的角度。

magnetic field | 磁場 磁體周圍存在磁力的區域。

magnetic force | 磁力 磁極相互作用產生的力。

magnetic pole | 磁極 磁體兩端，磁力最強。

magnetism | 磁力現象 磁力材料相互間的吸引力或排斥力。

magnitude | 震級 根據地震波和斷層移動來確定的地震強度。

main sequence | 主星序 赫羅圖上的對角線區域，涵蓋了 90% 以上的恒星。

malleable | 可鍛造性 該詞用來描述可經過捶打或碾製鑄造成平薄板的材料。

mammal | 哺乳動物 一種脊椎動物，體溫可通過自身熱量調節，皮膚覆蓋有毛髮，乳腺可製造乳汁滋養其幼兒。

mammary gland | 乳腺 雌性哺乳動物製造乳汁以滋養幼兒的器官。

manipulated variable | 被控變數 試驗過程中科學家可改變的因素；亦稱為 "自變量"。

mantle | 地幔 熱的固體材料層，位於地殼和地核之間。

map projection | 地圖投影 將地球表面上的點轉移至一個平面圖上的線框。

maria | 月海 月球表面的黑暗平坦區域，由年代久遠的大型熔岩流形成。

marine climate | 海洋氣候 一些沿海地區的氣候，冬季相對溫暖，夏季則相對涼爽。

marrow | 脊髓 軟結締組織，充滿骨骼的內部空間。

marsupial | 有袋動物 一種哺乳動物，其幼兒提前出生後通常在母體的小袋中繼續生長。

mass | 質量 物體所含物質的數量。

mass extinction | 大滅絕 許多生物同時絕跡的事件。

mass movement | 塊體運動 在重力作用下，沉積物向下移動的一種過程。

mass number | 質量數 原子核中的質子和中子總數。

matter | 物質 有質量且佔據一定空間的任何物體。

mean | 平均值 一組數據的平均數。

meander | 曲流 河流流動過程中的環狀彎曲處。

mechanical advantage | 機械利益 機械增大作用於其上的力的次數。

mechanical energy | 機械能 與物體的運動或位置相關的動能或勢能。

mechanical engineering | 機械工程 有關機械的設計、製造和運行的一種工程。

mechanical wave | 機械波 須介質進行傳播的波。

mechanical weathering | 機械風化 岩石經物理作用而分裂成較小部分的風化。

median | 中位數 一組數據的中間數。

medium | 介質 波傳播的材料。

medusa | 水母 一種腔腸動物，呈敞開式傘狀，是自游生物。

meiosis | 減數分裂 性細胞（精子和卵子）形成過程，染色體數量減半的過程。

melanin | 黑色素 決定皮膚膚色的色素。

melting point | 熔點 物質由固體變成液體的溫度；與凝點溫度相同，或液體變成固體的溫度。

meniscus | 彎月面 液體柱中的液體的彎曲上表面。

mercury barometer | 水銀氣壓計 測量空氣壓力變化的儀器，由局部填入水銀玻璃管組成，開放式末端置於水銀盤中。

mesosphere | 中間層 地球大氣層中位於平流層上方的一層。

messenger RNA | 傳訊物質 RNA 將胺基酸組成為蛋白質的指令樣本從 DNA 攜帶至細胞質中的核糖體的一種 RNA。

metabolism | 新陳代謝 有機體製造或分解物質的化學反應組合。

metal | 金屬 一類元素，有光滑度、可鍛性、延展性和傳導性等物理屬性。

metallic bond | 金屬鍵 正金屬離子和其周圍的電子之間的吸引。

metalloid | 類金屬 含某些金屬和非金屬特性的元素。

metamorphic rock | 變質岩 一種岩石，由現有岩石經過熱量、壓力的改變或化學反應演變而成。

metamorphosis | 蛻變 動物在其生命週期中體形經歷主要變化的過程。

meteor | 流星 流星體在地球大氣層中燃燒產生的一束光。

meteorite | 隕星 穿過大氣層抵達地球表面的流星體。

meteoroid | 流星體 太空中的岩石或塵埃厚塊，一般比小行星體積小。

metric system | 公制 一種十進位的測量體系。

microgravity | 失重 軌道中的無重力狀態。

microorganism | 微生物 只有在顯微鏡下才能觀察到的生物。

microscope | 顯微鏡 觀察細微物體的儀器。

microwaves | 微波 與無線電波對比，波長較短和頻率較高的電磁波。

mid-ocean ridge | 中洋脊 海底山脈，新海底產生的地方；海底的離散板塊邊界。

migration | 遷移 動物從一個環境轉移至另一環境以生活或繁殖的有規律的季節性旅程。

mineral | 礦物 1. 自然產生的固體，可通過無機過程形成，含晶體結構和絕對的化學成分。 2. 身體所需而無法由生命體製造的少量無機營養素。

mirage | 海市蜃樓 遠距離物體的影像，光穿過不同溫度的大氣後折射形成。

mitochondria | 線粒體 杆狀細胞器，將食物分子中的能量轉化成可執行功能的細胞能量。

mitosis | 有絲分裂 細胞週期的第二階段；在該階段中，細胞核分裂成兩個新核，一組 DNA 分配至每組子細胞。

mixture | 混合物 由兩個或更多元素或化合物以物理性而非化學性組合在一起的物質。

mode | 眾數 出現頻率最大的數字。

model | 模型 一種呈現複雜物體或過程的方式，幫助人們理解不能直接觀察到的概念。

Modified Mercalli scale | 修訂麥氏地震烈度表 確定地震強度的尺規。

Mohs hardness scale | 莫氏硬度表 分十級，以十種礦物做標準，從最軟的到最堅硬的依次排列；用以測試礦物的硬度。

mold | 印模 一種化石，沉積物的中空區域，呈有機體或有機體部分形態。

molecular compound | 分子化合物 由分子組成的化合物。

molecule | 分子 因共價鍵連接在一起的兩個或更多原子的不帶電體。

mollusk | 軟體動物 無脊椎動物，軟體，有不分節軀體；大多由一個堅硬的外殼作保護。

molting | 蛻殼 蛻去外骨骼的過程。

moment magnitude scale | 矩震級 估算地震釋放的總能量而為地震分級的尺規。

momentum | 動量 物體質量和速度的乘積。

monocot | 單子葉植物 只有一個子葉的被子植物。

monotreme | 單孔類動物 產卵的哺乳動物。

monsoon | 季風 大範圍的海風或陸風，方向隨季節性變化。

moraine | 冰磧 冰川邊緣的沉積物形成的山脊。

motion | 運動 一個物體與另一個物體之間的距離發生變化的狀態。

motor neuron | 運動神經元 將脈衝攜帶至肌肉或腺體引起肌肉或腺體反應的神經元。

mountain range | 山脈 形態、結構、面積和年代有密切關係的山體。

mucus | 黏液 身體產生的粘滑物質。

multiple alleles | 複數對偶基因 決定性狀的三個或多個對偶基因。

municipal solid waste | 都市固體廢物 生活垃圾、商業垃圾、學校垃圾和社區垃圾。

mutation | 突變 基因或染色體 DNA 的任何變化。

mutualism | 互利共生 兩個物種從關係中獲利的共生關係。

N

natural selection | 天擇 最適於環境的有機體最能成功生存與繁殖的過程。

neap tide | 退潮 在連續高潮和低潮的過程中出現的有最小差值的潮。

nearsighted | 近視 人體的眼睛看近處物體清晰，遠處物體模糊的情況。

nebula | 星雲 太空中氣體和塵埃的大型雲團。

negative feedback | 負反饋 系統因自製條件關閉的過程。

nekton | 自游生物 可游過水柱的自游動物。

nephron | 腎單位 腎臟內將雜質排出血液並生產尿液的微小過濾結構。

neritic zone | 淺海帶 低潮線延伸至大陸架邊緣的海洋區域。

nerve | 神經 一束神經纖維。

nerve impulse | 神經脈衝 神經元攜帶的資訊。

nervous system | 神經系統 接收環境資訊並調節回應的器官系統。

nervous tissue | 神經組織 在大腦和身體其他部分之間來回傳輸電訊號的人體組織。

net force | 淨力 當作用於物體上的單個力疊加在一起時的總力。

neuron | 神經元 神經系統中攜帶資訊的細胞。

neutralization | 中和 酸鹼反應，產生不同於初始液體的非酸鹼性液體。

neutron | 中子 原子核中的小粒子，無電荷。

neutron star | 中子星 超新星爆炸後剩下的密度高質量大的小恒星。

newton | 牛頓 測量單位，1 千克物體以 1 m/s2 的加速度運動所需的力。

Newton's first law of motion | 牛頓第一運動定律 科學定律，在不受外力作用下，靜止物體仍將靜止，運動物體仍將以恒定速度和方向運動。

niche | 區位 有機體生活在其棲所環境中的方式，和有機體與其棲所環境中的生物和非生物因素相互作用的方式。

nitrogen bases | 含氮鹽基 含氮和其他元素的分子。

nitrogen fixation | 固氮作用 將游離態氮氣轉為植物可吸收與利用的氮化合物的過程。

noble gas | 惰性氣體 元素週期表中第 18 族的元素。

node | 節點 駐波上的零振幅點。

nodule | 礦瘤 貝殼周圍積聚金屬（如錳）時形成的位於海底的礦物塊。

noninfectious disease | 非傳染性疾病 非病原體引起的疾病。

nonpoint source | 非（污染）點源 大範圍傳播的污染源，很難找到傳播源頭。

nonpolar bond | 非極性鍵 電子被均等共用的共價鍵。

normal fault | 正斷層 一種斷層，斷層下方岩層向下滑移；因地殼拉力引起。

notochord | 脊索 支撐脊索動物身體背部的彈性桿狀體，位於神經索正下方。

nuclear energy | 核能 原子核儲存的潛在能量。

nuclear fission | 核分裂 原子核分裂成兩個較小核子和中子，釋放出大量能量。

nuclear fusion | 核融合 兩個原子核合併成一個較大原子核的過程，產生重元素並釋放大量能量；恒星產生能量的過程。

nuclear reaction | 核反應 原子核中的粒子的反應，將一種元素轉化成另一種元素的反應。

nucleic acid | 核酸 大型有機分子，由碳、氧、氫、氮和磷組成，含有執行各項生命機能所需的指令單元。

nucleus | 原子核 1. 位於細胞中的大型橢圓形細胞器官，含細胞的基因物質 DNA，並控制許多細胞的活動。 2. 原子的中心，含質子和中子。 3. 彗星的實心。

nutrient | 營養素 1. 如氮或磷的一種物質，可促使植物和藻類生長。 2. 食物中的物質，提供生物體進行基本活動所需的原料和能量。

nutrient depletion | 養分耗竭 土壤養分的消耗量超過分解者所能供應量的一種狀況。

nymph | 若蟲 動物未成熟蛻變的階段，通常與成體昆蟲形式相似。

O

objective | 物鏡；客觀 1. 彙聚來自物體的光並形成實像的透鏡。 2. 根據可得證據進行決策或總結的行為。

obsolete | 廢棄 不再使用。

occluded | 錮囚 阻斷，例如暖氣團被兩個較冷氣團阻攔。

Ohm's law | 歐姆定律 說明電路中的電阻等於電壓除以電流的一種定律。

omnivore | 雜食動物 捕食動植物以吸取能量的消耗者。

Oort cloud | 奧爾特雲 彗星的球面區，環繞太陽系運行。

opaque | 不透光物 一類材料，反射或吸收到達它上面的所有光。

open circulatory system | 開放循環系統 一種循環系統；在該系統中，心臟將血液輸送至身體的開放空間，而且血液沒有限制在血管中。

open cluster | 疏散星團 較弱引力聯繫的，形狀不規則的星團，含有的恒星數目不超過數千顆。

open system | 開放系統 物質可從周圍環境進入或物質可進入周圍環境的一個系統。

open-ocean zone | 公海 大陸架邊緣外的最深最黑暗的區域。

optic nerve | 視神經 攜帶從眼睛傳遞至大腦的信號的短而厚的神經。

optical axis | 光軸 將鏡子一分為二的一條虛線。

optical telescope | 光學望遠鏡 用透鏡或鏡子彙聚可見光的望遠鏡。

orbit | 軌道 天體繞太空中另一天體運行的道路。

orbital velocity | 軌道速度 火箭須達到的速度，以便形成環繞太空天體運行的軌道。

organ | 器官 一種身體結構，由共同工作的不同類型的組織構成。

organ system | 器官系統 共同執行重要功能的一組器官。

organelle | 胞器 細胞內執行特定功能的微小細胞結構。

organic rock | 有機岩 沉積岩，經厚層沉積的有機體殘骸形成。

osmosis | 滲透作用 水分子透過選擇性的滲透性薄膜而擴散。

outer core | 外核 含熔化狀態的鐵和鎳的一層，位於地球內核心周圍。

output | 輸出 系統產生的物質、能量、結果和產物。

output force | 輸出力 機械作用於物體的力。

ovary | 子房（卵巢） 1. 圍繞與保護生長中的胚珠和種子的花狀構造。 2. 雌性生殖系統中的一個器官，能夠產生卵子和雌性激素。

overtone | 泛音 多重基調頻率的自然頻率。

ovulation | 排卵 卵巢將成熟卵輸送至輸卵管的過程。

ovule | 胚珠 種子植物產生雌性配子體的結構；含卵細胞。

oxbow lake | 牛軛湖 河流被割斷的曲流。

oxidation | 氧化 物質與氧氣化合的化學變化，例如鐵氧化形成鐵銹。

ozone | 臭氧 一種氧氣形式，每個分子含三個氧原子，而非一般情況的兩個氧原子；在接近地球表面形成時對有機體有害。

ozone layer | 臭氧層 大氣層的較上層，含較高臭氧濃度。

P

P wave | P 波 壓縮與拉升地面的一種地震波。

pacemaker | 起搏器 位於右心房的細胞群，發出能使心肌收縮的信號，可調節心率。

paleontologist | 古生物學者 通過研究化石以瞭解生活在遠古時代的生物的科學家。

pancreas | 胰臟 呈三角形的器官，位於胃部和小腸第一段之間；產生可分解營養素的消化酶。

Pangaea | 盤古大陸 2 億年前開始分裂開並形成現今陸地的單個地塊的名稱。

parallax | 視差 觀看角度不同時，物體的位置的明顯變化。

parallel circuit | 並聯電路 不同電路元件位於單獨分支的電路。

parasite | 寄生物 在寄生交互作用時，與宿主共生，或寄生於宿主的身上或體內的有機體。

parasitism | 寄生現象 一個有機體與宿主共生，或住在其身上或體內並對其造成傷害的共生關係。

passive immunity | 被動免疫 一個人服用抗生素產生的免疫，而非此人自己身體生成。

passive transport | 被動運輸 分解的物質在沒有使用細胞能量時穿過細胞膜的運動。

pasteurization | 巴氏滅菌法 將食物加熱至某個溫度，以殺滅大多數有害細菌而且不改變食物口感的過程。

pathogen | 病原體 造成疾病的有機體。

peat | 泥炭 泥沼中累積的無生命泥炭蘚的壓縮層。

pedigree | 譜系 顯示根據一個家族幾代關係存在或缺乏遺傳性狀的圖表。

penumbra | 半影 最黑暗區域周圍的影子部分。

Percent Daily Value | 日需百分率 對於一個每天消耗 2000 卡路里能量的人來說，一份食物中含有的營養物質的數量標準。

percent error | 百分誤差 確定實驗值是否完全等於或接近於真實值的結算結果。

period | 週期元素；紀 1. 元素週期表中的橫排元素。 2. 地質學家劃分代的地質時間劃分單位。

peripheral nervous system | 周邊神經系統 中央神經系統之外的其他所有神經組織。

peristalsis | 蠕動 平滑肌收縮以提供食物經過食道來到胃部的作用力。

permafrost | 永凍層 位於凍原生物群系氣候區域的永久冰凍的土壤。

permeable | 滲透性 材料的一種性質，含連接的空氣空間或氣孔，可使水分輕易滲透。

petrified fossil | 木化石 礦物質取代全部或部分有機體的化石。

petrochemical | 石化產品 石油製成的化合物。

petroleum | 石油 液體化石燃料；油。

pH scale | PH 酸鹼值 用來表示物質酸鹼度的數值範圍；表示溶液中氫離子的濃度。

phagocyte | 吞噬細胞 白血球細胞，可吞沒破壞並分解病原體。

pharynx | 咽 喉嚨；呼吸消化系統的一部分。

phase | 位相 從地球上觀看時，月亮的明顯不同形狀的一種。

phenotype | 表現型 有機體的物理特徵，或可見特徵。

pheromone | 信息素 一個動物發出的可影響另一個同物種動物行為的化學物質。

phloem | 韌皮部 某些植物讓食物藉以進入體內的維管組織。

photochemical smog | 光化煙霧 呈棕色的厚煙霧，是污染物與陽光反應時形成的臭氧和其他化學物質的混合物。

photoelectric effect | 光電效應 當被光照射時物質釋放電子的反應。

photon | 光子 光能的微小粒子。

photoperiodism | 向光性 植物對晝夜長短的季節變化的回應。

photosphere | 光球層 發出可見光的太陽大氣層內層；太陽表面。

photosynthesis | 光合作用 植物和其他自養生物用來捕捉和使用光能以將二氧化碳和水製造成食物的過程。

physical change | 物理變化 改變物質形態或外觀但不改變成另一種物質的變化。

physical property | 物理屬性 純物質的特徵，可在不改變成另一種物質時觀測到。

pigment | 色素（顏料） 1. 吸收光的有色化合物。 2. 對其他材料染色的有色物質。

pioneer species | 先驅物種 演替期間聚居於某個地區的第一個物種。

pipe | 火山筒 岩漿從岩漿房移動至地表的狹長管道。

pistil | 雌蕊 花的雌性生殖部位。

pitch | 音高 聲音的高低程度。

pituitary gland | 腦下垂體 調節多項身體活動的內分泌腺，可控制許多其他內分泌腺。

pixel | 圖元 一比特的數位圖像，通常以一小方形或圓點表示。

placenta | 胎盤 多數妊娠哺乳動物（包括人類）體內的器官，連接母體和發育中的胚胎，並允許物質在其間通過。

placental mammal | 胎盤哺乳動物 機體能獨立存活前在母體內部成長的哺乳動物。

plain | 平原 平坦或起伏平緩的地表形態，低地貌。

plane mirror | 平面鏡 產生與物體一樣大小的正立實像的扁平鏡。

planet | 行星 環繞恒星運行的天體，自身重力可使它變成圓形，而且清除了軌道區域。

planetesimal | 微行星 類小行星天體之一，是形成行星基石的物體。

plankton | 浮游生物 水面浮游的小型水藻和微小動物，隨著水波遊動。

plasma | 血漿（等離子體） 1. 血液中的液體部分。 2. 物質的類氣體形態，由自由電子和已去除電子的原子的混合物組成。

plate | 板塊 岩石圈的一部分，承載大陸和海洋地殼在岩流圈上緩慢移動。

plate tectonics | 板塊構造學 說明地球岩石圈由於地幔中的對流體而不斷運動的理論。

plateau | 高原 海拔較高，地勢起伏較小的大片平地。

platelet | 血小板 對血液凝結具有重要作用的細胞碎片。

plucking | 冰蝕 冰川流過地面時挖掘岩石的過程。

point source | 點源 可識別的特定污染源。

polar bond | 極性鍵 共價鍵，電子未被均一地共用。

polar zones | 極帶 靠近兩極的區域，約北緯66.5-90 度和南緯 66.5-90 度。

polarization | 極化 電子被外電場吸引或排斥，導致電子在其自己的原子內運動的過程。

polarized light | 偏振光 過濾的光，其所有光波相互平行。

pollen | 花粉 含精原細胞的種子植物生成的微小結構（雄配子體）。

pollination | 授粉 花粉從雄性再生結構至雌性再生結構的傳送過程。

polyatomic ion | 多原子離子 由多個原子構成的離子。

polygenic inheritance | 多基因遺傳特徵 由兩個或多個基因控制的遺傳性狀，如人體的身高。

polyp | 珊瑚蟲 腔腸動物，呈直立花瓶形狀，通常附著於水面下的表面而生活。

population | 族群 居住在相同區域內的相同物種的所有成員。

population density | 族群密度 每個單位面積的個體數。

potential energy | 勢能 物體因其位置而擁有的能量；也指物體的內儲能，如化學鍵中儲存的能量。

power | 功率 一種形式能量轉換成另一種形式能量的比例。

precipitate | 析出物 化學反應中溶液形成的固體。

precision | 精確度 測量結果的接近度。

predation | 捕食行為 一種生物體捕殺另一種生物體而獲取食物或營養的互動行為。

predator | 食肉動物 在捕食過程中進行獵殺的生物體。

pressure | 壓力 對表面所施加的力除以該表面的面積。

prey | 獵物 在捕食過程中被另一種生物體捕殺作為食物的生物體。

primary succession | 初級演替 在一個沒有土壤或生物存在痕跡的區域發生的一系列變化。

prime meridian | 本初子午線 從北極至南極繞半圈並經過英國格林威治的線。

producer | 製造者 自己製造食物的生物體。

product | 產物 化學反應形成的物質。

prokaryote | 原核生物 缺乏細胞核和其他細胞結構的單細胞有機體。

prominence | 日珥 太陽表面凸起的巨大紅色氣環，是太陽黑子的區域的連接部分。

protein | 蛋白質 由碳、氫、氧、氮和硫組成的大型有機分子。

protist | 原生生物 不能列為動物、植物或真菌的真核生物。

protons | 質子 位於原子核心的帶正電的小粒子。

protostar | 原恆星 氣體和塵埃組成的收縮雲，其質量足以形成一顆恆星。

prototype | 原型 用於測試設計的工作模型。

protozoan | 原生動物 單細胞，像動物一樣的原生生物。

pseudopod | 偽足 某些原生動物用來捕食和移動的 "假足" 或細胞質臨時隆起物。

psychrometer | 濕度計 用以測量相對濕度的儀器。

pulley | 滑輪 用繩子或鋼纜繞在槽輪上組成的簡單機械。

pulsar | 脈衝星 產生無線電波的快速旋轉的中子星。

punctuated equilibrium | 中斷平衡 一段很長的穩定期被變化較快速的短暫時期打斷的演化模式。

Punnett square | 龐氏表 可顯示因基因交配產生的所有對偶基因組合形式的圖表。

pupa | 蛹 完全蛻變的第三階段，幼蟲發展成為成蟲的階段。

pupil | 瞳孔 虹膜中央讓光線射入眼睛的小開口。

purebred | 純種 含相同遺傳特徵的交配後代。

pyroclastic flow | 火山灰流 火山爆發時流下來的火山灰、火山渣、球狀熔岩和氣體。

Q

qualitative observation | 定性觀測 對無法用數字表示的特性進行的觀察。

quantitative observation | 定量觀測 對數量的觀測。

quasar | 類星體 一種非常光亮的遙遠星系，中間有個巨大黑洞。

R

radial symmetry | 輻射對稱 一種身體藍圖，所有通過中央點的任何虛線可將動物分成兩個鏡像。

radiation | 輻射 以電磁波進行能量轉化。

radiation zone | 輻射區 太陽內部密集的氣體區，能源主要以電磁輻射的形式進行轉化。

radio telescope | 無線電望遠鏡 探測太空中天體發出的無線電波的儀器。

radio waves | 無線電波 具有最長波長和最短頻率的電磁波。

radioactive dating | 放射性年代測定 根據一種或多種放射性同位素確定物體年代的過程。

radioactive decay | 放射衰變 放射性元素核分解後，釋放快速移動粒子和能量的過程。

radioactivity | 放射性 不穩定原子核的自然放射。

radon | 氡 一種無色無味的放射性氣體。

radula | 齒舌 位於軟體動物細小牙齒上的柔韌帶。

rain forest | 雨林 年降雨量至少 2 米的森林，主要分佈在熱帶常濕氣候區。

range | 範圍 一組資料的最大值和最小值之間的差值。

rarefaction | 疏部 介質的粒子相隔甚遠的縱波部分。

ray | 射線 表示光波的一條直線。

reactant | 反應物 進行化學反應的物質。

reactivity | 反應性 一種元素與另一種元素和化合物進行化合或反應的容易度和速度。

reactor vessel | 反應堆容器 進行核子裂變反應的核反應器部分。

real image | 實像 光線彙聚處形成的倒立像。

recessive allele | 隱性對偶基因 一旦出現顯性對偶基因，其基因特性就會隱藏起來的對偶基因。

red blood cell | 紅血球 將肺部氧氣輸送至人體各細胞的血液細胞。

reference point | 參考點 對比確定某物是否移動的一個地點或一個物體。

refinery | 精煉廠 原油加熱分離成燃料和其他產品的工廠。

reflecting telescope | 反射式望遠鏡 用曲面鏡聚光的望遠鏡。

reflection | 反射 當物體或波抵達某個不能通過的平面時反彈回來的情況。

reflex | 反射作用 無意識控制的快速、自動的反應。

refracting telescope | 折射式望遠鏡 用凸透鏡聚光的望遠鏡。

refraction | 折射 因速度變化，波在某個角度進入另一介質時產生彎曲。

regular reflection | 規則反射 平行光線到達平滑表面時產生的相同角度的反射。

relative age | 相對年代 相對另一岩石年代來確定的岩石年代。

relative humidity | 相對濕度 與某個特定溫度下的空氣中的最大水汽量對比，確定的空氣中的水汽百分數。

relief | 地勢 某地區的最高海拔和最低海拔之間的差值。

remote sensing | 遙測 用衛星或探測器收集地球和太空中其他天體的資料。

replacement | 置換反應 化合物中一種元素取代另一種元素的反應，或不同化合物中的兩種元素相互交換位置的反應。

replication | 複製 細胞分裂前複製細胞核中的 DNA 的過程。

reptile | 爬行動物 脊椎動物，體溫隨環境的變化而變化，有肺臟和鱗狀皮，在陸地上下蛋。

reservoir | 水庫 存儲人類用水的湖泊。

resistance | 電阻 測量電荷經過物體時承受的阻力。

resonance | 共振 外界振動頻率與物體自然擺動頻率相同時，發生的振幅增大現象。

respiratory system | 呼吸系統 可使有機體與周圍環境進行氣體交換的器官系統。

responding variable | 反應變數 因試驗中的被控、獨立或可變因素的變化而變化的因素；也稱因變數。

response | 反應 對刺激的回應或行為變化。

retina | 視網膜 眼睛後部生成影像的感受器細胞層。

reverse fault | 逆向斷層 一種斷層，斷面上方岩層向上滑移；因地殼擠壓而成。

revolution | 公轉 一個物體環繞另一個物體運動。

rhizoid | 假根 細薄的、像根的結構，固著在苔蘚上，為植物吸收水分和養分。

ribosome | 核糖體 微小顆粒狀細胞器官，位於細胞質中，可生成蛋白質。

Richter scale | 芮氏震級 根據地震波的振幅測定地震震級的尺規。

rift valley | 地塹 兩個板塊分開時形成的一個深谷。

rill | 小溪 土壤中流水經過的細溝。

ring | （行星）環 圍繞行星運行的薄盤，由小冰塊和岩石顆粒組成。

rip current | 激流 通過一個狹小的開口從海岸流向大海的強急流。

risk-benefit analysis | 風險效益分析 對比可預見的利益，評估某種技術可能存在的問題的過程。

rock cycle | 岩石循環 地球表面和內部的一系列活動，可慢慢地改變岩石的類型。

rock-forming mineral | 造岩礦物 組成地殼中大部分岩石的任何常見礦物質。

rods | 杆細胞 視網膜中的細胞，可感受弱光。

rolling friction | 滾動摩擦 物體在一表面上滾動時產生的摩擦。

root cap | 根冠 覆蓋根頂部以保護根部在土壤中生長時不受損害的一種結構。

rotation | 自轉 行星繞軸的旋轉運動。

rover | 漫遊者 一種小型自動航太探測器，可在行星或月球表面來回走動。

runoff | 徑流 地面上流動的而不是滲透入地下的水。

S

S wave | S 波 一種地震波，其振動方向垂直於波的方向。

salinity | 鹽度 水樣中的溶解鹽的總量。

salt | 鹽 酸鹼中和後形成的一離子化合物。

sanitary landfill | 衛生掩埋場 堆放無害廢物（如都市固體廢物、建築廢棄物和一些農工廢棄物）的填埋場。

satellite | 衛星 1. 環繞行星運行的物體。 2. 在太空中環繞另一物體運行的任何物體。

saturated solution | 飽和溶液 一種混合物，在一定溫度下溶液中的溶質量已達溶解極限。

saturated zone | 飽和帶 透水性岩石或土壤區，其中間隙和氣孔全是水。

savanna | 熱帶大草原 靠近赤道的草原，有灌木叢和小樹，年降雨量達 120 釐米。

scale | 比例尺 在地圖或地球儀上用來表示地球表面的距離。

scattering | 散射 光向各個方向的反射。

scavenger | 食腐動物 一種食肉動物，以死亡的或腐蝕的生物體為食。

scientific law | 科學定律 描述科學家期望在某種特定條件下發生的情形的表述。

scientific notation | 科學記數法 一種以 10 的冪來計數的數學方法。

scientific theory | 科學理論 經過大量研究觀察或試驗結果得以驗證的解釋。

scrotum | 陰囊 包裹睪丸的外囊。

sea breeze | 海風 從大海或湖泊向陸地吹來的冷風。

sea-floor spreading | 海底擴展 熔融物在海底形成新的海洋地殼的過程。

seamount | 海山 海底聳立出來的兩邊陡峭的火山。

secondary succession | 次級演替 生態系統被干擾的區域出現的一系列變化，但該區域仍存在土壤和有機物。

sediment | 沉積物 由岩石或有機物殘骸形成的細小而堅硬的材料；經腐蝕沉積的土料。

sedimentary rock | 沉積岩 其他岩石顆粒或動植物殘骸受壓粘合時形成的一類岩石。

seismic wave | 地震波 地震時釋放的能量穿過地球產生的振動。

seismogram | 震動圖 根據地震儀編製的地震波記錄。

seismograph | 地震儀 一種儀器，可記錄因地震波在地球內部的傳輸而引起的地表運動。

selective breeding | 選擇性繁殖 製造只包含想要特徵的下一代的有機體繁殖方法。

selective cutting | 選擇性砍伐 在某個區域只砍除某些樹種的過程。

selectively permeable | 選擇性滲透 允許某些物質通過但不讓其他物質通過的細胞膜特性。

semicircular canals | 半規管 內耳中的結構，負責平衡感。

semiconductor | 半導體 在某些條件下可傳導電流的物質。

sensory neuron | 感覺神經元 感受內部或外部環境的刺激，並將所有刺激轉化成神經脈衝的一種神經細胞。

sepal | 萼片 葉子一樣的結構，可圍住並保護花蕾。

series circuit | 串聯電路 所有電子元件一個接一個連接的電路。

sex chromosomes | 性染色體 一對攜帶決定個體性別基因的染色體。

sex-linked gene | 性聯基因 性染色體（X 或 Y）上所攜帶的基因。

sexual reproduction | 有性繁殖 將雙親的遺傳物質合成新的有別於雙親的有機體的一種繁殖形態。

shared derived characteristic | 共衍特徵 祖輩共同具有的並傳遞給後代的一種特徵或特性，比如毛髮。

shearing | 剪力 在相反方向推動岩石塊做側向運動的應力。

shield volcano | 盾狀火山 由熔岩層構成，經寧靜式噴發形成的具有寬闊緩和斜坡的山。

short circuit | 短路 允許電流選擇最小電阻路徑的電路連接。

short-day plant | 短日照植物 當夜晚較植物的臨界夜長更長時會開花的植物。

significant figures | 有效數字 經準確測量的所有數字加上一位元值經估算的數字。

silica | 二氧化矽 位於岩漿中由氧和矽形成的一種物質；是地殼和地幔的主要物質。

sill | 岩床 岩漿從岩石層之間擠出來時形成平板型的火山岩。

skeletal muscle | 骨骼肌 附著在骨骼上的肌肉，可提供骨頭移動的力量；也稱"橫紋肌"。

sliding friction | 滑動摩擦 固體表面相互滑動時產生的摩擦。

small intestine | 小腸 消化系統的一部分；大多數化學性消化進行的地方。

smooth muscle | 平滑肌 可在身體許多內部器官內找到的不隨意肌。

society | 社會 一群為了團體的利益努力而合作的關係緊密的同種動物。

soil horizon | 土層 顏色和質地不同於其上層或下層的土壤層。

solar eclipse | 日蝕 當月球位於太陽和地球正中間時陽光被遮住的現象。

solar flare | 太陽耀斑 太陽黑子的環狀區域突然相連時，在太陽表面形成的氣體噴發。

solar wind | 太陽風 日冕發出的帶電粒子流。

solenoid | 螺線管 電流線圈。

solstice | 夏至（冬至） 一年中太陽光線照射到距離赤道最遠的南端或北端的那一天。

solubility | 溶度 在一定溫度下，衡量溶質在給定溶劑中溶解的程度的方法。

solute | 溶質 溶液中被溶劑溶解的部分。

solution | 溶液 含溶劑和至少一種相同特徵的溶質的混合物；一種物質在另一種物質中溶解的混合物。

solvent | 溶劑 通常試溶液中的大部分物質，能夠溶解溶質。

somatic nervous system | 軀體神經系統 末梢神經系統的一部分，管制自主控制的活動。

sonar | 聲納系統 使用反射的聲波定位和確定離水下物體的距離的系統。

sonogram | 語圖 用反射的超聲波形成的圖像。

space probe | 太空探測器 由可收集資料（包括可見圖像）的各種科學儀器組成的無人航天器。

species | 物種 可相互交配繁衍後代，而且其後代也可相互交配繁衍的一群類似有機體。

specific heat | 比熱 提升 1 千克的材料的溫度1開爾文（相當於 1攝氏度）所需的熱量。

spectrograph | 光譜儀 將光分成不同顏色並對光譜繪製圖像的儀器。

spectrum | 光譜 電磁波的波長的範圍。

speed | 速度 物體每單位時間運行的距離。

spinal cord | 脊髓 將大腦連接至末梢神經系統中的大部分神經的柱形的神經組織。

spiral galaxy | 螺旋星系 中間有隆起物的展臂狀的螺旋形星系。

spit | 岬 一種沿海淺灘形成的海灘，形似水中的一根手指。

spongy bone | 海綿骨 骨組織層；有許多小空間；位於密質骨層的裏面。

spontaneous generation | 自然發生說 認為生物源於非生命體的錯誤說法。

spore | 孢子 在細菌、原生生物和真菌中，能夠存活於不利條件下並生成為新的有機體的任何厚壁細小細胞。

sporophyte | 孢子體 植物生命週期中製造孢子的一個階段。

spring tide | 大潮 在連續高潮和低潮的過程中出現的有最大差值的潮。

stalactite | 鐘乳石 自溶洞頂部向下懸掛的冰柱形結構。

stalagmite | 石筍 自溶洞底部向上生成的柱形結構。

stamen | 雄蕊 花的雄性生殖部位。

standing wave | 駐波 始終在某個位置的一種波，即使有兩個波通過時相互干擾仍會保持在該位置。

star | 恆星 含炙熱氣體的球形天體，主要由氫和氦構成，內部有強烈的核聚變反應。

static discharge | 靜電放電 電荷從一物體轉移至另一物體時損失的靜電。

static electricity | 靜電 物體上積聚的電荷。

static friction | 靜摩擦 靜止物體之間產生的摩擦。

steppe | 乾草原 半乾旱地區的大草原。

stimulant | 興奮劑 可提高人體運動能力的藥物。

stimulus | 刺激 環境中的任何變化或信號，在某種程度上可使有機體出現反應。

stoma | 氣孔 葉片下部表面上的細小開口，氧氣、水和二氧化碳可通過此開口移動。

stomach | 胃 一個位於腹部的肌肉囊，是用來消化食物的器官。

storm surge | 風暴潮 風暴登陸時引起沿海水面急速異常升高的現象。

stratosphere | 平流層 地球大氣層的第二低層。

stratus | 層雲 平層形成的覆蓋天空範圍較大的雲。

streak | 條紋 礦物粉末的顏色。

stress | 壓力 1. 一種作用在岩石上可改變岩石形狀或體積的力。 2. 人體對潛在具有威脅性、挑戰性或令人不安事件的反應。

striated muscle | 橫紋肌 一種條紋狀肌肉；又稱骨骼肌。

strike-slip fault | 平移斷層 兩邊的岩石從側面經過的一種斷層，幾乎沒有上下移動。

subarctic | 亞北極區 一個氣候區，位於濕潤大陸性氣候帶的北部。

subduction | 潛沒 海洋地殼沉入深海溝下，然後在彙聚板塊邊界循環至地幔的過程。

sublimation | 昇華 指從固態不經過液態直接轉化為氣態的變化過程。

subscript | 下標 化學式中的數字，說明分子中原子的數量或化合物中的元素比。

subsoil | 亞層土 位於表層土下面的一層土壤。含有比表層土更少的植物和動物物質，多為黏土及其他礦物質。

substance | 物質 純粹的材質，具有一組特性。

succession | 演替 在生態群落中一段長時間內出現的一系列可預見的變化。

sunspot | 太陽黑子 1. 太陽表面的黑色氣流區，溫度比周圍氣體低。 2. 太陽表面相對較黑和溫度較低的區域。

supernova | 超新星 年老的超巨星在臨終前的爆發。

surface tension | 表面張力 液體分子的內拉力導致的結果，使表面分子更加緊密；使表面看上去很薄。

surface wave | 表面波 當 P 波和 S 波到達地球表面時形成的一種地震波。

surveying | 測量 通過使用儀器和根據幾何原理收集資料以測量距離和高度的過程。

suspension | 懸浮液 一種可見粒子並可通過沉澱或過濾進行分離的混合物。

sustainable use | 永續使用 在適當時期適度使用資源，維持可用資源的數量。

sustainable yield | 永續產量 一種可定期收穫而不降低將來供應的可再生資源量。

swim bladder | 魚鰾 一個內充氣體的囊狀器官，幫助有骨魚類在不同水深平衡身體。

symbiosis | 共生 兩個物種緊密生活在一起的關係，至少對一方有利。

synapse | 突觸 神經元可以將衝動轉移至另一個細胞的點。

synthesis | 合成 一種化學反應，其中兩種或多種簡單物質合併形成一種新的更複雜的物質。

system | 系統 1. 作為整體一起運作的一組部件。 2. 履行某種功能或產生某個結果而一起運作的一組相關部件。

T

T cell | T 細胞 一種淋巴細胞，可識別和區分病原體。

tar | 焦油 煙草燃燒時形成的一種黑色粘稠物質。

target cell | 目標細胞 一個能辨識荷爾蒙化學結構的細胞。

taste buds | 味蕾 舌頭上的感覺器官，對食物中的化學物質有反應。

taxonomy | 生物分類學 研究如何劃分生物體種類的學科。

temperate zones | 溫帶 熱帶和極帶之間的區域。

temperature | 溫度 物體的冷熱程度；衡量一種物質的粒子移動的平均能量的方法；衡量一種物質的粒子的平均動能。

temperature inversion | 逆溫 指一種狀態，其中暖空氣層將受污染的空氣困在地球表面。

tendon | 筋腱 將肌肉連接至骨頭的強韌結締組織。

tension | 張力 拉伸岩石使其中間變薄的壓力。

terrestrial planets | 類地行星 通常指這四個內行星：水星、金星、地球和火星。

territory | 地域 由一隻動物或一群動物所佔領並保護的特定區域。

testis | 睾丸 男性生殖系統器官，可產生精子和睾丸激素。

testosterone | 睾丸激素 睾丸產生的可控制精子成長和成年男性特徵的一種激素。

thermal conductivity | 導熱性 物體傳遞熱量的能力。

thermal energy | 熱能 物體所有粒子的總動能和勢能。

thermal expansion | 熱膨脹 物質加熱時膨脹。

thermogram | 溫譜圖 以不同顏色表示不同溫度的區域的圖像。

thermosphere | 熱層 地球大氣層的最外層。

thrust | 推力 推動火箭前進的反作用力。

till | 冰川沉積物 冰川直接形成的沉澱物。

tissue | 組織 執行特定功能的相似細胞群。

tolerance | 耐受性 用藥者需要更大劑量藥物才能產生相同效力的一種狀態。

topography | 地貌 根據海拔、地勢起伏和地形確定的地表形態。

topsoil | 表土 鬆軟的頂層土壤，由黏土和其他礦物質和腐殖質組成（營養素和腐爛的植物及動物性物質）。

tornado | 龍捲風 一種快速回轉呈漏斗形的雲狀物，延伸至地球表面。

toxin | 毒素 能損害有機體的毒劑。

trace fossil | 蹤跡化石 一種可提供古老生物活動跡象的化石。

tracer | 示蹤劑 一種可通過化學反應或工業處理被跟蹤的放射性同位素。

trachea | 氣管 氣道；呼吸系統中氣體移動的通道。

trait | 性狀 有機體可通過基因傳給下一代的特定特徵。

transfer RNA | 轉移 RNA 細胞質中在蛋白質合成期間將胺基酸輸送至核糖體的一種 RNA。

transform boundary | 轉移邊界 兩個朝相反方向運動的板塊的邊界。

transformer | 變壓器 一種可改變電壓的設施，通常由鐵芯包裹的兩個獨立絕緣線組成。

translucent | 半透明材料 一種會散射光的材料。

transparent | 透明材料 一種不會散射光的材料。

transpiration | 蒸散作用 水通過植物樹葉蒸發的過程。

transverse wave | 橫波 在介質中移動時，振動方向與行進方向垂直的波。

trench | 海溝 海底深處兩邊陡峭的山谷。

tributary | 支流 流向較大河道的小溪或河流。

triple bond | 三鍵 原子有三對電子時形成的一種化學鍵。

tropical zone | 熱帶 靠近赤道的地區，約在北緯 23.5 度和南緯 23.5 度之間的區域。

tropism | 向性 植物朝向或遠離刺激的運動。

troposphere | **對流層** 地球大氣層的最底層。

trough | **波谷** 橫波的最低部分。

tsunami | **海嘯** 海底地震所導致的巨大海浪。

tundra | **凍土帶** 極冷極乾的生物群落氣候區，夏季短而涼爽，冬季則寒冷刺骨。

U

ultrasound | **超聲波** 頻率大於 20,000 赫茲的聲波。

umbra | **暗影** 影子的最黑部分。

unconformity | **不整合層** 地質記錄中的斷層，可說明因侵蝕消失的岩石層。

understory | **林下葉層** 林冠覆蓋下生長的較短樹木和藤蔓層。

uniformitarianism | **均變論** 地質理論，以前和現在進行的相同的地質變化過程為地表帶來改變。

unsaturated zone | **含氣層** 地下水位上方的岩層和土層，其中氣孔含氣體和水。

upwelling | **上升流** 指冷水因風的作用由深海向上移動。

urea | **尿素** 一種化學物質，由蛋白質分解而成。

ureter | **輸尿管** 將尿液從腎臟輸送到膀胱的狹小管道。

urethra | **尿道** 尿液藉以離開身體的小管道。

urinary bladder | **膀胱** 貯藏尿液直至排泄出身體的囊狀肌肉器官。

uterus | **子宮** 女性生殖系統中供受精卵生長的中空肌肉器官。

V

vaccination | **疫苗接種** 為了產生積極免疫而向人體注射的無害抗原體的過程，也稱 "免疫法"。

vaccine | **疫苗** 疫苗接種中用到的一種物質，由減弱或被殺死的病原體組成，但仍可使人體產生可抗擊病原體的化學物。

vacuole | **液泡** 儲藏水、食物和其他物質的囊狀細胞器。

vacuum | **真空** 無任何物質的空間。

valence electrons | **價電子** 位於原子最高能量級的、涉及化學鍵結中的電子。

valley glacier | **山谷冰川** 山谷中形成冰雪時而形成的狹長冰川。

valve | **瓣膜** 位於心臟或靜脈內的瓣片狀組織，可防止血液倒流。

vaporization | **汽化** 液態轉化為氣態。

variable | **可變因數** 實驗中可變的因數。

variation | **變異** 相同物種個體之間的差異。

vascular tissue | **管狀組織** 某些植物中的內輸送組織，由可運輸水、食物和礦物質的管狀結構組成。

vein | **岩脈（靜脈）** 1. 與圍岩截然不同的礦物質的小沉澱。 2. 將血液從身體輸送回心臟的血管。

velocity | **速率** 給定方向的速度。

vent | **噴口** 熔融岩石和氣體離開火山的開口。

ventricle | **心室** 將血液向肺臟或身體壓擠的心臟下方腔室。

vertebrae | **椎骨** 構成有機體脊椎的骨頭。 人類脊柱的 26 根骨頭中的一根。

vertebrate | **脊椎動物** 有脊椎的動物。

vibration | **震動** 反覆的前後或上下運動。

villi | **絨毛** 手指狀的微小結構，覆蓋小腸內表面並為食物消化後的吸收提供了很大表面積。

virtual image | **虛像** 看上去存在光線之處所形成的正立像。

virus | **病毒** 可進入活細胞並在活細胞裏進行複製的微小的無生命粒子。

viscosity | **黏性** 液體對流動的阻力。

visible light | **可見光** 肉眼可見的電磁輻射。

volcanic neck | **火山頸** 火山管道中的硬化岩漿沉澱。

voltage | **電壓** 電路中兩點之間每電荷的電勢能的差值。

voluntary muscle | **隨意肌** 一種可用意識控制的肌肉。

W

water cycle | **水循環** 地球大氣層、海洋和地面的水以蒸發、冷凝和降雨的方式連續運動。

water table | **地下水位** 飽和帶的最高處，或地表下的地下水的深度。

water vascular system | **水管系** 棘皮動物體中充滿液體的管道系統。

watershed | **流域** 為河流系統供水的土地區域。

watt | **瓦特** 一秒鐘做一焦耳功的功率單位。

wave | **波** 1. 一種可傳輸能量的擾動。 2. 能量通過水體移動。

wave height | **波高** 波峰至波谷的垂直距離。

wavelength | **波長** 波的兩個相應部位的距離，如兩個波峰的距離。

weathering | 風化 使岩石和其他物質受侵蝕的化學物理作用。

wedge | 楔 一種簡單機械，含可移動斜面。

weight | 重量 衡量作用在物體上的重力的方法。

wetland | 濕地 一年中某個時間或全年被淺水覆蓋的土地。

wheel and axle | 輪軸 一種簡單機械，由圍繞一公軸線旋轉的兩個相連而不同半徑的圓體或圓柱體組成。

white blood cell | 白血球 攻擊疾病的血液細胞。

white dwarf | 白矮星 恆星的外層擴張並漂移至太空後遺留下的藍白熱核。

wind | 風 氣流從高壓區向低壓區的水平運動。

wind-chill factor | 風冷卻因素 結合溫度和風速進行冷卻的一種方法。

windward | 迎風面 迎風一邊的山脈。

work | 功 作用於物體使其移動的力。

X

X-rays | X 射線 波長小於紫外線但長於伽馬射線的電磁波。

xylem | 木質部 在某些植物中將水份和礦物質輸送至各部位的管狀組織。

Z

zygote | 受精卵 受精的卵子，由一個精細胞和卵細胞結合生成。

Haitian Creole
Kreyòl Ayisyen

interactive SCIENCE

A

abiotic factor | faktè abyotik Yon pati inanime nan abita yon òganis.

abrasion | abrazyon Fwòtman wòch ki fèt avèk lòt patikil wòch dlo, glas oswa van pote.

absolute age | laj absoli Laj yon wòch yo bay kòm kantite ane depi wòch la te fòme.

absolute brightness | liminozite absoli Klète yon etwal ta genyen si li te nan yon distans nòmal de latè.

absolute zero | zewo absoli Tanperati kote yo paka retire enèji nan matyè ankò.

absorption | absòpsyon 1. Pwosesis kote molekil nitritif pase atravè pawa sistèm dijestif la pou ale nan san an. 2. Pwosesis kote yon objè resevwa, oswa absòbe limyè.

abyssal plain | plèn abisal Yon zòn lis, prèske plat nan fon lanmè a.

acid rain | lapli asid Lapli oswa yon lòt fòm presipitasyon ki gen plis asid pase nòmal, ki se rezilta dechaj molekil dyoksid souf ak oksid azòt nan lè a.

activation energy | enèji daktivasyon Kantite enèji minimòm ki nesesè pou pwodui yon reyaksyon chimik.

active immunity | iminite aktif Iminite ki devlope lè pwòp sistèm iminitè yon moun pwodui antikò pou reyaji a prezans yon patojèn.

active transport | transpò aktif Mouvman materyèl atravè yon manbràn selilè grasa enèji selilè.

adaptation | adaptasyon Yon konpòtman eredite oswa karakteristik fizik ki ede yon òganis siviv epi repwodui nan anviwònman li.

aerospace engineering | jeni ayewospasyal Branch jeni ki genyen ladan l konsepsyon, konstriksyon ak tès avyon ak veso espasyal.

air mass | mas lè Yon gwo mas lè ki gen menm tanperati, imidite ak presyon atmosferik kèlkanswa wotè li ye.

air pressure | presyon atmosferik Presyon ki koze pa pwa yon kolòn lè k ap pouse desann sou yon zòn.

alloy | alyaj Yon melanj de eleman oswa plis, kote omwen youn ladan yo se yon metal.

alluvial fan | kòn alivyal Yon depo sediman ki laj, a pant ki fòme kote yon wiso kite yon chèn montay.

alpha particle | patikil alfa Yon patikil ki degaje pandan dezentegrasyon radyoaktif ki genyen de pwoton ak de netwon.

alternating current | kouran altènatif Kouran kote sikilasyon an ale nan sans envès detanzantan nan yon sikui.

alveoli | alveyòl Ti sak tisi pilmonè ki espesyalize pou fè mouvman gaz ant lè ak san.

amniotic egg | ze amniyotik Yon ze ki gen yon kokiyaj ak manbràn entèn ki kenbe anbriyon an imid; yon gwo adaptasyon a lavi sou tè ki se karakteristik reptil, zwazo ak mamifè ki ponn ze.

amniotic sac | sak amniyotik Yon sak ki plen likid ki amòti epi pwoteje yon anbriyon k ap devlope oswa yon fetis nan matris la.

amorphous solid | solid amòf Yon solid ki konpoze avèk patikil ki pa aranje nan yon modèl regilye.

amphibian | anfibyen Yon vètebre kote se tanperati anviwònman li ki detèmine tanperati kò li, epi ki viv lavi anfans li nan dlo epi lavi adilt li sou tè.

amplitude | anplitid 1. Wotè yon onn transvèsal apati sant lan pou rive nan yon krèt oswa kre. 2. Distans maksimòm patikil yon milye deplase de pozisyon repo yo pandan yon onn lonjitidinal ap pase atravè milye a.

amplitude modulation | modilasyon danplitid Yon metòd pou transmèt siyal lè w chanje anplitid yon onn radyoelektrik.

angiosperm | anjyospèm Yon plant a flè ki pwodui grenn ki anvlope nan yon fwi.

anomalous data | done anòmal Done ki pa adapte avèk rès yon ansanb done.

antibiotic resistance | rezistans a antibyotik Kapasite bakteri genyen pou l reziste a efè yon antibyotik.

antibody | antikò Yon pwoteyin yon lenfosit B nan sistèm iminitè a pwodui ki detwi patojèn.

antigen | antijèn Yon molekil sistèm iminitè a rekonèt swa kòm yon pati nan kò a swa yon molekil ki sòti andeyò kò a.

anus | anis Ouvèti ki nan fen sistèm dijestif yon òganis (nan moun, rektòm lan) kote dechè yo elimine sot nan kò a.

aorta | awòt Pi gwo atè nan kò a; li resevwa san ki sot nan vantrikil goch la.

apparent brightness | liminozite aparan Klète yon etwal lè w ap obsève l sou latè.

aquifer | akifè Yon kouch wòch oswa sediman souteren ki kenbe dlo.

artery | atè Yon veso sangen ki transpòte san sot nan kè a.

artesian well | pui atezyen Yon pui kote dlo monte akoz presyon andedan akifè a.

arthropod | atwopòd Yon envètebre ki genyen yon eskelèt ekstèn, yon kò segmante, manm atikile.

asexual reproduction | repwodiksyon aseksye Yon pwosesis repwodiksyon kote se yon sèl paran ki pwodui yon desandan ki jenetikman idantik a paran an.

asteroid | astewoyid Youn nan objè woche k ap fè wotasyon otou solèy la ki twò piti epi ki an two gran kantite pou ta konsidere yo kòm planèt.

asthenosphere | astenosfè Kouch manto a ki pa rijid ki pèmèt litosfè a flote sou li.

astronomical unit | inite astwonomik Yon inite distans ki egal a distans mwayèn ant latè a solèy la, apeprè 150 milyon kilomèt.

atherosclerosis | atewosklewoz Yon kondisyon kote yon pawa ateryèl vin epesi akoz akimilasyon matyè gra.

atmosphere | atmosfè Kouch gaz ki relativman fen ki fòme kouch eksteryè latè.

atom | atòm Patikil de baz ki fòme tout eleman yo; patikil ki pi piti yon eleman ki gen pwopriyete eleman sa a.

atomic mass | mas atomik Mas mwayèn tout izotòp yon eleman.

atomic number | nonb atomik Nonb pwoton ki nan nwayo yon atòm.

atrium | atriyòm Yon kavite siperyè kè a ki resevwa san.

autonomic nervous system | sistèm nève otonòm Gwoup nè nan sistèm nève periferik la ki kontwole aksyon envolontè.

autotroph | ototwòf Yon òganis ki kapab kaptire enèji ki sot nan limyè solèy la oswa pwodui chimik epi itilize l pou pwodui pwòp manje li.

auxin | oksin Yon òmòn vejetal ki akselere to kwasans selil yon plant epi ki kontwole reyaksyon yon plant a limyè.

axis | aks Yon liy imajinè ki pase atravè sant yon planèt ansanm ak pòl nò ak sid li, kote planèt la fè wotasyon.

axon | aksòn Yon fib long yon newon ki kondui enpilsyon nève nan direksyon opoze kò selilè a.

B

B cell | lenfosit B Yon lenfosit ki pwodui pwoteyin ki ede detwi patojèn.

bacteria | bakteri Òganis iniselilè ki pa gen yon nwayo; pwokaryòt.

basalt | bazalt Yon wòch nwa, dans, igne, ki gen yon teksti fen, ou jwenn nan kwout oseyanik lan.

base | baz Yon sibstans ki gen gou anmè, ki glisan, epi ki fè papye reyaktif wouj tounen ble.

batholith | batolit Yon mas wòch ki fòme lè yon gwo mas magmatik refwadi andedan kwout la.

bedrock | soubasman woche Wòch ki fòme kwout latè; epi kouch wòch solid ki anba tè a.

benthos | benntos Òganis ki viv nan fon lanmè oswa yon lòt mas dlo.

beta particle | patikil beta Yon elektwon a grann vitès radyasyon nikleyè degaje.

big bang | gran boum (big bang) Eksplozyon inisyal ki te lakoz fòmasyon ak ekspansyon linivè.

bilateral symmetry | simetri bilateral Plan yon òganis kote yon sèl liy imajinè divize kò a an bò goch ak bò dwat epi de mwatye yo idantik.

bile | bil Yon sibstans fwa a pwodui ki dekonpoze patikil grès.

binary fission | fisyon binè Yon fòm repwodiksyon aseksye kote yon selil divize, epi li fòme de selil idantik.

binary star | etwal binè Yon sistèm ki gen de etwal.

binomial nomenclature | nomanklati binominal Sistèm klasifikasyon kote yo asiyen chak òganis yon non syantifik inik, an de pati ki endike jan li ak espès li.

biodiversity | byodivèsite Kantite total diferan espès sou latè, ikonpri sa yo ki sou tè, nan dlo, ak nan lè a.

bioengineering | jeni byolojik Branch jeni kote yo aplike prensip jeni nan byoloji ak medsin.

biogeography | byojeyografi Etid sou kote òganis yo viv epi ki jan yo fè rive kote yo ye a.

biomass fuel | enèji byomas Enèji èt vivan pwodui.

biome | byòm Yon gwoup sistèm ekolojik ki gen menm klima ak menm òganis.

biosphere | byosfè Pati latè ki genyen òganis vivan yo.

biotic factor | faktè byotik Pati vivan oswa otrefwa vivan abita yon òganis.

birth rate | to natalite Kantite nesans pou chak 1,000 moun pandan yon sèten epòk.

black hole | twou nwa Yon objè kote chan gravitasyon an sitèlman entans, anyen, pa menm limyè, paka chape.

boiling point | pwen ebilisyon Tanperati kote yon sibstans chanje de yon likid pou l tounen yon gaz; se menm ak pwen kondansasyon, oswa tanperati kote yon gaz chanje de yon gaz pou l tounen yon likid.

boreal forest | forè boreyal Forè dans feyaj ki toujou vèt ki nan zòn tanpere nan Emisfè Nò a.

Boyle's law | lwa Boyle Yon prensip ki dekri relasyon ki egziste ant presyon ak volim yon gaz nan tanperati konstan.

brain | sèvo 1. Yon gwoupaj òganize newon nan tèt yon animal avèk simetri bilateral. 2. Pati sistèm nèv santral la ki nan kràn nan epi ki kontwole pifò fonskyon kò a.

brain stem | twon serebral Pati sèvo a ki chita ant sèvèlè a ak mwèl epinyè a epi ki kontwole aksyon envolontè kò a.

bronchi | bronch Pasaj ki kondui lè nan poumon yo.

bronchitis | bronchit Yon iritasyon nan bwonch yo kote ti pasaj yo vin pi etwa pase nòmal epi yo ka bouche avèk mikis.

budding | boujònman Yon fòm repwodiksyon aseksye kote yon nouvo òganis grandi andeyò kò yon paran.

C

caldera | kaldera Gran kratè nan tèt yon vòlkan ki fòme lè twati chanm magmatik yon vòlkan efondre.

cambium | kanbyòm Yon kouch selil nan yon plant ki pwodui nouvo libè ak selil zilèm yo.

canopy | kouvè forestye Yon kouvèti ki fòme avèk fèy gwo pyebwa nan yon forè twopikal.

capillary | kapilè Yo ti veso sangen kote echanj sibstans yo fèt ant san ak selil ki nan kò yo.

captive breeding | elvaj an kaptivite Lè yo fè akoupleman bèt yo nan zou ak nan rezèv ekolojik.

carbohydrate | idrat kabòn Yon konpoze òganik ki rich an enèji, tankou yon sik oswa yon anmidon, ki konpoze avèk eleman kabòn, idwojèn ak oksijèn.

carbon film | film kabòn Yon tip fosil ki se yon kouch kabòn ki ekstrèmman mens sou wòch.

carbon monoxide | monoksid kabòn Yon gaz san koulè, san odè ki pwodui lè y ap boule kèk sibstans—ikonpri tabak.

carcinogen | kasinojèn Yon sibstans oswa yon faktè nan anviwonnman an ki ka koze kansè.

cardiac muscle | misk kadyak Tisi miskilè envolontè ou jwenn sèlman nan kè a.

cardiovascular system | aparèy kadyovaskilè Sistèm nan kò a ki genyen kè a, veso sangen yo, ak san; yo rele l tou aparèy sikilatwa.

carrier | kondiktè Yon moun ki genyen yon jèn resesif ak yon jèn dominan pou yon trè.

carrying capacity | kapasite sipò Popilasyon maksimòm yon anviwonnman patikilye kapab sipòte.

cartilage | katilaj Yon tisi konjonktif ki pi fleksib pase zo epi ki pwoteje pwent zo yo epi li anpeche yo fwote ansanm.

cast | moulaj Yon fosil ki se yon kopi solid fòm yon òganis, ki fòme lè mineral koule nan yon moul.

catalyst | katalizè Yon materyèl ki ogmante to yon reyaksyon lè li bese enèji daktivasyon an.

cell cycle | sik selilè Seri evènman kote yon selil grandi, li prepare l divize, epi li divize pou l fòme de selil fi.

cell membrane | manbràn selilè Yon baryè fen, fleksib ki antoure yon selil epi ki kontwole ki sibstans ki rantre epi ki sibstans ki soti nan selil la.

cell theory | teyori selilè Yon ekplikasyon ki lajman aksepte sou relasyon ant selil yo ak èt vivan yo.

cell wall | pawa selilè Yon kouch sipò rezistan ki antoure selil plant yo ak kèk lòt òganis.

cellular respiration | respirasyon selilè Pwosesis kote oksijèn ak glikoz libere ejèni aprè yon seri reyaksyon chimik konplèks ki fèt andedan selil yo.

Celsius scale | echèl Celsius Echèl tanperati kote dlo konjele a 0°C epi li bouyi a 100°C.

cementation | simantasyon Pwosesis kote mineral ki fonn kristalize epi kole patikil sediman ansanm pou fòme yon mas.

central nervous system | sistèm nève santral Divizon sistèm nève ki genyen sèvo a ak mwèl epinyè a.

centripetal force | fòs santripèt Yon fòs ki koze yon objè fè mouvman an won.

cerebellum | sèvelè Pati nan sèvo a ki koòdone aksyon misk yo epi ki ede mentni ekilib.

cerebrum | sèvo Pati nan sèvo a ki entèprete done ki sot nan sans yo, ki kontwole mouvman epi ki akonpli pwosesis mantal konplèks.

Charles's law | lwa Charles la Yon prensip ki dekri relasyon ant tanperati ak volim yon gaz ki sou presyon konstan.

chemical bond | lyezon chimik Fòs atraksyon ki kenbe de atòm ansanm.

chemical change | chanjman chimik Yon chanjman kote yon sibstans oswa plis melanje oswa dispèse pou fòme nouvo sibstans.

chemical energy | enèji chimik Yon fòm enèji potansyèl ki konsève nan lyezon chimik ant atòm yo.

chemical engineering | jeni chimik Branch jeni ki gen pou l wè avèk konvèsyon pwodui chimik an pwodui ki itil.

chemical property | pwopriyete chimik Yon karakteristik yon sibstans chimik ki dekri kapasite l pou l chanje nan diferan sibstans.

chemical reaction | reyaksyon chimik Yon pwosesis kote sibstans yo chanje an nouvo sibstans avèk pwopriyete diferan.

chemical rock | sediman chimik Wòch sedimantè ki fòme lè mineral yo kristalize nan yon solisyon.

chemical weathering | alterasyon chimik Pwosesis ki dekonpoze wòch atravè modifikasyon chimik.

chemistry | chimi Etid pwopriyete matyè epi fason matyè a chanje.

chemotherapy | chimyoterapi Itilizasyon medikaman pou trete kèk maladi tankou kansè.

chlorofluorocarbons | klowofliyowokabi Gaz endistriyèl ki genyen klò ak fliyò (yo rele l tou CFC) ki se koz prensipal apovrisman ozòn lan.

chlorophyll | klowofil Yon pigman fotosentetik vèt ou jwenn nan klowoplas plant yo, alg ak kèk bakteri.

chloroplast | klowoplas Yon òganit nan selil plant yo ak kèk lòt òganis ki kaptire enèji nan limyè solèy la epi li konvèti l nan yon fòm enèji selil yo ka itilize pou pwodui manje.

chordate | kòde Yon animal ki genyen yon kòd dòsal, yon chèn nève, ak pòch farenjyèn omwen pandan yon etap nan lavi li.

chromosome | kwomozòm Yon estrikti an fòm filaman ki andedan nwayo yon selil ki genyen ADN ki pase de yon jenerasyon a yon lòt.

chromosphere | kwomosfè Kouch entèmedyè atmosfè solèy la.

cilia | sil Pwojeksyon ki piti, ki sanble ak cheve andeyò selil la ki deplase nan yon fòm vag.

cinder cone | kòn eskori Yon kolin oswa yon ti mòn ki enkline, an fòm yon kòn ki fèt avèk sann vòlkanik, eskori ak bonm ki anpile ozalantou ouvèti yon vòlkan.

circadian rhythm | ritm sikadyen Yon sik konpòtmantal ki rive pandan yon peryòd ki dire apeprè yon jou.

circulatory system | sistèm sikilatwa Yon sistèm ògàn ki transpòte materyèl ki nesesè nan selil yo epi li retire dechè yo.

cirrus | siris Nyaj fen, ki fèt avèk kristal glas ki fòme nan nivo ki wo yo.

civil engineering | jeni sivil Branch jeni ki enkli konsepsyon ak konstriksyon wout, pon ak bilding.

clastic rock | wòch klastik Wòch sedimantè ki fòme lè fragman wòch yo sere youn kont lòt sou gwo presyon.

clear-cutting | koup raz Pwosesis kote yo koupe tout pyebwa yo nan yon sèl zòn yon sèl kou.

cleavage | klivaj Aptitid yon mineral genyen pou l fann fasilman sou sifas ki plat.

clone | klòn Yon òganis ki jenetikman idantik a òganis ki pwodui l la.

closed circulatory system | sistèm sikilatwa fèmen Yon sistèm sikilatwa kote san sikile sèlman ant yon rezo veso sangen ki konekte ak kè a.

closed system | sistèm fèmen Yon sistèm ki pa pèmèt ankenn matyè ni rantre ni sòti.

cnidarian | nidè Yon envètebre ki gen yon simetri radyal ki itilize selil pikan pou kaptire manje epi defann tèt li.

cochlea | kokle Pati entèn zòrèy la ki plen ak likid ki gen fòm koki yon eskago epi li double avèk selil resèptè ki reyaji a son.

codominance | kodominans Yon sitiyasyon kote toulè de alèl yon jèn eksprime de fason egal ego.

coefficient | koefisyan Yon chif ki devan yon fòmil chimik nan yon ekwasyon ki endike konbyen molekil oswa atòm nan chak reyaktif ak pwodui ki enplike nan yon reyaksyon.

colloid | koloyid Yon melanj ki genyen patikil piti, ki pa fonn ki dispèse.

coma | cheveli Kouch eksteryè flou yon komèt.

comet | komèt Yon koleksyon glas ak pousyè ki lib ki fè wotasyon solèy la, tipikman nan yon trajektwa ki long, etwa.

commensalism | kòmansalis Yon relasyon senbyotik ant de espès kote yon espès benefisye epi lòt espès la pa gen ni èd ni domaj.

compact bone | zo konpak Tisi ose ki di epi dans, men ki pa solid ki anba manbràn eksteryè yon zo.

compaction | konpaksyon Pwosesis kote sediman yo sere youn kont lòt sou pwòp pwa yo.

compass | konpa Yon aparèy ki gen yon zegwi alimante ki ka tounen libreman; zegwi yon konpa toujou pwente nan direksyon nò.

competition | konpetisyon Lit ant òganis yo pou yo siviv pandan y ap eseye itilize menm resous limite nan menm kote nan menm lè.

complementary colors | koulè konplemantè Nenpòt de koulè ki konbine pou fòme limyè blan.

complete metamorphosis | metamòfoz konplè Yon tip metamòfoz ki gen kat etap distenk: ze, lav, nenf ak adilt.

composite volcano | vòlkan konpozit Yon mòn ki wo, an fòm kòn kote kouch lav yo altène avèk kouch sann yo ak lòt materyèl vòlkanik yo.

compound | konpoze Yon sibstans ki fèt avèk de eleman oswa plis ki melanje chimikman nan yon rapò oswa pwopòsyon presi.

compression | konpresyon 1. Presyon ki peze wòch la jiskske li pliye oswa li kase. 2. Pati yon onn lonjitidinal kote patikil eleman yo pwòch youn ak lòt.

concave lens | lantiy konkav Yon lantiy ki pi mens nan mitan pase nan pwent yo.

concave mirror | miwa konkav Yon miwa kote sifas li koube pa anndan.

concentration | konsantrasyon Kantite yon materyèl nan yon sèten volim yon lòt materyèl.

concussion | komosyon Yon blesi tankou yon mètrisi nan sèvo a ki rive lè pati mòl sèvo a fè kolizyon avèk kràn nan.

condensation | kondansasyon Chanjman nan eta pou sot nan yon gaz pou ale nan yon likid.

conditioning | kondisyonnman Pwosesis kote w aprann konekte yon estimilis oswa yon reyaksyon a yon rezilta ki bon oswa pa bon.

conduction | kondiksyon 1. Transfè enèji tèmik sot nan yon patikil matyè pou al nan yon lòt. 2. Yon metòd pou chaje yon objè lè w pèmèt elektwon yo sikile de yon objè a yon lòt atravè kontak dirèk.

conductor | kondiktè 1. Yon materyo ki kondui chalè byen. 2. Yon materyo ki pèmèt chaj elektrik sikile.

cone | kòn Estrikti repwodiksyon yon jimnospèm.

cones | kòn yo Selil nan retin nan ki reyaji a koulè epi ki detekte koulè.

coniferous tree | konifè Yon pyebwa ki pwodui grenn li yo nan kòn epi ki gen fèy ki gen fòm zegwi ki kouvri avèk yon sibstans sire pou redui pèt dlo.

conjugation | konjigezon Yon fòm repwodiksyon seksye kote yon òganis iniselilè transfere kèk nan materyèl jenetik li bay yon lòt òganis iniselilè.

connective tissue | tisi konjonktif Yon tisi selilè ki bay kò a sipò epi ki konekte tout pati li yo.

conservation of charge | konsèvasyon chaj Lwa ki deklare chaj yo pa ni kreye ni detwi.

conservation plowing | konsèvasyon labouraj Metòd konsèvasyon sòl la kote yo laboure nan tè a raje ak tij ki mouri nan rekòt ane ki sot pase a.

constraint | kontrent Tout faktè ki limite yon plan.

constructive force | fòs konstriktif Tout pwosesis natirèl ki konstwi sifas latè.

constructive interference | entèferans konstriktif Entèferans ki rive lè de onn sipèpoze pou fè yon onn avèk yon anplitid ki pi laj pase anplitid chak onn yo endividyèlman.

consumer | konsomatè Yon òganis ki depann de lòt òganis pou l jwenn enèji.

continental (air mass) | kontinantal (mas lè) Yon mas lè sèk ki fòme sou tè.

continental climate | klima kontinantal Kliman sant kontinan yo, kote ivè yo frèt epi ete yo tyèd oswa cho.

continental drift | deriv kontinantal Ipotèz ki fè konnen kontinan yo deplase lantman atravè sifas latè.

continental glacier | glasye kontinantal Yon glasye ki kouvri pifò yon kontinan oswa yon gwo zile.

continental shelf | platfòm kontinantal Yon pati anba lanmè a ki pa fon, ki lejèman enkline ki pwolonje pa deyò sot nan maj yon kontinan.

continental slope | pant kontinantal Yon pant eskape nan fon lanmè a ki desann apati maj platfòm kontinantal la.

contour interval | ekidistans koub nivo Diferans nan altitid de yon koub a yon lòt.

contour line | koub nivo Yon liy sou yon kat jeyografik ki konekte pwen ki gen menm altitid.

contour plowing | labouraj nivo Chan labouraj bò koub yon pant pou anpeche pèt sòl la.

contractile vacuole | vakyòl kontraktil Estrikti selilè ki kolekte ekstra dlo nan sitoplas la epi li ekspilse l sot nan selil la.

control rod | ba kòmand Yon ba kadmyòm yo itilize nan reyaktè niklèyè pou absòbe netwon yo de reyaksyon fisyon.

controlled experiment | eksperyans kontwole Yon eksperyans kote yo manipile sèlman yon faktè alafwa.

convection current | kouran konveksyon Mouvman yon likid, ki fèt akoz diferans nan tanperati a, ki transfere chalè sot nan yon pati likid la nan yon lòt pati.

convection zone | zòn konvektiv Kouch ki pi aleksteryè enteryè solèy la.

convergent boundary | Fontyè konvèjant Yon limit plak litosferik kote de plak deplase nan direksyon pou yo rankontre.

convergent evolution | evolisyon konvèjant Pwosesis kote òganis ki pa aparante devlope menm karakteristik.

convex lens | lantiy konvèks Yon lantiy ki pi epè nan mitan pase nan pwent yo.

convex mirror | miwa konvèks Yon miwa kote sifas li koube pa deyò.

core | nwayo Rejyon santral solèy la, kote fizyon nikleyè fèt.

Coriolis effect | efè Koryolis Efè wotasyon latè genyen sou direksyon van ak kouran yo.

cornea | kòne Tisi transparan ki kouvri devan zye a.

corona | kouwòn Kouch eksteryè atmosfè solèy la.

coronary artery | atè kowonè Yon atè ki pote san nan misk kè a menm.

cosmic background radiation | reyonnman kosmolojik Reyonnman elektwomayetik ki te rete aprè gran boum lan.

cotyledon | kotiledon Yon fèy anbriyon yon plant ki pote grenn pwodui; pafwa li estoke manje.

covalent bond | lyezon kovalant Yon lyezon chimik ki fòme lè de atòm pataje elektwon.

crater | kratè 1. Yon gwo twou won ki fèt akoz enpak yon meteyorit. 2. Yon pati ki an fòm yon bòl ki fòme ozalantou ouvèti santral yon vòlkan.

critical night length | longè kritik nwit Kantite èdtan obskirite ki detèmine si wi ou non yon plant pral fè flè.

crop rotation | wotasyon kilti Lè yo plante diferan kilti nan yon chan chak ane pou mentni fètilite tè a.

crust | kwout Kouch wòch ki fòme sifas eksteryè latè.

crystal | kristal Yon solid kote atòm yo aranje nan yon modèl ki repete ankò e ankò.

crystalline solid | solid kristalen Yon solid ki konpoze avèk kristal kote patikil yo aranje nan yon modèl regilye, repetitif.

crystallization | kristalizasyon Pwosesis kote atòm yo aranje pou fòme yon materyo avèk yon estrikti kristal.

cumulus | kimilis Nyaj kotone, blan, kote abityèlman anba li plat, epi li sanble ak yon pil koton awondi.

current | kouran Yon gwo wiso dlo k ap koule nan oseyan yo.

cuticle | kitikil Kouch sire, enpèmeyab ki kouvri fèy ak tij pifò plant yo.

cyclone | siklòn Sant yon presyon atmosferik ba k ap toubiyonnen.

cytokinesis | sitosinèz Etap final sik selilè a, kote sitoplas selil la divize, li distribye òganit yo nan chak nan de nouvo selil fi yo.

cytoplasm | sitoplas Pati likid epè yon selil ki andedan manbràn selilè a (nan pwokaryòt yo) oswa ant manbràn selilè a ak nwayo a (nan ekaryòt yo).

D

dark energy | enèji sonb Yon fòs misterye ki sanble k ap koze akselerasyon ekspansyon linivè.

dark matter | matyè nwa Matyè ki pa degaje radyasyon elektwomayetik men ki abondan nan linivè.

day-neutral plant | plant net pa rapò ak lajounen Yon plant kote sik boujonnman li pa sansib a peryòd limyè ak peryòd obskirite.

death rate | to mòtalite Kantite lanmò pou chak 1,000 moun pandan yon sèten epòk.

decibel (dB) | desibèl (dB) Yon inite yo itilize pou konpare bwi diferan son.

deciduous tree | pyebwa ki gen fèy kadik Yon pyebwa ki jete fèy li yo pandan yon sezon patikilye epi li pouse nouvo fèy chak ane.

decomposer | dekonpozè Yon òganis ki jwenn enèji lè l dekonpoze dechè byotik epi òganis ki mouri, epi li retounen matyè premyè yo nan tè a ak nan dlo a.

decomposition | dekonpozisyon Yon reyaksyon chimik ki dekonpoze konpoze yo an pwodui ki pi senp.

deductive reasoning | rezonnman dediktif Yon fason pou eksplike kèk bagay avèk yon ide jeneral kòm pwen depa epi aprè sa ou aplike ide a a yon obsèvasyon presi.

deep-ocean trench | fòs oseyanik pwofon Yon vale pwofon nan fon lanmè a kote se anba l kwout oseyanik la koule nan direksyon manto a.

deflation | deflasyon Pwosesis kote van an baleye debri ki sou sifas sòl la.

degree | degre Yon inite yo itilize pou mezire distans ozanviwon yon sèk. Yon degre egal 1/360 yon sèk konplè.

delta | dèlta Yon fòm teren ki fèt avèk sediman ki depoze kote yon rivyè koule nan yon oseyan oswa yon lak.

dendrite | dandrit Ekstansyon yon newon an fòm filaman ki transpòte enpilsyon nève nan kò selilè a.

density | dansite Mezi ki kantite mas yon sibstans ki genyen nan yon volim done.

deposition | depo Pwosesis kote sediman al poze nan kèk nouvo kote.

depressant | depresè Yon medikaman ki ralanti aktivite sistèm nève santral la.

dermis | dèm Kouch enteryè po a.

desertification | dezètifikasyon Pwogresyon kondisyon sechrès nan zòn ki te otrefwa fètil; ki se rezilta twòp kiltivasyon, twòp patiraj, sechrès ak chanjman nan klima a.

destructive force | fòs destrikè Tout pwosesis natirèl ki detwi oswa ize sifas latè.

destructive interference | entèferans destriktè Entèferans ki rive lè de onn konbine pou fè yon onn ki gen yon anplitid ki pi piti pase anplitid chak onn endividyèlman.

development | devlopman Pwosesis chanjman ki fèt pandan lavi yon òganis pou l pwodui yon òganis ki pi konplèks.

dew point | pwen lawouze Tanperati ki rive nan yon pwen kote kondansasyon kòmanse.

diaphragm | dyafragm Yon gwo misk, an fòm vout ki chita anba poumon yo ki ede avèk respirasyon.

diatomic molecule | molekil dyatomik Yon molekil ki gen de atòm.

dicot | dikotiledòn Yon anjyospèm ki gen de fèy ki pote grenn.

Dietary Reference Intakes (DRIs) | Apò Nitrisyonèl Referans (ANREF) Direktiv ki montre kantite nitriyan moun bezwen chak jou.

diffraction | difraksyon Koubi oswa ekspansyon onn yo lè y ap deplase ozanviwon yon baryè oswa pase atravè yon ouvèti.

diffuse reflection | refleksyon difiz Refleksyon ki rive lè reyon limyè paralèl frape yon sifas ki miwo miba epi tout reyon yo reflete nan diferan ang.

diffusion | difizyon Pwosesis kote molekil yo deplase sòt nan yon zòn konsantrasyon ki pi wo pou ale nan yon zòn konsantrasyon ki pi ba.

digestion | dijesyon Pwosesis ki dekonpoze molekil manje ki konplèks an molekil nitriyan ki pi piti.

digestive system | aparèy dijestif Yon sistèm ògàn ki genyen estrikti espesyalize pou jwenn epi dijere manje.

digitizing | nimerizasyon Konvèsyon enfòmasyon an valè nimerik yon òdinatè ka itilize.

dike | dik Yon blòk wòch vòlkanik ki fòme lè magma fòse tèt li rantre nan kouch wòch yo.

dilute solution | solisyon dilye Yon melanj ki genyen sèlman yon ti solisyon ki fonn nan li.

direct current | kouran kontini Kouran kote chaj yo sikile sèlman nan yon sèl direksyon nan yon sikui.

directly proportional | dirèkteman pwopòsyonèl Yon ekspresyon yo itilize pou dekri relasyon ant de varyab kote graf li se yon liy dwa ki pase atravè pwen an (0, 0).

dispersal | dispèsyon Mouvman òganis de yon kote a yon lòt.

divergent boundary | fontyè divèjant Yon limit plak litosferik kote de plak yo deplase nan direksyon ki elwaye youn de lòt.

divide | liy pataj dlo Yon pati tè ki separe yon mas dlo de yon lòt.

DNA | ADN Asid dezoksiribonikleyik; materyèl jenetik ki genyen enfòmasyon sou yon òganis epi li pase enfòmasyon sa a de paran a desandan.

DNA replication | replikasyon ADN Anvan yon selil divize, se pwosesis kote ADN kopye tèt li.

dominant allele | alèl dominan Yon alèl ki gen trè li ki toujou parèt nan òganis lan lè alèl la prezan.

Doppler effect | efè Doplè Chanjman nan frekans yon onn pandan sous li ap deplase an relasyon avèk yon obsèvatè.

dormancy | dòmans Yon peryòd tan lè kwasans oswa aktivite yon òganis sispann.

dormant | dòman Pou lemoman inaktif men ki kapab vin aktif alavni (tankou yon vòlkan).

double bond | doub lyezon Yon lyezon chimik ki fòme lè atòm yo pataje de pè elektwon.

double helix | doub elis Fòm molekil yon ADN.

duct | kondui Yon ti kanal kote yon glann degaje pwodui chimik.

ductile | fleksib Yon mo yo itilize pou dekri yon materyo yo ka rale andedan nan yon fil long.

dwarf planet | planèt nen Yon objè ki kontoune solèy la epi li an fòm yon esfè, men li pa kite zòn òbit l ap kontoune a.

E

ear canal | kanal zòrèy Yon pati etwat ki soti padeyò zòrèy la pou ale nan tenpan an.

eardrum | tenpan Manbràn ki piti, ki detire byen fèm ki separe kondui oditif ekstèn lan de zòrèy mwayèn nan, epi li vibre lè onn akoustik frape l.

echinoderm | echinodèm Yon envètebre maren radyalman simetrik ki genyen yon eskelèt entèn ak yon sistèm tib ki plen ak likid.

echolocation | ekolokalizasyon Itilizasyon refleksyon onn akoustik pou detèmine distans oswa pou lokalize kèk objè.

eclipse | eklips Blokaj pasyèl oswa total yon objè nan lespas pa yon lòt objè.

eclipsing binary | etwal doub a eklips Yon sistèm etwal doub kote yon etwal peryodikman bloke limyè sou lòt etwal la.

ecological footprint | anprent anviwonnmantal Kantite tè ak dlo moun itilize pou satisfè bezwen yo an resous epi pou absòbe dechè yo pwodui.

ecology | ekoloji Etid sou fason òganis yo aji youn ak lòt ansanm ak anviwonnman yo.

ecosystem | ekosistèm Kominote òganis ki viv nan yon zòn patikilye, ansanm avèk anviwonnman inanime yo.

ectotherm | ektotèm Yon animal kote se tanperati anviwonnman li ki detèmine tanperati kò li.

efficiency | rannman Pousantaj travay founi ki konvèti an travay pwodui.

El Niño | El Niño Yon fenomèn klimatik anòmal ki rive chak de a sèt an nan Oseyan Pasifik la, ki koze chanjman nan kondisyon van, kouran ak tanperati a pandan en a de zan.

elastic potential energy | enèji potansyèl elastik Enèji objè ki detire oswa konprese.

electric circuit | sikui elektrik Yon sikui konplè, ki pa kase kote chaj elektrik ka sikile.

electric current | kouran elektrik Sikilasyon kontinyèl chaj elektrik atravè yon materyèl.

electric field | chan elektrik Zòn ki ozalantou yon objè ki chaje kote fòs elektrik objè a aplike sou lòt objè ki chaje yo.

electric force | fòs elektrik Fòs ki egziste ant objè ki chaje yo.

electric motor | motè elektrik Yon aparèy ki transfòme enèji elektrik an enèji mekanik.

electrical conductivity | kondiktivite elektrik Kapasite yon objè pou l pote kouran elektrik.

electrical energy | enèji elektrik Enèji chaj elektrik.

electrical engineering | jeni elektrik Branch jeni ki enplike konsepsyon sistèm elektrik, ikonpri enèji, sistèm kontwòl ak telekominikasyon.

electromagnet | elektwo-eman Yon eman ki kreye lè w vlope yon bobin fil ki gen kouran sou yon nwayo fewomayetik.

electromagnetic energy | enèji elektwomayetik Enèji limyè ak lòt fòm radyasyon, ki vwayaje atravè lespas kòm onn.

electromagnetic induction | endiksyon elektwomayetik Pwosesis ki pwodui yon kouran elektrik apati mouvman yon kondiktè atravè yon chan mayetik.

electromagnetic radiation | reyonnman elektwomayetik Enèji ki transpòte nan lespas pa onn elektwomayetik.

electromagnetic spectrum | espèk elektwomayetik Ansanm onn elektwomayetik ki klase nan lòd frekans kwasan.

electromagnetic wave | onn elektwomayetik 1. Yon onn ki konpoze avèk yon konbinezon yon chan elektrik ki varye ak yon chan mayetik ki varye. 2. Yon onn ki ka transfere enèji elektrik ak enèji mayetik atravè lespas vid.

electromagnetism | elektwomayetis Relasyon ant elektrisite ak mayetis.

electron | elektwon Yon ti patikil ki gen yon chaj negatif ki fè mouvman andeyò nwayo yon atòm.

electron dot diagram | fòmil Lewis Yon reprezantasyon kouch valans elektwon yo nan yon atòm ki reprezante avèk pwen.

element | eleman Yon sibstans ki pi ki paka dekonponze nan lòt sibstans ni pa pwosede chimik ni pa pwosede fizik.

elevation | elevasyon Wotè ki anwo nivo lanmè a.

ellipse | elips Yon fòm oval, ki ka alonje oswa prèske awondi; fòm òbit planèt yo.

elliptical galaxy | galaksi eliptik Yon galaksi ki sanble ak yon boul won oswa yon boul ki plati, jeneralman li genyen ansyen etwal yo sèlman.

embryo | anbriyon 1. Òganis jèn ki devlope apati yon zigòt. 2. Yon imen k ap devlope pandan premye uit semèn aprè fegondasyon an fin fèt.

emergent layer | kouch emèjant Kouch ki pi wo forè twopikal la ki resevwa plis limyè solèy la.

emigration | emigrasyon Mouvman kote kèk endividi ap kite yon zòn.

emissions | emisyon Polyan ki relache nan lè a.

endangered species | espès menase Yon espès ki menase pou l disparèt nan lavni pwòch.

endocytosis | andositoz Pwosesis kote manbràn selilè a pote patikil nan selil la lè l chanje fòm epi li anglouti patikil yo.

endoplasmic reticulum | retikilòm andoplasmik Yon òganit ki fòme yon seri koridò konplèks pou transpòte pwoteyin ak lòt materyèl sot nan yon pati selil la pou ale nan yon lòt.

endoskeleton | andoeskelèt Yon eskelèt entèn; sistèm sipò estriktiral andedan kò yon animal.

endospore | andospò Yon estrikti pwokaryòt yo pwodui, tankou bakteri, nan kondisyon ki pa favorab; yon pawa epè ki antoure ADN lan ak yon pòsyon sitoplas la.

endotherm | andotèm Yon animal kote se chalè ki soti andedan kò animal ki reglemante tanperati kò li.

endothermic change | chanjman andotèmik Yon chanjman ki absòbe enèji.

endothermic reaction | reyaksyon andotèmik Yon reyaksyon ki absòbe enèji.

energy | enèji Kapasite pou fè travay oswa fè chanjman.

energy conservation | konsèvasyon enèji Pratik pou redui itilizasyon enèji.

energy level | nivo enèjetik Pati nan yon atòm kote ou gen chans pou jwenn elektwon ki gen menm enèji.

energy pyramid | piramid enèji Yon dyagram ki montre kantite enèji ki deplase de yon nivo a yon lòt nan yon rezo twofik.

energy transformation | transfòmasyon enèji Yon chanjman de yon fòm enèji a yon lòt; yo rele l tou yon konvèsyon enèji.

engineer | enjenyè Yon moun ki itilize ni konesans teknolojik ni konesans syantifik pou rezoud pwoblèm pratik.

engineering | jeni Aplikasyon lasyans pou satisfè kèk bezwen oswa pou rezoud kèk pwoblèm.

enzyme | anzim 1. Yon tip pwoteyin ki akselere yon reyaksyon chimik nan yon èt vivan. 2. Yon katalizè byolojik ki redui enèji daktivasyon reyaksyon yo nan selil yo.

epicenter | episant Pwen sou sifas latè ki dirèkteman sou sant yon tranblemanntè.

epidermis | epidèm Kouch eksteryè po a.

epiglottis | epiglòt Yon lanbo tisi ki kache trache-atè a pou anpeche manje rantre nan poumon yo.

epithelial tissue | tisi epitelyal Yon tisi ki kouvri sifas enteryè ak sifas eksteryè kò a.

equinox | ekinòks Nenpòt nan de jou nan ane a kote ni emisfè nò ni emisfè sid la panche nan direksyon solèy la oswa lwen direksyon solèy la.

era | è jeyolojik Youn nan twa inite premye òd tan jeyolojik la ant epòk Prekanbriyen ak epòk prezan an.

erosion | ewozyon Pwosesis kote dlo, glas, van oswa gravite deplase patikil wòch ak sòl ki ewode.

esophagus | ezofaj Yon tib miskilè ki konekte bouch la ak vant lan.

estrogen | estwojèn Yon òmòn ovè yo pwodui ki kontwole devlopman ze ak karakteristik femèl adilt yo.

estuary | estyè Yon tip tè imid ki fòme kote dlo dous ki sot nan rivyè yo rankontre avèk dlo sale lanmè a.

eukaryote | ekaryòt Yon òganis kote selil yo genyen yon nwayo.

eutrophication | etwofizasyon Akimilasyon nitriyan nan lak ak etan dlo dous avèk letan ki vin pèmèt gen yon ogmantasyon nan kwasans alg.

evacuate | evakye Deplasman tanporè pou sot nan yon zòn ki pral afekte avèk move tan.

evaluating | evalye Konpare obsèvasyon ak done pou rive a yon konklizyon sou yo.

evaporation | evaporasyon Pwosesis kote molekil ki sou sifas yon likid absòbe ase enèji pou l tounen yon gaz.

evolution | evolisyon Chanjman ki fèt avèk letan; pwosesis kote òganis modèn yo te soti nan òganis ki te la deja yo.

excretion | eskresyon Pwosesis ki elimine dechè nan kò a.

excretory system | sistèm eskretwa Yon sistèm ògàn ki debarase yon kò de dechè ki genyen nitwojèn ak eksè sèl ak dlo.

exocytosis | egzositoz Pwosesis kote vakyòl ki antoure patikil yo fizyone avèk manbràn selilè a, ki fòse kontni yo soti nan selil la.

exoskeleton | egzoeskelèt Eskelèt ekstèn; yon kouvèti rezistan, enpèmeyab ki pwoteje, sipòte epi ede anpeche evaporasyon dlo nan kò anpil envètebre.

exosphere | egzosfè Kouch siperyè atmosfè a.

exothermic change | chanjman egzotèmik Yon chanjman kote enèji relache.

exothermic reaction | reyaksyon egzotèmik Yon reyaksyon ki relache enèji, souvan sou fòm chalè.

exotic species | espès egzotik Espès moun pote nan yon nouvo lokalite.

experimental bias | byè eksperimantal Yon erè nan konsepsyon yon eksperyans ki rann li pi posib pou yon rezilta patikilye.

exponential growth | kwasans eksponansyèl Modèl kwasans kote moun nan yon popilasyon repwodui a yon to ki konstan, konsa plis yon popilasyon vin pi gwo, se pi rapid li grandi.

external fertilization | fegondasyon ekstèn Lè ze yo fegonde andeyò kò yon femèl.

extinct | ekstèmine 1. Mo yo itilize pou pale de yon gwoup òganis ki aparante ki te disparèt epi pa gen ankenn manm k ap viv. 2. Mo yo itilize pou dekri yon vòlkan ki pa aktif ankò oswa ki pa gen chans pou l fè eripsyon ankò.

extinction | ekstèminasyon Disparisyon tout manm yon espès sou latè.

extrusion | ekstrizyon Yon kouch wòch magmatik ki fòme lè lav koule sou sifas latè epi li vin di.

extrusive rock | wòch ekstrizif Wòch magmatik ki fòme apati de lav sou sifas latè.

eyepiece | okilè Yon lantiy ki agrandi imaj objektif la fòme.

F

Fahrenheit scale | echèl Farennhayt Echèl tanperati kote dlo a konjele a 32°F epi li bouyi a 212°F.

Fallopian tube | twonp Falòp Yon pasaj pou ze yo soti nan yon ovè pou ale nan matris la.

farsighted | ipèmetwòp Lè yon moun ka wè objè ki lwen byen klè epi objè ki pi pre yo parèt flou.

farsightedness | ipèmetwopi Kondisyon kote yon moun ka wè objè ki lwen byen klè epi objè ki pi pre yo parèt flou.

fat | grès Nitriyan ki gen enèji ki konpoze avèk kabòn, oksijèn ak idwojèn.

fault | fay Yon ripti nan kwout latè kote wòch yo deplase.

feedback | retwoaksyon Enfòmasyon ki chanje yon sistèm oswa ki pèmèt sistèm nan ajiste tèt li.

fermentation | fèmantasyon Pwosesis kote selil yo relache enèji lè yo dekonpoze molekil manje san l pa itilize oksijèn.

fertility | fètilite Yon mezi ki pèmèt yo detèmine ki jan sòl la sipòte kwasans plant yo.

fertilization | fegondasyon Pwosesis nan repwodiksyon seksye kote yon repwodiksyon mal ak femèl rankontre pou fòme yon nouvo selil.

fertilizer | angrè Yon sibstans ki founi nitriyan pou ede kilti yo grandi pi byen.

fetus | fetis Yon imen k ap devlope apati nevyèm semèn devlopman li jiskaske l fèt.

field | chan Nenpòt zòn andeyò laboratwa a.

filter feeder | filtrè Yon animal ki filtre manje l nan dlo.

fishery | sosyete lapèch Yon zòn ki gen yo gwo popilasyon òganis nan lanmè ki presye.

flagellum | flajèl Yon estrikti ki long, ki sanble ak yon fwèt ki ede yon selil deplase.

flood plain | plèn inondasyon Zòn tè ki plat, ki laj bò yon rivyè.

flower | flè Estrikti repwodiktè yon anjyospèm.

fluid friction | fwotman entèn Friksyon ki fèt lè yon objè deplase nan yon likid.

focal point | fwaye Pwen kote reyon limyè ki paralèl a aks optik la rankontre, oswa sanble yo rankontre, aprè yon miwa (oswa yon lantiy) reflete l (oswa refrakte l).

focus | iposant Pwen anba sifas latè kote wòch premye kase sou estrès epi sa koze yon tranblemanntè.

foliated | feyte Mo yo itilize pou dekri wòch metamòfik ki genyen grenn ki aranje an kouch paralèl oswa bann.

follicle | folikil Estrikti nan dèm po a kote yon branch cheve grandi.

food chain | chèn alimantè Yon seri evènman nan yon ekosistèm kote òganis yo transfere enèji lè yo manje epi lè lòt òganis manje yo.

food web | rezo twofik Modèl relasyon alimantasyon similtane oswa chèn alimantè pami diferan kalite òganis nan yon ekosistèm.

force | fòs Yon pouse oswa rale ki egzèse sou yon objè.

fossil | fosil Rès oswa tras yon òganis yo prezève ki te abite nan lepase.

fossil fuel | konbistib fosil Chabon, petwòl oswa gaz natirèl ki fòme sou dèmilyon dane apati rès òganis ansyen yo; ki boule pou relache enèji.

fracture | frakti 1. Aparans yon mineral lè li kase nan yon fason ki pa regilye. 2. Lè yon zo kase.

free fall | desant lib Mouvman yon objè k ap tonbe lè sèl fòs k ap aji sou li se gravite.

frequency | frekans Kantite onn konplè ki pase yon pwen done nan yon peryòd tan detèmine.

frequency modulation | modilasyon frekans Yon metòd pou transmèt siyal lè w chanje frekans yon onn.

friction | friksyon 1. Fòs de sifas egzèse youn sou lòt lè yo fwote youn kont lòt. 2. Transfè elektwon sot nan yon objè ki net a yon lòt objè ki net lè w fwote yo.

frond | fwond Fèy yon foujè.

front | fwon Fontyè kote mas lè ki nan diferan tanperati rankontre men yo pa melanje.

frost wedging | kriyoklastis Pwosesis ki fann wòch lè dlo enfiltre nan fant yo epi li konjele epi elaji.

fruit | fwi Ovè ak lòt estrikti ki mi nan yon anjyospèm ki antoure yon grenn oswa plis.

fruiting body | aparèy esporifè estrikti repwodiktif yon chanpiyon ki genyen anpil ifa epi ki pwodui espò.

fuel rod | ba konbistib Yon ba iranyòm ki sibi yon fisyon nan yon reyaktè nikleyè.

fulcrum | pwen dapui Pwen fiks kote yon levye pivote.

fundamental tone | son fondamantal Frekans natirèl yon objè ki pi ba.

fungus | chanpiyon Yon òganis ekaryotik ki genyen pawa selilè, ki itilize espò pou l repwodui, epi ki se yon etewotwòf ki absòbe manje l pou l alimante tèt li.

fuse | fizib Yon dispozitif sekirite ki gen yon bann metal fen ki pral fonn si twòp kouran pase nan yon sikui.

G

galaxy | galaksi Yon kokennchenn gwoup etwal, sistèm etwal, ama etwal, pousyè ak gaz ki lye ansanm pa mwayen gravite.

gallbladder | vezikil bilyè Ògàn ki estoke bil aprè fwa a fin pwodui li.

galvanometer | galvanomèt Yon aparèy ki itilize yon elektwoeman pou detekte ti kantite kouran.

gametophyte | gametofit Etap nan sik lavi yon plant kote plant lan pwodui gamèt, oswa selil seksyèl.

gamma rays | reyon gama Onn elektwomayetik ki gen longè donn ki pi kout epi frekans ki pi wo.

gas | gaz Eta yon matyè ki pa gen ankenn fòm oswa volim defini.

gas giant | jeyan gaz Non yo konn souvan bay planèt siperyè yo: Jipitè, Satin, Iranis ak Neptin.

gasohol | esans-alkòl Yon melanj gazolin ak alkòl.

gene | jèn Yon sekans ADN ki detèmine yon trè epi ki pase de paran a desandan l yo.

gene therapy | terapi jenetik Pwosesis kote yo chanje yon jèn pou trete yon maladi oswa twoub medikal. Yo ranplase yon jèn ki absan oswa ki defektye avèk yon jèn nòmal ki fonksyone byen.

generator | jeneratè Yon aparèy ki transfòme enèji mekanik an enèji elektrik.

genetic disorder | twoub jenetik Yon kondisyon anòmal yon moun eritye atravè jèn oswa kwomozòm.

genetic engineering | jeni jenetik Transfè yon jèn sot nan ADN yon òganis pou ale nan yon lòt òganis, pou ka pwodui yon òganis avèk trè dezire a.

genetics | jenetik Etid syantifik sou eredite.

genome | jenòm Totalite materyèl jenetik yon òganis pote nan ADN li.

genotype | jenotip Estrikti jenetik yon òganis, oswa konbinezon alèl yo.

genus | jan Yon gwoup klasman ki genyen yon kantite espès ki similè, ki aparante.

geocentric | jeyosantrik Mo ki dekri yon modèl linivè kote latè nan sant planèt ak etwal k ap fè wotasyon yo.

geode | jeyòd Yon wòch ki gen yon kavite kote mineral kristal te grandi andedan l.

Geographic Information System | Sistèm Enfòmasyon Jeyografik Yon sistèm disk di ak lojisyèl òdinatè yo itilize pou pwodui kat jeyografik entèaktif.

geologic time scale | echèl tan jeyolojik Peryòd tan ki kouvri evènman jeyolojik ak fòm lavi nan istwa latè.

geosphere | jeyosfè Pati latè ki pi dans ki enkli kwout, manto ak nwayo.

geostationary orbit | òbit satelit jeyoestasyonè Yon òbit kote yon satelit kontoune latè nan menm vitès ak wotasyon latè kidonk li rete nan menm plas tout tan.

geothermal energy | enèji jeyotèmik Enèji tèmik entans ki soti andedan latè.

germination | jèminasyon Devlopman anbriyon an andeyò yon grenn; sa rive lè anbriyon an rekòmanse kwasans li aprè yon peryòd ralanti.

gestation period | peryòd jestasyon Peryòd tan ant fegondasyon ak nesans yon mamifè.

gill | branchi Yon estrikti plime ki pèmèt echanj gaz yo ant dlo ak san.

gizzard | zizye Yon ògàn miskilè, pawa epè ki peze epi moulen manje ki pasyèlman dijere.

gland | glann Yon ògàn ki pwodui epi degaje pwodui chimik swa atravè kanal oswa nan kouran sangen an.

Global Positioning System | Sistèm Mondyal Lokalizasyon Yon sistèm lokalizasyon ki itilize siyal satelit pou lokalize yon aparèy reseptè sou sifas latè.

global winds | van global Van ki sot nan direksyon presi ki vante de fason pèsistan sou distans ki long.

globular cluster | ama globilè Yon gwoup ansyen etwal ki laj, won, ki kole youn ak lòt.

glucose | glikoz 1. Yon sik ki se yon kokenn sous enèji pou selil yo nan kò a. 2. Yon senp idrat kabòn; monomè anpil idrat kabòn konplèks.

Golgi apparatus | aparèy Golgi Yon òganit nan yon selil ki resevwa pwoteyin ak lòt materyèl ki sot nan retikilòm andoplasmik la, li anbale yo epi distribiye yo nan lòt pati selil la.

gradualism | pwogresivite Modèl evolisyon ki karakterize pa akimilasyon lant epi pwogresif chanjman jenetik sou peryòd tan ki long.

grains | gren Patikil mineral oswa lòt wòch ki bay yon wòch teksti li.

granite | granit Yon wòch magma ki souvan gen koulè leje ki nan kwout kontinantal la.

grassland | preri Yon zòn kote pifò kote a se zèb ak lòt plant ki pa gen bwa epi ki resevwa ant 25 a 75 santimèt lapli chak ane.

gravitational potential energy | enèji potansyèl gravitasyonèl Enèji potansyèl ki depann de wotè yon objè.

gravity | gravite Fòs atraksyon ant objè yo; fòs ki fè objè yo deplase an desandan.

greenhouse effect | efè desè Kèk gaz nan atmosfè planèt la kaptire chalè toupre sifas planèt la.

greenhouse gases | gaz a efè desè Gaz nan atmosfè a ki kaptire enèji.

groin | epi Yon miray ki fèt ak wòch oswa beton yo bati pa deyò yon plaj pou redui ewozyon.

grounded | mizatè Pèmèt chaj yo sikile dirèkteman sot nan sikui a pou rantre nan kondiktè mizatè yon bilding epi aprè sa nan latè ankake ta gen yon kou sikui.

groundwater | dlo souteren Dlo ki ranpli fant ak espas nan sòl ak kouch wòch souteren.

group | gwoup Eleman ki nan menm kolòn vètikal nan tablo peryodik la; yo rele l fanmi tou.

gully | rigòl Yon gwo kanal nan tè a ki kote dlo ale aprè yon tanpèt lapli.

gymnosperm | jimnospèm Yon plant ki pwodui grenn dirèkteman sou ekay kòn yo—pa antoure avèk yon fwi pwotektè.

H

habitat | abita Yon anviwonnman ki ofri bagay yon òganis espesifik bezwen pou l viv, grandi epi repwodui.

half-life | demi-peryòd Tan li pran pou mwatye atòm yon eleman radyoaktif dekonpoze.

hazardous waste | dechè danjre Yon materyèl ki ka danjre si yo pa elimine l kòmsadwa.

headland | pwomontwa Yon pati rivaj la ki sòti al nan oseyan an.

heat | chalè Transfè enèji tèmik sot nan yon objè ki pi cho pou ale nan yon objè ki pi fre.

heliocentric | elyosantrik Mo ki dekri yon modèl sistèm solè a kote latè ak lòt planèt yo fè wotasyon otou solèy la.

hemoglobin | emoglobin Yon pwoteyin ki gen fè ki chimikman lye avèk molekil oksijèn; se sa ki konpoze pifò nan globil wouj yo.

heredity | eredite Transfè trè de paran a desandan yo.

hertz (Hz) | hertz (Hz) Inite mezi pou frekans.

Hertzsprung-Russell diagram | dyagram Hertzsprung-Russell Yon grafik ki gen rapò ak tanperati sifas yo ak liminozite absoli etwal yo.

heterotroph | etewotwòf Yon òganis ki paka fè pwòp manje li epi li konsome lòt èt vivan pou l ka jwenn manje.

heterozygous | etewozigòt Lè genyen de diferan alèl pou yon jèn patikilye.

hibernation | ibènasyon Yon animal redui aktivite l konsiderableman pandan sezon livè.

histamine | istamin Yon pwodui chimik ki responsab pou sentòm yon alèji.

homeostasis | omeyostazi Kondisyon kote anviwonnman entèn yon òganis rete estab malgre chanjman ki fèt nan anviwonnman ekstèn lan.

homologous structures | estriktii omològ Estrikti ki similè nan diferan espès ki te eritye l de yon zansèt komen.

homozygous | omozigòt Lè gen de alèl idantik pou yon jèn patikilye.

hormone | òmòn 1. Yon pwodui chimik ki afekte kwasans ak devlopman. 2. Pwodui chimik yon glann andokrin pwodui.

host | ot Yon òganis ki abrite yon parazit, swa avèk li, swa andedan li, swa sou li, epi li founi yon sous enèji oswa yon anviwonnman apwopriye pou parazit la ka viv.

hot spot | pwen cho Yon zòn kote magma ki sot byen fon nan manto a fonn atravè kwout la ki sou tèt li.

Hubble's law | lwa Hubble Obsèvasyon ki montre pi lwen yon galaksi ye, se pi rapid l ap deplase.

humid subtropical | sibtwopikal imid Yon klima ki imid epi ki cho ou jwenn nan pwent twopik yo.

humidity | imidite Montan vapè dlo nan yon volim lè done.

humus | imis Matyè òganik koulè fonse ki nan tè a.

hurricane | siklòn Yon tanpèt twopikal ki genyen van ki depase apeprè 119 kilomèt a lè oswa plis.

hybrid | ibrid Yon desandan kwazman ki gen de diferan alèl pou yon trè.

hybridization | ibridasyon Yon metòd elvaj seleksyon kote yo fè kwazman diferan endividi pou rasanble meyè trè nan toulè de paran yo.

hydrocarbon | idwokabi Yon konpoze òganik ki genyen atòm kabòn ak idwojèn sèlman.

hydroelectric power | enèji idwoelektrik Enèji sinetik pwodui elektrisite lè dlo an mouvman sou yon chit dlo oswa yon baraj.

hydrogen ion | iyon idwojèn Yon iyon ki gen chaj pozitif (H+) ki fòme avèk yon atòm idwojèn ki te pèdi elektwon l yo.

hydrosphere | idwosfè Pòsyon latè ki gen dlo sou tout fòm, ikonpri osyean, glasye, rivyè, lak, dlo souteren ak dlo vapè.

hydroxide ion | iyon idwoksid Yon iyon ki gen chaj negatif ki fèt avèk oksijèn ak idwojèn (OH−).

hypertension | ipètansyon Yon maladi kote presyon ateryèl yon moun toujou rete pi wo pase nòmal; yo rele maladi sa a tansyon tou.

hyphae | ifa Tib anbranchman ki tankou filaman ki konpoze kò chanpiyon miltiselilè.

hypothalamus | ipotalamis Yon pati nan sèvo a ki relye sistèm nève a avèk sistèm andokrin nan.

hypothesis | ipotèz Yon eksplikasyon ki posib pou yon seri obsèvasyon oswa repons a yon kesyon syantifik; li dwe kapab teste.

I

igneous rock | wòch igne Yon tip wòch ki fòme akoz refwadisman wòch ki fonn sou sifas la oswa anba sifas la.

image | imaj Yon kopi yon objè ki fòme avèk refleksyon oswa refraksyon reyon limyè.

immigration | imigrasyon Mouvman endividi nan yon zòn ki deja gen moun ki peple l.

immune response | repons iminitè Pati nan defans kò a kont patojèn kote selil nan sistèm iminitè a reyaji a chak kalite patojèn avèk yon defans ki vize presizeman patojèn sa a.

immunity | iminite Kapasite kò a genyen pou l detwi patojèn anvan yo ka koze maladi.

impermeable | enpèmeyab Yon patikilarite kèk materyèl genyen, tankou ajil ak granit, kote li pa fasil pou dlo pase ladan yo.

imprinting | enpreyasyon Yon konpòtman aprantisaj kote zwazo manman yo fèk kouve yo ak mamifè ki fèk fèt suiv premye bagay yo wè k ap deplase.

impulse | enpilsyon Yon mesaj elektrik ki pote enfòmasyon nan sistèm nève a.

inbreeding | andogami Yon metòd elvaj seleksyon kote yo kwaze de endividi ki gen menm seri alèl.

incineration | ensinerasyon Lè yo boule dechè solid.

inclined plane | plan enkline Yon machin senp ki gen sifas ki plat, enkline.

incomplete dominance | dominans enkonplè Yon sitiyasyon kote yon alèl pa konplètman dominan sou yon lòt alèl.

incomplete metamorphosis | metamòfoz enkonplè Yon tip metamòfoz ki gen twa etap: ze, nenf ak adilt.

index contour | koub metrès Sou yon kat topografik, yon koub nivo ranfòse ki make avèk elevasyon koub nivo sa a.

index fossil | fosil karakteristik Fosil òganis ki lajman distribye ki te viv pandan yon peryòd jeyolojik ki kout.

index of refraction | endis refraksyon Yon mezi kantite reyon limyè ki koube lè li pase de yon milye a yon lòt.

indicator | endikatè Yon konpoze ki chanje koulè lè li an prezans yon asid oswa yon baz.

induction | endiksyon Yon metòd ki redistribye chaj sou yon objè pa mwayen chan elektrik yon lòt objè; objè yo pa gen ankenn kontak dirèk.

inductive reasoning | rezonnman endiktif Itilizasyon obsèvasyon presi pou fè jeneralizasyon.

inertia | inèsi Tandans yon objè genyen pou l reziste yon chanjman ki an mouvman.

infectious disease | maladi enfektye Yon maladi prezans yon èt vivan ki nan kò a koze ki ka pase de yon òganis a yon lòt.

inflammatory response | reyaksyon enflamatwa Pati nan defans kò a kont patojèn, kote likid ak globil blan koule sot nan veso sangen yo pou ale nan tisi yo epi yo detwi patojèn yo lè yo dekonpoze yo.

infrared radiation | radyasyon enfrawouj Onn elektwomayetik ki gen longè donn ki pi long pase limyè vizib men ki pi kout pase mikwo onn.

infrared rays | reyon enfrawouj Onn elektwomayetik ki gen longè donn ki pi kout ak frekans ki pi wo pase mikwo onn.

inhibitor | inibitè Yon materyèl ki redui vitès yon reyaksyon.

inner core | nwayo entèn Yon esfè dans ki fèt ak nikèl solid nan sant latè.

inorganic | inòganik Ki pa fòme apati èt vivan oswa rès èt vivan yo.

input | antre Materyèl, enèji oswa enfòmasyon ki ale nan yon sistèm.

input force | fòs dantre Fòs ki egzèse sou yon machin.

insight learning | aprantisaj pa entuisyon Pwosesis kote w aprann ki jan pou rezoud yon pwoblèm oswa fè yon bagay ki nouvo lè w aplike sa ou konnen deja.

instantaneous speed | vitès enstantane Vitès yon objè nan yon enstan.

instinct | enstenk Yon konpòtman ine kote yon animal fè yon bagay kòrèkteman sou premye fwa a.

insulation | izolasyon Materyèl ki kaptire lè pou ede bloke transfè chalè ant lè ki andedan ak lè ki andeyò yon bilding.

insulator | izolatè 1. Yon materyèl ki pa kondui chalè byen. 2. Yon materyèl ki pa pèmèt chaj elektrik sikile fasilman.

insulin | ensilin Yon òmòn ki sot nan pankreyas la ki pèmèt selil kò a absòbe glikoz ki sot nan san an epi itilize l pou enèji.

intensity | entansite Kantite enèji pa segonn yon onn pote atravè yon sifas initè.

interference | entèferans Entèaksyon ant de onn ki rankontre.

internal fertilization | fegondasyon entèn Lè ze yo fegonde andedan kò yon femèl.

interneuron | entenewòn Yon newòn ki pote enpilsyon nève sot nan yon newòn pou ale nan yon lòt.

interphase | entèfaz Premye faz sik selilè a ki fèt anvan selil la divize, nan faz sa a yon selil grandi epi li fè yon kopi ADN li.

intertidal zone | zòn entètidal Yon zòn kote liy mare wo ki pi wo a sou tè ak pwen sou platfòm kontinantal la mare ba ki pi ba a ekspoze.

intestine | entesten Yon ògàn kote dijesyon fèt epi manje absòbe.

intrusion | entrizyon Yon kouch wòch igne ki fòme lè magma andisi anba sifas latè.

intrusive rock | wòch entrizif Wòch igne ki fòme lè magman andisi anba sifas latè.

inversely proportional | envèsman pwopòsyonèl Yon ekspresyon yo itilize pou dekri relasyon ant de varyab ki gen yon pwodui ki konstan.

invertebrate | envètebre Yon animal ki pa gen yon kolòn vètebral.

involuntary muscle | misk lis Yon misk ki pa sou kontwòl konsyan.

ion | iyon Yon atòm oswa gwoup atòm ki vin gen chaj elektrik.

ionic bond | lyezon iyonik Atraksyon ant iyon ki chaje de fason opoze.

ionic compound | konpoze iyonik Yon konpoze ki genyen iyon pozitif ak iyon negatif.

ionosphere | iyonosfè Pati enferyè tèmosfè a.

iris | iris Misk ki antoure pipiy la epi ki reglemante kantite limyè ki rantre nan zye a; li bay je a koulè li.

irregular galaxy | galaksi iregilye Yon galaksi ki pa gen yon fòm regilye.

island arc | ak ensilè Yon chèn vòlkan ki fòme akoz sibdiksyon plak oseyanik lan anba yon dezyèm plak oseyanik.

isobar | izoba Yon liy sou yon kat meteyowolojik ki relye kote ki gen menm presyon atmosferik.

isotherm | izotèm Yon liy sou yon kat meteyowolojik ki relye kote ki gen menm tanperati.

isotope | izotòp Yon atòm ki gen menm kantite pwoton ak yon kantite diferan netwon ki sot nan lòt atòm ki nan menm eleman an.

J

jet streams | kouran-jè Kouran dè a grann vitès apeprè 10 kilomèt anwo sifas latè.

joule | joul Yon inite pou mezi travay ki egal a yon neton-mèt.

K

karst topography | topografi karst Yon rejyon kote yon kouch wòch lacho ki pre sifas la kreye vale pwofon, kavèn ak efondreman.

karyotype | karyotip Yon foto tout kwomozòm imen yo nan yon selil ki gwoupe ansanm pa pè epi ki aranje nan lòd dekwasan an gwosè.

Kelvin scale | echèl Kelvin Echèl tanperati kote zewo sou echèl la se tanperati kote yo paka retire ankenn enèji ankò nan matyè a.

kettle | mamit jeyan Yon ti depresyon ki fòme lè yon moso glas rete nan depo glasyè a.

keystone species | espès kle Yon espès ki enfliyanse sivi anpil lòt espès nan yon ekosistèm.

kidney | ren Yon kokennchenn ògàn sistèm ekskretwa a; li retire ire ak lòt dechè nan san an.

kinetic energy | enèji sinetik Enèji yon objè genyen akoz mouvman li.

Kuiper belt | senti Kuiper Yon rejyon ki etann odela òbit Neptin jiska apeprè 100 fwa distans latè apati de solèy la.

L

La Niña | La Niña Yon evènman klimatik nan Oseyan Pasifik lès la kote dlo sifas yo pi frèt pase nòmal.

land breeze | briz tè Briz ki soufle sot sou tè pou al sou yon etandi dlo.

land reclamation | restorasyon tè Pwosesis restorasyon tè pou l vin nan yon eta ki pi natirèl, pi pwodiktif.

landform | fòm teren Yon karakteristik topografi ki fòme grasa pwosesis ki fòme sifas latè.

landform region | rejyon fòm teren Yon zòn teren laj kote topografi a konpoze prensipalman de yon tip fòm teren.

large intestine | gwo entesten Dènye seksyon sistèm dijestif la, kote dlo absòbe nan kouran sangen an epi rès matyè yo elimine sot nan kò a.

larva | lav Fòm yon animal ki poko fin devlope ki pa sanble avèk fòm adilt la ditou.

larynx | larenks Bwat vwa a; li sitiye nan pati siperyè trache a, anba epiglòt la.

latitude | latitid Distans an degre onò oswa osid ekwatè a.

lava | lav Magma likid ki rive sou sifas la.

law of conservation of energy | lwa konsèvasyon enèji Règ kote yo paka ni kreye ni detwi enèji.

law of conservation of mass | lwa konsèvasyon matyè Prensip ki deklare kantite total matyè pa ni kreye ni detwi pandan nenpòt chanjman chimik oswa fizik.

law of conservation of momentum | lwa konsèvasyon enpilsyon Règ ki deklare nan absans fòs eksteryè enpilsyon total objè ki aji youn ak lòt pa chanje.

law of superposition | prensip sipèpozisyon Prensip jeyolojik ki deklare nan kouch orizontal wòch sedimantè, chak kouch pi ansyen pase kouch ki anwo li epi pi jèn pase kouch ki anba li.

law of universal gravitation | lwa gravitasyon inivèsèl Lwa syantifik ki deklare chak objè nan linivè atire chak lòt objè.

leachate | liksivyat Likid polye dlo k ap pase ak pwodui chimik ki fonn sot nan dechè ki antere nan teren fatra pwodui.

learning | aprantisaj Pwosesis ki pote chanjman nan konpòtman ki baze sou pratik oswa eksperyans.

leeward | pwoteje kont van Bò yon chèn montay ki pwoteje kont van k ap soufle.

lens | lantiy 1. Estrikti fleksib ki fokalize limyè ki penetre nan je a. 2. Yon moso glas koube oswa lòt materyèl transparan yo itilize pou refrakte limyè.

lever | levye Yon senp machin ki genyen yon ba rijid ki pivote sou yon pwen fiks.

lichen | lichenn Konbinezon yon chanpiyon avèk swa yon alg swa yon bakteri ototwofik ki abite ansanm nan yon relasyon ki benefisye toulè de òganis yo.

ligament | ligaman Tisi konjonktif rezistan ki kenbe zo yo ansanm nan yon jwenti mobil.

light-year | ane limyè Distans limyè vwayaje nan yon ane, apeprè 9,5 milyon milyon kilomèt.

limiting factor | faktè limitan Yon faktè anviwonnmantal ki lakoz yon popilasyon diminye an gwosè.

lipid | lipid Yon konpoze òganik ki rich an enèji, tankou grès, luil oswa lasi, ki fèt avèk kabòn, idwojèn ak oksijèn.

liquid | likid Eta yon matyè ki pa gen ankenn fòm ki defini men ki gen yon volim ki defini.

lithosphere | litosfè Yon kouch rijid ki konpoze pati ki pi siperyè manto a ak kwout la.

litter | lityè Premye kouch yon tè fètil ki fèt avèk fèy ak zèb ki mouri.

liver | fwa Pi gwo ògàn andedan kò a; li jwe yon wòl nan anpil pwosesis kò a, tankou pwodiksyon bil pou sistèm dijestif la.

loam | tè ajil Tè rich, fètil ki konpoze de apeprè pati egal ajil, sab ak limon.

loess | lès Yon depo ki fòme akoz van ki fèt avèk patikil fen ajil ak limon.

long-day plant | plant emewoperyodik Yon plant ki fè flè lè nwit yo pi kout pase longè nwit kritik plant lan.

longitude | lonjitid Distans an degre alès oswa alwès meridyen orijin nan.

longitudinal wave | onn lonjitidinal Yon onn ki deplase milye a nan yon direksyon ki paralèl a direksyon kote onn lan vwayaje.

longshore drift | deriv litoral Mouvman dlo ak sediman sou yon plaj akoz vag k ap vini sou rivaj la nan yon ang.

loudness | soni Pèsepsyon enèji yon son.

lunar eclipse | eklips linè Blokaj ki anpeche limyè solèy rive sou lalin lan ki fèt lè latè dirèkteman ant solèy la ak lalin lan.

lung | poumon 1. Yon ògàn ou jwenn nan vètebre ki respire lè ki echanje oksijèn ak dyoksid kabòn avèk san. 2. Nan imen yo, youn nan de ògàn prensipal sistèm respiratwa a.

luster | reflè Fason yon mineral reflete limyè sou sifas li.

lymph | lenf Likid ki konpoze avèk dlo ak lòt materyèl ki fonn sistèm lenfatik la kolekte epi retounen l nan kouran sangen an.

lymph node | ne lenfatik Yon ti mas tisi nan sistèm lenfatik la ki filtre lenf, kaptire bakteri ak lòt mikwoòganis ki koze maladi.

lymphatic system | sitèm lenfatik Yon rezo veso ki tankou venn ki retounen likid ki koule sot nan veso sangen an pou al nan kouran sangen an.

lymphocyte | lenfosit Yon globil blan ki distenge ant chak kalite patojèn.

lysosome | lizosòm Yon òganit selilè ki genyen pwodui chimik ki dekonpoze gwo patikil manje an patikil ki pi piti rès selil la ka itilize.

M

machine | machin Yon aparèy ki chanje kantite fòs ki egzèse, distans kote fòs la egzèse oswa direksyon kote fòs la egzèse.

magma | magma Melanj sibstans an fizyon ki fòme wòch, gaz ak dlo ki sot nan manto a.

magnetic declination | deklinezon mayetik Ang ant nò jeyografik ak nò mayetik kote zegwi yon konpa pwente.

magnetic field | chan mayetik Rejyon ozalantou yon eman kote fòs mayetik egzèse.

magnetic force | fòs mayetik Yon fòs ki pwodui lè pòl mayetik yo aji youn ak lòt.

magnetic pole | pòl mayetik Pwent yon objè mayetik, kote fòs mayetik la pi fò.

magnetism | mayetis Fòs atraksyon oswa repilsyon materyèl mayetik.

magnitude | mayitid Mezi pisans yon tranblemanntè ki baze sou onn seyismik ak mouvman sou fay yo.

main sequence | seri prensipal Yon zòn dyagonal sou yon dyagram Hertzsprung-Russell ki enkli plis pase 90 pousan tout etwal yo.

malleable | maleyab Yon mo yo itilize pou dekri materyèl yo ka matle oswa woule an fèy plat.

mammal | mamifè Yon vètebre kote tanperati kò li reglemante pa chalè ki sot nan kò li, epi po li kouvri avèk cheve oswa pwal ak glann ki pwodui lèt pou nouri pitit li yo.

mammary gland | glann mamè Yon ògàn nan mamifè femèl ki pwodui lèt pou pitit mamifè a.

manipulated variable | varyab kòmand Faktè yon syantis chanje pandan yon eksperyans; yo rele l tou varyab endepandan.

mantle | manto Kouch materyèl ki cho, rezistan ant kwout ak nwayo latè.

map projection | pwojeksyon katografik Yon dyagram liy ki ede transfere pwen ki sou sifas latè sou yon kat plat.

maria | mè Pati ki fonse, plan sou sifas lalin lan ki te fòme apati kokennchenn ekoulman lav.

marine climate | klima maritim Klima kèk rejyon kotye, kote livè yo relativman cho epi ete yo relativman fre.

marrow | mwèl Tisi konjonktif mou ki ranpli andedan zo yo.

marsupial | masipyal Yon mamifè ki fè yon pitit ki nan premye faz devlopman li, epi ki kontinye devlope nan yon pòch ki sou kò manman an.

mass | mas Yon mezi ki endike kantite matyè ki genyen nan yon objè.

mass extinction | disparisyon an mas Lè anpil kalite èt vivan vin disparèt menm lè.

mass movement | mouvman an mas Nenpòt nan plizyè pwosesis kote gravite fè sediman deplase anba.

mass number | nonb mas Nonb total pwoton ak netwon ki nan nwayo yon atòm.

matter | matyè Nenpòt bagay ki gen yon mas epi ki okipe yon espas.

mean | mwayèn Mwayèn nimerik yon seri done.

meander | sèpante Yon koub ki tankou yon bouk nan kou yon rivyè.

mechanical advantage | efè mekanik Kantite fwa yon machin ogmante yon fòs ki egzèse sou li.

mechanical energy | enèji mekanik Enèji sinetik oswa potansyèl ki asosye avèk mouvman oswa pozisyon yon objè.

mechanical engineering | jeni mekanik Branch jeni ki gen rapò ak konsepsyon, konstriksyon ak operasyon machinri.

mechanical wave | onn mekanik Yon onn ki nesesite yon milye kote li ka vwayaje.

mechanical weathering | alterasyon mekanik Tip alterasyon kote wòch fizikman kase an moso ki pi piti.

median | mediàn Chif ki nan mitan yon seri done.

medium | milye Materyèl kote onn vwayaje atravè li.

medusa | mediz Yon fòm nidè ki an fòm yon parapli ki ouvri epi ki adapte pou yon vi akwatik.

meiosis | meyoz Pwosesis ki rive nan fòmasyon selil seksyèl (espèm ak ze) kote kantite kwomozòm yo redwi a mwatye.

melanin | melanin Yon pigman ki bay po a koulè li.

melting point | pwen fizyon Tanperati kote yon sibstans chanje de yon solid a yon likid; menm jan ak pwen konjelasyon, oswa tanperati kote yon likid chanje an yon solid.

meniscus | menisk Sifas koub yon likid nan yon kolòn likid.

mercury barometer | bawomèt a mèki Yon enstriman ki mezire chanjman nan presyon atmosferik la, ki genyen yon tib an glas ki pasyèlman ranpli avèk mèki, epi pwen ki ouvè a repoze sou yon resipyan mèki.

mesosphere | mezosfè Kouch atmosfè latè ki imedyatman anwo estratosfè a.

messenger RNA | ARN mesaje Tip ARN ki pote enstriksyon pou asanblaj asid amine nan pwoteyin yo sot nan ADN pou ale nan ribozòm nan sitoplas la.

metabolism | metabolis Konbinezon reyaksyon chimik kote yon òganis akimile oswa dekonpoze matyè yo.

metal | metal Yon klas eleman ki karakterize pa pwopriyete fizik ki enkli ekla, maleyabilite, dosilite ak kondiktivite.

metallic bond | lyezon metalik Yon atraksyon ant yon iyon metal ki pozitif ak elektwon ki antoure li.

metalloid | metaloyid Yon eleman ki genyen kèk karakteristik metal ak non-metal.

metamorphic rock | wòch metamòfik Yon tip wòch ki fòme apati yon wòch ki egziste deja, ki chanje akoz chalè, presyon oswa reyaksyon chimik.

metamorphosis | metamòfoz Yon pwosesis kote kò yon animal fè yon kokennchenn chanjman nan fòm kò li pandan sik lavi li.

meteor | meteyò Yon tras limyè nan syèl la ki rive akoz yon meteyorit ap boule nan atmosfè latè.

meteorite | meteyorit Yon meteyorit ki pase atravè atmosfè latè epi ki frape sifas latè.

meteoroid | meteyowoyid Yon moso wòch oswa pousyè nan lespas, jeneralman ki pi piti pase yon astewoyid.

metric system | sistèm metrik Yon sistèm mezi ki baze sou nimewo 10.

microgravity | mikwogravite Kondisyon kote w fè eksperyans apezantè ann òbit.

microorganism | mikwoòganis Yon èt vivan ki twò pitit pou obsève san yon mikwoskòp.

microscope | mikwoskòp Yon enstrikman ki fè objè ki piti parèt gwo.

microwaves | mikwoonn Onn elektwomayetik ki genyen longè donn ki pi kout epi frekans ki pi wo pase onn radyoelektrik.

mid-ocean ridge | dòsal medyo-oseyanik Yon chèn montay soumaren koute nouvo fon lanmè pwodui; yon limit plak litosferik divèjan anba lanmè a.

migration | migrasyon Vwayaj regilye, sezonye yon animal fè pou l soti nan yon anviwonnman pou l ale nan yon lòt epi pou l retounen pou l jwenn manje oswa pou repwodiksyon.

mineral | mineral 1. Yon solid ki pwodui natirèlman ki ka fòme pa mwayen pwosesis inòganik epi ki gen yon estrikti kristal ak yon konpozisyon chimik defini. 2. Yon nitriyan kò a bezwen an ti kantite epi se pa èt vivan ki fè li.

mirage | miraj Imaj yon objè distan ki se rezilta refraksyon limyè pandan l ap vwayaje nan lè ki gen tanperati varye.

mitochondria | mitokondri Òganit an fòm baton ki konvèti enèji ki nan molekil manje an enèji selil la ka itilize pou akonpli fonksyon l yo.

mitosis | mitoz Dezyèm fas sik selilè a kote nwayo selil la divize an de nouvo nwayo epi yon seri ADN distribiye al nan chak selil fi.

mixture | melanj De sibstans oswa plis ki ansanm nan menm kote men atòm yo pa chimikman lye.

mode | mòd Nimewo ki parèt pi souvan nan yon lis nimewo.

model | modèl Yon reprezantasyon yon objè oswa yon pwosesis konplèks, yo itilize pou ede moun konprann yon konsèp yo paka obsève dirèkteman.

Modified Mercalli scale | echèl Mercalli modifye Yon echèl ki mezire entansite yon tranblemanntè.

Mohs hardness scale | echèl dite Mohs Yon echèl ki klase dis mineral sot nan sa ki pi mou pou ale nan sa ki pi di; yo itilize l pou teste dite mineral yo.

mold | moul Yon tip fosil ki se yon zòn kre nan sediman ki gen fòm yon òganis oswa pati yon òganis.

molecular compound | konpoze molekilè Yon konpoze ki konpoze avèk molekil.

molecule | molekil Yon gwoup net ki gen de atòm oswa plis ki makonnen ansanm avèk lyezon kovalant.

mollusk | molisk Yon envètebre ki genyen yon kò mou, non segmante; pifò ladan yo genyen yon karapas di ki pwoteje yo.

molting | mi Pwosesis ki jete yon egzoeskelèt ki twò piti.

moment magnitude scale | echèl mayitid moman Yon echèl ki mezire tranblemanntè lè li estime enèji total yon tranblemanntè degaje.

momentum | kantite mouvman Pwodui mas ak vitès yon objè.

monocot | monokòt Yon anjyospèm ki gen yon sèl fèy ki pote grenn.

monotreme | monotrèm Yon mamifè ki ponn ze.

monsoon | mouson Van lanmè oswa latè k ap soufle sou yon rejyon vas ki chanje direksyon avèk sezon yo.

moraine | morèn Yon krèt depo glasyè ki depoze nan pwent yon glasye fòme.

motion | mouvman Eta kote distans yon objè de yon lòt objè ap chanje.

motor neuron | newòn motè Yon newòn ki voye yon enpilsyon nan yon misk oswa glann, ki lakoz misk la oswa glann lan reyaji.

mountain range | chèn montay Yon gwoup montay ki rapwoche nan fòm, estrikti, zòn ak laj.

mucus | mikis Yon sibstans ki epè, glisan kò a pwodui.

multiple alleles | alèl miltip Twa alèl oswa plis nan yon jèn ki detèmine yon karakteristik.

municipal solid waste | dechè solid minisipal Dechè ki soti nan kay, biznis, lekòl ak nan yon kominote.

mutation | mitasyon Tout chanjman nan ADN yon jèn oswa yon kwomozòm.

mutualism | mityalis Yon tip relasyon senbyotik kote toulè de espès yo benefisye lè yo viv ansanm.

N

natural selection | seleksyon natirèl Pwosesis kote òganis yo ki pi byen adapte a anviwonnman yo gen plis chans pou yo siviv epi repwodui.

neap tide | mare mò-dlo Mare ki gen lemwens diferans ant mare ba ak mare wo konsekitif.

nearsighted | myòp Yon kondisyon kote yon moun ka wè objè ki pre yo klèman epi objè ki lwen yo parèt flou.

nebula | nebilez Yon gwo nyaj gaz ak pousyè nan lespas.

negative feedback | retwoaksyon negatif Yon pwosesis kote yon sistèm fèmen akoz kondisyon li pwodui a.

nekton | nekton Animal nektonik ki ka deplase atravè kolòn dlo.

nephron | nefwon Ti estrikti filtrasyon ou jwenn nan ren yo ki retire dechè nan san an epi ki pwodui pipi.

neritic zone | zòn neritik Pati nan oseyan an ki etann de nivo mare ba a jiska pwent platfòm kontinantal la.

nerve | nè Yon pakè fib nève.

nerve impulse | enpilsyon nève Mesaj yon newòn pote.

nervous system | sistèm nève Yon sistèm ògàn ki resevwa enfòmasyon nan anviwonnman an epi koòdone yon repons.

nervous tissue | tisi nève Yon tisi ki transpòte mesaj elektrik ale vini ant sèvo a ak lòt pati nan kò a.

net force | fòs nèt Fòs jeneral sou yon objè lè tout fòs endividyèl yo k ap aji sou li adisyone ansanm.

neuron | newòn Yon selil ki pote enfòmasyon atravè sistèm nève a.

neutralization | netralizasyon Reyaksyon yon asid avèk yon baz, ki pwodui yon solisyon ki pa gen otan asid ak baz solisyon yo te ye anvan melanj lan.

neutron | netwon Yon ti patikil nan nwayo atòm lan, ki pa gen ankenn chaj elektrik.

neutron star | etwal a netwon Rès yon etwal a gran mas ki piti, dans aprè yon sipènova.

newton | newton Yon inite mezi ki egal a fòs ki nesesè pou akselere 1 kilogram mas a 1 mèt pa segonn pa segonn.

Newton's first law of motion | premye lwa Newton sou mouvman Lwa syantifik ki deklare yon objè estasyonè pral rete estasyonè epi yon objè an mouvman pral rete an mouvman avèk yon vitès konstan amwenske yon fòs aji sou li.

niche | nich Fason yon òganis viv epi li reyaji ansanm avèk faktè byotik ak faktè abyotik nan abita li.

nitrogen bases | baz azote Molekil ki genyen azòt ak kèk lòt eleman.

nitrogen fixation | fiksasyon azòt Pwosesis kote yo konvèti azòt nan atmosfè a an konpoze azote plant yo ka absòbe epi itilize.

noble gas | gaz nòb Yon eleman nan Gwoup 18 nan tablo peryodik la.

node | ne Yon pwen zewo anplitid sou yon onn estasyonè.

nodule | nodil Yon boul nan fon lanmè a ki fòme lè metal tankou manganèz akimile ozalantou moso koki.

noninfectious disease | maladi non-kontajye Yon maladi kote se pa yon patojèn ki koze li.

nonpoint source | sous non-ponktyèl Yon sous polisyon ki lajman epapiye ki difisil pou relye a yon pwen orijin presi.

nonpolar bond | lyezon non-polè Yon lyezon kovalant kote elektwon yo pataje egal ego.

normal fault | fay nòmal Yon tip fay kote mi ki kwoke yo glise desann; se tansyon sou kwout la ki koze li.

notochord | kòd dòsal Yon batonè fleksib ki sipòte do yon kòde jis anba chèn nève a.

nuclear energy | enèji nikleyè Enèji potansyèl ki estoke nan nwayo yon atòm.

nuclear fission | fisyon nikleyè Divizyon nwayo yon atòm an de nwayo ki pi piti ak netwon, ki degaje yon gwo kantite enèji.

nuclear fusion | fizyon nikleyè Pwosesis kote de nwayo atomik konbine pou fòme yon nwayo ki pi gwo, ki fòme yon eleman ki pi lou epi ki degaje gwo kantite enèji; pwosesis kote etwal yo pwodui enèji.

nuclear reaction | reyaksyon nikleyè Yon reyaksyon ki enplike patikil nan nwayo yon atòm ki ka chanje yon eleman pou fè l tounen yon lòt eleman.

nucleic acid | asid nikleyik Yon gwo molekil òganik ki fèt avèk kabòn, oksijèn, idwojèn, azòt ak fosfò, ki genyen enstriksyon selil yo bezwen pou akonpli tout fonksyon lavi.

nucleus | nwayo 1. Nan selil yo, yon gwo òganit oval ki genyen materyèl jenetik selil la nan fòm ADN epi ki kontwole anpil nan aktivite selil la. 2. Nwayo santral yon atòm ki genyen pwoton ak netwon. 3.Nwayo solid yon komèt.

nutrient | nitriyan 1. Yon sibstans tankou azòt oswa fosfò ki pèmèt plant oswa alg grandi. 2. Sibstans nan manje ki founi matyè premyè ak enèji ki nesesè pou yon òganis akonpli pwosesis esansyèl li yo.

nutrient depletion | epuizman nitriyan Sitiyasyon ki rive lè yo itilize plis nitriyan ki sot nan tè a pase sa dekonpozè yo ka founi.

nymph | nenf Yon etaj metamòfoz enkonplè ki souvan sanble ak ensèk adilt la.

O

objective | objektif 1. Yon lantiy ki ranmase limyè nan yon objè epi li fòme yon imaj reyèl. 2. Dekri aksyon priz desizyon oswa konklizyon ki tire apati de prèv ki disponib.

obsolete | kadik Yon bagay yo pa itilize ankò.

occluded | okli Fèmen, tankou nan yon fwon kote yon mas lè cho trape ant de mas lè frèt.

Ohm's law | lwa Ohm Lwa ki deklare rezistans nan yon sikui egal a vòltaj divize pa kouran.

omnivore | omnivò Yon konsomatè ki jwenn enèji lè l manje ni plant ni bèt.

Oort cloud | nyaj Oort Yon zòn esferik komèt ki antoure sistèm solè a.

opaque | opak Yon tip materyèl ki reflete oswa absòbe tout limyè ki frape l.

open circulatory system | sistèm sikilatwa ouvè Yon sistèm sikilatwa kote kè a ponpe san nan espas ouvè nan kò a epi san pa konfine nan veso sangen yo.

open cluster | ama ouvè Yon ama etwal ki gen yon aparans lach, dezòganize epi ki genyen pa plis pase kèk milye etwal.

open system | sikui ouvè Yon sistèm kote matyè ka rantre oswa soti nan anviwon yo.

open-ocean zone | zòn oseyan laj Pati nan oseyan an ki pi fon, pi sonb odela pwent platfòm kontinantal la.

optic nerve | nè optik Nè ki kout, epè ki pote siyal sot nan je a pou al nan sèvo a.

optical axis | aks optik Yon liy imajinè ki divize yon miwa an de.

optical telescope | teleskòp optik Yon teleskòp ki itilize lantiy oswa miwa pou kolekte epi fokalize limyè vizib.

orbit | òbit Trajektwa yon objè pandan l ap fè wotasyon otou yon lòt objè nan lespas.

orbital velocity | vitès revolisyon òbital Vitès yon fize dwe atenn pou l etabli yon òbit otou yon kò nan lespas.

organ | ògàn Yon estrikti nan kò a ki konpoze de diferan kalite tisi ki travay ansanm.

organ system | sistèm ògàn Yon gwoup ògàn ki travay ansanm pou akonpli yon gwo fonksyon..

organelle | òganit Yon ti estrikti selil ki akonpli yon fonksyon presi nan selil la.

organic rock | wòch òganik Wòch sedimantè ki fòme apati rès òganis yo ki depoze an kouch epè.

osmosis | osmoz Difizyon molekil dlo atravè yon manbràn ki pèmeyab de fason selektif.

outer core | nwayo eksteryè Yon kouch font likid ak nikèl ki antoure nwayo entèn latè.

output | rannman Materyèl, enèji, rezilta oswa pwodui ki soti nan yon sistèm.

output force | fòs sòti Fòs yon machin egzèse sou yon objè.

ovary | ovè 1. Yon estrikti flè ki antoure epi pwoteje ovil yo ak grenn yo pandan y ap devlope. 2. Ògàn nan sistèm repwodiksyon femèl ki pwodui ze ak estwojèn.

overtone | son dominan Yon frekans natirèl ki se yon miltip frekans son fondamantal la.

ovulation | ovilasyon Pwosesis kote yon ze ki mi relache sot nan ovè a pou ale nan youn nan twonp Falòp yo.

ovule | ovil Estrikti yon plant nan plant a grenn yo ki pwodui gametofit femèl; li genyen yon ovil.

oxbow lake | lak oxbow Yon meyand ki koupe de yon rivyè.

oxidation | oksidasyon Yon chanjman chimik kote yon sibstans konbine avèk oksijèn, tankou lè fè okside, ki fòme yon wouy.

ozone | ozòn Yon fòm oksijèn ki genyen twa atòm oksijèn nan chak molekil olye de yon konn genyen dabitid; toksik pou òganis kote li fòme toupre sifas latè.

ozone layer | kouch ozòn Kouch nan pati siperyè atmosfè a ki genyen yon konsantrasyon ozòn ki pi wo pase rès atmosfè a.

P

P wave | onn P Yon tip onn sismik ki konprese epi elaji tè a.

pacemaker | estimilatè kadyak Yon gwoup selil ki lokalize nan oreyèt dwat la ki voye siyal ki fè misk kè a kontrakte epi ki kontwole frekans kadyak la.

paleontologist | paleyontolojis Yon syantis ki etidye fosil yo pou l aprann konsènan òganis ki te viv nan tan lontan.

pancreas | pankreyas Yon ògàn triyangilè ki chita ant lestomak la ak premye pati ti entesten an; li pwodui anzim dijestif ki dekonpoze nitriyan.

Pangaea | Panje Non yo bay yon sèl mas kontinantal ki te kòmanse dispèse 200 milyon ane de sa epi ki bay kontinan ki egziste jodi a.

parallax | paralaks Chanjman aparan nan pozisyon yon objè lè w obsève l apati diferan andwa.

parallel circuit | sikui paralèl Yon sikui elektrik kote diferan pati yo nan sikui a sou branch separe.

parasite | parazit Yon òganis ki benefisyè lè l viv avèk yon ot, sou yon ot oswa andedan yon ot nan yon relasyon parazitis.

parasitism | parazitis Yon tip senbyoz kote yon òganis viv avèk yon ot, sou yon ot oswa andedan yon ot epi li fè l ditò.

passive immunity | iminite pasif Iminite kote yo bay yon moun antikò olye se moun nan ki pwodui antikò a nan pwòp kò li.

passive transport | transpò pasif Mouvman materyèl ki fonn atravè yon manbràn selilè san li pa itilize enèji selilè.

pasteurization | pasterizasyon Yon pwosesis kote yo chofe manje nan yon tanperati ki wo ase pou touye pifò bakteri ki danjre yo san yo pa chanje gou manje a.

pathogen | patojèn Yon òganis ki koze maladi.

peat | toub Kouch mous òtikol ki mouri ki akimile nan toubyè.

pedigree | ab jeneyalojik Yon tablo ki montre prezans oswa absans yon karakteristik selon relasyon ki genyen nan yon fanmi atravè plizyè jenerasyon.

penumbra | penonb Pati yon lonbraj ki antoure pati ki pi sonb lan.

Percent Daily Value | Pousantaj Valè Kotidyèn Yon valè ki montre fason kontni nitrisyonèl yon pòsyon adapte a rejim yon moun ki konsome 2 000 kalori pa jou.

percent error | pousantaj erè Yon kalkil yo itilize pou detèmine si yon valè eksperimantal egzat, oswa pwòch vrè valè a toutbonvre.

period | peryòd 1. Yon ranje orizontal eleman nan tablo peryodik la. 2. Youn nan inite tan jeyolojik kote jeyològ yo divize è jeyolojik yo.

peripheral nervous system | sistèm nève periferik Divizyon sistèm nève a kote tout nè yo lokalize andedan sistèm nève santral la.

peristalsis | peristaltis Mouvman kontraksyon miskilè ki fè manje pase atravè ezofaj la pou ale nan vant lan.

permafrost | pèjelisòl Sòl ki jele an pèmanans yo jwenn nan rejyon klima tounndra byòm lan.

permeable | pèmeyab Karakteristik yon materyèl ki genyen espas lè ki konekte, oswa espò kote dlo paka penetre fasilman.

petrified fossil | fosil petrifye Yon fosil kote mineral yo ranplase tout yon òganis oswa yon pati ladan l.

petrochemical | petwochimik Yon konpoze ki fèt avèk petwòl.

petroleum | petwoleyòm Konbistib fosil likid; petwòl.

pH scale | echèl pH Yon echèl ki gen valè yo itilize pou endike nan ki degre yon sibstans gen asid oswa baz; li eksprime konsantrasyon iyon idwojèn nan yon solisyon.

phagocyte | fagosit Yon globil blan ki detwi patojèn lè li anglouti yo epi li dekonpoze yo.

pharynx | farenks Gòj la; pati sistèm respiratwa a ak sistèm dijestif la.

phase | faz Youn nan diferan fòm aparan lalin lan lè w obsève l apati latè.

phenotype | fenotip Aparans fizik oswa karakteristik vizib yon òganis.

pheromone | fewomòn Pwodui chimik yon animal relache ki afekte konpòtman yon lòt animal nan menm espès la.

phloem | flèm Tisi vaskilè ki transpòte manje nan kèk plant.

photochemical smog | smòg fotochimik Yon brim epè mawon ki se yon melanj ozòn ak lòt pwodui chimik ki fòme lè polyan yo reyaji avèk limyè solèy la.

photoelectric effect | efè fotoelektrik Lè yon sibstans ekspilse elektwon yo lè limyè briye sou li.

photon | foton Yon ti patikil oswa pakè enèji limyè.

photoperiodism | fotoperyodis Reyaksyon yon plant fè a chanjman sezon yo nan longè nwit ak jounen.

photosphere | fotosfè Kouch enteryè atmosfè solèy la ki degaje limyè vizib li; sifas solèy la.

photosynthesis | fotosentèz Pwosesis kote plant yo ak lòt ototwòf kaptire enèji limyè a epi itilize l pou pwodui manje apati dyoksik kabòn ak dlo.

physical change | transfòmasyon fizik Yon chanjman ki modifye fòm oswa aparans yon materyèl men ki pa transfòme materyèl la an yon lòt sibstans.

physical property | pwopriyete fizik Karakteristik yon sibstans pi moun ka obsève san li pa chanje an yon lòt sibstans.

pigment | pigman 1. Yon konpoze chimik kolore ki absòbe limyè. 2. Yon sibstans kolore yo itilize pou bay lòt materyèl koulè.

pioneer species | espès pyonyè Premye espès ki peple yon zòn pandan siksesyon.

pipe | dyatrèm Yon tib long kote magma sikile sot nan rezèvwa magmatik la pou l rive sou sifas latè.

pistil | pistil Pati repwodiktif femèl yon flè.

pitch | wotè son Yon deskripsyon sou fason yo pèsevwa yon son, swa wo swa ba.

pituitary gland | glann pititè Yon glann andokrin ki reglemante anpil nan aktivite kò a epi ki kontwole aksyon plizyè lòt glann andokrin.

pixel | piksèl Yon inite enfòmasyon nan yon imaj nimerize, souvan ki parèt tankou yon ti kare oswa yon ti pwent.

placenta | plasennta Yon ògàn nan pifò mamifè ki ansent, ikonpri imen yo, ki relye manman an ak anbriyon an k ap devlope epi ki pèmèt yo fè echanj materyèl ant yomenm.

placental mammal | mamifè plasenntè Yon mamifè ki devlope andedan kò manman l jiskaske sistèm kò li ka fonksyone poukont li.

plain | plèn Yon fòm teren ki genyen tè plat oswa valonnen avèk relyèf ki ba.

plane mirror | miwa plan Yon miwa plat ki pwodui yon imaj vityèl ki gen menm gwosè ak objè reyèl la.

planet | planèt Yon objè ki kontoune yon etwal, ki ase laj pou l vin awondi akoz pwòp gavite l, epi ki degaje zòn òbit li a.

planetesimal | planetesimal Youn nan ti kò ki sanble ak astewoyid ki te fòme blòk konstriksyon planèt yo.

plankton | plankton Ti alg ak animal ki tou piti ki flote sou dlo epi ki transpòte pa vag ak kouran dlo.

plasma | plasma 1. Pòsyon likid san an. 2. Yon eta matyè ki sanble ak gaz ki gen yon melanj elektwon ak atòm atmosferik ki depouye de elektwon yo.

plate | plak Yon seksyon nan litosfè a ki deplase lantman sou astenosfè a, ki pote moso kwout kontinantal ak oseyanik lan.

plate tectonics | plak tektonik Teyori ki deklare moso litosfè latè toujou an mouvman, yo kondui pa kouran konveksyon nan manto a.

plateau | plato Yon fòm teren ki laj ki gen elevasyon ki wo epi yon sifas ki plizoumwen a nivo.

platelet | plakèt Yon fragman selilè ki jwe yon wòl enpòtan nan fòmasyon kayo sangen.

plucking | defonsaj glasyè Pwosesis kote yon glasye ranmase wòch pandan l ap pase sou tè.

point source | sous ponktyèl Yon sous polisyon espesifik ki ka idantifye.

polar bond | lyezon polè Yon lyezon kovalant kote elektwon yo pa pataje de fason egal ego.

polar zones | zòn polè Zòn ki toupre toulè de pòl yo apeprè a latitid 66,5 degre a 90 degre nò epi 66,5 degre a 90 degre sid.

polarization | polarizasyon Pwosesis kote elektwon yo atire oswa repouse pa yon chan elektrik ekstèn, ki koze elektwon yo deplase nan pwòp atòm yo.

polarized light | limyè polarize Limyè ki te filtre konsa tout onn li yo paralèl youn ak lòt.

pollen | polèn Ti estrikti tou piti (gametofit mal) pwodui pa plant a grenn ki genyen selil ki pita vin tounen selil espèm.

pollination | polinizasyon Transfè polèn ki sot nan estrikti repwodiktif mal pou ale nan estrikti repwodiktif femèl nan plant yo.

polyatomic ion | iyon poliatomik Yon iyon ki fèt avèk plis pase yon atòm.

polygenic inheritance | eritaj polijenik Eritajj kèk karakteristik ki kontwole pa de jèn oswa plis, tankou wotè nan imen yo.

polyp | polip Yon kò nidè ki karakterize pa yon fòm vaz toudwa epi ki adapte souvan pou yo atache a yon sifas ki anba dlo a.

population | popilasyon Tout manm nan yon espès ki abite nan menm zòn.

population density | dansite popilasyon Yon kantite moun nan yon zòn ki gen yon gwosè espesifik.

potential energy | enèji potansyèl Enèji yon objè genyen akoz poziyon li; epitou se enèji estoke entèn yon objè, tankou enèji ki estoke nan lyezon chimik yo.

power | pisans Vitès kote yon fòm enèji transfòme nan yon lòt.

precipitate | presipite Yon solid ki fòme apati yon solisyon pandan yon reyaksyon chimik.

precision | presizyon Fason yon gwoup mezi pwòch youn ak lòt.

predation | predasyon Yon entèaksyon kote yon òganis touye yon lòt pou l manje oswa pou nitriyan.

predator | predatè Òganis ki touye lòt la nan yon entèaksyon predasyon.

pressure | presyon Fòs k ap pouse sou yon sifas divize pa sipèfisi sifas la.

prey | viktim Yon òganis yon lòt òganis touye epi ki sèvi kòm manje nan yon entèaksyon predasyon.

primary succession | siksesyon primè Seri chanjman ki fèt nan yon zòn kote pa gen ankenn tè oswa pa gen ankenn òganis ki egziste.

prime meridian | meridyen orijin Liy ki fè yon mwatye sèk sot nan Pòl Nò a pou rivé nan Pòl Sid la epi ki pase atravè Greenwich, Angletè.

producer | pwodiktè Yon òganis ki ka pwodui pòp manje li.

product | pwodui Yon sibstans ki fòme akoz yon reyaksyon chimik.

prokaryote | pwokaryòt Yon òganis iniselilè ki pa gen yon nwayo ak kèk lòt estrikti selilè.

prominence | pwotiberans Yon kokennchenn bouk gaz woujat ki depase sot nan sifas solèy la, ki relye kèk pati nan rejyon tach solè a.

protein | pwoteyin Gwo molekik òganik ki fèt avèk kabòn, idwojèn, oksijèn, azòt ak pafwa souf.

protist | pwotis Yon òganis ekaryotik ki paka klase kòm yon animal, yon plant oswa yon chanpiyon.

protons | pwoton Yon ti patikil ki gen chaj pozitif ou jwenn nan nwayo yon atòm.

protostar | pwotoetwal Yon nyaj gaz ak pousyè kontrakte ki gen ase mas pou fòme yon etwal.

prototype | pwototip Yon modèl ki fonksyone yo itilize pou teste yon konsepsyon.

protozoan | pwotozoyè Yon pwotis iniselilè ki tankou yon animal.

pseudopod | sedopòd Yon "fo pye" oswa elajisman tanporè sitoplas yo itilize pou alimantasyon ak mouvman nan kèk pwotozoyè.

psychrometer | sikomèt Yon enstriman yo itilize pou mezire imidite relatif.

pulley | pouli Yon senp machin ki genyen yon wou a gòj avèk yon kòd oswa yon kab ki vlope otou li.

pulsar | pilsa Yon etwal netwon ki fè wotasyon rapid ki pwodui onn radyoelektrik.

punctuated equilibrium | ekilib ponktye Modèl evolisyon kote kèk brèf peryòd chanjman ki pi rapid vin entèwonp peryòd estab ki long.

Punnett square | kare Punnett Yon tablo ki montre tout konbinezon alèl ki posib akoz yon kwazman jenetik.

pupa | nenf Twazyèm faz metamòfoz konplè, kote yon lav devlope pou l vin yon ensèk adilt.

pupil | nwa je Ouvèti nan mitan iris la kote limyè rantre andedan je a.

purebred | ras pi Yon desandan kwazman ki gen menm kalite karakteristik.

pyroclastic flow | ekoulman piwoklastik Ekoulman sann, bonm ak gaz k ap desann nan bò yon vòlkan pandan yon eripsyon eksplozif.

Q

qualitative observation | obsèvasyon kalitatif Yon obsèvasyon ki gen rapò ak karakteristik ki paka eksprime an chif.

quantitative observation | obsèvasyon kantitatif Yon obsèvasyon ki gen rapò ak yon chif oswa yon montan.

quasar | kwaza Yon galaksi ki enòmeman briyan, ki distan avèk yon kokennchenn twou nwa nan mitan li.

R

radial symmetry | simetri radyal Yon plan transvèsal kote nenpòt kantite liy imajinè ki pase atravè yon pwen santral divize animal la an de mwatye egal.

radiation | radyasyon Transfè enèji pa mwayen onn elektwomayetik.

radiation zone | zòn radyasyon Yon rejyon ki gen gaz ki byen konprese andedan solèy la kote enèji transfere prensipalman sou fòm radyasyon elektwomayetik.

radio telescope | radyo-teleskòp Yon aparèy yo itilize pou detekte onn radyoelektrik apati objè ki nan lespas.

radio waves | onn radyoelektrik Onn elektwomayetik ki gen longè donn ki pi long ak frekans ki pi ba.

radioactive dating | datasyon radyoaktif Pwosesis pou detèmine laj yon objè lè yo itilize demi vi yon izotòp radyoaktif oswa plis.

radioactive decay | dezentegrasyon radyoaktif Pwosesis kote nwayo eleman radyoaktif dekonpoze, epi ki relache patikil ak enèji ki deplase rapidman.

radioactivity | radyoaktivite Radyasyon espontane yon nwayo atomik ki pa estab emèt.

radon | radon Yon gaz san koulè, san odè ki radyoaktif.

radula | radila Yon riban fleksib dan tou piti ki nan molisk yo.

rain forest | forè twopikal Yon forè ki resevwa omwen 2 mèt dlo pa ane, sa rive plis nan zòn twopikal kliman imid.

range | etandi Diferans ant valè ki pi gran ak valè ki pi piti nan yon seri done.

rarefaction | rarefaksyon Pati yon onn lonjitidinal kote patikil milye a elwaye youn de lòt.

ray | reyon Yon liy dwat yo itilize pou reprezante yon onn liminez.

reactant | reyaktif Yon sibstans ki rantre nan yon reyaksyon chimik.

reactivity | reyaktivite Fasilite ak vitès kote yon eleman konbine oswa reyaji avèk lòt eleman ak konpoze yo.

reactor vessel | kiv reyaktè Pati yon reyaktè nikleyè kote fisyon nikleyè fèt.

real image | imaj reyèl Yon imaj tèt anba fòme lè reyon limyè rankontre.

recessive allele | alèl resesif Yon alèl ki kache nenpòt lè alèl dominant lan prezan.

red blood cell | globil wouj Yon selil nan san an ki pran oksijèn nan poumon yo epi ki pote l nan selil yo nan kò a.

reference point | pwen referans Yon kote oswa yon objè yo itilize pou konparezon pou detèmine si yon objè an mouvman.

refinery | rafinri Yon faktori kote yo chofe petwòl brit epi yo separe l an kabiran ak lòt pwodui.

reflecting telescope | teleskòp reflektè Yon teleskòp ki itilize yon miwa koube pou kolekte epi fokalize limyè.

reflection | refleksyon Rebondisman yon objè oswa yon onn lè li frape yon sifas kote li paka penetre.

reflex | reflèks Yon reyaksyon otomatik ki fèt rapidman epi san kontwòl konsyan.

refracting telescope | long-vi Yon teleskòp ki itilize yon lantiy konvèks pou ranmase epi fokalize limyè.

refraction | refraksyon Koubi onn yo lè y ap rantre nan yon nouvo milye nan yon ang, akoz yon chanjman nan vitès.

regular reflection | refleksyon regilyè Refleksyon ki rive lè reyon limyè paralèl frape yon sifas lis epi tout reyon yo reflete nan menm ang.

relative age | laj relatif Laj yon wòch lè w konpare l ak laj lòt wòch.

relative humidity | imidite relativ Pousantaj vapè dlo nan lè a lè w konpare l avèk kantite maksimòm vapè dlo lè a ka genyen nan yon tanperati patikilye.

relief | relyèf Diferans nan elevasyon ant pati ki pi wo ak pati ki pi ba nan yon zòn.

remote sensing | teledeteksyon Itilizasyon satelit oswa sonn pou kolekte enfòmasyon konsènan latè ak lòt objè nan lespas.

replacement | ranplasman Yon reyaksyon kote yon eleman ranplase yon lòt nan yon konpoze oswa lè de eleman nan diferan konpoze twoke plas.

replication | replikasyon Pwosesis kote yon selil fè kopi ADN nan nwayo li anvan divisyon selil la.

reptile | reptil Yon vètebre kote se tanperati anviwonman li ki detèmine tanperati kò li, li genyen poumon ak po ki gen ekay, epi ki ponn ze sou tè.

reservoir | rezèvwa Yon lak ki estoke dlo pou moun sèvi.

resistance | rezistans Mezi ki montre difikilte ki genyen pou chaj sikile atravè yon objè.

resonance | rezonans Ogmantasyon nan anplitid yon vibrasyon ki fèt lè vibrasyon ekstèn matche avèk frekans natirèl yon objè.

respiratory system | aparèy respiratwa Yon sistèm ògàn ki pèmèt òganis yo echanje gaz avèk anviwonnman yo.

responding variable | varyab eksplike Faktè ki chanje akoz kèk chanjman nan varyab manipile oswa endepandan nan yon eksperyans; yo rele l tou varyab depandan.

response | reyaksyon Yon aksyon oswa chanjman nan konpòtman ki fèt akoz yon estimilan.

retina | retin Kouch selil reseptè ki pa dèyè je a kote yon imaj fokalize.

reverse fault | fay envès Yon tip fay kote wòch ki sou mi yo glise anwo; konpresyon nan kwout la ki koze sa.

revolution | revolisyon Mouvman yon objè ozanviwon yon lòt objè.

rhizoid | rizoyid Yon estrikti fen, tankou yon rasin ki ankre yon mous epi ki absòbe dlo ak nitriyan pou plant lan.

ribosome | ribozòm Yon ti ògàn ki gen fòm grenn nan sitoplas yon selil ki pwodui pwoteyin.

Richter scale | echèl Richter Yon echèl ki evalye mayitid yon tranblemanntè selon gwosè onn sismik li.

rift valley | vale aksyal Yon vale pwofon ki fòme kote de plak separe.

rill | ti wiso Yon ti siyon dlo k ap koule kreye nan tè a.

ring | sèk Yon sèk ti patikil glas ak wòch ki antoure yon planèt.

rip current | kouran arachman Yon kouran fò, etwa ki briyèvman soti sou rivaj la pou retounen nan lanmè a atravè yon ouvèti etwa.

risk-benefit analysis | analiz risk - benefis Pwosesis pou evalye pwoblèm yon teknoloji kapab genyen lè yo konpare l avèk avantaj yo ka espere.

rock cycle | sik wòch Yon seri pwosesis sou sifas ak andedan latè ki chanje wòch lantman de yon kalite a yon lòt.

rock-forming mineral | mineral ki ka fòme wòch Nenpòt nan mineral komen yo ki konpoze pifò wòch nan kwout latè.

rods | batonè Selil nan retin nan ki detekte limyè fèb.

rolling friction | fwotman pa woulman Friksyon ki rive lè yon objè woule sou yon sifas.

root cap | kwaf Yon estrikti ki kouvri pwent yon rasin, ki pwoteje rasin lan kont domaj pandan rasin lan ap grandi nan tè a.

rotation | wotasyon Mouvman tounwayan yon planèt sou aks li.

rover | astwomobil Yon ti sonn wobotik ki ka deplase sou sifas yon planèt oswa sou lalin.

runoff | ekoulman Dlo ki koule sou sifas tè a olye pou l penetre nan tè a.

S

S wave | onn S Yon tip onn sismik kote tranbleman an pèpandikilè a direksyon onn lan.

salinity | salinite Kantite total sèl ki fonn nan yon echantiyon dlo.

salt | sèl Yon kopoze iyonik ki fèt apati netralizasyon yon asid avèk yon baz.

sanitary landfill | dechaj kontwole Yon dechaj fatra ki gen dechè ki pa danjre tankou dechè solid minisipal, debri konstriksyon, ak kèk dechè agrikòl ak endistriyèl.

satellite | satelit 1. Yon objè ki tounen otou yon planèt. 2. Tout objè ki tounen otou yon lòt objè nan lespas.

saturated solution | solisyon satire Yon melanj ki genyen otan sibstans an solisyon ki posib nan yon tanperati done.

saturated zone | zòn satire Zòn wòch oswa tè pèmeyab kote fant yo ak espò yo totalman plen ak dlo.

savanna | savann Yon patiraj ki toupre ekwatè a ki enkli abis ak ti pyebwa epi ki resevwa ozanviwon 120 santimèt lapli pa ane.

scale | echèl katografik Yo itilize l pou fè rapò ant distans sou yon kat jeyografik oswa yon glòb ak distans sou sifas latè.

scattering | difizyon Refleksyon limyè nan tout direksyon.

scavenger | chawonya Yon kanivò ki manje kadav oswa òganis k ap dekonpoze.

scientific law | lwa syantifik Yon deklarasyon ki dekri ki sa syantis yo espere k ap rive chak fwa nan yon seri kondisyon patikilye.

scientific notation | notasyon syantifik Yon metòd matematik yo itilize pou ekri chif avèk pisans dis.

scientific theory | teyori syantifik Yon eksplikasyon ki byen teste pou yon gran gam obsèvasyon oswa rezilta eksperimantal.

scrotum | eskwotòm Yon pòch tisi kitane ekstèn ki genyen testikil yo.

sea breeze | briz lanmè Lè fre k ap vante sot sou lanmè oswa yon lak pou vin sou tè.

sea-floor spreading | ekspansyon fon oseyanik Pwosesis kote matyè an fizyon ajoute nouvo kwout oseyanik nan fon lanmè a.

seamount | mòn soumaren Yon mòn vòlkanik ki gen bò enkline k ap monte apati fon lanmè a.

secondary succession | siksesyon segondè Seri chanjman ki fèt nan yon zòn kote ekosistèm nan te deranje, men toujou gen tè ak òganis ki egziste.

sediment | sediman Ti moso materyèl solid ki soti nan wòch oswa nan rès òganis; materyèl tè a ki fè depo akoz ewozyon.

sedimentary rock | wòch sedimantè Yon tip wòch ki fòme lè patikil ki sot nan lòt wòch oswa rès plant oswa bèt konprese epi simante ansanm.

seismic wave | onn sismik Vibrasyon ki vwayaje atravè latè ki pote enèji ki degaje pandan yon tranblemanntè.

seismogram | sismogram Dosye onn sismik yon tranblemanntè yon sismograf pwodui.

seismograph | sismograf Yon aparèy ki anrejistre mouvman tè a fè akoz onn sismik pandan y ap fè mouvman anba tè a.

selective breeding | elvaj selektif Metòd elvaj ki pèmèt se sèlman òganis ki gen trè karakteristik dezirab ki pou pwodui pwochen jenerasyon an.

selective cutting | koup ekremaj Pwosesis kote yo koupe sèlman kèk espès pyebwa nan yon zòn.

selectively permeable | pèmeyab de fason selektif Yon pwopriyete manbràn selilè ki pèmèt kèk sibstans penetre li, alòske gen lòt ki pa kapab.

semicircular canals | kanal semi-sikilè Estrikti nan zòrèy entèn nan ki responsab pou sans ekilib.

semiconductor | semi-kondiktè Yon sibstans ki ka kondui kouran elektrik nan kèk kondisyon.

sensory neuron | newòn sansoryèl Yon newòn ki resevwa estimilan nan anviwonnman entèn oswa ekstèn epi li konvèti chak estimilan an yon enpilsyon nève.

sepal | sepal Yon estrikti tankou yon fèy ki antoure epi pwoteje boujon yon flè.

series circuit | sikui seri Yon sikui elektrik kote tout pati yo konekte youn aprè lòt nan yon menm sikui.

sex chromosomes | kwomozòm seksyèl Yon pè kwomozòm ki pote jèn ki detèmine si yon moun se yon gason oswa yon fi.

sex-linked gene | jèn ki lye ak sèks Yon jèn ki nan yon kwomozòm seksyèl (X oswa Y).

sexual reproduction | repwodiksyon seksyèl Yon pwosesis repwodiksyon ki enplike de paran ki konbine materyèl jenetik yo pou pwodui yon nouvo òganis ki diferan de toulè de paran yo.

shared derived characteristic | karakteristik derive pataje Yon karakteristik oswa trè, tankou fouri, ansèt komen yon gwoup te pase bay desandan l yo.

shearing | sizayman Èstrè ki pouse mas wòch nan direksyon opoze, nan yon mouvman lateral.

shield volcano | vòlkan boukliye Yon mòn laj, lejèman enkline ki fèt avèk kouch lav epi fòme pa eripsyon silansye.

short circuit | kou-sikui Yon koneksyon ki pèmèt kouran pase nan sikui ki gen mwens rezistans.

short-day plant | plant jou kout Yon plant ki fleri lè nwit yo pi long pase longè nwit kritik plant lan.

significant figures | chif siyifikatif Tout chif nan yon mezi ki te mezire egzakteman, plis yon chif kote yo estime valè li.

silica | silis Yon materyèl nan magma ki fòme apati eleman oksijèn ak silisyòm; se sibstans prensipal kwout ak manto latè.

sill | filon-kouch Yon dal wòch vòlkanik ki fòme lè magma konprese ant kouch wòch yo.

skeletal muscle | misk eskeletik Yon misk ki atache a zo eskelèt la epi li bay fòs ki deplase zo a; yo rele l tou misk estriye.

sliding friction | fwotman pa glisman Fwotman ki fèt lè yon sifas solid glise sou yon lòt.

small intestine | ti entesten Pati sistèm dijestif la kote pifò dijesyon chimik la fèt.

smooth muscle | misk lis Misk envolontè ou jwenn andedan anpil ògàn entèn nan kò a.

society | sosyete Yon gwoup animal ki aparante ki nan menm espès ki travay ansanm nan yon fason ki byen òganize pou benefis gwoup la.

soil horizon | orizon Yon kouch tè ki diferan nan koulè ak teksti de kouch ki anwo l oswa anba l.

solar eclipse | eklips solè Blokaj limyè solèy sou latè lè lalin lan nan yon pozisyon ki dirèkteman ant solèy la ak latè.

solar flare | eripsyon solè Yon eripsyon gaz ki sot sou sifas solèy la ki rive lè kouwòn nan rejyon tach solè a konekte toudenkou.

solar wind | van solè Yon kouran patikil ki elektrikman chaje ki soti nan kouwòn tè a.

solenoid | solenoyid Yon bobin fil elektrik anwoule an espiral ki gen kouran.

solstice | sòltis Nenpòt nan de jou nan ane a kote solèy la atenn pi gran distans onò oswa osid ekwatè a.

solubility | soliblite Yon mezi ki valè solite ki ka fonn nan yon sòlvan done nan yon tanperati done.

solute | solite Pati yon solisyon ki fonn pa yon sòlvan.

solution | solisyon Yon melanj ki genyen yon sòlvan epi omwen yon solite ki gen menm pwopriyete toupatou; yon melanj kote yon sibstans fonn nan yon lòt.

solvent | sòlvan Pati yon solisyon ki nòmalman prezan an pi gwo kantite epi ki fonn yon solite.

somatic nervous system | sistèm nève somatik Gwoup nè nan sistèm nève periferik la ki kontwole aksyon volontè.

sonar | sona Yon sistèm ki itilize onn akoustik reflechi pou lokalize epi detèmine distans pou rive sou kèk objè anba dlo.

sonogram | sonogram Yon imaj ki fòme lè yo itilize onn iltrasyon reflechi.

space probe | sonn espasyal Yon veso espasyal ki gen diferan enstriman syantifik ki ka kolekte done, ikonpri imaj vizyèl, men ki pa gen manm ekipaj imen.

species | espès Yon gwoup òganis ki similè ki ka akouple youn avèk lòt epi pwodui desandan ki ka akouple epi repwodui tou.

specific heat | chalè espesifik Kantite chalè ki nesesè pou ogmante tanperati 1 kilogram matyè pa 1 kelvin, ki ekivalan a 1°C.

spectrograph | espektograf Yon enstriman ki separe limyè an koulè epi pwodui yon imaj varyete koulè yo.

spectrum | espèk Etandi longè donn onn elektwomayetik yo.

speed | vitès Distans yon objè vwayaje pa inite tan.

spinal cord | kolòn vètebral Kolòn epè tisi nève ki lye sèvo a avèk pifò nè yo nan sistèm nève periferik la.

spiral galaxy | galaksi espiral Yon galaksi ki gen yon bilb santral ak bra k ap tounen an wotasyon nan yon modèl wou a van.

spit | flèch litoral Yon plaj ki fòme avèk sediman ki bò plaj la ki pwoteje tankou yon dwèt ki pwente sou dlo a.

spongy bone | zo esponjye Kouch tisi ose ki gen anpil ti espas epi ou jwenn li andedan kouch zo konpak la.

spontaneous generation | jenerasyon espontane Ide ewone ki fè konnen èt vivan yo soti nan sous inèt.

spore | espò Nan bakteri, pwotis ak chanpiyon yo, yon selil ki gen pawa epè ki kapab siviv nan kondisyon ki pa favorab epi aprèsa grandi pou vin tounen yon nouvo òganis.

sporophyte | espowofit Faz nan sik lavi yon plant kote plant lan pwodui espò.

spring tide | gran mare Mare ki gen pi gran diferans ant mare ba ak mare wo konsekitif.

stalactite | estalaktit Yon estrikti kristalin ki pandye nan twati yon kavèn.

stalagmite | estalagmit Yon fòm tankou yon kolòn ki grandi an asandan apati planche yon kavèn.

stamen | etamin Pati repwodiktif mal yon flè.

standing wave | onn estasyonè Yon onn ki sanble li kanpe yon sèl kote, byenke se de onn k ap entèfere pandan youn ap pase andedan lòt.

star | etwal Yon boul gaz cho, prensipalman idwojèn ak elyòm, ki sibi fizyon nikleyè.

static discharge | dechaj elektrisite estatik Pèt elektrisite estatik pandan transfè chaj elektrik de yon objè a yon lòt.

static electricity | elektrisite estatik Yon akimilasyon chaj elektrik sou yon objè.

static friction | fwotman estatik Fwotman ki aji ant objè ki pa an mouvman.

steppe | estèp Yon preri oswa patiraj ou jwenn nan rejyon semi-arid.

stimulant | estimilan Yon medikaman ki akselere pwosesis nan kò a.

stimulus | estimilis Tout chanjman oswa siyal nan anviwonnman an ki ka fè yon òganis reyaji nan yon fason.

stoma | estomat Yon ti ouvèti nan epidèm yon fèy kote oksijèn, dlo ak dyoksid kabòn ka deplase.

stomach | vant Yon ògàn nan fòm yon sak miskilè kote manje dekonpoze, ògàn sa a nan abdomèn nan.

storm surge | onn tanpèt Yon "vout" dlo ki baleye kot kote yon siklòn ateri.

stratosphere | estratosfè Dezyèm kouch enferyè atmosfè latè.

stratus | estratis Nyaj ki fòme nan kouch plat epi souvan li kouvri pifò syèl la.

streak | tras Koulè poud yon mineral.

stress | estrès 1. Yon fòs ki aji sou wòch ki fè l chanje fòm li oswa volim li. 2. Reyaksyon kò yon moun devan yon evènman ki potansyèlman menasan, pwovokatè oswa enkyetan.

striated muscle | misk estriye Yon misk ki parèt an band; yo rele l tou misk eskeletal.

strike-slip fault | fay koulisant Yon kalite fay kote wòch ki sou toulè de bò yo deplase akote youn lòt lateralman avèk yon ti mouvman monte desann.

subarctic | sibaktik Yon zòn klimatik ki onò klima kontinantal imid yo.

subduction | sibdiksyon Pwosesis kote kwout oseyanik la koule anba yon tranche anba lanmè a epi li retounen nan manto a nan yon fontyè plak konvèjant.

sublimation | siblimasyon Chanjman nan eta de yon solid dirèkteman a yon gaz san matyè a pa pase nan eta likid la.

subscript | endis enferyè Yon nimewo nan yon fòmil chimik ki fè konnen kantite atòm nan yon molekil oswa rapò eleman yo nan yon konpoze.

subsoil | sousòl Kouch sòl ki anba tè arab la ki genyen mwens matyè vejetal ak animal pase tè arab la epi li genyen plis ajil ak lòt mineral.

substance | sibstans Yon kalite matyè inik ki pi epi ki gen yon seri pwopriyete espesifik.

succession | siksesyon Seri chanjman previzib ki rive nan yon kominote avèk le tan.

sunspot | tach solè 1. Yon zòn sonb sou sifas solèy la ki pi fre pase gaz ki azanviwon yo. 2. Yon reyon relativman sonb, fre sou sifas solèy la.

supernova | sipènova Eksplozyon briyan yon etwal sipèjeyan k ap mouri.

surface tension | tansyon sipèfisyèl Rezilta yon fòs ki egzèse sou molekil yon likid ki fè molekil yo monte sou sifas la pi pwòch youn de lòt; sa fè sifas la aji tankou li gen yon po mens.

surface wave | onn sifas Yon tip onn sismik ki fòme lè onn P ak onn S rive sou sifas latè.

surveying | arpantaj Pwosesis pou ranmase done sou yon kat jeyografik lè yo itilize enstriman ak prensip jeyometri pou detèmine distans ak elevasyon.

suspension | sispansyon Yon melanj kote yo ka obsève epi separe patikil yo fasilman pa mwayen pwosesis dekantasyon oswa filtrasyon.

sustainable use | itilizasyon dirab Itilizasyon yon resous nan fason ki mentni resous la nan yon sèten kalite pandan yon sèten peryòd tan.

sustainable yield | rannman dirab Yon kantite resous renouvlab yo ka rekòlte regilyèman san sa pa redui resous yo alavni.

swim bladder | vesi natatwa Yon ògàn entèn ki ranpli ak gaz ki ede yon pwason ose estabilize kò li nan diferan pwofondè dlo.

symbiosis | senbyoz Nenpòt relasyon kote de espès viv pwòch youn de lòt epi ki benefisye omwen youn nan espès yo.

synapse | sinaps Pwen kote yon newòn ka transfere yon enpilsyon nan pwochen estrikti a.

synthesis | sentèz Yon reyaksyon chimik kote de sibstans senp oswa plis konbine pou fòme yon nouvo sibstans ki pi konplèks.

system | sistèm 1. Yon gwoup pati ki travay ansanm kòm yon sèl. 2. Yon gwoup pati ki aparante ki travay ansanm pou akonpli yon fonksyon oswa pwodui yon rezilta.

T

T cell | lenfosit T Yon lenfosit ki idantifye patojèn yo epi ki distenge yon patojèn de yon lòt.

tar | goudwon Yon sibstans nwa, kolan ki fòme lè yo boule tabak.

target cell | selil sib Yon selil nan kò a ki rekonèt estrikti chimik yon òmòn.

taste buds | papiy gistativ Reseptè sansoryèl lang lan ki reyaji a pwodui chimik nan manje.

taxonomy | taksonomi Etid syantifik sou fason yo klase èt vivan yo.

temperate zones | zòn tanpere Rejyon ki ant zòn twopikal ak zòn polè yo.

temperature | tanperati Nan ki degre yon bagay cho oswa frèt; yon mezi mwayèn enèji mouvman patikil yon sisbstans; mezi mwayèn enèji sinetik patikil yon sibstans.

temperature inversion | envèsyon tanperati Yon kondisyon kote yon kouch lè cho trape lè polye ki pre ak sifas latè.

tendon | tandon Tisi konjonktif rezistan ki konekte misk yo ak zo yo.

tension | traksyon Kontrent ki alonje wòch konsa li vin pi mens nan mitan.

terrestrial planets | planèt telirik Non yo konn souvan bay kat premye planèt yo: Mèki, Venis, Latè ak Mas.

territory | teritwa Yon zòn yon animal oswa yon gwoup animal okipe epi pwoteje.

testis | testikil Ògàn sistèm repwodiktif mal la ki pwodui espèm ak testostewòn.

testosterone | testostewòn Yon òmòn testikil yo pwodui ki kontwole devlopman espèm ak karakteristik mal adilt.

thermal conductivity | kondiktivite tèmik Kapasite yon objè genyen pou l transfere chalè.

thermal energy | enèji tèmik Total enèji sinetik ak enèji potansyèl tout patikil yon objè.

thermal expansion | dilatasyon tèmik Ogmantasyon dimansyon yon matyè lè li chofe.

thermogram | tèmogram Yon imaj ki montre rejyon tanperati diferan nan diferan koulè.

thermosphere | tèmosfè Kouch ki pi aleksteryè atmosfè latè.

thrust | pouse Fòs pwopilsyon yon fize.

till | til Sediman yon glasye depoze dirèkteman.

tissue | tisi Yon gwoup selil ki similè ki akonpli yon fonksyon presi.

tolerance | tolerans Yon eta kote yon konsomatè medikaman bezwen yon pi gwo kantite medikaman an pou l ka pwodui menm efè sou kò a.

topography | topografi Konfigirasyon teren an ki detèmine pa elevasyon, relyèf ak fòm teren an.

topsoil | tè arab Pati sipèfisyèl sòl la ki friyab ki konpoze de ajil ak lòt mineral ak imis (nitriyan ak matyè plant ak bèt k ap dekonpoze).

tornado | tònad Yon nyaj an fòm antonwa k ap toubiyonnen rapidman ki rive desann sou sifas latè.

toxin | toksin Yon pwazon ki ka fè yon òganis ditò.

trace fossil | anprent fosil Yon tip fosil ki bay prèv kèk aktivite òganis ansyen yo.

tracer | trasè Yon izotòp radyoaktif ki ka idantifye fasilman grasa etap yon reyaksyon chimik oswa pwosesis endistriyèl.

trachea | trache Trache a; yon tib kote lè sikile nan sistèm respiratwa a.

trait | karakteristik Yon karakteristik espesifik yon òganis ka transmèt desandan l yo atravè jèn yo.

transfer RNA | ARN transfè Tip ARN nan sitoplas la ki transpòte yon asid anime nan ribozòm nan pandan sentèz pwoteyin nan.

transform boundary | fontyè transfòmant Yon limit plak litosferik kote de plak yo deplase nan direksyon ki opoze youn ak lòt.

transformer | transfòmatè Yon aparèy ki ogmante oswa redui vòltaj, ki souvan se de bobin separe ki gen fil izole ki makonnen nan yon nwayo an fè.

translucent | translisid Yon tip materyèl ki difize limyè pandan l ap pase.

transparent | transparan Yon tip materyèl ki transmèt limyè san l pa difize l.

transpiration | transpirasyon Pwosesis kote dlo pèdi pa mwayen fèy yon plant.

transverse wave | onn transvèsal Yon onn ki deplase milye a nan ang dwa nan direksyon kote onn lan ap deplase a.

trench | fòs oseyanik Yon kanyon kot eskape nan fon lanmè a.

tributary | afliyan Yon wiso oswa rivyè ki koule nan yon rivyè ki pi gwo.

triple bond | trip lyezon Yon lyezon chimik ki fòme lè atòm yo pataje twa pè elekwon.

tropical zone | zòn twopikal Rejyon ki toupre ekwatè a ant 23,5 degre latitid nò ak 23,5 degre latitid sid.

tropism | twopis Reyaksyon yon plant fè nan direksyon oswa lwen yon estimilan.

troposphere | twoposfè Kouch enferyè atmosfè latè.

trough | kre Pati yon onn transvèsal ki pi ba a.

tsunami | sinami Yon vag jeyan ki sot nan fon lanmè a yon tranblemanntè souvan koze.

tundra | tounndra Yon rejyon ki gen klima byòm ki ekstrèmman frèt, sèk ki karakterize pa ete ki kout epi fre ak ivè ki kriyèlman frèt.

U

ultrasound | iltrason Onn akoustik ki gen frekans ki pi wo pase 20,000 Hz.

umbra | onb Pati ki pi sonb yon lonbraj.

unconformity | diskòdans Yon lakin nan dosye jeyolojik ki montre kote kouch wòch yo te pèdi akoz ewozyon.

understory | vejetasyon sou-etaj Yon kouch pyebwa ki pi kout ak saman viy ki grandi nan onbraj yon kouvè forestye.

uniformitarianism | aktyalis Prensip jeyolojik kote se menm pwosesis jeyolojik ki an operasyon jodi a te opere nan le pase pou chanje sifas latè.

unsaturated zone | zòn non-satire Kouch wòch ak tè ki anwo nap freyatik la kote ki gen espò ki genyen lè ansanm ak dlo.

upwelling | remonte dlo frèt Mouvman dlo frèt k ap monte sot nan fon lanmè akoz van.

urea | ire Yon pwodui chimik ki sot nan dekonpozisyon pwoteyin.

ureter | iretè/tiyo ren Yon tib etwat ki pote pipi sot nan youn nan ren yo pou ale nan vesi irinè a.

urethra | irèt Yon ti tib ki pèmèt pipi soti nan kò a.

urinary bladder | vesi irinè Ògàn miskilè ki tankou yon sak ki estoke pipi jiskaske li kite kò a.

uterus | matris Ògan miskilè kre nan sistèm repwodiktif femèl la kote yon ze ki fegonde devlope.

V

vaccination | vaksinasyon Pwosesis kote yo entwodui antijèn inofansif delibereman nan kò yon moun pou pwodui iminite aktif; yo rele l tou iminizasyon.

vaccine | vaksen Yon sibstans yo itilize nan yon vaksinasyon kote patojèn yo te febli oswa touye men ki ka toujou estimile kò a pou l pwodui sibstans chimik ki detwi patojèn yo.

vacuole | vakyòl Yon ti ògàn ki tankou yon sak ki estoke dlo, manje ak lòt materyèl.

vacuum | depresyon Yon kote ki pa gen ankenn matyè.

valence electrons | elektwon valans Elektwon ki nan nivo enèji ki pi wo yon atòm ki enplike nan lyezon chimik.

valley glacier | glasye vale Yon glasye ki long, ewat ki fòme lè nèj ak glas akimile nan vale yon mòn.

valve | valv Yon repli tisi nan kè a oswa yon venn ki anpeche san a remonte nan direksyon opoze.

vaporization | vaporizasyon Chanjman deta sot nan yon likid pou tounen yon gaz.

variable | varyab Yon faktè ki ka chanje nan yon eksperyans.

variation | varyasyon Tout diferans ant endividi nan menm espès.

vascular tissue | tisi vaskilè Tisi transpò entèn nan kèk plant ki konpoze avèk estrikti ki tankou tib ki transpòte dlo, manje ak mineral.

vein | venn 1. Filon mens yon mineral ki nètman diferan avèk wòch ki lateral la. 2. Yon veso sangen ki pote san retounen nan kè a.

velocity | vitès Vitès nan yon direksyon done.

vent | evan Ouvèti kote wòch ki fonn ak gaz kite yon vòlkan.

ventricle | vantrikil Yon kavite enferyè kè a ki ponpe san sot nan poumon yo oswa nan kò a.

vertebrae | vètèb Zo ki konpoze kolòn vètebral yon òganis. Nan imen yo, se youn nan 26 zo ki konpoze kolòn vètebral la.

vertebrate | vètebre Yon animal ki gen yon kolòn vètebral.

vibration | vibrasyon Yon mouvman repete ale-retou oswa monte-desann.

villi | vilozite Ti estrikti ki sanble ak dwèt ki kouvri sifas enteryè ti entesten an epi ki ofri yon sifas ki laj ki pèmèt absòpsyon manje ki dijere.

virtual image | imaj vityèl Yon imaj vètikal ki fòme ki sanble se la reyon limyè yo sòti.

virus | viris Yon ti patikil inèt ki rantre epi repwodui andedan yon selil vivan.

viscosity | viskozite Rezistans yon likid a ekoulman.

visible light | limyè vizib Reyonnman elektwomayetik moun ka obsève a lèy ni.

volcanic neck | chemine vòlkanik Yon depo magma ki vin di nan chemine yon vòlkan.

voltage | vòltaj Diferans nan enèji potansyèl elektrik pa chaj ant de andwa nan yon sikui.

voluntary muscle | misk eskeletik Yon misk ki sou kontwòl konsyans.

W

water cycle | sik dlo Mouvman kontinantal dlo fè pami sifas atmosfè latè, oseyan yo ak tè grasa evaporasyon, kondansasyon ak presipitasyon.

water table | nap freyatik Sifas zòn satire a, oswa pwofondè dlo souteren anba sifas latè.

water vascular system | sistèm vaskilè dlo Yon sistèm tib ki plen ak likid nan kò yon ekinodèm.

watershed | basen idwolojik Tèritwa ki bay yon rezo idwografik dlo.

watt | wat Inite mezi enèji lè yon joul travay fèt nan yon segonn.

wave | onn/vag 1. Yon ajitasyon ki transfere enèji de yon kote a yon lòt. 2. Mouvman enèji atravè yon mas dlo.

wave height | wotè vag Distans vètikal ant krèt la ak kre yon vag.

wavelength | longè vag Distans ant de pati korespondan yon vag, tankou distans ant de krèt.

weathering | degradasyon Pwosesis chimik ak fizik ki dekonpoze wòch ak lòt sibstans.

wedge | kwen Yon aparèy senp ki gen yon plan enkline ki deplase.

weight | pwa Yon inite mezi fòs gravite k ap aji sou yon objè.

wetland | marekaj Yon teritwa ki kouvri ak yon kouch dlo ki pa fon pandan yon pati oswa pandan tout ane a.

wheel and axle | wou ak esye Yon machin senp ki genyen de objè k ap tounen an won ki pivote otou yon pwen santral, chak ladan yo genyen yon reyon diferan.

white blood cell | globil blan Yon selil sangen ki konbat maladi.

white dwarf | nèn blanch Nwayo ble-blan cho yon etwal ki rete dèyè aprè kouch eksteryè yo te elaji epi derive nan lespas.

wind | van Mouvman orizontal lè a fè sot nan yon zòn presyon wo pou ale nan yon zòn presyon ki pi ba.

wind-chill factor | endis refwadisman ewolyen Yon mezi refwadisman efè konbine tanperati ak vitès van.

windward | nan direksyon van Bò yon chèn montay ki fè fas a direksyon van an.

work | travay Fòs ki egzèse sou yon objè ki lakoz li deplase.

X

X-rays | reyon-X Reyonnman elektwomayetik kote longè donn yo pi kout pase reyon iltravyolè yo men yo pi long pase reyon gama yo.

xylem | zilèm Tisi vaskilè ki pote dlo ak mineral nan kèk plant.

Z

zygote | zigòt Yon ze fegonde, ki fèt lè yo reyini yon espèm ak yon ovil.

Hmong
Hmoob

interactive SCIENCE

A

abiotic factor | av-bis-tivfevtaw Ib yam tsis muaj sia ntawm ib tug tsiaj thaj chaw nyob.

abrasion | sib txhuam Kev sib txhuam ntawm pob zeb kom yaig los ntawm lwm cov tsig pob zeb hauv dej, daus, los yog cua.

absolute age | hnoob nyoog tseeb Lub hnoob nyoog ntawm ib lub pob zeb suav raws li cov xyoo txhij li thaum lub pob zeb tshwm sim.

absolute brightness | ci tshaj Qhov ci ntawm lub hnub qub yog tias nws nyob deb txaus ntawm lub Ntiaj Teb.

absolute zero | ntxaiv kawg nkaus Kev ntsuas kub uas tsis muaj hluav taws xob yuav tshem tawm ntawm ib qhov twg los.

absorption | kev nqus 1. Qhov txheej txheem uas thaum cov lwg zaub mov me me nkag tau rau hauv qhov chaw zom mov mus rau cov ntshav. 2. Qhov txheej txheem uas thaum ib qho dab tsi nkag mus, los yog nqus, duab ci.

abyssal plain | tiaj nras hiav txwv tob Ib thaj chaw xwm yeem, yuav luag tiaj tag nrho nyob hauv qab hiav txwv tob.

acid rain | nag kua tshuaj Nag lossis ib lwm yam npu uas muaj kua tshuaj ntau dua txhua zaus, tshwm sim los ntawm kev tso tawm cov lwg me me sulfur dioxide thiab cov lwg me me nitrogen oxide rau saum huab cua.

activation energy | pib hluav taws xob Qhov zog tsawg tshaj plaws yuav toob kas siv los pib ib qho kev sib tov ntawm cov tshuaj.

active immunity | kev tiv thaiv Cov roj ntsha tiv thaiv kab mob uas nyob hauv tus tib neeg lub nrog cev tsim los pab tua kab mob thaum nkag los rau lub cev.

active transport | kev txav mus rau ub rau no Lub zog txav cov khoom ntawm daim phiaj viam uas yuav siv zog.

adaptation | kev hloov Ib tug cwj pwm tau ntawm tej laus los lossis ib yam ntawm lub cev uas pab tau nws txoj sia thiab muaj taus noob rau ntawm nws qhov chaw nyob.

aerospace engineering | kev tsim daim qauv rau cov khoom saum nruab ntug Fab kev kawm tsim daim qauv uas hais txog kev tsim, kev txua, thiab ntsuas cov dav hlau thiab cov dav hlau ya saum nruab ntug.

air mass | pawg cua Ib pawg cua uas muaj sib xws cov kev kub sov, hws, thiab cov zog cua ntsawj sib xws nyob siab npaum li cas los xij.

air pressure | zog cua Cov zog cua tshwm sim los ntawm cua ntsawj rau ib thaj chaw twg.

alloy | hlau sib tov Kev muab ob peb yam khoom los sib tov, es ib yam no yuav tsum yog hlau.

alluvial fan | kev ciav dej Ib txoj kev dav, thiab ntxhab uas muaj txo pob zeb nyob rau ib tug ciav dej ntws pem roob los.

alpha particle | es-fam pha-tis-kaum Ib qhov me me uas yaj thaum muaj radioactive decay es muaj ob lub protons thiab ob lub neutrons.

alternating current | hloov hluav taws xob txoj kab dhia Hluav taws xob txoj kab dhia uas txav mus txav los nyob hauv lub pob ciaj ciam.

alveoli | phiaj viam ntsws Cov hnab me me nyob hauv cov hlab ntsws es nws txoj hauj lwm yog pab kom cov roj cua khiav taus ntawm cov cua mus rau cov ntshav.

amniotic egg | qe menyuam Lub qe nrog daim plhaub thiab cov phiaj viam sab hauv kom cia tus menyuam noo; ib yam kev hloov tseem ceeb heev rau cov tsiaj nyob saum nruab nqhuab xws li cov tsiaj ntshav txias, cov noog, thiab cov tsiaj nteg qe.

amniotic sac | hnab ntim menyuam Lub hnab kua dej zooj thiab tiv thaiv tus menyuam nyuam qhuav xeeb lossis tus menyuam mos nyob hauv lub tsev menyuam.

amorphous solid | khoom khov Ib qho khoom khov uas muaj tej yam me me tsis muab tum kom muaj qauv zoo.

amphibian | tsiaj nyob tau hauv hav dej thiab saum nruab nqhuab Ib tug tsiaj muaj txha caj kaum es nws lub cev sov li thaj chaw nws nyob, thiab ua neej hauv hav dej thaum tseem yog menyuam thiab ua neej nyob nraum nruab nqhuab thaum laus lawm.

amplitude | nthwv cua 1. Qhov siab ntawm ib nthwv cua pib hauv nraub nrab txog qhov deb lossis siab. 2. Qhov deb tshaj uas ib qho me me txav thaum lawv nyob twj ywm rau lub sij hawm thaum ib nthwv cua mus dhau plaws.

amplitude modulation | kev pauv nthwv cua Ib qho kev xa suab los ntawm kev pauv nthwv cua hauv lub xov tooj cua.

angiosperm | ntoo txi txiv qhwv noob Ib tsob ntoo uas tsim lub noob muaj plhaub qhwv kom tiv thaiv rau hauv ib lub txiv.

anomalous data | ntaub ntawv tsis dhos Cov ntaub ntawv uas tsis dhos nrog lwm cov ntaub ntawv ua ke.

antibiotic resistance | thev tshuaj tua kab mob Rab peev xwm ntawm cov kab mob los thev cov tshuaj tua kab mob.

antibody | tshuaj tiv thaiv lub cev Ib hom tshuaj nyob hauv nqaij uas tsim cov B cell hauv cov roj ntsha tiv thaiv kab mob uas rhuav tshem cov kab mob phem.

antigen | hom roj ntsha tiv thaiv lub cev Ib lub lwg me me uas cov roj ntsha tiv thaiv kab mob paub tau tias nws nyob hauv lub cev lossis los sab nrauv los.

anus | ncauj qhov quav Lub ncauj qhib tom kawg ntawm ib yam muaj sia qhov chaw zom zaub mov (rau tib neeg, lub ncauj qhov quav) uas qub zaub mov tawm ntawm lub cev mus.

aorta | hlab ntsha loj Txoj hlab ntsha loj tshaj plaws nyob hauv lub cev; txais ntsav los ntawm lub plawv sab laug.

apparent brightness | ci tseeb Qhov ci tseeb ntawm ib lub hnub qub raws li pom hauv Ntiaj Teb.

aquifer | txheej pob zej muaj dej Txheej pob zeb lossis tsig pob zeb nyob hauv qab npoo av uas muaj dej.

artery | txoj hlab ntsha Txoj hlab ntsha uas nqus cov ntshav tawm hauv lub plawv mus.

artesian well | qhov dej haus Lub qhov dej uas cov dej nce tuaj vim muaj zog cua hauv txheej pob zej muaj dej.

arthropod | kab Tus kab uas tsis muaj txha caj qaum es muaj pob txha rau sab nraum lub cev, lub cev muaj ob peb ya, thiab sib txua uake.

asexual reproduction | ua menyuam tib leeg Ib yom kev tsim menyuam los ntawm ib tug niam txiv xwb thiab tsim tau menyuam zoo nkaus li niam txiv tsis txawv.

asteroid | hnub qub ntiaj teb Ib lub hnub qub ua pob zeb daws nyob ncig ntawm lub hnub tiamsis me dhau thiab muaj ntau heev uas suav tsis tau tias yog ib lub ntiaj teb.

asthenosphere | txheej av astehnosphere Txheej av muag muag ntawm daim av vas ntiaj teb uas txheej lithosphere ntab sauv.

astronomical unit | ntsuas ntu kev saum ntuj Txoj kev ntsuas ntu kev saum ntuj uas sib luag li txoj kev ntev ntawm lub Ntiaj Teb mus txog lub hnub, kab hais tias muaj li 150 lab kis lus mev.

atherosclerosis | hlab ntsha txhaws Ib yam kev mob uas thaum ib txoj hlab ntsha tuab ntxiv tuaj vim yog muaj roj txhaws.

atmosphere | as kaj Ib txheej huab cua uas tsim tau Ntiaj Teb txheej sab nrauv.

atom | av-teem Yam khoom me tshaj plaws uas muaj nyob rau txhua yam khoom; yam me tshaj plaws ntawm ib yam poov uas muaj tag nrho cov yam ntxwv zoo li qhov poov ntawv.

atomic mass | es-tov-mem hnyav Qhov hnyav nruab nrab ntawm tag nrho cov isotope rau ib qho poov twg.

atomic number | es-tov-mem lej Tus lej seb muaj pes tsawg lub proton nyob hauv nucleus ntawm ib lub atom.

atrium | kem plawv uas txais ntshav Kem saum toj ntawm lub plawv uas txais ntshav.

autonomic nervous system | ov-taus-nos-miv naws-vis xiv-xis-theem Ib pawg leeg xa xov nyob rau hauv lub hlwb thiab txha caj qaum uas khoo tej yam hab tsis tau.

autotroph | tsiaj txhu tsim zog Ib yam tsiaj txhu uas muaj cuab cav ntes tau zog los ntawm lub hnub ci lossis cov tshuaj chemical thiab muab siv los ua nws li zaub mov.

auxin | ov-xees Ib hom keeb nyob hauv nroj tsuag uas txhib kom nroj tsuag loj hlob sai thiab khoo yam nroj tsuag ntawv kev haum duab ci.

axis | kab ncaj Ib txoj kab ncaj ncaj uas chaws hauv nraub nrab ntawm lub ntiaj teb thiab mus rau sab qaum teb thiab qab teb kawg nkaus, nyob ze ntawm qhov ntiaj teb tig.

axon | av-xos Ib txoj hlab me me ncau ntawm lub neuron uas xa cov kev ntoj ntawm cov leeg xa xov tawm ntawm cell lub cev mus.

B

B cell | keeb B Ib hom cell uas tsim cov tshuaj muaj nyob hauv nqaij los pab tua kab mob.

bacteria | kab mob Ib yam muaj sia uas muaj ib lub cell xwb thiab tsis muaj ib lub nucleus; prokaryotes.

basalt | pob zeb dub Ib hom pob zeb dub, tuab, thiab tsim hauv kua pob zeb kub los uas du du, nrhiav tau hauv qab hiav txwv.

base | npej Ib yam khoom iab, nplua, thiab pauv tau pluaj ntawv liab ntsuas xim mus rau xim xiav.

batholiths | thooj pob zeb hauv plawv ntiaj teb Ib thooj pob zeb loj uas tshwm sim thaum ib pawg kua pob zeb kub txias khov nyob hauv nplawv ntiaj teb.

bedrock | pob zeb tawv tiag hauv qab Cov pob zeb uas ua daim tawv txheej sab nrauv ntawm lub Ntiaj Teb; thiab kuj yog txheej pob zeb tawv nyob hauv qab npoo av.

benthos | tsiaj qab thus Cov tshiaj uas nyob hauv qab hiav txwv los yog lwm lub pas dej.

beta particle | npev-tas phov-tis-kaum Ib lub electron uas dhia ceev thaum muaj nuclear radiation.

big bang | tawg loj Qhov kev tawg loj kub hnyiab ua ntej tshaj plaws uas tsim tau lub qab ntuj khwb thiab ua tau loj hlob.

bilateral symmetry | npais-lav-taws-laum xis-mi-this Lub cev duav uas thaum ib txoj kab faib lub cev rau sab laug thiab sab xis es pom zoo sib xws li hauv iav.

bile | kua tsib Cov kua tsib tsim los ntawm lub siab los ntais cov roj kom me.

binary fission | ib lub keeb tsim menyuam Ib hom kev tsim menyuam uas tsis thas sib deev es thaum ib lub keeb sib faib, los ua ob lub zoo ib yam.

binary star | ob lub hnub qub Ib lub system hnub qub uas muaj ob lub hnub qub.

binomial nomenclature | tis ob lub npe Ib qho kev sib cais rau tej pawg uas txhua yam muaj sia raug tis ib yam npe txawv, es muaj ob lub npe raws li kev tshawb fawb qhia txog nws pab pawg thiab hom tsiaj txhu

biodiversity | ntau hom tsiaj txhu thiab nroj tsuag Tag nrho cov tsiaj txhu txawv nyob hauv Ntiaj Teb, xws li cov nyob nraub nqhuab, hauv dej, thiab saum huab cua.

bioengineering | tsim qauv rau tsiaj txhu thiab nroj tsuag Fab kev kawm tsim qauv uas hais txog kev siv cov tswv yim tsim qauv no rau nroj tsuag thiab tsiaj txhu thiab tshuaj kho neeg.

biogeography | kev kawm txog tej yam muaj sia Kev kawm txog tej yam muaj sia lub neej thiab vim li cas lawv ho tshwm sim los nyob ntawv.

biomass fuel | roj tsiaj txhu Cov roj uas los ntawm tej yam muaj sia los.

biome | cheeb tsam ntiaj teb Ib pawg cheeb tsam muaj tsiaj txhu thiab nroj tsuag uas nyob rau tej qho chaw muaj huab cua sib xws thiab tej yam muaj sia sib xws.

biosphere | cheeb tsam muaj sia Cov cheeb tsam ntawm lub Ntiaj Teb uas muaj tej yam muaj sia nyob.

biotic factor | chaw nyob muaj sia Ib koog muaj sia lossis thaum ub yeej muaj sia nyob rau tsiaj txhu thiab nrog tsuag tej chaw noj nyob.

birth rate | ntsuas yug menyuam coob npaum cas Tus lej yug menyuam rau txhua txhua 1,000 leej neeg twg nyob rau ib lub sij hawm twg.

black hole | qhov dub Ib yam khoom uas sib rub muaj zog heev es tsis muaj dabtsi, tab tsis hais duab ci los, dim tsis tau tawm mus.

boiling point | thaum npau Qhov kub kub uas ib yam dabtsi pauv thaum yog dej los ua roj; ib yam li thaum hws, lossis thaum muaj qhov txias pauv tau roj mus ua dej tib yam thiab.

boreal forest | ntoo hav zoov Ntoo hav zoov ntsuab tas niaj tas xyoo uas tuab heev nyob rau saib qaum teb ntawm lub Ntiaj Teb no.

Boyle's law | Boyle tsab cai Ib tsab cai uas piav txog kev raug zoo ntawm cov cua ntsawj thiab qhov ntau los tsawg ntawm cov roj uas muaj kev kub no sib xws tas mus li.

brain | hlwb 1. Ib pawg leeg neuron nyob hauv ib tug tsiaj lub taub hau uas muaj ob sab zoo tib yam. 2. Koog ntawm qhov central nervous system uas muaj nyob hauv lub taub hau thiab tswj txhua yam ntawm lub cev.

brain stem | hlab xwb qwb Koog ntawm lub hlwb uas nyob tuav thooj paj hlwb loj thiab txha caj qaum thiab khoo tag nrho lub cev tej yam hab tsis tau.

bronchi | hlab ntsws Cov hlab ntsws uas xa pa mus rau lub ntsws.

bronchitis | mob hlab ntsws Muaj ib qho meem txom nyob rau txoj hlab ua pa uas thaum txoj hlab me txhaws me zog qub thiab tej zaum kuj muaj hnoos qeev daig tov.

budding | nthaw kaus Ib hom kev tsim menyuam ib leeg es thaum ib yam dabtsi muaj sia cia li hlav kaus tawm ntawm niam txiv lub cev los.

C

caldera | qhov roob Lub qhov loj loj nyob saum lub roob tawg kub hnyiab uas tshwm sim thaum lub ru roob ntim kua av kub vau.

cambium | ka-npias Ib txheej cell ntawm ib tsob nroj tsuag uas tsim cov cell phloem thiab xylem.

canopy | ntoo vov Ib lub ru tsev uas yog nplooj vov tsim los ntawm cov ntoo siab siab nyob rau hauv hav zoov nuj txheeg.

capillary | hlab ntsha me me Txoj hlab ntsha me me uas xa khoom mus sib pauv ntawm cov ntshav thiab cov cell me.

captive breeding | ntes los ua menyuam Kev tsim menyuam ntawm cov tshiaj nyob hauv vaj tsiaj lossis tej thaj chaw qus tiamsis tseg rau tsiaj nyob.

carbohydrate | kua muaj zog Cov kua muaj zog, xws li kua suab thaj lossis kua nyeem, es muaj cov poov carbon, hydrogen, thiab oxygen.

carbon film | txheej muaj pa tshuaj carbon Ib hom pob txha es muaj ib txheej pa tshuaj carbon nyias heev ntawm lub pob zeb.

carbon monoxide | roj carbon monoxide Ib yam roj tsis muaj xim, tsis hnov tsw uas tshwm sim thaum muab khoom- xws li luam yeeb-coj los hlawv.

carcinogen | yam ua rau mob khees xaws Ib yam khoom lossis ib yam dabtsi uas cuam tshuam lwm yam nyob ntawm ib cheeb tsam uas kis tau mob khees xaws.

cardiac muscle | plawv thooj nqaij leeg Thooj nqaij leeg uas tsuas nrhiav tau nyob hauv lub plawv nkaus xwb.

cardiovascular system | plawv thiab hlab ntsha plawv Lub cev nqaij uas muaj lub plawv, hlab ntsha plawv, thiab cov ntshav; kuj hu ua lub xa cov nroj ntsha (circulatory system).

carrier | tus muaj xiab Ib tug tib neeg uas tau txais ib lub cell nyob twj ywm thiab ib lub cell muaj zog hauv nws roj ntsha.

carrying capacity | ntim taus dabtsi Tus lej loj tshaj ntawm ib lub cheeb tsam li kev pab txhawb tau.

cartilage | pob txha muag Cov tsig npluag uas ywj dua pob txha thiab tiv thaiv cov ya pob txha thiab ntis kom pob txha tsis txhob sib ntsoo.

cast | khaj Yam pob txha uas khov tau zoo li hom muaj sia ntawv lub cev, tsim los ua ke thaum cov khoom ntws los nyob ua ke.

catalyst | lub zog pib Ib yam khoom es ua kom ceev los ntawm kev txo zog qhib kom ua hauj lwm.

cell cycle | cell txoj sia Ib qho kev tshwm sim uas thaum ib lub cell loj hlob, npaj los sib faib, thiab faib kom tau ob lub menyuam cell.

cell membrane | cell daim tawv Ib daim tawv nyias, thiab ywj uas qhwv lub cell thiab pab khoo seb yam khoom twg thiaj li tawm tau thiab nkag tau hauv lub cell.

cell theory | tswv yim txog cell Lub tswv yim uas neeg feem coob pom zoo hais txog kev sib raug zoo ntawm cov cell thiab txhua yam muaj sia.

cell wall | ntug cell Ib txheej ntug uas nruj es ncig cov cell hauv nroj tsuag thiab lwm yam muaj sia.

cellular respiration | cell kev ua pa Qhov txheej txheem thaum oxygen thiabglucose muaj kev sib tov uake nyob hauv lub cell, es tso tawm cov zog.

Celsius scale | kev ntsuas Celsius Rab teev ua ntsuas kev kub thiab no uas thaum dej nkoog yog $0°C$ thiab thaum dej npau yog $100°C$.

cementation | cam Qhov txheej txheem thaum cov tsig pob zeb ncau thiab cam ib co txo pob zeb ua ke los ua ib pawg.

central nervous system | hais txog lub hlwb thiab txha caj qaum Qhov kev cais ntawm nervous system uas muaj lub hlwb thiab tus txha caj qaum.

centripetal force | zog ncig vooj voom Lub zog thawb kom ib yam khoom ncig ua lub vooj voom.

cerebellum | thooj paj hlwb ntawm xwb qwb Thooj paj hlwb uas tuav tej leeg nqaij thiab pab tswj kom txhua yam xwm yeem.

cerebrum | thooj paj hlwb saum taub hau Thooj paj hlwb uas pab txhais tau tej yam lub cev hnov, khoo kev mus los, thiab ua tej yam hauj lwm nyuaj uas yuav siv hlwb.

Charles's law | Charles tsab cai Tsab cai uas piav txog kev sib raug zoo ntawm kev kub no thiab kev hnyav ntawm roj thaum nyob rau ib qho cua ntsawj sib luag.

chemical bond | tshuaj nplaum Qhov kev thawb nqus tuav tau ob lub atom kom nyob uake.

chemical change | tshuaj pauv Kev pauv thaum ib qho khoom lossis ntau tshaj sib tov ua ke los yog ntais los tsim dua ib yam tshiab.

chemical energy | tshuaj lub zog Ib hom zog uas nyob rau hauv cov tshuaj nplaum ntawm cov atom.

chemical engineering | tsim daim qauv ua tshuaj Fab kev kawm txog kev tsim daim qauv uas hais txog kev tov tshuaj mus siv ua lwm yam khoom.

chemical property | teej tug ntawm tshuaj Ib hom yam ntxwv ntawm ib qho khoom uas piav txog nws rab peev xwm los pauv ua lwm yam khoom txawv.

chemical reaction | tshuaj sib tov Qhov txheej txheem uas thaum cov khoom pauv mus ua tej yam khoom tshiab es muaj teej tug txawv.

chemical rock | tshuaj pob zeb Ib hom pob zeb sib cam uas tshwm sim thaum cov tshuaj ncau.

chemical weathering | huab cua tshuaj Qhov txheej txheem uas ntais pob zeb kom ntsoog los ntawm cov tshuaj pauv no.

chemistry | kawm txog kev tov tshuaj Kev kawm txog teej tug ntawm tej yam khoom thiab kev hloov ntawm khoom.

chemotherapy | tshuaj kho mob khees xaws Kev siv tshuaj los pab kho mob xws li kab mob khees xaws.

chlorofluorocarbons | khau-lo-fu-lau-cab-npee Cov roj-Tib Neeg-tsim uas muaj tshuaj chlorine thiab fluorine (kuj hu ua CFC thiab) ua rau cov roj cua tas zuj zus.

chlorophyll | khau-lau-phia Cov kua xim ntsuab nrhiav tau nyob hauv cov khoom tseem ceeb hauv lub nrog cev cell ntawm nroj tsuag, nroj hiav tswv, thiab tej co kab mob.

chloroplast | khau-lau-plav Ib yam khoom tseem ceeb nyob hauv lub nrog cev cell ntawm nroj tsuag thiab lwm yam muaj sia uas ntes tau lub zog los ntawm hnub ci thiab muab pauv tau mus ua yam zog siv los tsim zaub mov.

chordate | tsiaj muaj txha caj qaum Ib tug tsiaj uas muaj txha caj qaum, txoj hlab xa xov, thiab hnab caj pas rau tej lub sij hawm ntawm nws lub neej.

chromosome | keeb roj ntsha Ib qho khoom me cab sab niab uas nyob hauv cell lub nucleus es muaj DNA uas ib tiam neeg txais mus rau lwm tiam.

chromosphere | txheej huab cua ncig hnub Txheej nruab nrab huab cua uas ncig lub hnub.

cilia | plaub hau cell Cov hlav tawm ntawm lub cell zoo li plaub hau, soob heev uas nyob sab nraum lub cell es txawj yoj tes li nthwv dej.

cinder cone | xib-daw khoos Ib lub roob ntxhab, muaj pov roob zoo li lub txiv ntoo thuv lossis ib lub roob me tsim los ntawm cov plua tshauv kub hnyiab, hluav ncaig, thiab kua pob zeb kub sau ua ib pawg puag ncig ntawm lub ncauj roob kub hnyiab.

circadian rhythm | xaws-cab-dia viv-ntwm Tus yam ntxwv qub uas rov tshwm tuaj raws sij hawm ib hnub nkaus.

circulatory system | kev ncig ntawm roj ntsha Ib qho hauv nqaij nruab nrog tseem ceeb uas xa cov khoom yuav toob kas mus rau cov cell thiab xa tawm khwb nyiab.

cirrus | huab sib Cov huab sib sib uas zoo li plaub qaib tsim los ntawm cov dej khov vim nyob siab saum ntuj heev.

civil engineering | tsim qauv ua khoom Fab kev kawm tsim qauv hais txog kev tsim thiab txua cov kev, cov choj, thiab vajtse.

clastic rock | pob zeb cam Ib hom pob zeb sib cam uas tshwm sim thaum cov txo pob zeb raug sib txim uake vim cua ntsawj muaj ceem.

clear-cutting | txiav ntoo du lug Qhov txheej txheem uas txiav tag nrho cov ntoo nyob rau ib cheeb tsam ua ib zaug.

cleavage | kev txiav pob zeb Kev txiav pob zeb kom ntais yooj yooj yim thiab ntais tau du du.

clone | nchuav tus qub Ib yam muaj sia uas muaj roj ntsha zoo tib yam li nws tus ntxaib uas tsim nws los.

closed circulatory system | ntshav khiav tib qho chaw Lub circulatory system uas thaum cov ntshav tsuas khiav raws cov hlab ntsha thiab lub plawv.

closed system | system kaw lawm Lub system uas tsis pub khoom dabtsi nkagmus lossis tawm tau.

cnidarians | xi-ni-nras-lias Ib tug tsiaj tsis muaj pob txha caj qaum uas siv cov cell plev los nrhiav zaub mov noj thiab tiv thaiv nws tus kheej.

cochlea | khos-lia Lub qhov zawj nyob sab hauv lub qhov ntsej uas muaj kua thiab zoo li lub qwj thiab muaj ib co cell txais suab uas mloog tau suab.

codominance | kev tswj sib luag Thaum ob lub allele rau ib yam caj ces noob muaj zog ib yam.

coefficient | khaus-is-fib-sees Tus lej nyob ua ntej tus qauv tov tshuaj es qhia seb muaj pes tsawg lub molecule lossis atom ntawm cov tshuaj thaum pib thiab thaum xaus nyob rau ib qho kev sib tov tshuaj.

colloid | tsig khoom tsis yaj Ib qho kev sib tov uas muaj tej yam khoom me me, thiab yaj tsis tas.

coma | txheej looj hnub qub Ib txheej tsis pom tseeb uas looj ib lub hnub qub ci heev.

comet | hnub qub ci Ib pawg tsig daus khov thiab pluas plav uas nyob ncig lub hnub, feem ntau cab sab ntev, thiab nqaim.

commensalism | kha-me-xa-lis Ib hom kev nyob uake ntawm ob hom tsiaj txhu es thaum ib hom tsiaj txais kev pab ho ib hom kuj tsis txais kev pab lossis txais kev phem dabtsi.

compact bone | plawv pob txha Plawv pob txha uas tawv thiab tuab, tiamsis tsis ntom nti, es nyob hauv qab ntawm daim tawv npog pob txha.

compaction | nias Qhov txheej txheem uas thaum cov tsig pob zeb raug sib nias uake vim lawv hnyav dhau lawm.

compass | lub taw kev Ib lub tshuab muaj ib rab koob hlau uas kiv tau ywj siab; rab koob hlau hauv lub tshuab taw kev yeej taw rau sab qaum teb.

competition | kev sib tw Kev sib tw ntawm txhua yam muaj sia kom ciaj sia thaum lawv sib koom siv tib co khoom nyob rau tib thaj chaw rau tib lub sij hawm.

complementary colors | xim sib tov tiav Ob yam xim twg uas thaum sib tov tsim tau duab ci dawb.

complete metamorphosis | kev pauv ntawm tsiaj txhu tiav hlo Ib yam kev pauv ntawm tsiaj txhu uas muaj plaub theem: ua lub qe, ua tus ka lia, ua tus kab ntsig, thiab laus txawj plis.

composite volcano | roob hluav taws ntau txheej Ib lub roob siab, saum toj zoo li lub txiv ntoo thuv uas muaj ntau txheej sib quas nrog kua av kub thiab hmoov tshauv thiab lwm yam hmoov av.

compound | khoom sib tov Ib qho khoom uas tsim los ntawm ob yam lossis ntau tshaj uas muab sib tov kom xwm yeem thiab raws teeb tim.

compression | nias 1. Kev nias uas txim cov pob zeb kom txog thaum nws lov lossis dam 2. Koog ntawm txoj kab zoo li nthwv dej uas tej yam me me ntawm qhov khoom nyob sib ze uake.

concave lens | tsom iav nkhaus hauv plawv Lub tsom iav uas hauv plawv nyias dua sab nraum ntug.

concave mirror | iav nkhaus hauv plawv Daim iav uas nkhaus mus rau sab hauv.

concentration | kua ntau npaum cas Seb ib co kua muaj ntau npaum li cas nyob rau lwm cov kua thiab.

concussion | tsoo taub hau Ib qho kev raug mob uas doog ntshav rau lub hlwb es thaum cov leb lwg saum lub hlwb tsoo pob txha taub hau.

condensation | hws Qhov kev pauv ntawm roj mus ua dej hws.

conditioning | kha-dib-sees-nim Qhov txheej txheem xyaum kawm los txuas tej yam kev pab kom ua hauj lwm lossis ib qho kev teb uas muaj qhov zoo thiab qhov tsis zoo.

conduction | txuas cua sov 1. Kev xa cov zog hlawv taws xob ntawm ib qho khoom mus rau lwm qhov khoom. 2. Kev tauj ib yam khoom los ntawm kev cia cov electron txav ntawm ib qho khoom mus rau lwm qhov khoom los ntawm kev sib chwv.

conductor | khoom txuas cua sov 1. Ib yam khoom uas txuas tau cov cua sov zoo. 2. Ib yam khoom uas cia cov hluav taws xob ntws ywj siab.

cone | txiv ntoo thuv Kev tsim menyuam ntawm ib tsob nroj tsuag tsis muaj paj tawg txiv.

cones | cell qhov muag Cov cell nyob hauv cov npluag hlab ntsha hauv lub qhov muag uas pom thiab ntes tau xim.

coniferous tree | ntoo tsis tawg paj Ib hom ntoo es tsim noob rau hauv cov txiv ntoo thuv thiab muaj nplooj ntev ntev zoo li koob thiab muaj ib txheej roj vov kom txhob xiam dej.

conjugation | ka-ntsu-nkav-sees Ib hom kev tsim menyuam uas thaum ib yam muaj sia es muaj ib lub cell xwb xa nws ib co noob caj ces rau lwm yam muaj sia es muaj ib lub cell nkaus thiab xwb.

connective tissue | tsig nqaij sib txuas Cov tsig nqaij sib txuas uas pab txhawb lub cev thiab txuas tag nrho hauv lub cev.

conservation of charge | txhuag kev tauj sia Tsab cai uas hais tias kev tauj sia tsim tsis tau thiab rhuav tshem tsis tau.

conservation plowing | khawb teb txhuag av Ib yam kev khawb teb txhuag av uas thaum cov nroj thiab nyom qhuav nyob rau xyoo tas los no raug hus mus rau hauv av.

constraint | kev txwv Ib yam dabtsi uas txwv kev tsim qauv.

constructive force | lub zog tsim Cov txheej txheem lub ntuj muaj uas tsim lub Ntiaj Teb daim av.

constructive interference | kev cuam tshuam ntawm kev tsim Kev cuam tshuam uas tshwm sim thaum ob nthwv dej sib koom uake los ua ib nthwv loj tshaj thaum ob nthwv no nyias nyob nyias.

consumer | tsiaj noj lwm cov tsiaj Ib yam muaj sia uas tau zog los ntawm kev noj lwm lwm cov muaj sia.

continental (air mass) | pawg cua qhuav Ib pawg cua qhuav uas tshwm sim nyob saum nruab nqhuab.

continental climate | huab cua teb chaws Cov huab cua nyob hauv nraub nrab ntawm cov teb chaws, uas muaj huab cua txias thiab sov los yog kub rau lub caij ntuj so.

continental drift | teb chaws txav Lub tswv yim hais tias cov teb chaws maj mam txav hauv lub ntiaj teb daim av.

continental glacier | teb chaws hav daus Ib thaj hav daus uas vov yuav luag tag nrho lub teb chaws lossis ib lub pov txwv loj.

continental shelf | teb chaws ntug hiav txwv Ib txoj kab tob zuj zus, tiamsis tseem ntiav ntawm qab hiav txwv uas tawm tuaj ntawm npoo av.

continental slope | teb chaws av ntxhab mus rau qab thus Ib txoj kab ntxhab heev ntawm qab hiav txwv uas txuas ntawm npoo av.

contour interval | pauv txoj kab av Kev txawv ntawm nyob siab los qis ntawm ib txoj kab av mus rau txoj tom ntej.

contour line | txoj kab av Ib txoj kab ntawm daim peem thib uas txuas ob thaj chaw siab lossis qis sib luag.

contour plowing | khawb teb raws tawv av Khawb teb raws daim tawv av kom txhob xiam av pov tseg.

contractile vacuole | kha-tha-tais vas-kus-lim Qhov khoom nyob hauv lub cell uas sau dej los ntawm lub cytoplasm ces ho muab txau tawm ntawm lub cell mus.

control rod | kha-rhaus lov Ib tug pas cadmium siv rau hauv lub liaj foob pob kom nqus cov neutron hauv kev sib tawg.

controlled experiment | kev sim khoo zoo Kev sim kom paub qhov tseeb uas tsuas pauv ib yam dabtsi nyob rau ib lub sij hawm xwb.

convection current | kha-veb-sees khaw-leem Thaum kua dej txav mus los, tshwm sim vim pauv ua kub lossis sov, es xa cov hluav taws sov ntawm ib ceg dej mus rau lwm ceg.

convection zone | kha-veb-sees zoos Daim tawv tuab ntawm lub hnub cov sab hauv.

convergent boundary | kha-vaw-ntsw npoo-di Ib txheej ciam uas thaum ob txheej av txav ncaj los uake.

convergent evolution | kha-vawb-ntsw es-vo-lu-seem Qhov txheej txheem uas thaum muaj tej yam muaj sia uas tsis sib txheeb tiamsis hloov zuj zus los tau cov yam ntxwv zoo sib xws.

convex lens | tsom iav nkhaus tom ntug Lub tsom iav uas hauv plawv tuab dua sab nraum ntug

convex mirror | iav nkhaus tom ntug Daim iav uas nkhaus mus rau sab nrauv.

core | plawv Thaj chaw nyob hauv plawv tshaj plaws ntawm lub hnub, uas yog qhov chaw hlawv foob pob.

Coriolis effect | Kho-lia-lis is-fej Kev tig ntawm lub Ntiaj Teb pauv tau cov huab cua thiab dej tsaws ntxhee.

cornea | phiaj viam vov qhov muag Daim tawv phiaj viam uas vov lub qhov muag.

corona | txheej saum toj ntawm lub hnub Txheej saum toj ntawm lub hnub li huab cua.

coronary artery | hlab ntsha plawv Txoj hlab ntsha plawv uas xa ntshav mus rau cov nqaij ntawm lub plawv.

cosmic background radiation | kha-xim-mej npev-kaum lev-dis-ev-seem Lub roj teeb fais fab nqus hlau seem los ntawm kev tawg loj kub hnyiab.

cotyledon | kho-tai-les-dos Ib daim nplooj ntoos uas tsim los ntawm ib lub noob; qee zaus ntim zaub mov.

covalent bond | kho-vas-len npos Ib hom kev tshuaj sib nplaum uas tshwm sim thaum ob lub atom los sib koom cov electron ua ke.

crater | khev-taws 1. Ib lub qhov loj uas raug hnub qub pob zeb ntaus zawj. 2. Ib lub qhov zawj zoo li lub tais nyob ib ncig lub roob kub hnyiab qhov chaw qhib loj.

critical night length | hmo ntev tseem ceeb Cov xoob moos tsaus ntuj uas txiav txim seb ib tsob nroj tsuag puas yuav tawg taus paj lossis tsis taus.

crop rotation | hloov qoob loos Kev cog qoob loos txawv rau ib daim teb txhua xyoo kom tswj daim teb es av thiaj li muaj chiv zoo.

crust | txheej sab nrauv Txheej av pob zeb uas tsim lub Ntiaj Teb daim av sab nraum no.

crystal | iav ci Ib qho khoom ntom nti es thaum cov atom raug muab teeb txheeb qhov qauv kom zoo ib yam tas mus li.

crystalline solid | iav ntom nti Ib qho khoom ntom nti uas muaj cov iav ci thiab thaum tej qho me me raug muab teeb txheeb qhov qauv kom zoo ib yam tas mus li.

crystallization | kev khov ua iav ci Qhov txheej txheem uas thaum cov atom raug muab teeb txheeb los ua ib co khoom muaj cov iav ci.

cumulus | huab tuab Cov huab uas ntxim tias muag, xim dawb, uas feem ntau pluav hauv qab, es zoo li cov paj rwb uas ua ib pawg kheej kheej lawm.

current | dej tsaws ntxhee Ib tug ciav dej loj ntws mus tshab hiav txwv.

cuticle | txheej thaiv dej Txheej tawv uas zoo li roj, ua kom dej txhob ntub taus es qhwv cov nplooj thiab cov kav ntawm ntau yam nroj tsuag.

cyclone | xaib-khoom Lub plawv ncig ua vooj voos vim cua ntsawj tsis muaj ceem.

cytokinesis | xais-to-khim-nes Qhov kawg ntawm cell lub neej, thaum lub cell li cytoplasm yuav sib faib, es xa cov khoom tseem ceeb hauv lub nrog cev cell mus rau ob lub cell menyuam tshiab.

cytoplasm | xaib-to-plav-mam Qhov kua nro ntawm lub cell uas nyob sab hauv daim phiaj viam cell (hauv prokaryotes) lossis nyob kis nrab ntawm daim phiaj viam cell thiab lub nucleus (hauv eukaryotes).

D

dark energy | zog dub Ib qho hwj huaj uas ua tau kom lub qab ntuj khwb no nthuav ceev heev tuaj.

dark matter | khoom dub Cov khoom uas tsis muaj hluav taws xob fim fab tiamsis muaj ntau heev nyob rau lub qab ntuj khwb.

day-neutral plant | nroj tsuag tsis xyeej nruab hnub Ib tsob nroj tsuag tawg paj uas tsis siv duab ci thiab tsaus ntuj.

death rate | ntsuas tib neeg tuag coob npaum cas Tus lej neeg tuag rau txhua txhua 1,000 leej neeg twg nyob rau ib lub sij hawm twg.

decibel (dB) | dev-xis-npaum Ib txoj kev luj khoom siv coj los ntsuas kev nrov ntawm ntau lub suab txawv.

deciduous tree | ntoo zeeg nplooj Ib tsob ntoo uas zeeg nplooj rau ib lub sij hawm thiab hlav nplooj tshiab ib xyoo ib zaug.

decomposer | yam lwj Ib yam muaj sia uas tau nws cov zog los ntawm kev dam tej yam lwj ua khwb nyiab thiab dam cov muaj sia uas tuag lawm, thiab lim cov khoom nyoos mus rau hauv av thiab dej.

decomposition | kev lwj Ib qho kev sib tov ntawm cov tshuaj es dam cov khoom sib txuas kom me tshaj ntxiv tuaj.

deductive reasoning | dis-dav-tim liv-zis-nim Ib hom kev piav txog ib yam dabtsi es siv ib lub tswv yim loj thiab muab lub tswv yim ntawv coj los siv rau tej qho kev tshawb fawb.

deep-ocean trench | dij-aub-see rhe Ib lub vos hav nyob hauv qab hiav txwv es txheej av hauv qab thus maj mam nqis mus rau hauv plawv ntiaj teb lawm.

deflation | dim pa Qhov txheej txheem uas thaum cov cua tshem tej yam khoom nyob saum daim av.

degree | dis-nkis Ib txoj kev luj khoom uas ntsuas kev deb ntawm lub voj voom. Ib degree yog 1

delta | ntu dej nkhaus Thaj av muaj tsig pob zeb uas thaum tus dej ntws los mus cob rau ntawm hiav txwv lossis pas dej loj.

dendrite | des-nraim Ib qho tawm zoo li xov ntawm lub neuron uas xa cov xov xwm ntawm cov leeg xa xov mus rau cell lub cev.

density | deb-xis-dis Ib hom kev ntsuas seb qhov khoom hnyav npaum li cas nyob rau ib co kua dej.

deposition | tso tsig pob zeb Qhov txheej txheem uas thaum cov tsig pob zeb ntws los nyob rau tej thaj chaw tshiab.

depressant | tshuaj tswj Ib hom tshuaj uas pab ua kom lub central nervous system dhia hauj lwm qeeb me ntsis.

dermis | tawv nqaij sab hauv Daim tawv nqaij sab hauv.

desertification | div-saws-thib-fis-khev-sees Kev ua rau ib thaj chaw twg zoo li tiaj av qhuav ceev heev es yav tag los twb yog ib thaj chaw muaj chiv; tshwm sim vim yog muab ua teb ntau heev, muab txiav zaub tag lawm, tsis muaj dej, thiab pauv huab cua lawm.

destructive force | lub zog puas ntsoog Cov txheej txheem lub ntuj muaj es dam lossis ua kom yaig lub Ntiaj Teb daim av..

destructive interference | kev cuam tshuam ntawm kev puas ntsoog Kev cuam tshuam uas tshwm sim thaum ob nthwv dej sib koom uake los ua ib nthwv me tshaj thaum ob nthwv no nyias nyob nyias.

development | kev loj hlob Qhov txheej txheem pauv uas tshwm sim rau ib yam muaj sia lub neej kom dhau los ua ib yam muaj sia uas loj hlob thiab nyuaj zog tuaj.

dew point | pib ua lwg dej Qhov kev kub no uas thaum pib hws ua lwg dej.

diaphragm | npluag plab Ib daim npluag plab loj, zoo li tsu tsev kheej uas nyob ntawm qab ntsws thiab pab ua pa.

diatomic molecule | daim-tho-mim ma-le-khu Ib lub molecule uas muaj ob lub atom.

dicot | daiv-khoj Ib tsob nroj tsuag uas txi txiv es muaj ob lub noob nplooj.

Dietary Reference Intakes (DRIs) | Ntawv Qhia Noj Mov Daim ntawv qhia seb tib neeg yuav tsum noj zaub mov kom ntau paum li cas txhua hnub.

diffraction | kev nkhaus Thaum nthwv dej nkhaus lossis nthuav tawm thaum lawv hla ib kho kev thaiv lossis mus dhau ib qho chaw qhib.

diffuse reflection | dis-fw li-flev-sees Kev thaws rov los uas tshwm sim thaum cov duab ci ci mus rau ib thaj chaw tsis xwm yeem thiab ci rov tuaj rau ntau ces kaum.

diffusion | dis-fuv-zeem Qhov txheej txheem uas thaum cov molecule txav ntawm ib thaj chaw muaj kua nyeem mus rau thaj chaw muaj kua sib.

digestion | kev zom mov Qhov txheej txheem uas dam cov zaub mov loj kom mus ua cov zaub mov molecule me

digestive system | plab hnyuv zom mov Ib qho khoom tseem ceeb nyob hauv lub nrog cev uas tsim los txais thiab zom zaub mov.

digitizing | dib-ntsi-tau-zis Kev muab cov ntaub ntawv hloov los ua cov lej kom siv tau hauv lub koos-pu-tawj.

dike | pob zeb txeem Ib thooj pob zeb uas tshwm sim thaum cov kua pob zeb kub txeem dhau ntawm cov txheej pob zeb tuab.

dilute solution | dis-luj xo-luj-sees Ib qho kev sib tov uas muaj me ntsis cov khoom yaj xwb.

direct current | daws-laj khwv-leem Kev xa cov zog hluav taws xob uas ntws mus rau ib seem xwb nyob rau txoj hlua fim fab.

directly proportional | daws-lav-li phos-pob-see-naum Ib lo lus siv los piav txog kev sib raug zoo ntawm ob yam dabtsi uas thaum muab khij rau daim duab kab nws sib txuas los ua ib txoj kab ncaj heev uas mus tshab lej (0, 0).

dispersal | tawg sib faib Kev txav ntawm tej yam muaj sia ntawm ib qho chaw mus rau lwm qhov.

divergent boundary | dis-vawb-nteem npau-dhi Ib txheej ciam uas thaum ob txheej av txav sib nrug deb.

divide | cais Nqaj roob uas cais ob tug dej rau ob sab.

DNA | DNA Deoxyribonucleic acid; cov xiab caj ces uas xa cov xov xwm txog ib yam dabtsi muaj sia thiab cov xiab niam txiv txo mus rau cov menyuam.

DNA replication | DNA sib qog qab Ua ntej ib lub cell yuav sib faib, qhov txheej txheem uas thaum cov DNA rov qab theej nws tus kheej.

dominant allele | dav-mim-nem as-lis Ib lub cell uas nws tus yam ntxwv pom tshwm nyob rau yam muaj sia thaum muaj xiab hauv cell.

Doppler effect | Dov-plawm es-fej Kev hloov ntawv nthwv dej khiav ib sij tshwm ib zaug thaum nws txav raws li tus tib neeg saib pom.

dormancy | kev tsis loj hlob Lub caij nyoog thaum ib yam muaj sia txoj kev loj hlob lossis kev ua hauj lwm nres lawm.

dormant | tsis loj hlob Tab tom tsis ua hauj lwm tiamsis tseem muaj cuab kav ua hauj lwm rau yav pem suab (zoo li lub rooj kub nyiab).

double bond | tshuaj plaum ob tog Ib qho kev tshuaj plaum uake thaum cov atom sib koom ob txwg electron.

double helix | dov-npaum hiv-lem Lub cev zoo li lub DNA molecule.

duct | hlab me Ib txoj hlab me me uas cov qog tso tshuaj tawm.

ductile | daj-thais Ib lo lus siv los piav txog yam khoom uas muab ruab tawm kom ib txoj hlua ntev ntev.

dwarf planet | ntiaj teb me Ib qho khoom uas ncig raws lub hnub thiab kheej kheej, tiamsis tsis tau tshem tawm cov khoom nyob ntawm nws thaj tsam ncig ntawv.

E

ear canal | lub qhov ntsej Qhov khoob nqaim nqaim pib ntawm tib neeg lub pob ntseg sab nraum no mus txog ntua tom daim npog qhov ntsej.

eardrum | daim npog qhov ntsej Daim phiaj viam me me, thiab rub nruj zoo li lub nruas uas cais lub pob ntseg txheej rauv ntawm lub pob ntseg hauv nraub nrab, thiab tshee thaum cov nthwv suab los tsoo.

echinoderm | iv-tsi-naus-daw Ib tug tsiaj hiav txwv uas tsis muaj txha caj qaum tiamsis muaj pob txha nyob hauv lub nrog cev thiab muaj cov hlab ntim kua dej.

echolocation | ev-khau-los-khe-sees Kev siv cov suab thaws rov tuaj los ntsuas seb kev deb npaum cas lossis siv los nrhiav khoom.

eclipse | thaiv Thaiv ib sab lossis ntis tag nrho ntawm ib lub hnub qub.

eclipsing binary | is-khij-xis Kev muaj ob lub hnub qub uas thaum ib lub hnub qub pheej ntis cov duab ci mus rau lwm lub.

ecological footprint | ib-khaus-lob-ntsi-kaus Cov av thiab dej uas ib tug neeg twg siv los pab lawv lub neej thiab los nqus tej khib nyiab uas lawv tsim tau los.

ecology | kawm txog tsiaj txhu Kev kawm txog tej yam muaj sia thiab lawv tej kev cuam tshuam nrog rau ib cheeb tsam uas lawv nyob nrog.

ecosystem | iv-khau-siv-teem Ib lub zej zog ntawm txhua yam muaj sia uas nyob rau ib cheeb tsam twg, nrog rau lawv cov chaw nyob uas tsis muaj sia.

ectotherm | is-tau-tees Ib tug tsiaj uas nws lub cev txawj kub thiab no raws thaj chaw nws nyob.

efficiency | es-fib-sis Feem pua ntawm cov dej num uas pib ua thiab cov dej num uas tshwm sim.

El Niño | ia-nib-naum Ib yam huab cua txawv uas tshwm sim txhua txhua ob mus rau xya xyoo hauv hiav txwv Pacific, ua rau cov cua pauv sheem, nthwv dej pauv, thiab muaj kev pauv ntawm huab cua mus txog ib lossis ob xyoo.

elastic potential energy | is-lav-tiv pau-te-tsau Cov zog muaj nyob rau cov khoom muab rub lossis muab nias.

electric circuit | xaim hluav taws xob Txoj kab tiav, tsis tu ncua uas thaum cov hluav taws xob ntws taus.

electric current | hluav taws xob Hluav taws xob khiav mus rau ib yam khoom.

electric field | thaj chaw muaj hluav taws xob Thaj chaw nyob ze ib qho khoom uas tiv tau hluav taws xob thaum qhov khoom no tso tawm cov hluav taws xob rau lwm qhov khoom.

electric force | hluav taws xob sib thawb Cov kev sib thawb ntawm cov hluav taws xob sib tshov.

electric motor | cav hluav taws xob Ib lub cav uas hloov cov hluav taws xob fais fab mus rau lwm cov hluav taws xob.

electrical conductivity | xa hluav taws xob Ib qho khoom rab peev xwm los xa hluav taws xob.

electrical energy | zog hluav taws xob Cov zog ntawm hluav taws xob sib tshov.

electrical engineering | qauv ua hluav taws xob Fab kev kawm txog kev tsim qauv uas hais txog kev tsim hluav taws xob, thiab hais txog kev muaj zog, kev tswj, thiab kev txuas lus hauv xov tooj.

electromagnet | hlau nplaum hluav taws xob Ib lub hlau nplaum tsim los ntawm muab ib txog xaim muaj hluav taws xob rig ib thooj hlau txawj nqus.

electromagnetic energy | zog hlau nplaum hluav taws xob Lub zog ntawm duab ci thiab lwm yam hluav taws xob, uas khiav saum ntuj li ib nthwv dej.

electromagnetic induction | is-lav-thau-mes-nev-tem ees-dav-seem Qhov txheej txheem uas tsim hluav taws xob los ntawm kev co ib qho khoom uas txuas tau hluav taws xob hauv thaj chaw nqus hlau.

electromagnetic radiation | kev xa hlau nplaum hluav taws xob Cov zog uas xa saum nruab ntug los ntawm nthwv dej ntawm hlau nplaum hluav taws xob.

electromagnetic spectrum | ntawv ntsuas hlau nplaum hluav taws xob Daim ntawv teeb txheeb uas pom tag nrho cov nthwv dej ntawm hlau nplaum hluav taws xob uas muab tso cov nthwv dej sib mus rau cov tuab.

electromagnetic wave | nthwv dej ntawm hlau nplaum hluav taws xob 1. Ib nthwv dej uas muaj thaj chaw pauv hluav taws xob thiab thaj chaw nplaum hlau 2. Ib nthwv dej uas xa tau cov zog hluav taws xob thiab zog hlau nplaum mus rau saum nruab ntug tsis muaj dabtsi.

electromagnetism | nplaum hluav taws xob Kev sib raug zoo ntawm cov hluav taws xob thiab kev nplaum tau hlau.

electron | im-lav-thos Ib qho me me, uas muaj hluav taws xob es ncig lub nucleus ntawm ib lub atom.

electron dot diagram | im-lav-thas daj daiv-nkes Ib daim ntawv ua piv txwv rau cov valence electron nyob hauv ib lub atom, es siv tej tee tej tee.

element | khoom me Ib qho khoom me ntshiab heev uas muab lov tsis tau mus ua lwm yam khoom los ntawm kev pauv tshuaj lossis ua li cas rau lub nrog cev.

elevation | nyob siab qis Kev siab tshaj ntawm dej hiav txwv.

ellipse | is-lij Ib lub khauj khaum kheej, uas muab rub ntev tau thiab yeej ua vooj voom; zoo li lub khauj khaum ntawm cov pob zeb ncig ntiaj teb.

elliptical galaxy | es-les-ti-kau nke-la-xis Ib pawg hnub qub zoo li lub pob kheej lossis pob pluav, uas feem ntau muaj cov hnub qub laus xwb.

embryo | menyuam nyuam qhuav xeeb 1. Ib yam muaj sia uas mos tshaj plaws tsim los ntawm lub noob ntshav. 2. Ib tug menyuam uas nyuam qhuav xeeb rau thawj thawj yim vas thiv tom qab xeeb tub lawm.

emergent layer | txheej pom Txheej hav zoov nuj txheeg uas siab tshaj plaws es tau txais duab ci ntawm lub hnub ntau tshaj.

emigration | tawm teb chaws Txoj kev tib neeg khiav tawm ntawm nws thaj chaw nyob.

emissions | tshuab saum ntuj Cov pa phem uas muab tso tawm rau saum cov huab cua.

endangered species | tsiaj ntsib kev tu noob Ib hom tsiaj txhu uas yuav ntsib kev tu noob tsis ntev tom ntej no.

endocytosis | es-dau-xai-tau-sim Qhov txheej txheem uas thaum lub cell daim tawv nqus cov khoom me me mus rau hauv lub cell los ntawm kev hloov nws lub khauj khaum cev thiab nqos cov khoom me no lawm.

endoplasmic reticulum | es-daus-plav-mis lis-thiv-kus-lawm Ib qho khoom tseem ceeb nyob hauv cell lub nrog cev uas tsim ib co hla sib rig uas xa tau cov tshuaj hauv tej nqaij thiab lwm cov khoom ntawm ib sab cell mus rau lwm sab.

endoskeleton | pob txha nyob sab hauv Cov pob txha nyob sab hauv lub nrog cev; Cov pab txheem ib tug tsiaj lub cev.

endospore | es-daus-xus-paus Ib yam uas tsim los ntawm cov prokaryote, xws li kab mob, thaum nyob rau thaj chaw tsis huv; ib daim tawv qhwv cov DNA thiab qhwv tej co cytoplasm.

endotherm | es-daus-thaw Ib tug tshiaj uas lub cev qhov kub thiab no mus raws li nws cov hluav taws hauv lub cev uas tus tsiaj tsim.

endothermic change | es-daus-thaw tshej Kev pauv ntawm kev nqus zog.

endothermic reaction | es-daus-thaw li-ev-sees Ib qho kev teb uas nqus zog.

energy | zog Rab peev xwm los ua tau hauj lwm lossis tsim kev hloov.

energy conservation | txuag zog Kev xyaum los txuag kev siv zog.

energy level | es-naws-ntsis lav-vaum Thaj chaw ntawm lub atom uas yuav nrhiav tau cov electron es muaj zog sib xws.

energy pyramid | eb-naws-ntsis phiaj-la-mij Ib daim duab kos los qhia txog cov zog uas txav ntawm ib theem noj khoom mus rau lwm theem nyob rau cov zaub mov.

energy transformation | kev pauv zog Kev pauv ib hom zog mus rau lwm hom; thiab kuj hu ua kev hloov zog.

engineer | tus tsim qauv Ib tug neeg siv tswv yim hais txog kev paub tsim khoom thiab kev tshawb fawb los daws teeb meem.

engineering | kev tsim qauv Siv kev kawm tshawb fawb los pab tej yam toob kas thiab los daws teeb meem.

enzyme | es-zais 1. Ib yam tshuaj ntawm tej nqaij uas txhib kev tov tshuaj hauv ib yam muaj sia lub cev kom ceev. 2. Ib yam khoom uas txo zog ua hauj lwm hauv lub cell.

epicenter | thaj av qeeg Thaj chaw nyob ntawm Ntiaj Teb daim av uas nyob kiag saum toj ntawm qhov chaw av pib qeeg.

epidermis | daim tawv nqaij Txheej vov cov tawv nqaij.

epiglottis | npluag caj pas Daim npluag nqaij uas pab kaw lub pob qab thiab tiv thaiv kom zaub mov txhob nkag tau rau cov ntsws.

epithelial tissue | ev-phi-thau-li thiv-sum Cov tsig nqaij uas pab npog sab hauv thiab sab nrauv ntawm lub cev.

equinox | eb-kua-naj Hnub twg los xij ntawm ob hnub txhua xyoo twg uas lub ntiaj teb tsis txav mus ze lossis deb ntawm lub hnub.

era | tiam Ib tiam ntawm peb lub caij nyoog ntev loo txij thaum tiam Precambrian txog tam sim no.

erosion | yaig Qhov txheej txheem uas thaum cov dej, daus, cua, lossis kev sib rub kom poob ua rau kom cov pob zeb thiab av yaig.

esophagus | hlab nqos mov Txoj hlab nqaij uas txuas ntawm qhov ncauj mus rau hauv lub plab.

estrogen | es-tau-ntseem Ib hom tshuaj tsim nyob hauv poj niam cov zaus qe menyuam uas khoo kev loj hlob ntawm cov qe thiab khoo cov yam ntxwv ntawm poj niam.

estuary | ev-tsuas-li Ib thaj hav iav uas tshwm sim thaum dej ntshiab mus tov nrog dej hiav txwv qab ntsev.

eukaryote | us-kas-yaus Ib yam muaj sia uas lawv cov cell muaj ib lub nucleus.

eutrophication | tuaj ntxhuab Thaum sij hawm ncua ntev es sau tau khoom pab cuam kom loj hlob hauv cov pas dej ntshiab thiab cov pas dej me uas pab kom cov nrog tsuag hauv hav dej tuaj ntau ntxiv.

evacuate | khiav tawm Kev khiav tawm ntawm ib thaj chaw uas yuav raug huab cua nyaum ntaus.

evaluating | kev soj ntsuam Sib piv kev soj ntsuam thiab cov ntaub ntawm kom txiav txim tau txog lawv.

evaporation | kev yaj Qhov txheej txheem uas thaum cov molecule nyob saum nplaim dej nqus zog txaus los pauv mus ua roj.

evolution | txoj kev hloov Kev hloov ntawm caij nyoob; qhov txheej txheem uas uas tej yam muaj sia tam sim no tau txais kev tshwm sim los ntawm cov muaj sia puag thaum ub los.

excretion | tso quav Qhov txheej txheem uas thaum cov khoom khwb nyiab raug tshem tawm hauv lub cev.

excretory system | tso tawm khoom tsis zoo Ib yam khoom tseem ceeb nyob hauv lub nrog cev uas xa tawm cov khwb nyiab muaj tshuaj nitrogen thiab tso tawm cov ntsev thiab dej seem.

exocytosis | ej-os-xais-thaub-xim Qhov txheej txheem uas thaum lub vacuole nyob ib ncig ntawm cov khoom me me yaj nrog rau lub cell daim tawv, yuam cvo khoom kom tawm hauv lub cell.

exoskeleton | pob txha sab nrauv Pob txha tuaj sab nraum lub cev; daim tawv vov sab nrauv uas tsis ntub nag thiab tiv thaiv, txhawb, thiab pab ntes kom cov dej tsis txhob yaj tawm ntawm lub cev hauv cov tsiaj tsis muaj txha caj qaum.

exosphere | ev-xos-phia Txheej nyob sab nrauv kiag ntawm txheej huab cua thermosphere.

exothermic change | es-o-taw-mim tshe Kev pauv thaum muab zog tso tawm mus.

exothermic reaction | es-o-taw-mim li-ev-sees Ib qho kev ua hauj lwm uas tso tawm zog, feem ntau yog cov cua kub sov.

exotic species | tsiaj txhu thiab nrog tsuag txawv Ib hom tsiaj txhu thiab nroj tsuag uas tib neeg nqa mus rau ib qho chaw tshiab.

experimental bias | es-pia-li-me-tau npais Ib qho ua yuam kev ntawm kev tshuaj ntsuam uas cais kom tej yam dabtsi muaj feem cuam tshwm sim ntau dua.

exponential growth | es-pau-neb-tsau nqauv Kev loj hlob ntawm ib pab neeg uas yog tsis muaj qhov tu ncua, yim coob, yim hlob tau ceev.

external fertilization | ev-taw-nau fawb-ti-ze-sees Thaum cov qe chiv xeeb menyuam nyob rau sab nraum poj niam lub cev.

extinct | tu noob 1. Lo lus siv los piav txog ib pawg muaj sia uas tau tu noob lawm thiab tsis muaj cov ua neej nyob ntxiv lawm. 2. Lo lus siv los piav txog ib lub pob zeb kub hnyiab uas tsis ciaj thiab yuav tsis tawg ntxiv lawm.

extinction | kev tu noob Kev ploj tag nrho ib hom tsiaj txhu lossis nroj tsuag hauv lub Ntiaj Teb mus lawm.

extrusion | ev-rhub-sees Ib txheej pob zeb uas tshwm sim thaum cov kua pob zeb kub ntws mus rau Ntiaj Teb daim av thiab tawv lawm.

extrusive rock | ev-rhub-sim loj Hom pob zeb uas tshwm sim ntawm cov kua pob zeb kub nyob saum lub Ntiaj Teb daim av.

eyepiece | iav tsom ze Daim iav uas rub daim duab ntawm qhov khoom los kom ze.

F

Fahrenheit scale | Rab teev Fahrenheit Kev kub sov ntawm ib rab teev uas cov dej khov thaum 32°F thiab dej npau thaum kub 212°F.

Fallopian tube | Hnyuv qe Ib txoj hlab qe uas qe menyuam ntawm lub zausqe mus tau rau lub tsev menyuam.

farsighted | pom kev deb Ib qhov uas tus tib neeg pom tej yam nyob deb tseeb tab sis pom tej yam nyob ze plooj plooj.

farsightedness | kev pom dev deb Thaum ib tus tib neeg pom tej yam nyob deb tseeb tab sis pom tej yam nyob ze plooj plooj.

fat | rog Cov as-ham uas ua tau zog xws li muajcov carbon, oxygen, thiab hydrogen.

fault | kab pleb Ib qho tawg pleb ntawm Ntiaj Teb txheej av uas ua rau cov pob zeb txawj txav.

feedback | qhov thim Yam khoom tawm uas pauv tau lub system lossis cia rau lub system txawj pauv tau nws tus kheej.

fermentation | fawb-me-theb-sees Txoj kev uas cov cells tso zog tawm thaum lawv zom zaub mov yam tsis tso pa oxygen.

fertility | av zoo Qhov kev ntsuas seb cov av pab tau nplooj loj hlob zoo npaum li cas.

fertilization | ua menyuam Txoj kev tsim menyuam uas tus poj niam lub qe thiab tus txiv neeg cov kab me nyuam los koom ua ke tsim ib lub cell tshiab.

fertilizer | chiv Ib hom khoom uas muab as-ham pab cov qoob loo kom hlob zoo dua tuaj.

fetus | menyuam hauv plab Ib tug me nyuam neeg muaj hauv plab thaum muaj cuaj lub vav-thiv mus txog thaum yug.

field | tshav Ib thaj chaw nyob sab nraum lub chaw ntsuas ub no.

filter feeder | tsias lim txo Ib tug tsiaj uas tau nws cov zaub mov los ntawm cov txo dej.

fishery | hav tsiaj deg Ib qhov chaw muaj cov tsiaj hav dej muaj nqis coob heev.

flagellum | faj-ntse-loos Ib tug twg ntev, pluav tsawv uas pab lub cell txav.

flood plain | ntug dej nyab Ib qho av tiaj, dav uas nyob npuas ib tus dej.

flower | lub paj Qhov chaw ua taus noob ntawm lub zes qe nroj.

fluid friction | qhov zaws dej Kev sib txuam thaum ib qho khoom txav hauv cov kua dej.

focal point | ntsiab teeb Qhov chaw uas cov teeb ci raws txoj kab tuaj mus ntsib, lossis zoo li ntsib, tom qab uas cov teeb raug thim (lossis tig ntxees) ntawm ib daim iav (lossis lub tsom iav).

focus | lub plawv Qhov hauv qab lub Ntiaj Teb daim av uas pob zeb xub tawg thaum thev tsis taus thiab ua rau av qeeg.

foliated | zeb txaij Lo lus piav txog cov pob zeb khov ua tej daim uas muaj tej hmoov pob zeb sib lo ncaj ncaj lossis ua tej daim.

follicle | fos-li-kaus Txheej nqaij nyob hauv daim tawv nqaij uas cov plaub hau tuaj.

food chain | zaub mov sib hloo Kev sib hloov ntawm ntawm ib thaj chaw muaj tsiaj uas tsiaj tsim tau zog vim lawv noj lwm tus tsiaj thiab raug lwm tus tsiaj noj.

food web | zaub mov cab sab Hais txog cov yam ntxwv tsiaj noj zaub mov lossis zaub mov sib hloo ntawm tsiaj hauv ib thaj chaw muaj tsiaj.

force | zog yuam Kev thawb los yog rub ntawm ib qhov khoom twg.

fossil | txha pob zeb Kev tshwj tseg los yog cov txha ntawm ib tug tsiaj uas muaj sia yav tag dhau los.

fossil fuel | roj txha pob zeb Thee, roj, los yog roj a uas tau tsim li lab lab xyoo los ntawm tej tsiaj tuag seem cia; muab rauv kom ua tau hluav taws.

fracture | xeev pleb 1. Qhov kev uas cov mineral zoo li cas thaum nws tawg ntsoog ua ke tsis xwm yeem. 2. Qhov dam ntawm ib tug pob txha.

free fall | poob Kev uas ib qho khoom poob los thaum tsuas muaj gravity rub nws nkaus xwb.

frequency | qhov tuab Cov naj npawb ua ntxees uas nkag tshab ib yam twg rau ib lub sij hawm twg.

frequency modulation | xa ntxees Qhov kev xa cov hluav taws xob tawm thaum pauv cov ntxees no.

friction | kev sib txhuam 1. Lub zog yuam uas muaj thaum ob qhov khoom los sib txhuam ua ke. 2. Kev xa ib co electrons uas tsis tau muab tshov mus rau lwm lub thaum raug sib txhuam.

frond | nplooj Daim nplooj ntawm ib tsob ntoo suab.

front | npoo Tus npoo uas cov cua tsis sib xws lossib ntsib tab sis tsis sib tov.

frost wedging | txias xeev pleb Txoj kev uas nrug cov pob zeb thaum cov dej poob los rau tej kab pleb, ces khov ua dej nkoog ces txawj su loj tuaj.

fruit | lub txiv Lub plhaub qe siav thiab lwm ces ntawm lub noob paj uas muaj ib lub noob los yog ntau dua.

fruiting body | cev noob Lub cev ua tau nceb es muaj ntxhuab thiab ua tau nceb tuaj.

fuel rod | tus kav roj Tus kav uranium uas raug tawg nyob rau hauv lubnuclear reactor.

fulcrum | lub plawv Ib yam tsis txawj txav uas nyob hauv plawv ntawm lub log txawj ntog.

fundamental tone | suab yau tshaj Lub suab yau tshaj ntawm ib qhov khoom twg.

fungus | ntxhuab Tej yam muaj txoj sia uas muaj phab ntsacell, siv noob los xeeb nroj, thiab yog ib hom tsiaj uas nqus nws cov zaub mov los noj.

fuse | lub fias Ib daim hlau nyias nyias uas yuav yaj yog tias muaj cov hluav taws xob ntau dhau nkag tuaj rau.

G

galaxy | nkev-la-xis Ib pawg hnub qub loj kawg kiag, ib pab hnub qub, hnub qub nyob ua ke, hnub qub sib lo, cov plua plav thiab roj uas nyob tau ua ke vim muaj gravity nqus.

gallbladder | lub tsib Ib lub rau cov kua tsib uas yog lub siab tsim los.

galvanometer | tshuab ntsuas hluav taws xob Ib lub tshuab uas siv hlau nplaum coj los ntsuas tej hluav tawx xob uas yau heev.

gametophyte | nkes-tau-phaij Lub caij nyoog ntawm ib tsob ntoo uas tsob ntoo ntawd ua tau paj, los yog tsim tau noob.

gamma rays | nkav-mam les Cov hluav taws xob uas muaj wavelenghts luv tshaj thiab khiav ntxees ceev tshaj.

gas | nkev Thaum ib yam khoom tsis muaj lub li los yog tsis hnyav dabtsi li.

gas giant | ntuj nkev Lub npe muab rau cov ntiaj teb sab nrauv: Jupiter, Saturn, Uranus, thiab Neptune.

gasohol | nkev-sau-hual Cov roj a thiab caw cuaj caum sib tov ua ke.

gene | keeb Ib ya DNA los ntawm niam txiv mus rau menyuam uas qhia tsim nws roj ntsha thiab cev.

gene therapy | kho keeb Qhov kev pauv ib tug keeb (gene) los kho mob los yog kab mob. Tus keeb uas tsis muaj lossis tsis zoo raug muab pauv rau tus tseem ua hauj lwm.

generator | lub cav Lub tshuab uas pauv cov zog hluav taws mus rau hluav taws xob.

genetic disorder | kab mob keeb Qhov xeeb txawm tsis zoo vim yog tus tib neeg yug los muaj cov keeb (genes) los yog cov chromosomes tsis zoo.

genetic engineering | txuj ci keeb Kev muab ib tug keeb (gene) hauv DNA ntawm ib tug tsiaj mus rau lwm tus tsiaj, kom uas rau tus tsiaj ntawd muaj yam xav tau.

genetics | kev kawm keeb Kev kawm txog tsiaj txhu tej keeb uas muaj ib tiam dhau ib tiam.

genome | ntsi-nooos Tag nrho ib cov keeb uas tug tsiaj nqa nyob hauv nws cov DNA.

genotype | hom keeb Hom keeb lossis ib pawg allele uas tus tsiaj muaj.

genus | ntsiv-nam Los lus cais ib pab pawg tsiaj uas zoo siv xws, thiab sib txheeb.

geocentric | ntsi-aus-xeb-tim Lo lus hais txog tias ntawm lub qab ntuj khwb yog muaj lub Ntiaj Teb nyob rau hauv nraub nrab es lwm cov ntiaj teb thiab hnub qub ncig nws xwb.

geode | ntsis-aus Ib lub pob zeb khoob uas muaj cov hmoov pob zeb mineral loj hlob.

Geographic Information System | Tshuab Qhia Pheem Thib Ib lub koos pis taw uas muaj zom suab txawj tsim pheem thib neeg siv tau.

geologic time scale | keeb kwm ntiaj teb Kev ceev ntaub ntawv tseg txog tej kev tshwm sim thiab tsiaj uas tau muaj nyob rau Ntiaj Teb keeb kwm.

geosphere | ntsi-au-fia Qhov tuab tshaj plaws ntawm lub Ntiaj Teb xws li nws daim av, daim tawv sab nrauv, thiab lub plawv.

geostationary orbit | ncig ntiaj teb Txoj kev uas lub tshuab xa xov ncig lub Ntiaj Teb ceev tib yam li qhov lub Ntiaj Teb tig thiab thiaj li nyob tau qhov chaw qub txhua lub sij hawm.

geothermal energy | zog ntiaj teb Lub zog kub sov uas tuaj hauv lub Ntiaj Teb lub plawv tuaj.

germination | txhawv noob Kev loj hlob ntawm lub noob txiv; tshwm sim thaum lub noob txiv pib ntug loj zus tuaj.

gestation period | lub caij xeeb Lub caij nyoog thaum ib tug tsiaj muaj rau hauv plab mus txog rau thaum nws yug los.

gill | xiab Cov xiab lim pa ntawm dej rau ntshav hauv tej tsiaj hav dej.

gizzard | plab qaib Daim nqaij, tuab-tsawv uas zuaj thiab zom zaub mov kom mos.

gland | tawv nqaij Daim tawv nqaij uas tsim thiab tso cov tshuaj chemical raws tej qhov lossis mus rau hauv cov ntshav.

Global Positioning System | Tshuab Ntes Chaw Nyob Ib lub cav uas ntev cov ntsais teeb ntawm tshuab xa xov kom thiaj paub qhov chaw nyob ntawm ib yam khoom nyob rau ntawm Ntiaj Teb daim av.

global winds | cua thoob ntuj Cov cua uas tshuab tsis tu ncua thiab raws seem mus kev deb heev.

globular cluster | ib ntsau hnub qub Ib ntsau hnub qub laus uas loj, kheej, thiab nyob sib ti ua ke.

glucose | nkub-khaum 1. Qhov suab thaj uas tsim tau zog rau lub cev cov cell. 2. Qhov carbohydrate; thaum muaj ntau cov carbohydrate los sib lo ua ke.

Golgi apparatus | Nko-ntsim as-pha-la-tam Ib lub cuab yeej hauv lub cell uas txais proteins thiab lwm cov khoom tsim tshiab hauv lub endoplasmic reticulum, muab lawv ntim, thiab muab yais rau lwm cov cuab yeej hauv lub cell.

gradualism | ntev heev Txoj kev uas tsiaj txhu phlis uas siv sij hawm qeeb xws li maj mam pauv ib qho keeb me me zuj zus.

grains | hmoov Cov hmoov pob zeb me me los yog lwm yam pob zeb uas ua rau pob zej muaj qhov ntxhib.

granite | pob zeb txaij dub Lub pob zeb kub hnyiab dawb tsawv uas pom nyob hauv lub ntuj daim av.

grassland | tiaj hav nroj Thaj chaw muaj nroj lossis nyom thiab lwm yam nroj uas tsis yog xyoob ntoob uas tau dej nag li 25 mus rau 75 centimeters tauj ib xyoo twg.

gravitational potential energy | zog raws qib siab Lub zog uas muaj nyob ntawm qhov koom ntawd siab li cas.

gravity | nkav-vi-tis Kev sib rub nyob ntawm ob qhov khoom; lub zog yuam uas ua rau khoom txawj nqis hav.

greenhouse effect | sov thoob ntiaj teb Kev kub sov auv rau lub ntiaj teb vim cov qee hom pa nkev saum huab cua.

greenhouse gases | pa nkev sov Cov pa nkev nyob saum nruab ntug uas auv hluav taws.

groin | tsag pob zeb Ib daim phab ntsa pob zeb los pob zeb xis mas tsim rau npoo hiav txwv kom av txhob pob.

grounded | txuas av lawm Cia hluav taws xob mus ntawm pob fais fab raws lub tsev cov hlua fais fab mus rau hauv av thaum fais fab los sib tshauv yuam kev.

groundwater | dej hauv av Dej uas nkag hauv av tawg pleb thiab chaw khoob hauv tej av lossis nplais pob zeb.

group | pab pawg Cov elements nyob rau tib kab sawv ntsug hauv rooj ntawv periodic; thiab tis npe hu ua tsev neeg.

gully | av tawg pleb loj Ib kab av tawg pleb loj uas cia chaw rau dej ntws tom qab los nag loj tas.

gymnosperm | ntsees-naus-xas-pees Cov xyoob ntoos ua tsim kiag noob ntoos rau nws cov txiv--tsis muaj ib lub plhaub txiv qhwv.

H

habitat | chaw tsiaj txhu nyob Ib qho chaw ua pab rau cov tsiaj muaj sia nyob, loj hlob, thiab tsim tau me nyuam.

half-life | nrab-neej Lub sij hawm ib nrab ntawm lub caij uas cov atoms hauv lub element txawj sem ploj mus.

hazardous waste | khoom khib nyiab Cov khoom uas tsis zoo rau tib neeg yog tsis muaj ua zoo pov tseg.

headland | ntug dej Ib sab ntawm ntug dej uas ncau mus rau nram hiav txwv.

heat | hluav taws Kev xa cov zog kub sov ntawm ib qhov khoom sov zog mus rau ib qhov khoom txias dua.

heliocentric | hej-li-xeb-tim Lo lus hais txog ib tug qauv uas puab lub qab ntuj muaj lub Ntiaj Teb thiab lwm lub ntuj ncig lub hnub.

hemoglobin | hiv-mos-nkau-bees Cov plaub-tees muaj kua hlau (iron) ntau uas cam nrog rau cov pa oxygen; yog cov tsim cov ntshav liab.

heredity | muaj yug los Kev tso keeb ntawm niam txiv mus rau cov menyuam.

hertz (Hz) | hawj Kev ntsuam xyuas txog kev khiav ntxees ceev li cas.

Hertzsprung-Russell diagram | Daim duab Hertzsprung-Russell Ib daim duab kab uas qhia txog kev kub sov thiab kev ci ntsa ntawm cov hnub qub.

heterotroph | hi-rau-thau Yam tsiaj uas ua tsis tau nws zaub mov thiab yuav tau noj lwm tus tsiaj thiaj ciaj sia xwb.

heterozygous | hi-rau-zai-nkau Muaj ob tug alleles tsis sib xws uas tshwm sim ua ib ke nyob qhov keeb (gene).

hibernation | kev pw Ib tug tsiaj thaum nws pw es tseg zog rau lub caij ntuj no.

histamine | hev-tim-mais Cov chemical uas ua rau muaj tsos mob khaub thuas.

homeostasis | haus-mis-aus-xab-tas-xiv Kev tswj yam nyob rau hauv tus tsiaj nruab nrog kom nyob tus txawm tias sab nrauv yuav pauv li cas los tsis ua cas.

homologous structures | tej yam sib xws Tej yam zoo sib xws ntawm cov tsiaj uas sib txawv thiab yog vim koom ib tug pog yawg puag thaum ub los.

homozygous | haus-maus-xais-nkav Muaj ob tug alleles zoo tib yam nkaus nyob rau ntawm ib tug keeb (gene).

hormone | hua-moos 1. Yam khes mis uas pab rau kev loj hlob thiab ncau. 2. Yam khes mis tsim los ntawm endocrine gland.

host | tus raug noj Ib tug tsiaj uas muaj ib tug kab nrog nws nyob ua ke, nyob hauv, lossis nyob rau thiab pab ua zaub mov lossis yog thawj chaw rau tus kab ntawd tau kev nyob.

hot spot | hoj xuj-paj Qhov chaw tob heev uas kua hlau nyob hauv lub ntiaj teb daim av ua rau txheej av saum toj yaj.

Hubble's law | Hubble txoj cai Kev soj ntsuam uas hais tias thaum ib lub galaxy nyob deb zuj zus, ces nws yuav khiav ceev zuj zus mus.

humid subtropical | chaw vaum Qhov huab cua ntub thiab sov uas muaj nyob rau qhov chaw sov (tropics).

humidity | kev vaum Qhov dej tawm ua fws ntawm cov cua.

humus | hu-mas Cov khoom-dub ua li pob zeb nyob hauv av.

hurricane | nag xob nag cua Kob nag huab cua uas cua hlob li 119 kilometers tauj ib teev twg los yog ceev tshaj ntawv.

hybrid | txuam nrog Qhov kev xeeb tau los uas muaj ob tug alleles tsis sib xws rau ib tug keeb.

hybridization | kev muab txuam ua ke Ib yam tswv yim uas muab ob tug tsiaj txawv coj los ua menyuam ua ke kom tau qhov zoo tshaj ntawm ob niam txiv.

hydrocarbon | haij-nrau-khab-npeem Ib yam khoom uas tsuas muaj cov carbon thiab hydrogen xwb.

hydroelectric power | fais fab dej tsim Cov fais fab tsim tau zog thaum dej ntws saum dej tsaws tsag lossis pas dej tauv los.

hydrogen ion | hai-dau-ntseem is-as Lub ion tshov ntxiv (H+) uas yog lub hydrogen atom thaum tsis muaj nws cov electron lawm.

hydrosphere | txheej muaj dej Txheej ntawm lub Ntiaj Teb no uas muaj dej, xws li dej hiav txwv, dej hav daus, dej ntws, pas dej, dej hauv av thiab dej fws.

hydroxide ion | hai-nro-xais Lub iontshov rho uas muaj oxygen thiab hydrogen (OH–).

hypertension | ntshav siab Kab mob uas ua tus tib neeg cov ntshav siab dua li qub; thiab hu ua ntshav siab.

hyphae | haij-pham Tus ceg, zoo li cov xov hmab xyo uas tsim cov ntxhuab muaj ncau ces.

hypothalamus | haij-pa-ta-mam-lau Ib qhov ntawm lub hlwb uas txuav lub nrog cev nrog rau lub cuab yeej xa roj ntsha.

hypothesis | lus kwv yees Nqe lus piav txog lossis lo lus teb txog ib nqe lus noog tshawb fawb; yuav tsum kuaj teb tau dua.

I

igneous rock | pob zeb kub hnyiab Ib yam pob zeb uas ua tau los ntawm cov pob zeb kub hnyiab los yog nyob hauv qab daim av.

image | duab Tus duab ntawm ib qho khoom uas rov pom nws tus kheej vim duab ci tig rov tuaj rau nws.

immigration | tsiv chaw Kev ib pab tsiaj tawm mus rau qhov chaw tshiab.

immune response | cev tiv thaiv Ib qhov khoom nyob ntawm lub cev xes li cov cell uas pab tiv thaiv tua kab mob thiab tua kom tau yam kab mob ntawv.

immunity | txawj thaiv Lub cev lub peev xwb tua cov kab mob ua ntej lawv yuav kawj ua kab mob.

impermeable | tsis xau dej Tej yam khoom, xws li av tawv thiab av pob zeb, uas dej nkag tsis tau yooj yim.

imprinting | is-phib-rhee Qhov kev xyaum coj uas cov me nyuam noog thiab cov me nyuam tsiaj raws tej yam khoom uas lawv pom txav.

impulse | is-phov Cov lus fais fab uas txawj xa xov hauv lub hlwb.

inbreeding | muab npws Txoj kev muab ob tug tsiaj uas muaj alleles zoo sib xws cov los tso ua ke sib tov.

incineration | hlawv Kev hlawv cov khib nyiab qhuav.

inclined plane | daim tiaj nqis hav Lub cav yooj yim ua tiaj tiaj, nyob nqis hav.

incomplete dominance | tsis vov tag nrho Nyob rau qhov ib tug allele yuav tsis vov tag nrho lwm tus allele.

incomplete metamorphosis | plhis tsis tiav Ib qhov kev plhis uas muaj peb ntu: qe, tseem ua qe, thiab laus lawm.

index contour | kab pheem thib Ib daim pheem tib qhia roob hav, muaj kab ntau ntau sau qhia txog tias av thiab toj roob siab li cas.

index fossil | pob txha pob zeb ntev Cov pob txha ntawm ntau yam tsiaj muaj sia yav puag thaum ub uas nyob rau ib lub caij luv tsawv dhau tag los.

index of refraction | lej cim teeb ci Kev ntsuas txog qhov uas teeb ci nkaus npaum li cas thaum nws mus tshab ib yam rau lwm yam khoom.

indicator | qhov cim Ib hom compound uas pauv xim thaum muaj acid lossis base nyob nrog.

induction | yais fais fab Txoj kev yais qhov tshawj ntawm ib qho khoom uas yog pauv fais fab ntawm yam khoom ntawv; cov khoom ntawv tsis sib chwv li.

inductive reasoning | tswv yim xav txog qhov dav Kev siv tej yam uas tshawb pom los kwv yees txog tej yam tswv yim dav dav.

inertia | is-nawb-sia Tus yam ntxwv ntawm ib qho khoom uas thaum txav lawm ces tsis nres sai.

infectious disease | kab mob kis tau Ib qhov kab mob tshwm sim rau nrog cev uas yuav kis tau ib tug mus rau lwm tus.

inflammatory response | nqaij o tuaj pab Ib qhov ntawm lub cev uas pab tua cov kab mob, uas yog cov ntshav dawb tawm tom txoj hlab ntsha mus rau saum nqaij thiab pab tua cov kab mob kom tag.

infrared radiation | is-fle le-di-e-sees Cov wave hluav taws xob uas ntev tshaj li cov teeb ci qhov muag pom tab sis luv dua cov teeb microwaves.

infrared rays | is-fas lej Cov wave hluav taws xob uas luv dua tab sis tig ntxees ceev dua microwaves.

inhibitor | yam tswj Cov khoom uas txo kom ib qho reaction txhob khiav ceev.

inner core | lub plawv ntuj Lub plawv uas yog hlau iron thiab nickel nyob rau hauv lub Ntiaj Teb nruab nrog.

inorganic | tsis ciaj sia Tsis yog tsim los ntawm cov koom muaj sia los yog cov pob txha ntawm cov khoom muaj sia tag los lawv.

input | yam nkag Cov khoom, zog, los ncauj lus ua tso nkag mus rau lub system.

input force | zog thawb Lub zog thawb ib lub cav.

insight learning | kawm siv Qhov kev kawm txog kev daws teeb meem los yog ua ib yam dab tsi tshiab uas siv tej yam paub yav tag los lawm.

instantaneous speed | sij hawm tam sid Qhov kev khiav ceev ntawm ib qhov khoom rau lub sij hawm twg.

instinct | yam ntxwv xeeb los Tus yeeb yam xeeb txawm los uas ib tug tsiaj siv tau thawj zaug.

insulation | paj rwb Cov paj ua rwb pab thaiv kom sov tsis txhob dim pa nyob sab hauv thiab sab nraum ib lub tsev twg.

insulator | yam tsis txais fais fab 1. Ib yam khoom ua tsis txais hluav taws zoo. 2. Ib yam khoom uas tsis xa tau fais fab yooj yim.

insulin | is-sos-leem Ib yam tshuaj ua nyob hauv tus txiav ua rau lub cev cov cell nqus tau piam thaj los ntawm cov ntshav thiab muab siv ua zog.

intensity | zog fais fab Lub zog tauj ib xe-nkoos ntau li cas thaum mus raws cov wave.

interference | kev cuam tshuam Qhov kev uas cov wave los sib ntsib.

internal fertilization | xeev hauv nruab cev Thaum cov qe xeeb rau hauv poj niam lub cev.

interneuron | is-taw-nuj-las Lub neuron (xa hluav taws) mus rau cov hmob leeg ib lub rau ib lub.

interphase | thawj ntu Thawj ntu thaum lub cell ua ntej yuav faib nws tus kheej, rau lub sij hawm nws loj hlob thiab ua tau tus qauv DNA zoo li nws lawm.

intertidal zone | av puab ntug dej Ib qhov chaw nyob siab tshaj ntawm nruab nqhuab uas txuas nrog qhov chaw nyob qis tshaj ntawm nruab deg.

intestine | plab hnyuv Ib lub cuab yeej uas zom zaub mov thiab nqus zaub mov.

intrusion | av tawm Daim pob zeb kub hnyiab thaum cov kua hlau khov nyob hauv qab lub ntuj daim av.

intrusive rock | pob zeb tawm Pob zeb kub hnyiab thaum cov kua hlau khov nyob hauv qab lub ntuj daim av.

inversely proportional | is-vawb-xaw-li paus-paub-sees-naus Lo lus hais txog kev sib txheeb ntawm ob tug variable uas nkawv tus lej npuaj (product) zoo sib xws.

invertebrate | tsiaj tsis muaj caj qaum Tus tsiaj tsis muaj pov txha caj qaum.

involuntary muscle | leeg tswj tsis tau Ib txoj leeg uas yus tswj tsis tau kom ua li hais.

ion | aiv-os Lub atom lossis ib pawg atom uas raug tshov lawm.

ionic bond | ib-os-ni npos Cov ions raug tshov ntxiv uas txawv sib nqus.

ionic compound | ib-os-ni kas-phaus Lub compound ua muaj cov ions uas raug tshov ntxiv thiab raug tshov rho.

ionosphere | is-as-nau-xu-phia Qhov qis dua hauv txheej huab cua thermosphere.

iris | ntsiab muag Cov leeg nqaij (ntsiab muag) nyob ncig lub qhov muag thiab tswj cov teeb ci nkag rau lub qhov muag; ua rau lub qhov muag xim.

irregular galaxy | ias-lev-nkias-laws nkev-las-xis Ib ib galaxy uas tsis pom qab hais tias muaj ces li cas.

island arc | ias-lem aj Ib leej roob tawg uas tsim tau los thaum uas lub ntiaj teb txheej av hauv dej hiav txwv caij lwm txheej av.

isobar | is-sau-npas Txoj kab nyob ntawm daim pheem thib uas qhia txog cov chaw uas muaj cov cua muaj zog tib yam.

isotherm | is-sau-thaw Txoj kab ntawm daim pheem thib uas qhia txog cov chaw nyob uas muaj kev kub sov zoo tib yam.

isotope | is-sau-thau Lub atom uas muaj cov protons ntau tib yam li tab sis muaj neutrons txawv cov atoms uas yog tib hom.

J

jet streams | cua ntuj Ib co kab cua muaj zog nyob li 10 kilometers siab saum lub Ntiaj Teb daim av.

joule | ntsum Lo lus ntsuas hauj lwm uas yog muaj txwm kiag ib newton-meter.

K

karst topography | kas thob-phos-nkav-fim Ib thaj tsam uas cov pob zeb dawb nyob ze saum npoo av tsim tau tej kwj ha, qhov tsua, thiab qhov zeb.

karyotype | kas-yau-thaij Daim duab teeb tag nrho tib neeg cov chromosomes nyob ua ke ua ib pawg cell muaj khub thiab raws qhov los rau qhov yau.

Kelvin scale | Teev Kelvin Tus lej ntsuas kev kub sov uas yog lub xum txhais tau tiasyog qhov txias tshaj plaws vim tshem tag nrho cov zog ntawm ib yam khoom twg lawm.

kettle | khev-taum Ib qhov dej teev tshwm sim los ntawm cov daus ua yaj seem los ntawm hav daus.

keystone species | khij-xu-toos Ib yam tsiaj txhu uas muaj feem xyuam loj heev pab rau lwm cov tsiaj txhu loj hlob tau rau hauv ib cheeb tsam twg.

kidney | lub raum Lub cuab yeej lim khoom tsis zoo thiab tshem cov khoom tsis zoo ntawm cov ntshav thiab pab kom lub cev ua hauj lwm zoo.

kinetic energy | zog kiv Cov zog uas ib yam khoom muaj vim yog kev kiv.

Kuiper belt | Txoj siv Kuiper Txoj kab uas ncig lub ntiaj teb Neptune mus deb txog rau 100 npaum ntawm qhov lub Ntiaj Teb nyob deb lub hnub.

L

La Niña | Las Nib-nas Ib qho huab cua txawv nyob rau sab hnub poob ntawm hiav txwv Pacific uas thaum cov dej saum nplaim dej txias dua txhua zaus.

land breeze | cua txias zias Cov cua tshuab ntawm av nruab nqhuab mus rau tom hav dej.

land reclamation | kho av Qhov txheej txheem kho av nruab nqhuab kom cov av zoo li qub, es tuaj taus nroj tsuag qoob loos.

landform | av toj roob hauv pes Ib thaj av toj roob hauv pes uas tshwm sim los ntawm cov txheej txheem uas pauv Ntiaj Teb daim av.

landform region | cheeb tsam ntawv av toj roob hauv pes Ib cheeb tsam ntawm thaj av loj uas thaum thaj av toj roob hauv pes ntawv tsuas muaj ib hom toj roob hauv pes xwb.

large intestine | hnyuv laus Tog kawg nkaus ntawm cov hnyuv, es cov dej yuav yaj mus rau cov hlab ntsha thiab cov khoom seem ntawv yuav tawm hauv lub cev mus.

larva | vaim Ib tug menyuam tsiaj uas txawv deb ntawm tus tsiaj loj.

larynx | lub pob qa Lub pob qa; nyob kiag saum toj ntawm txoj hlab pas, nyob hauv qab ntawm daim npluag vov caj pas

latitude | lav-tiv-thum Qhov deb mus rau sab qaum teb lossis qab teb uas pib ntawm txoj kab lig ntuj hauv plawv.

lava | kua pob zeb kub Cov kua pob zeb kub uas tshwm saum daim av.

law of conservation of energy | txoj cai txuag zog Txoj cai hais tias tsim tsis tau cov zog hluav taws lossis rhuav tshem tsis tau.

law of conservation of mass | txoj cai txuag khoom Txoj cai hais tias cov khoom nyob ntawm ib yam dabtsi kuj tsim tsis tau lossis muab rhuav tshem tsis tau thaum muaj kev pauv tshuaj lossis pauv ntawm lub nrog cev.

law of conservation of momentum | txoj cai txuag dag zog Txoj cai hais tias thaum tsis muaj tej yam dabtsi sab nrauv los cuam tshuam, cov dag zog ntawm cov khoom yuav tsis puav.

law of superposition | txoj cai tum khoom Txoj cai keeb kwm txog ntiaj teb hais tias ntawm cov tsig pob zeb sib cam uas ua ib txheej ib txheej, txhua txhua txheej yeej qub dua txheej saum toj thiab tshiab dua txheej hauv qab.

law of universal gravitation | txoj cai nqus hauv ntiaj teb Txoj cai tshawb fawb hais tias txhua yam khoom nyob hauv lub qab ntuj qhwb no yeej nqus tau lwm yam khoom.

leachate | kua nro Qhov kua dej nro tsuas uas tshwm sim los ntawm cov dej tshoob thiab cov tshuaj yaj uas los ntawm cov khwb nyiab muaj faus ntawm thaj chaw pov khoom qias.

learning | tab tom kawm Qhov txheej txheem uas txawj pauv tau cwj pwm raws li kev xyaum lossis kev kawm dhau los.

leeward | sab tsis raug cua Sab roob uas tig mus rau seem tsis raug cua.

lens | iav 1. Daim tawv qhov muag ua kom lub teeb tig pom kev thaum nkag qhov muag. 2. Ib daim iav lossis lwm yam khoom kaj kaj uas siv coj los lem duab ci.

lever | tus ko Ib lub cav yooj yim uas muaj ib tug ko txawj siav khoom thaum muab tig txog chaw lawm.

lichen | lis-tseem Ib yam ntxhuab uas yog nceb tov nrog ib yam nroj tsuag nyob hauv dej lossis kab mob uas nyob uake es zoo rau ob yam muaj sia no tib si.

ligament | leeg tuav yas txha sib txuas Cov leeg nqaij muaj zog uas tuav cov pob txha uake kom nyom tau yas tes yas taw.

light-year | laiv-yiaj Ntu kev uas duab ci khiav tauj ib xyoos, kab tias yog li 9.5 lab kis-lus-mev.

limiting factor | kev txwv Ib qho kev txwv ntawm chaw noj nyob uas ua rau cov pej xeem neeg nyob ntawv tsis vam li lawm.

lipid | roj pav ywj Cov roj pav ywj uas los ntawm tej yam muaj sia los , xws li rog, roj, lossis quav ciab, uas muaj carbon, hydrogen, thiab oxygen.

liquid | kua dej Ib qho khoom tsis muaj lub cev lawm tiamsis tseem muaj qhov ntau los tsawg.

lithosphere | lib-tau-xis-fias Txheej pob zeb sab hauv daim av uas yog txheej pob zeb tuab mantle thiab daim av saum toj.

litter | txheej av Txheej av saum toj hlo uas zoo cog qoob loos uas muaj nplooj lwg zeeg thiab nyom.

liver | lub siab Qhov khoom tseem ceeb loj tshaj plaws nyob hauv lub cev; nws pab lub cev ua ntau yam hauj lwm, xws li tsim kua tsib rau lub nplab zom mov.

loam | av zoo ua teb Txheej av muaj chiv, zoo ua qoob loo uas muaj sib npaug zos cov av nplaum, av xuab zeb, thiab hmoov av.

loess | laus-ej Ib pawg xuab zeb uas cua tshuab los uake es muaj hmoov av nplaum thiab hmoov av.

long-day plant | nroj tsuag hnub ntev Ib tsob nroj tsuag uas tawg paj thaum hmo ntuj luv dua tsob nroj tsuag ntawv qhov kev hmo ntev.

longitude | loov-ntsis-thuv Qhov deb mus rau sab hnub tuaj lossis sab hnub poob uas pib ntawm txoj kab lig ntuj hauv plawv.

longitudinal wave | loov-ntsi-tu-naus vej Txoj kab wave uas txav qhov medium kom khiav mus raws seem li sab uas kab wave mus.

longshore drift | loos-so nrij Kev txav ntawm dej thiab tsig pob zeb ntws mus rau hav xuab zeb ntawm ntug dej tsim los ntawm cov nthwv dej ntaus tuaj rau tim ntug.

loudness | nrov Kev pom lub zog ntawm ib lub suab.

lunar eclipse | thaiv hli Thaum thaiv lub hnub cov duab ci ntawm lub hli uas tshwm sim thaum lub Ntiaj Teb tig ncaj nkaus rau kis nrab ntawm lub hnub thiab lub hli.

lung | ntsws 1. Ib qho khoom tseem ceeb nyob hauv lub nrog cev uas muaj nyob rau cov tsiaj muaj txha caj qaum uas ua pa es pauv oxygen thiab carbon dioxide nrog cov ntshav. 2. Rau tib neeg, ib lub ntawm ob qho khoom tseem ceeb hauv lub nrog cev es pab txoj kev ua pa.

luster | kev ci Txoj kev uas ib lub pob zeb ci es thaws duab ci rov los.

lymph | kua fab si Cov kua fab si uas muaj dej thiab lwm yam khoom tov yaj es cov menyuam qog uas pab tiv thaiv lub cev sau thiab xa mus rau cov hlab ntsha.

lymph node | tej lub qog Ib thooj nqaij uas nyob hauv cov menyuam qog uas pab tiv thaiv lub cev es lim cov kua fab si, es ntes cov kab mob thiab lwm yam muaj sia uas tsim kab mob.

lymphatic system | menyuam qog uas pab tiv thaiv kab mob hauv lub cev Ib co hlab ntsha zoo li cov leeg es xa cov kua dej kua ntshav uas tawm hauv cov leeg loj rov qab mus rau cov hlab ntsha.

lymphocyte | ntshav dawb Cov cell ntshav dawb uas cais txhua yam kab mob.

lysosome | laiv-xaus-xoos Ib qho khoom tseem ceeb nyob hauv lub cev cell uas muaj tshuaj pab muab cov zaub mov loj ua kom me thiab lwm yam khoom hauv lub cell siv.

M

machine | cav Ib yam khoom siv zog los ua ub no, ntu kev uas thaum siv zog, lossis txoj kev tsom kwm thaum siv zog.

magma | kua pob zeb kub Cov kua kub sib tov los ntawm tej yam ua pob zeb, nrog roj, thiab dej los ntawm txheej av tuab hauv qab av.

magnetic declination | mev-nem dis-khai-nev-sees Ces kaum nyob sab qaum teb ntawm daim av thiab sab qaum teb uas tus koob taw kev tig mus rau.

magnetic field | thaj tsam hlau nplaum Thaj tsam ncig ib lub hlau nplaum uas muaj cov zog hlau nplaum nyob.

magnetic force | zog hlau nplaum Qhov zog sib rub thaum lub hlau nplaum sib chwv.

magnetic pole | hlau nplaum ob tog kawg Ob tog kawg ntawm lub hlau nplaum, qhov es lub hlau nplaum nqus muaj zog tshaj.

magnetism | kev nqus hlau nplaum Kev sib nqus lossis sib thawb ntawm cov khoom muaj hlau nplaum.

magnitude | mev-nim-thum Kev ntsuas av qeeg lub zog raws li cov seismic wave thiab cov kev txav ntawm txoj kab av qeeg.

main sequence | mes xi-khuam Thaj tsam uas txoj kab khij ib ceg kaum mus rau ib ceg kaum hauv Hertzsprung-Russell daim duab kos uas muaj ntau tshaj 90 feem puas ntawm cov hnub qub.

malleable | ntswj yooj yim Lo lus siv los piav txog cov khoom uas muab tsoo tau yooj yim thiab muab luam kom ua tej daim pluav pluav.

mammal | tsiaj pub mis rau menyuam Hom tsiaj muaj txha caj qaum uas qhov kub thiab no ntawm nws lub cev raug tswj los ntawm cov hluav taws hauv nws lub cev, thiab nws muaj plaùb hau lossis plaub tsiaj thiab qog mis uas tsim kua mis los pub rau nws cov menyuam noj.

mammary gland | qog mis Ib yam khoom tseem ceeb nyob hauv lub nrog cev ntawm cov tsiaj muaj txa caj qaum es tsim kua mis pub rau lawv cov menyuam noj.

manipulated variable | mev-nib-pum-le viav-npaum Ib yam dabtsi uas tus kws tshawb fawb muab pauv thaum tab tom sim kom paub qhov tseeb; kuj hu ua independent variable thiab.

mantle | txheej av pob zeb tuab Txheej av kub heev, thiab ntom nti uas nyob nruab nrab ntawm lub Ntiaj Teb txheej plhaub thiab lub plawv. cov khoom tawv nyob ntawm lub Ntiaj Teb lub plawv.

map projection | cov kab hauv daim peem thib Ib co kab sib chab sib chaws uas pab txav cov chaw ntawm lub Ntiaj Teb daim av mus rau ib daim ntawv peem thib.

maria | mas-lias Cov thaj tsam dub, thiab tiaj tiaj uas nyob ntawm lub hli daim av es tshwm sim vim muaj kua pob zeb kub ntws los.

marine climate | huab cua tom ntug hiav txwv Cov huab cua ntawm tej co ntug hiav txwv, uas muaj huab cua sov rau lub caij ntuj no thiab txias rau caij ntuj sov.

marrow | hlwb txha Cov kua pob txa muag uas nyob hauv cov hlwb txha.

marsupial | mas-xub-pia Ib hom tsiaj pub kua mis niam uas yug cov menyuam tseem mos heev, thiab feem ntau muab menyuam ntim rau ib lub hnab sia ntawm cev kom menyuam loj hlob txaus tso.

mass | khoom hnyav Kev ntsuas seb qhov khoom yuav hnyav npaum li cas.

mass extinction | coob coob tu noob tas Thaum muaj ntau hom tsiaj cia li tuag tu noob rau tib lub sij hawm.

mass movement | coob coob txav Qhov txheej txheem uas thaum kev sib rub ntawm lub ntiaj teb txav cov tsig pob zeb nqis hav.

mass number | lej maj Tus lej thaum ntxiv cov proton thiab neutron nyob hauv lub nucleus hauv ib lub atom twg.

matter | khoom Txhua yam uas hnyav thiab yuav tsam chaw.

mean | qhov nruab nrab Qhov nraub nrab ntawm cov lej thaum muab sib ntxiv tas es faib sib npaug.

meander | mus raws seem cua Thaum muaj ib qho nkhaus raws seem dej.

mechanical advantage | mem-kheb-ni-kau as-ve Txhua txhua zaus lub cav ntxiv tau zog rau.

mechanical energy | mem-kheb-ni-kau eev-naws-ntsim Cov zog hluav taws xob uas muaj feem cuam nrog kev ua zog lossis txav ib yam khoom twg.

mechanical engineering | tim daim qauv ua cav Fab kev kawm tsim daim qauv uas hais txog kev tsim, txua, thiab kev ua hauj lwm ntawm cov cav hlau.

mechanical wave | mem-kheb-ni-kau vej Ib txoj wave uas toob kas ib qho khoom xa thiaj li khiav taus.

mechanical weathering | mem-kheb-ni-kau viv-taw-li Ib yam huab cua thiab tshav nag uas ntais taus pob zeb kom ntsoog.

median | tus lej nruab nrab Tus lej nruab nrab ntawm cov ntaub ntawv qhia txog qhov tseeb.

medium | miv-diam Qhov khoom xa uas cov wave khiav hauv.

medusa | mes-dub-xam Cov tsiaj hiav txwv tsis muaj txha caj qaum es lub cev nthuav zoo li lub kaus thiab nws ua luam dej tas lub neej.

meiosis | me-aus-xiv Qhov txheej txheem uas tshwm sim thaum tsim cov menyuam cell (kab xeeb tub thiab zaus qe) es tus lej chromosome raug faib ua ib nrab.

melanin | mes-lan-nis Cov tsos tsuas uas rau cov tawv nqaij muaj xim.

melting point | thaum yaj Qhov kev kub thiab no uas thaum ib qho khoom tawv pauv mus ua dej; zoo ib yam li thaum khov, lossis kev kub thiab no uas thaum dej pauv mus ua khoom tawv thiab.

meniscus | mev-ni-kum Qhov nkaus suam nplaim dej thaum dej nyob rau hauv ib lub raj.

mercury barometer | koob ntsuas kua hlau Ib rab koob ntsuas kev pauv ntawm cov nthwv cua, uas muaj ib lub raj iav ntim cov kua hlau, es tog qhib nyob rau ib taig kua hlau.

mesosphere | mes-sau-fia Txheej huab cua ntawm lub Ntiaj Teb es nyob kiag sab saum txheej stratosphere.

messenger RNA | mev-xes-ntsawm RNA Ib yam RNA uas xa kev cob qhia kom paub tum cov amino acid rau hauv cov protein los ntawm DNA mus rau cov ribosome nyob hauv cov cytoplasm.

metabolism | kev txais tos thiab zom zaub mov Ntau yam kev sib tov tshuaj uas thaum ib yam muaj sia tsim khoom lossis zom khoom kom me.

metal | hlau Ib pawg khoom uas muaj cov yam ntxwv txawj ci, nyom yooj yim, txawj pauv kom txhob dam, thiab txuas tau hluav taws xob.

metallic bond | mam-tia-li npos Kev sib nqus ntawm hlau cov ion thiab cov electron nyob ib ncig.

metalloid | mev-tau-lais Yam khoom me me uas muaj yam ntxwv zoo li hlau thiab tsis yog hlau.

metamorphic rock | pob zeb pauv Ib hom pob zeb uas los ntawm ib lub pob zeb uas twb tshwm sim lawm tiamsis raug pauv vim kub, cua ntsawj, lossis lwm yam kev pauv tshuaj.

metamorphosis | mev-ta-mov-fawm-xim Qhov txheej txheem thaum ib tug tsiaj muaj kev hloov ntawm lub khauj khaum thiab lub cev thaum tseem muaj sia nyob.

meteor | lw hnub qub Tej lw saum ntuj es tshwm sim vim hnub qub tshiav cov huab cua ntawm lub Ntiaj Teb.

meteorite | tsig hnub qub Cov tsig hnub qub uas ya dhau huab cua los poob rau hauv daim av Ntiaj Teb.

meteoroid | hnub qub Ib thooj pob zeb hnub qub lossis plua plav nyob saum nruab ntug, feem ntau me dua ib lub ntiaj teb.

metric system | mev-ti xiv-teem Ib qho kev ntsuas es siv tus lej 10.

microgravity | maiv-kaus-nkav-vi-tij Thaum mloog tias tsis hnyav kiag li thaum nyob saum nruab ntug.

microorganism | maib-kau-nka-sees Ib yam muaj sia uas me dhau lawm es yuav tsis pom yog tias tsis siv lub twj rub khoom me kom pom loj.

microscope | twj rub tej qhov me me kom pom loj Lub twj uas rub cov khoom me me kom pom loj.

microwaves | qhov cub rhaub khoom noj Cov hlau nplaum hluav taws xob wave uas luv dua thiab muaj tuab dua cov wave xov tooj cua.

mid-ocean ridge | mij-aub-sees vij Cov nqaj rooj nyob hauv qab hiav txwv thaum tsim txheej qab thu tshiab; ib txheej npoo av uas txav sib nrug hauv qab hiav txwv.

migration | khiav teb tsaws chaw Txoj kev khiav raws sij hawm ntawm ib tug tsiaj ntawm ib thaj chaw mus rau lwm thaj thiab rov mus dua vim yog nrhiav kev noj haus lossis nrhiav kev ua menyuam.

mineral | pob zeb 1. Ib thooj tawv tawv uas lub ntuj tsim es tsis muaj sia thiab muaj iav ci ci thiab muaj tshuaj chemical hauv. 2. Ib qho as ham uas lub cev toob kas thiab tsis yog tsim los ntawm tej yam muaj sia.

mirage | mes-las Duab pom ntawm ib qho khoom nyob deb es pom vim duab ci thaws rov tuaj mus tshab cov cua uas txawj pauv mus ua kub thiab no.

mitochondria | mai-tau-kha-nriam Ib qho khoom tseem ceeb nyob hauv cell lub nrog cev uas pauv cov zog ntawm zaub mov mus rau cov zog uas lub cell yuav siv los ua nws cov hauj lwm.

mitosis | mai-taub-xem Theem tib ob ntawm lub cell lub neej es thaum lub nucleus faib mus ua ob lub nuclei thiab muab ib txwg DNA faib mus rau cov menyuam cell.

mixture | sib tov Thaum muab ob qho khoom lossis ntau tshaj los sib tov uake rau ib thaj chaw tiamsis lawv cov atom tsis sib txuas.

mode | tus lej tawm tuab tshaj Tus lej tawm heev tshaj ntawm ib kab lej.

model | qhov qauv Ib daim qauv siv los sawv cev rau ib yam khoom lossis txheej txheem twg, es siv los pab tib neeg to taub ib lub tswv yim uas lawv qhov muag tsis pom kiag.

Modified Mercalli Scale | Mav-dis-fai maw-ka-li xu-kaus Ib qho kev ntsuas siv los luj kev co ua zog ntawm av qeeg.

Mohs hardness scale | Mos hoj-nawm xu-kaus Ib qho kev ntsuas siv los piv 10 yam pob zeb pib ntawm cov phom mus txog cov tawv tshaj plaws; siv los kuaj seb pob zeb tawv npaum cas.

mold | khov Ib hom pob txha qub uas khoob hauv cov tsig pob zeb es zawj raws li lub khauj khaum ntawm yam muaj sia lossis ib qho ntawm yam muaj sia.

molecular compound | mas-les-khu-law kas-pau Ib qho khoom me uas muaj ntau lub molecule sib tov.

molecule | mas-les-khu Ib pawg khoom me uas muaj ob lub atom lossis ntau tshaj sib txuas uake los ntawm covalent bond.

mollusk | mau-laj Ib hom tsiaj tsis muaj txha caj qaum es lub cev muag muag, thiab tsis ua tej ntu; feem ntau muaj lub plhaub tawv tawv sab nraub los tiv thaiv lub cev.

molting | plis tawv khauj khaum Qhov txheej txheem thaum plhis lub khauj khaum qub.

moment magnitude scale | mau-meb me-ni-tum xu-kau Ib qho kev ntsuas av qeeg los ntawm kev kwv yees seb ib qho av qeeg yuav tso tawm zog hluav taws xob ntau npaum li cas.

momentum | dag zog Ib qho khoom li kev hnyav thiab seb mus ceev npaum li cas.

monocot | mab-naus-khaj Ib hom nroj tsuag uas tsuas tawg ib lub paj xwb.

monotreme | tsiaj nteg qe Hom tsiaj muaj txha caj qaum uas txawj nteg qe.

monsoon | caij ntuj nag Cov cua txias zias tom hiav txwv lossis av nruab nqhuab uas txawj pauv seem thaum txog caij ntuj qhua lossis ntuj nag.

moraine | maus-les Ib qho nqaj roob tsim los ntawm cov tsig pob zeb uas sau tom ntug hav daus.

motion | kev txav Thaum ntu kev ntawm ob yam khoom pauv tas li.

motor neuron | mauv-taw nu-las Thaum cov neuron xa xov mus rau cov nqaij lossis qog, ua rau cov nqaij lossis cov qog ua hauj lwm.

mountain range | pawg roob Ib pawg roob uas lub khauj khaum zoo ib yam, kev teeb tsa zoo ib yam, loj ib yam, thiab laus ib yam.

mucus | hnoos qeev Yam khoom uas tuab tsawv, thiab nplua uas tsim hauv lub cev los.

multiple alleles | mauv-ti-phaus as-les Peb lub allele lossis ntau tshaj ntawm ib qho keeb uas txiav txim txog ib qho yam ntxwv.

municipal solid waste | lub nroog cov khwb nyiab Cov khoom khwb nyiab uas nyob hauv vaj tse, lag luam, tsev kawm ntawv, thiab nyob hauv zej zog.

mutation | kev hloov pauv Kev hloov hauv cov DNA ntawm ib lub keeb lossis ib lub chromosome.

mutualism | miab-ntsua-li-zwg Ib yam kev nyob uake uas thaum ob yam muaj sia tau kev sib pab los ntawm kev nyob uake.

N

natural selection | kev xaiv cov zoo tshaj Qhov txheej txheem uas thaum tej yam muaj sia uas txawj hloov tau zoo tshaj mus yoog lawv thaj chaw nyob yuav muaj feem ciaj sia dua thiab ua menyuam dua.

neap tide | nij tais Nthwv dej ntas uas tsis txawv deb ntawm qhov ntas qis thiab ntas siab.

nearsighted | pom kev ze Kev mob thaum ib tug neeg pom cov khoom nyob ze tseeb thiab pom cov khoom nyob deb plooj.

nebula | neb-npus-las Ib pawg huab cua roj thiab plua tshauv saum ntuj.

negative feedback | nev-nkas-tim fij-npej Qhov txheej txheem uas thaum ib lub system tsis ua hauj lwm zoo rau qhov kev zwj ceeb uas nws tsim ntawv.

nekton | nej-toom Cov tsiaj hiav txwv uas txawj ua luam dej kom tsis raws seem dej tsaws ntxhee.

nephron | nes-phloos Cov khoom me me uas txawj lim khoom nyob hauv lub raum thiab tshem tawm tej yam tsis zoo ntawm cov ntshav mus ua zis.

neritic zone | naws-li-ti zoos Cheeb tsam hauv hiav txwv uas ncav ntawm qhov dej tsaws ntxhee qis mus rau tom npoo av.

nerve | leeg xa xov Ib co leeg nqaij xa xov.

nerve impulse | kev xa xov ntawm leeg Cov xov xwm xa los ntawm ib lub neuron.

nervous system | nawj-vem xiv-teem Qhov system nyob hauv lub cev uas txais xov xwm los ntawm cheeb tsam noj nyob thiab npaj ib txoj kev teb.

nervous tissue | leeg nqaij xa xov Ib yam leeg nqaij uas xa xov hluav taws xob rau saum lub hlwb mus rau thoob plaws lub cev.

net force | zog tag nrho Lub zog tag nrho rau ntawm ib qho khoom thaum muab tag nrho cov zog me me sib ntxiv uake.

neuron | nis-loos Lub cell uas xa xov thoob plaws lub nervous system.

neutralization | ua kom nyob nruab nrab Kev sib tov ntawm tshuaj acid thiab base, es tshwm ib yam uas tsis yog acidic lossis basic xws li thaum cov kua pib.

neutron | nub-tham Ib qho me me nyob hauv lub nucleus ntawm lub atom, uas tsis muaj hluav taws xob tshov.

neutron star | nub-tham xu-taj Cov tsig pob zeb tuab thiab me me ntawm lub hnub qub loj uas seem tom qab tawg tas lawm.

newton | nub-theem Ib qho kev ntsuas uas sib npaug zos nrog lub zog yuav siv los txav ib qho khoom muaj 1 kilogram kom mus 1 mev taub 1 xooj ncooj.

Newton's first law of motion | Newton thawj tsab cai hais txog kev txav Txoj cai tshawb fawb hais tias ib qho khoom uas nyob twj ywm yuav nyob twj ywm thiab ib qho khoom txav yuav txav ntxiv kom ceev li qub thiab mus rau seem qub kom txog thaum muaj dabtsi cuam tshuam.

niche | nij Seb ib yam muaj sia ua nws lub neej li cas thiab muaj kev raug zoo nrog tej yam muaj sia thiab tej yam tsis muaj sia hauv nws thaj chaw noj nyob.

nitrogen bases | naib-dho-ntseem npej Cov molecule uas muaj nitrogen thiab lwm yam tshuaj nyob hauv.

nitrogen fixation | naib-dho-ntseem fij-ze-sees Qhov txheej txheem uas hloov cov nitrogen roj mus ua cov nitrogen compound kom cov nroj tsuag thiaj li nqus tau thiab siv tau.

noble gas | naub-npaum nkev Ib lub element nyob rau Pawg 18 ntawm daim ntawv kos periodic table.

node | naub Tee ntxaiv ntawm ib qho wave.

nodule | nau-dum Ib thooj su hauv qab hiav txwv es tshwm sim thaum cov kua tooj hlau manganese los khub ncig ib lub khauj khaum ntses.

noninfectious disease | yam kab mob tsis kis Ib yam kab mob uas tsis kis los ntawm tej yam tsim kab mob.

nonpoint source | no-phau sauj Ib qho kev ua tsuas khoom qias uas nyuaj los nrhiav lub hauv paus tsuas ntawv.

nonpolar bond | no-phau-law npos Ib qhov kev sib txuas ntawm cov covalent bond uas thaum sib faib cov electron sib npaug zos.

normal fault | |

notochord | txha caj qaum Tus txha caj qaum uas pab txhawb ib tug tsiaj nraub qaum nyob kiag hauv qab txoj hlab txuas lub hlwb.

nuclear energy | nub-qiam eb-naws-ntsis Cov zog cia tseg rau hauv lub nucleus hauv ib lub atom.

nuclear fission | nub-qiam fia-sees Thaum muab lub atom lub nucleus faib ua kom tau ob lub nuclei thiab neutron me, es tso zog tawm ntau heev.

nuclear fusion | nub-kiam fub-sees Qhov txheej txheem uas thaum ob lub atomic nuclei sib koom uake los tsim ib lub nucleus loj dua, tsim ib lub element hnyav dua thiab tso tawm cov zog ntau mus; qhov txheej txheem uas thaum tsim zog hauv cov hnub qub.

nuclear reaction | nub-kiam lis-ev-sees Ib qho kev sib tov ntawm cov khoom me me nyob lub nucleus hauv ib lub atom uas yuav pauv ib qho element mus rau lwm qho element.

nucleic acid | nub-qiam ev-xem Ib lub molecule loj heev uas muaj carbon, oxygen, hydrogen, nitrogen, thiab phosphorus, uas muaj cov kev cob qhia uas cov cell toob kas los ua tej hauj lwm tuav siav.

nucleus | nuv-qiam 1. Nyob hauv cov cell, qhov khoom tseem ceeb nyob hauv cell lub nrog cev es ntim cell cov keeb uas yog DNA thiab tswj lub cell cov hauj lwm. 2. Hauv plawv kiag ntawm lub atom uas muaj cov proton thiab neutron. 3. Lub plawv tawv ntawm ib lub hnub qub.

nutrient | khoom noj 1. Ib qho khoom xws li cov nitrogen lossis phosphorus uas pab tej nroj tsuag thiab ntxhuab kom loj hlob. 2. Cov khoom nyob hauv zaub mov uas pab cov khoom nyoos thiab cov zog uas ib yam muaj sia toob kas los ua nws cov hauj lwm tseem ceeb.

nutrient depletion | khoom noj raug tshem tas Qhov teeb meem uas tshwm sim thaum cov chiv hauv av raug siv ntau tshaj li qhov nws ua tau lawm.

nymph | nev Ntu metamorphosis uas tsis tiav es feem tau plhis los zoo li tus kab laus lawm.

O

objective | om-ntse-tim 1. Ib daim iav uas sau duab ci los ntawm ib qho khoom twg es tsim ib thaj duab tseeb. 2. Piav txog kev txiav txim lossis ntaus tswv yim raws li qhov muaj pov thawj.

obsolete | tsis siv lawm Tsis siv lawm.

occluded | thaiv Txiav tawm, raws li thaum muaj ib pawg huab cua sov raug thaiv ob sab los ntawm ob pawg cua txias.

Ohm's law | Ohm tsab cai Txoj cai hais tias kev thaiv ntawm ib txoj kab hluav taws xob sib luag li lub zog hluav taws xob uas raug sib faib los ntawm hluav taws xob txoj kab dhia.

omnivore | tsiaj noj nqaij thiab nroj tsuag Yam tsiaj uas tau nws lub zog los ntawm qhov nws noj nroj tsuag thiab tsiaj txhu.

Oort cloud | Os kaus Ib cheeb tsam ntawm cov hnub qub uas ncig cov ntiaj teb ntawm lub hnub.

opaque | tsis ci Ib yam khoom uas thaws tag nrog cov duab ci lossis nqus cov duab ci thaum teeb ci tuaj rau nws.

open circulatory system | aub-paw xawb-le-thuav-lim xiv-xis-teem Qhov circulatory system uas thaum lub plawv xa ntshav mus rau cov chaw seem hauv lub cev thiab thaum ntshav tsis raug cais rau cov hlab ntsha nkaus xwb.

open cluster | aub-paw khav-tawm Ib pawg hnub qub uas nyob tsis muaj seem, ntxhov quas niab thiab tsis muaj ntau tshaj li ob peb phav lub hnub qub.

open system | aub-paw xiv-xis-teem Ib qho system uas thaum cov khoom nkag tau los lossis tawm tau mus sab nrauv mus nyob ib ncig.

open-ocean zone | koog hiav txwv tob Qhov tob tshaj, thiab tsaus tshaj plaws ntawm hiav txwv uas nyob dhau ntawm daim av ntiaj teb lawm.

optic nerve | auv-tim nawj Cov leeg xa xov uas luv thiab tuab uas pab xa cov duab ntawm lub qhov muag mus rau sawm lub hlwb.

optical axis | aub-tim-kaum ej-xim Txoj kab yog toog uas faib daim iav ua ib nrab.

optical telescope | aub-tim-kaum te-le-xu-kauj Lub koob xoos uas siv iav lossis daim tsom iav los sau cov duab ci thiab tsom teeb pom kev.

orbit | auv-npim Txoj kab ntawm ib qho khoom thaum nws ncig lwm qho khoom saum ntuj.

orbital velocity | aub-npi-tau vaw-lab-xi-ty
Qhov kev khiav ceev uas ib lub foob pob hluav
taws yuav tsum muaj thiaj li ncig tau ib yam
khoom saum ntuj.

**organ | khoom tseem ceeb hauv lub nrog
cev** Ib qho khoom nyob hauv lub cev uas muaj
ntau yam leeg tsig nqaij uas ua hauj lwm uake.

organ system | aus-nkeem xib-teem Ib pawg
khoom tseem ceeb nyob hauv lub cev uas sib
pab los ua ib txoj hauj lwm tseem ceeb.

organelle | auv-nka-nia Ib qho khoom tseem
ceeb uas ua ib txoj hauj lwm tshwj xeeb nyob
rau hauv lub cell.

organic rock | pob zeb los ntawm tsiaj Ib
hom pob zeb cam uas tshwm sim los ntawm
cov pob txha ntawm tej yam muaj sia thaum ua
txheej tuab heev.

osmosis | aus-xis-mauv Qhov kev txav ntawm
cov dej molecule uas mus rau ib daim tawv uas
nkag tau dej.

outer core | aus-taw khoj Ib txheej kua hlau
iron thiab nickel uas nyob puag ncig hauv lub
plawv nrab nrab hauv Ntiaj Teb.

output | qhov tsim tawm Cov khoom, zog,
qhov xaus, lossis qhov khoom uas tawm hauv ib
qho system los.

output force | lub zog tsim tawm los Lub zog
uas ib lub cav siv rau ib qho khoom twg.

ovary | zaus qe 1. Lub paj uas txawj kaw thiab
tiv thaiv cov noob kom loj hlob. 2. Ib qho
khoom tseem ceeb nyob hauv poj niam lub nrog
cev xeeb tub uas tsim cov zaus qe thiab roj ntsha
poj niam.

overtone | aub-vaws-toos Ib qho tig ntxees
(frequency) uas yog ntau txoj ntawm lub suab
qhov tig ntxees qis tshaj plaws.

**ovulation | lub caij poj niam cov zaus qe
tawm** Qhov txheej txheem uas thaum ib lub
qe qoos tawm hauv lub zaus qe mus rau txoj
hlab zaus qe.

ovule | aub-vo Ib qho ntawm ib tsob paj txi noob
uas tsim gametophyte rau poj niam; ntim ib lub
qe cell.

oxbow lake | auv-npaus lej Lub pas dej teev
uas raug txiav los ntawm ib tug dej ntws.

oxidation | auv-xis-deb-sees Ib qho kev pauv
ntawm cov tshuaj uas thaum ib qho khoom sib
tov uake nrog oxygen, xws li thaum hlau tov
nrog oxygen, los ua kab xeb.

ozone | aub-zoos Ib hom oxygen uas muaj peb
lub oxyen atom hauv ib lub molecule es tsis yog
ob lub li txhua zaus; nws lom tau txhua yam
muaj sia thaum nws muaj tshwm sim nyob ze
lub Ntiaj Teb daim av.

ozone layer | txheej aub-zoos Txheej huab
cua nyob siab saum ntuj uas muaj cov ozone no
ntau tshaj li tag nrho lwm cov txheej huab cua.

P

P wave | P vej Ib hom seismic wave uas zuaj
daim av uake thiab rub kom daim av nthuav
tawm.

pacemaker | phev-mev-kawm Ib pawg cell
nyob rau sab xis ntawm lub plawv uas xa xov
xwm mus qhia lub plawv kom txawj nyem thiab
tswj plawv dhia.

paleontologist | pe-lis-thob-lo-ntis Tus kws
tshawb fawb uas kawm txog tej pob txha qub
thaum ub kom thiaj li paub txog tej yam muaj
sia puag thaum ub.

pancreas | tus txiav Ib qho khoom tseem ceeb
nyob hauv lub nrog cev uas muaj peb fab thiab
nyob nraub nrab ntawm lub plab thiab cov nyuv
me; nws tsim cov kua enzyme zom khoom noj
los zom zaub mov.

Pangaea | Phej-nkam Lub npe tis rau thaj av loj
tshaj plaws uas pib ntais li 200 lab xyoo dhau los
no thiab pib tsim cov av teb chaws loj uas muaj
nej hnub niam nov.

parallax | pas-la-laj Kev pauv ntawm ib qho
khoom thaum ntsia ntau seem mus.

parallel circuit | phiaj-va-lau xawb-kem Ib
txoj kab hluav taws xob uas ob tog txuas nrog
rau ob sab txawv.

parasite | cab Ib yam muaj sia uas noj luag li
thaum nyob nrog, nyob puab, lossis nyob hauv
ib qho chaw muaj cab.

parasitism | kev khaws xyeem noj lwm tus li
Ib hom kev nyob uake uas thaum ib yam muaj
sia nyob nrog, nyob puab, lossis nyob hauv lwm
yam lub cev es ua mob rau tus ntawv.

**passive immunity | noj tshuaj tiv thaiv lub
cev** Ib qho kev thaiv kab mob uas thaum ib
tug neeg yuav tsum noj tshuaj mus pab tsis yog
thaum nws lub cev tsim tshuaj los tiv thaiv nws
tus kheej.

**passive transport | xa khoom yam tsis siv
zog** Kev xa tej yam khoom yaj lawm kom
tawm ntawm lub cell daim tawv yam tsis siv lub
cell cov zog.

pasteurization | rhaub zaub mov Qhov txheej txheem rhaub zaub mov kom kub txaus los tua kab mob tiamsis tsis tau pauv kev qab lossis tsuag ntawm zaub mov.

pathogen | kab mob Ib yam muaj sia uas tsim kom muaj kab mob.

peat | ib txheej ntxhuab Ib txheej ib txheej ntxhuab uas sau ua pawg nyob rau cov hav iav.

pedigree | caj ces ntawm pog yawg koob Daim ntawv kos qhia seb puas muaj ib tug yam ntxwv lossis tsis muaj raws li kev txheeb ze nyob hauv ib tse neeg li ob peb tiam dhau los no.

penumbra | phe-nu-npas Koog ntawm tus duab ntxoov ntxoo uas tsaus tshaj.

Percent Daily Value | Phaws-xe dia-li va-yum Daim ntawv qhia tias thaum noj ib yam khoom dabtsi yuav pab tau kev loj hlob thiab muaj zog npaum cas rau ib tug neeg uas noj txog 2,000 Calorie txhua hnub.

percent error | feem pua yuam kev Qhov kev suav seb tus nqi tshawb fawb ntawv thwb, lossis ze npaum li cas, rau tus nqi tiag tiag.

period | caij nyoog 1. Ib kab tav toj ntawm cov element uas nyob ntawm daim ntawv periodic table. 2. Ib qho kev ntsuas sij hawm uas cov kws kawm txog ntiaj teb muab faib rau ib lub caij nyoog.

peripheral nervous system | paw-li-faw-lau naw-vem xiv-teem Kev faib ntawm lub nervous system uas muaj tag nrho cov leeg xa xov uas nyob sab nraum lub central nervous system.

peristalsis | paws-lis-xab-tas-xis Thaum cov nqaij uas du lug hauv caj pas zaws zaub mov hauv txoj hlab nqos mov mus rau hauv plab.

permafrost | av khov tas mus li Cov av khov tas mus li muaj nyob rau thaj tsam tiaj nrag uas txias tas mus li.

permeable | nkag tau dej Hais txog ib qho khoom uas khoob, lossis to qhov, es dej nkag tau yooj yim.

petrified fossil | pob txha khov ua pob zeb Cov pob txha uas twb hloov ua pob zeb tas uas yog los ntawm ib yam muaj sia los.

petrochemical | roj tsim tau Ib qho kev tov los ntawm roj los.

petroleum | kua roj Kua roj los ntawm pob txha qub; roj.

pH scale | pH Xis-kias Daim ntawv ntsuas siv los qhia seb ib qho khoom acidic lossis basic npaum li cas; qhia seb muaj hydrogen ion ntau npaum li cas nyob rau ib co kua twg.

phagocyte | fas-nkaus-xaij Cov cell ntshav dawb uas tua kab mob los ntawm muab lawv nqos thiab muab dam kom me.

pharynx | txoj caj pas Lub caj pas; yog ib qho ntawm kev ua pa thiab kev zom mov.

phase | phej Qhov ntsia hauv lub Ntiaj Teb no mus rau saum lub hli es pom zoo li cas.

phenotype | fib-naus-thaij Seb lub nrog cev ntawm tus tsiaj zoo li cas, lossis cov yam ntxwv uas qhov muag pom.

pheromone | fib-laus-moos Ib yam tshuaj uas ib tug·tsiaj tso tawm hauv lub cev es nws cuam tshuam yam ntwv ntawm lwm tus tsiaj uas zoo tib yam.

phloem | fis-loos Ib co leeg ntim khoom uas nroj tsuag cov khoom noj hla dhau mus.

photochemical smog | faub-tau-kes-mis-kaum iab oo Cov huab iab oo uas tshwm sim thaum muaj kev sib tov ntawm cov ozone thiab lwm cov tshuaj thaum cov huab tsuas no sib tov nrog hnub ci.

photoelectric effect | faub-tau-is-le-tim es-fej Kev rho tawm cov electron ntawm ib qho khoom thaum lub hnub ci tuaj rau.

photon | faub-tham Tej yam khoom me me lossis ib pob zog duab ci.

photoperiodism | fauv-tau-phib-lia Ib tsob nroj tsuag kev teb cov kev huab cua hloov rau lub caij nruab hnub thiab hmo ntuj.

photosphere | faub-tau-xu-fiaj Txheej sab hauv ntawm lub hnub cov huab cua uas ua rau kom nws ci; lub hnub daim av.

photosynthesis | faub-tau-xees-thes-xiv Qhov txheej txheem thaum nroj tsuag ntes tau thiab siv lub zog ntawm duab ci los ua khoom noj los ntawm carbon dioxide thiab dej.

physical change | fib-xis-kaus tsej Kev hloov ntawm ib yam khoom lub khauj khaum lossis plhaub tiamsis tsis hloov qhov khoom ntawv mus ua ib yam txawv.

physical property | phib-xis-kau phob-paws-ti Ib qho yam ntxwv ntawm qhov khoom ntshiab uas qhov muag pom tau es tsis thas yuav muab pauv mus ua ib yam txawv.

pigment | phij-mem 1. Ib qho tshuaj tov muaj xim uas nqus tau duab ci. 2. Ib qho khoom muaj xim siv los zas lwm cov khoom.

pioneer species | phais-nia xu-piv-xim Yog thawj pab tsiaj uas vam coob rau ib thaj chaw thaum txog nws caij.

pipe | qhov raj Ib lub qhov raj uas kua pob zeb kub tawm hauv chav ntim kua pob zeb kub los rau Ntiaj Teb daim av.

pistil | phiv-taum Paj ntoos lub tsev menyuam.

pitch | suab Lus piav seb lub suab nrov soob thiab laus.

pituitary gland | phis-tub-tas-lis nkes Ib hom qog hauv lub cev uas tswj cov hauj lwm ntawm lub cev thiab khoo cov hauj lwm ntawm lwm cov qog hauv lub cev.

pixel | phiv-xaum Ib daim zoo li duab, uas ntsia pom me me ua plaub fab los yog lub txiv qaum dub.

placenta | lub tsho menyuam thaum yug Ib qho khoom tseem ceeb nyob hauv lub nrog cev rau cov tsiaj pub mis niam uas cev xeeb tub, xws li tib neeg, uas txuas leej niam nrog tus menyuam thiab cia txais khoom ntawm nkawv ob leeg.

placental mammal | plam-xeb-thaum meb-maum Ib tug tsiaj pub mis niam uas loj hlob hauv nws niam lub cev kom txog thaum nws lub cev ua hauj lwm tau rau nws tus kheej.

plain | tiaj nrag Ib qho toj roob hauv pes uas muaj av tiaj tsawv.

plane mirror | iav plees Daim iav pluav uas pom ib yam khoom ntseg ntsees, es luaj ib yam li qhov khoom ntawv kiag tiamsis txawv me ntsis xwb.

planet | ntiaj teb Ib qho khoom uas ncig ib lub hnub qub, loj txaus los uas kom nws kheej vim kev rub, thiab nws tshem txhua yam ntawm thaj tsam nws ncig.

planetesimal | pleb-neb-thej-maus Ib lub pob zeb me me uas tsim cov khoom hauv cov ntiaj teb.

plankton | pheej-toos Cov ntxhuab thiab tsiaj me me uas ntab saum nplaim dej thiab raug cov nthwv dej thiab dej tsaws ntxhee tshoob.

plasma | plav-mas 1. Cov kua ntawm cov ntshav. 2. Cov khoom uas pauv mus ua roj uas yog cov electron seem thiab cov atom sib tov uas tsis muaj cov electron lawm.

plate | txheej av Koog ntawm daim lithosphere uas maj mam txav qeeb saum daim asthenosphere, es luag tej thooj av saum nruab nqhuab thiab hauv hiav txwv.

plate tectonics | plej thes-thab-nic Lub tswv yim hais tias tej thooj av hauv lub Ntiaj Teb txheej lithosphere yeej txav tas mus li, los ntawm cov hluav taw xob sib hloov tas mus li hauv txheej av tuab.

plateau | plas-taus Ib qho toj roob hauv pes uas muaj av loj thiab nyob siab tiamsis txheej av tiaj heev.

platelet | plej-lej Ib qho tsig cell uas ua pob thooj los txhaws ntshav.

plucking | rub pob zeb Qhov txheej txheem uas thaum thaj hav daus khaws tau pob zeb thaum nws swb saum daim av mus.

point source | phaij xoj Thaj chaw uas nrhiav tau tias pib tsuas qhov ntawv tuaj.

polar bond | paub-law npos Ib qho covalent bond uas faib cov electron tsis sib npaug zos.

polar zones | paub-law zoos Thaj tsam ze ob qho chaw txias ntawm 66.5 degree mus txog 90 degree sab qaum teb thiab 66.5 degree mus txog 90 degree sab qab teb.

polarization | phaub-laws-li-zev-sees Qhov txheej txheem uas thaum cov electron raug nqus lossis rub los ntawm ib thaj tsam muaj hluav taws xob, ua rau cov electron khiav nyob hauv nws lub atom.

polarized light | phaub-law-lai laij Cov teeb ci uas twb muab lim kom cov wave dhia raws ib seem.

pollen | hmoov paj ntoos Ib lub me me (txiv neej gametophyte) uas tsim los ntawm tsob nroj tsuag cov noob uas muaj lub cell es lwm hnub ua ib lub noob kab xeeb tub.

pollination | kev yais hmoov paj ntoos Kev yais cov hmoov paj ntoo ntawm txiv neej cov chaw tsim menyuam mus rau poj niam cov chaw tsim menyuam nyob hauv nroj tsuag.

polyatomic ion | phos-li-as-thob-mi ib-as Ib lub ion uas muaj ntau tshaj ib lub atom.

polygenic inheritance | phos-li-ntsev-ni is-hia-tee Kev txais yam ntxwv uas raug khoo los ntawm ob lub keeb lossis ntau tshaj, xws li kev loj siab ntawm tib neeg.

polyp | phaus-li Cov tsiaj hiav txwv tsis muaj txha caj qaum es lub cev zoo li lub hub thiab nws ua neej txua nrog ib qho khoom nyob hauv qab hiav txwv.

population | phob-pu-leb-sees Tag nrho txhua tus ntawm ib yam tsiaj twg uas nyob tib qhov chaw.

population density | phob-pu-leb-see deb-xi-tis Tus lej ntawm cov tib neeg uas nyob rau ib thaj chaw uas tsuas loj li ntawv lawm xwb.

potential energy | phaus-theb-tsaum eb-naw-ntsi Cov zog uas ib yam khoom muaj vim qhov chaw nws nyob; thiab cov zog hauv nruab nrog ntawm ib yam khoom, xws li cov zog muab nyob hauv kev nplaum ntawm tshuaj.

power | muaj zog Seb ceev npaum cas thaum cov zog pauv mus ua lwm cov zog.

precipitate | los nag Ib qho dabtsi khov uas tshwm sim los ntawm cov tshuaj sib tov.

precision | thwb Seb kev ntsuas khoom yuav thwb ze npaum li cas.

predation | kev tua lwm yam tsiaj Thaum ib tug tsiaj tua lwm yam tsiaj los ua zaub mov lossis ua khoom noj los pab lub cev.

predator | tus tsiaj tua Tus tsiaj uas tua lwm tus tsiaj noj.

pressure | zog cua Nthwv cua uas ntsawj ib qho dabtsi es muab suav faib seb qhov ntawv dav npaum li cas.

prey | tus tsiaj raug tua Tus tsiaj uas raug tua thiab noj los ntawm lwm tus tsiaj.

primary succession | plais-me-li xos-sev-sees Kev txawv uas hloov ntawm ib thaj chaw uas tsis tau muaj av lossis tsiaj nyob ua ntej.

prime meridian | phais maw-li-diam Txoj kab ncig hauv lub plawv ntiaj teb uas tshab North Pole mus rau South Pole thiab nkag mus tshab lub zos Greenwich, teb chaw As kiv (England).

producer | tsiaj txwj tsim khoom noj Ib tug tsiaj uas nws txawj ua tau nws li khoom noj.

product | plos-dam Ib yam khoom uas tshwm sim vim muab tshuaj sib tov.

prokaryote | plaus-kas-li-yau-tiv Ib yam muaj sia uas tsuas muaj ib lub cell xwb thiab tsis muaj ib lub nucleus thiab lwm cov khoom hauv lub cell nrog cev.

prominence | plo-mi-nem Tej lub vooj voom roj, uas loj thiab liab tseb es tawm ntawm lub hnub daim av, ua rau pom hnub qub cab sab niab daj vog.

protein | plaub-tees Lub molecule loj uas muaj carbon, hydrogen, oxygen, nitrogen, thiab tej zaum sulfur.

protist | plaus-thej Ib yam muaj sia eukaryotic uas tsis yog tsiaj, nroj tsuag, lossis pwm.

protons | plaub-thas Ib lub me me uas nyob hauv nucleus hauv lub atom.

protostar | plaub-taus-xuj-taj Ib thooj huab uas muaj roj pa thiab pluas plav uas hnyav txaus los ua lub hnub qub.

prototype | plaub-taus-thaij Ib qho qauv siv coj los sim ntsuas ib yam dabtsi.

protozoan | plaus-tos-zaus-as Ib yam muaj sia uas muaj ib lub cell xwb, thiab zoo li tsiaj.

pseudopod | xub-daus-phov Txhais ko taw cuav lossis ib qho su ntim cytoplasm es ib co protozoan siv los noj khoom thiab los txav.

psychrometer | xaib-kaus-mib-taws Ib rab teev siv los ntsuas seb vaum npaum li cas.

pulley | phaus-lis Ib lub cav uas muaj log nrog hlua los yog hlua xov tooj qhwv ncig sab nrauv.

pulsar | phus-sas Ib lub hnub qub neutron uas kiv heev es tsim tau wave hauv xov tooj cua.

punctuated equilibrium | phaj-tsuas ib-kua-li-npliam Tus qauv ntawm kev hloov uas thaum muaj tej lub caij nyoog ntev ntev raug cuam tshuam los ntawm tej lub caij nyoog luv tiamsis muaj ntau yam kev pauv sai.

Punnett square | Phus-nes xu-kes Daim ntawv kos qhia tias muaj pes tsawg yam kev sib tov ntawm cov allele uas thaum muab keeb coj los sib piv sib txuas uake.

pupa | kab npauj Theem thib peb ntawm cev hloov metamorphosis, uas thaum tus kab lia loj hlob mus ua ib tug kab npauj laus.

pupil | lub ntsiab muag dub Lub qhov hauv plawv ntsiab muag uas duab ci nkag tau rau hauv qhov muag.

purebred | phia-npliv Ib tug menyuam uas tsim ntawm ib hom keeb caj ces los.

pyroclastic flow | phai-la-kav-xu-tim flaus Kev ntws plua plav, hluav ncaig, foob pob, thiab roj zeb ntsuam ntws los ntawm ib sab roob kub hnyiab thaum tawg.

Q

qualitative observation | khua-li-tev-tim ov-sawm-veb-sees Qhov kev soj ntsuam uas hais txog cov yam ntxwv uas tsis tau lej los piav txog.

quantitative observation | khua-ti-tev-tim ov-sawm-veb-sees Qhov kev soj ntsuam uas hais txog ib tug lej lossis seb ntau npaum li cas.

quasar | khuav-xam Ib pawg hnub qub ntau heev uas loj thiab ci ci, thiab nyob deb heev es muaj ib lub qhov khoob dub nyob hauv nraub nrab.

R

radial symmetry | les-dias xis-mev-rhis Lub cev duav uas thaum ntau txoj kab hla dhau lub cev los tag nrho mus tshab rau ib thaj chaw xwb es faib tus tsiaj lub cev kom pom ob tog zoo sib xws li thaum pom hauv iav.

radiation | les-dia-sees Kev xa lub zog los ntawm cov hluav taws xob hlau nplaum wave.

radiation zone | les-dia-sees zoos Ib thaj chaw uas muaj roj nyob ntom nti sib txim nyob rau hauv plawv ntawm lub hnub uas yog thaj chaw xa zog hluav taws xob uas yog electromagnetic radiation.

radio telescope | lev-dis-aus tes-les-xu-kauj Ib qho khoom siv los ntes cov wave hauv xov tooj cua es siv cov khoom saum nruab ntug.

radio waves | les-dis-aus vej Cov electromagnetic wave uas muaj cov wave ntev tshaj thiab tshwm sim sib tshaj.

radioactive dating | les-dis-aus-ev-tim dej-ti Qhov txheej txheem siv los ntsuas hnoob nyoog ntawm ib qho khoom twg es siv ib lossis ntau tshaj li cov radioactive isotope.

radioactive decay | les-dia-aus-ev-tim dis-kes Qhov txheej txheem uas thaum lub nuclei hauv ib qho radioactive element dam, es tso tawm cov khoom me me uas ceev thiab tso tawm zog.

radioactivity | les-dia-aus-ev-ti-vi-ti Thaum tshuab radiation tawm ntawm ib lub atomic nucleus uas tsis nyob tus yees.

radon | lev-dom Ib hom roj uas tsis muaj xim, tsis muaj ntxhiab, thiab yog radioactive.

radula | hniav ntses Ib leej kaus hniav soob nyob hauv cov ntses tsis muaj txha caj qaum.

rain forest | hav zoov nuj txheeg Koog hav zoov nuj txheeg uas los nag yam tsawg tshaj yog 2 mev txhua xyoo, feem ntau tshwm sim nyob rau thaj tsam muaj huab cua sov.

range | ib ncua Qhov kev txawv deb ntawm tus lej siab tshaj thiab tus lej qis tshaj nyob rau ib co lej hauv ntaub ntawv twg.

rarefaction | ve-flav-sees Koog ntawm ib qho longitudinal wave uas thaum cov khoom me me nyob deb heev hauv qhov khoom xa.

ray | duab hnub Txoj kab ncaj ncaj siv los sawv cev rau ib txoj wave duab ci.

reactant | vis-ev-theem Ib qho khoom uas nkag rau kev sib tov ntawm tshuaj.

reactivity | vis-ev-tij-vi-ti Qhov kev yooj yim thiab khiav ceev ntawm ib lub element thaum nws los sib txuas nrog, thiab los sib tov nrog lwm cov element thiab compound.

reactor vessel | vis-ev-tawm vev-xaum Tog ntawm ib lub nuclear reactor uas ua rau kom nuclear tawg.

real image | via is-mem Daim duab uas pom sab hauv ntxeev tuaj sab sauv uas tshwm sim thaum cov kab duab hnub los sib ntsib.

recessive allele | vi-xej-xim as-les Ib lub allele uas nkaum lawm thaum twg lub allele muaj zog tshwm.

red blood cell | ntshav liab Ib lub cell nyob hauv cov ntshav uas siv cov oxygen hauv lub ntsws thiab muab xa mus rau tag nrho cov cell thoob plaws lub cev.

reference point | vev-fawm phaij Ib qho chaw lossis ib qho khoom uas siv los piv saib seb lwm qhov khoom puas txav.

refinery | vis-fai-naws-li Lub tsev tsim khoom uas muab cov roj nyoos coj los rhaub thiab cais mus ua lwm cov roj thiab lwm cov khoom.

reflecting telescope | koob xoos tsom teeb Lub koob xoos uas siv ib daim iav nkhaus los sau thiab tsom teeb.

reflection | vis-flev-sees Kev thaws rov qab los ntawm ib qho khoom lossis wave thaum nws mus tsoo ib daim tawv uas nws mus tsis tshab.

reflex | vis-fej Ib qho kev teb uas cia li ua sai sai thiab twb tsis nco qab xav txog los khoo li.

refracting telescope | koob xoos tsom teeb Lub koob xoos uas siv ib daim iav kheej kheej los sau thiab tsom teeb.

refraction | vis-fav-sees Cov kev lov ntawm cov wave thaum lawv nkag rau ib qho khoom xa tshiab ntawm ib ces kaum twg, es tshwm sim thaum pauv kev khiav ceev.

regular reflection | vev-nkias-laws vi-flev-sees Kev ci rov tuaj thaum cov kab duab hnub uas khiav raws ib seem tsoo raug ib daim tawv du du es tag nrho cov kab no lem mus rau ib ces kaum xwb.

relative age | vej-le-tim ej Lub hnoob nyoog ntawm ib lub pob zeb thaum muab piv rau cov hnoob nyoog ntawm lwm cov pob zeb.

relative humidity | vej-le-tim hus-mi-dis-tis Qhov feem pua ntawm cov dej hws nyob saum huab cua piv rau cov dej hws uas cov huab cua tsuas ntim taus thaum kub txog ib qho twg.

relief | vis-lej Kev ncua txawv ntawm thaj av siab tshaj thiab thaj av qis tshaj ntawm ib thaj chaw twg.

remote sensing | vis-mauv xe-xi Kev sau lus qhia txog lub Ntiaj Teb thiab lwm cov khoom nyob saum nruab ntug es siv cov hnub qub nyeg lossis pas ntsuas.

replacement | hloov chaw Ib qho kev sib tov uas thaum ib lub element hloov lwm lub nyob hauv txoj kev sib tov lossis thaum ob lub element hauv kev sib tov pauv chaw.

replication | kev luam raws qab Qhov txheej txheem uas thaum ib lub cell luam theej cov DNA nyob hauv lub nucleus ua ntej lub cell sib faib.

reptile | nab qa dev Ib tug tsiaj muaj txha caj qaum uas nws lub cev kub thiab txias raws li thaj chaw nws nyob, es muaj ntsws thiab muaj tawv ntxhib, thiab nteg qe saum av nruab nqhuab.

reservoir | pas dej teev cia Lub pas dej teev uas cia cov dej rau tib neeg siv.

resistance | vis-zib-teem Kev ntsuas seb nyuaj npaum li cas rau cov hluav taws xob nkag mus thoob ib qho khoom twg.

resonance | ve-sau-nem Kev nce nyob ib qho nrov uas tshwm sim thaum muaj ib yam dab tsi nrov tuaj sib phim.

respiratory system | ve-pa-la-taus-li xiv-teem Ib qho khoom tseem ceeb hauv lub nrog cev uas pab tus tsiaj sib hloov pa nrog nws thaj chaw nyob.

responding variable | vis-xus-pa-di via-yu-npau Ib qho uas pauv vim yog pauv tej yam kho lawm, lossis tej yam tsis cuam tshuam nrog dabtsi nyob rau hauv ib qho kev sim kom paub qhov tseeb; kuj hu ua dependent variable thiab.

response | vis-xus-pab Kev teb lossis kev pauv ntawm tus cwj pwm ua tshwm vim muaj dabtsi los tshum.

retina | txheej npluag qhwv lub ntsiab muag Txheej npluag uas muaj cov cell txais tos nyob rau ntawm qab qhov muag uas rub kom pom duab zoo.

reverse fault | vi-vawb foj Txoj kab av uas thaum cov av nyob dai npoo swb nce toj; pib thaum daim av sib ntsoo.

revolution | ncig Kev ib qho khoom khiav ncig lwm qhov khoom.

rhizoid | vi-zais Ib tug cag uas nyias nyias es tuav kom ntxhuab nyob ruaj thiab nqus cov dej thiab khoom noj rau tsob nroj tsuag.

ribosome | lais-baus-xoos Ib qho khoom me me tseem ceeb nyob hauv cell lub nrog cev uas zoo li ib lub npluag nplej nyob hauv cov cytoplasm hauv ib lub cell thiab nws tsim cov protein.

Richter scale | Vib-tsawm xiv-kaum Ib qho kev ntsuas seb av qeeg loj npaum li cas raws cov seismic wave.

rift valley | kwj ha sib nrug Ib lub kwj ha tob uas tshwm sim thaum ob daim txiag pob zeb loj txav tawm.

rill | kwj Ib tug menyuam kwj me me nyob hauv av ua los ntawm ywg dej.

ring | vooj voom Ib txheej daus nyias nyias thiab tsig pob zeb uas nyob ncig ntawm ib lub ntiaj teb.

rip current | vi kheej Ib tug dej tsaws ntxhee uas muaj zog, thiab nqaim heev uas ntws mus rau tim ntug hiav txwv thiab thim rov qab rau tom dej hiav txwv ntawm ib qho chaw qhib ti heev.

risk-benefit analysis | vij-npev-ni-fim es-nav-las-xem Qhov txheej txheem uas ntsuas tag nrho cov teeb meem thaum siv cov khoom tsim los siv es muab piv rau tej yam zoo thaum siv cov khoom ntawv.

rock cycle | pob zeb lub neej Cov txheej txheem uas nyob saum daim av thiab sab hauv plawv Ntiaj Teb uas muab cov pob zeb maj mam hloov ib hom mus rau lwm hom pob zeb.

rock-forming mineral | cov tsig hlau uas tsim pob zeb Txhua yam tsig hlau uas tsim yuav luag tag nrho cov pob zeb ntawm lub Ntiaj Teb txheej av.

rods | vov Cov cell uas nyob hauv txheej npluag uas qhwv lub ntsiab muag es ntes tau teeb tsaus.

rolling friction | kev dov sib txhuam Kev sib txhuam uas tshwm sim thaum ib qho khoom ntog dov saum ib daim tawv twg.

root cap | thaiv ntsis cag Ib yam uas ntis cov ntsis cag, es tiv thaiv cov cag kom txhob raug dabtsi phem thaum tus cag loj hlob hauv cov av.

rotation | kiv ntxees Kev kiv ib ntxees ntawm ib lub ntiaj teb rau nws txoj kab axis.

rover | vauv-vawm Ib lub menyuam cav hlau uas txav tau saum daim av ntawm ib lub ntiaj teb lossis saum lub hli.

runoff | va ov Cov dej uas ntws rau sab saum daim av es tsis xau mus rau hauv av.

S

S wave | S vej Ib hom seismic wave uas tshee tav seem uas qhov wave khiav.

salinity | daw ntsev licas Cov ntsev uas yaj tag rau hauv ib qhov dej seb ntau li cas.

salt | ntsev Yam ionic compound uas tsim thaum muab acid tov nrog ib qho base.

sanitary landfill | chaw pov khib nyiab Qhov chaw pov khib nyiab uas tsis muaj cov khoom tshuaj phem xws li khoom tawv, khoom kho kev, thiab cov khoom ua liaj ua teb thiab khoom hauv cov npuas lis xav.

satellite | tshuab xa xov 1. Ib yam khoom uas ncig saum lub ntuj. 2. Ib yam khoom uas pheej ncig lwm lub saum nruab ntug.

saturated solution | kua sib tov txaus Ib qho kua uas muaj cov khoom sib tov txaus ntau li ntau tau rau ib qib kev kub sov twg.

saturated zone | chaw dej txheem Qhov chaw uas muaj cov pob zeb nqus dej los yog av uas tawg pleb thiab khoob qhov uas dej txheem tag lawm.

savanna | hav nyom Qhov chaw muaj nyom ze rau ntawm nraub nrab ntuj uas muaj nroj tsuag thiab xyoob ntoo me thiab tau txais dej nag li 120 centimeter rau ib xyoos twg.

scale | rab teev ntsuas deb Ib rab siv ntsuas kev deb nyob ntawm daim pheem thib los yog lub ntuj kev deb hauv nws daim av.

scattering | tawg mus txhua qhov Cov teeb cig tig rau txhua txhua seemkev.

scavenger | tsiaj noj qub Tus tsiaj noj nqaij uas noj tsiaj tuag los yog cov tsiaj ua twb lwj lawm.

scientific law | txoj cai xais Nqe lus uas piav tias cov neeg ntsuam xyuas yuav tsum paub txhua zaum yuav tshwm sim raws li cas rau thaum ib lub caij twg.

scientific notation | lej cim xais Kev siv lej los mus sau ntawv siv lub zog kaum (ten).

scientific theory | tswv yim xais Tus txheej txheem qhia txog ntsuas tau ntau yam txog kev soj ntsuam los yog kev sim.

scrotum | tawv noob qes Lub plhaub sab nraub tawv nqaij uas ntim cov noob qe nyob rau hauv.

sea breeze | cua hiav txwv Qhov kev uas cov cua txia los tom hiav txwv los yog dej teev los rau ntawm av qhuav.

sea-floor spreading | nthuav qab hiav txwv Txoj kev uas cov av kub hnyiab ntxiv mus rau hauv hiav txwv daim av.

seamount | roob hiav txwv Ib lub roob tawg uas ntseg heev nyob rau hauv qab thu hiav txwv.

secondary succession | kev hloov zaum ob Tej kev pauv hauv ib thaj chaw uas ua rau thaj chaw ntawd puas tab sis cov av thiab tsiaj txhu tseem nyob.

sediment | txo Tej yam me me, ua lub uas yog pob ntawm pob zeb lossis tsiaj txhua tuag seem los; lub ntuj cov av uas pob ua hmoov.

sedimentary rock | pob zeb nias Ib yam pob zeb uas los lawm ntawm lwm yam pob zeb los yog cov seem ntawm nroj tsuag thiab tsiaj uas raug nias thiab sib nplaum ua ke lawm.

seismic wave | xe-mi vej Qhov uas qeeg thoob plaws lub Ntiaj Teb thiab nqa cov hluav taws tso tawm thaum av qeeg tuaj.

seismogram | xe-mo-nke Kev teev ntaub ntawv qhia txog cov seismic wave uas tshwm sim thaum muaj av qeeg.

seismograph | xe-mo-knav Ib lub tshuab siv coj los ntsuas av co ntau npaum li cas thaum muaj av qeeg hauv lub Ntiaj Teb.

selective breeding | xaiv keeb Lub tswv yim tsuas xaiv cov tsiaj muaj homkeeb zoo coj los ua me nyuam rau tiam tom ntej.

selective cutting | xaiv kev txiav ntoo Qhov kev uas xaiv txiav ib co xyoob ntoo ntawm ib thaj chaw xwb.

selectively permeable | xaiv kev hla dhau Qhov kev uas txheej plhaub cell tso rau ib txhia khoom nkag dhau, tab sis tsis yog tag nrho koom yuav nkag dhau.

semicircular canals | xe-mi-xaw-ku-laws ka-nau Cov cuab yeej nyob hauv lub pob ntseg pab kom yoog tau lub cev.

semiconductor | xe-mi-kho-da-taw Yam khoom uas xa tau hluav taws xob nyob rau qee lub sij hawm.

sensory neuron | xej-xaw-li naw-la Ib lub neuron uas txais tau tej yam sab nraum lub cev thiab muab yam ntawd txia ua ib qho kev hnov rau lub hlwb paub.

sepal | xe-pau Daim zoo li daimnplooj uas npog thiab pab tiv thaiv lub plawv ntawm tsob paj.

series circuit | xiab-lia caw-kem Lub qhov fais fab uas tag nrho cov hlua sib tauj ua ke lub no rau lub tov.

sex chromosomes | xej khau-mo-zoo Ib khub chromosomes ua nqa cov keeb los mus qhia seb yog txiv neeg los yog poj niam.

sex-linked gene | xej-lij ntsis Tus keeb uas nqa cov chromosome yog tus X los yog Y.

sexual reproduction | kev tsim menyuam Txoj kev uas cov noob qoos lawm los sib tov thiab muaj tau me nyuam uas txawv ntawm ob niam txiv.

shared derived characteristic | yam tau ntawm poj yawm los Tej yam ntawm cev nqaij daim tawv uas tau ntawm poj yawm los, xws li plaub.

shearing | xiaj-li Ib yam zaws hnyav heev rau tej txheej pob zeb loj heev, es zaws rov tav.

shield volcano | roob tawg vov Daim av uas dav, ua roob ua theem tob tsawv uas yog kua hlau thiab av kub tsim tawm los.

short circuit | soj xawb-kem Qhov fais fab sib txuas uas cia kom fais fab mus tau yooj yim tshaj.

short-day plant | nroj hnub luv Nroj tsuag uas nthuav paj thaum hmo ntuj ntev dua li nws lub caij hmo.

significant figures | cov lej tseem ceeb Tag nrho cov lej nyob rau ntawm qhov ntsuas tau lawm, ntxiv ib tus lej uas kwv yees rau xwb.

silica | xa-li-kas Cov khoom ua nrhiav tau have cov kua hlau uas tshwm sim ntawm cov oxygen thiab silicon los; nws yog yam tsim lub Ntiaj Teb lub txheej tawv thiab lub plawv.

sill | xia Daim pob zeb kub hnyiab uas tshwm sim thaum cov kua hlau nias cov txaj pob zeb.

skeletal muscle | leeg pob txha Cov nqaij uas lo rau ntawm tej pob txha, thiab thaum nws co, cov txha txhav; kuj hu ua leeg ntshiv.

sliding friction | kev sib txhuam Kev sib txhuam tshwm sim thaum ib qho daim dabtsi swb los txhuam lwm daim.

small intestine | txoj hnyuv me Yas ntawm lub plab uas zom zaub mov uas lim cov tshuaj ub no.

smooth muscle | leeg mos Cov leeg mos uas yus tswj tsis tau uas nyob rau hauv ntau lub cuaj yeej hauv lub nrog cev.

society | haiv tsiaj txhu Ib pab tsiaj txhu uas sib xws nyob ua ke thiab ua hauj lwm ua ke hauv ib thaj chaw los pab rau nws haiv.

soil horizon | xia hau-lai-zeem Daiv av uas txawv xim thiab kev ntxhib-mos zoo tsis xws daim av sab sauv lossis daim av sab hauv.

solar eclipse | xau-law ib-khij Qhov kev uas lub hnub raug ntis tsis pom kev rau Ntiaj Teb thaum lub hli nyob rau nruab nrab ntawm lub hnub thiab lub Ntiaj Teb.

solar flare | xaub-law fle Thaum uas tej roj a saum lub hnub tawg tuaj thaum cov roj los sib txuas ua hluav taws loj heev.

solar wind | cua hnub Cov hluav taws kub uas tshwm ntawm lub hnub ib sab tuaj.

solenoid | sos-lev-nai Txoj xov hlau ncig uas xa fais fab.

solstice | xau-ti Ob hnub ntawm ib xyoos twg uas lub hnub tig mus deb tshaj rau sab qaum teb lossis qab teb ntawm nraub nrab Ntiaj Teb.

solubility | kev yaj taus Kev ntsuas seb yuav siv yam khoom tov li cas thiaj li yaj tas rau hauv ib yam kua twg, raws li ib qib kub sov twg.

solute | xo-lub Tej yam ua nws raug lwm yam muab ua yaj rau hauv dej.

solution | kua tov Cov kua uas sib tov uas nws yog ntau yam ua ke tov sib npaug zos; ib qho kua uas muab ib yam los tov yaj rau lwm yam.

solvent | xob-vem Cov kua uas nws muaj ntau tshaj thiab nws ua rau lwm yam kua yaj.

somatic nervous system | xa-mav-tim nawv-vem xi-xu-teem Ib pawg leeg xa xov ntawm lub peripheral nervous system uas pab xa xov mus rau cov pob txha leegkom ua hauj lwm.

sonar | xa-naj Yam khoom uas siv cov suab los nrhiav thiab qhia kev deb ntawm ib qhov khoom nyob hauv hav dej.

sonogram | xas-nab-nkes Daim duab uas teeb tau thaum siv lub tshuab fais fab xa suab (ultrasound).

space probe | dav hlau yos khoom Lub dav hlau uas muaj ntau yam kev ntsuas thiab khaws khoom ub no, thaij duab, tab sis tsis muaj tib neeg caij hauv.

species | hom tsiaj txhu Pawg tsiaj txhu muaj sia ua sib xws thiab lawv sib npws tau thiab yug tau me nyuam uas txawj tsim menyuam.

specific heat | xum-pem-xi-fim hij Qhov kev kub sov uas yuav siv ua rau kom qho kom 1 kilogram kub ntxiv li ntawm 1 kelvin, lossis kub ntxiv li 1°C.

spectrograph | xu-pej-thra-nkav Ib lub tshuab uas cais teeb ci ua ntau xim thiab teeb tau daim duab ntawm cov teeb ci uas pom ntau txim ntawd.

spectrum | qhov dav Hais txog qhov dav ntawm txhua hom wavelengths ntawm cov electromagnetic waves.

speed | qhov ceev Txoj kev deb uas ib qhov khoom khiav mus txog thaum tag ib lub sij hawm lawm.

spinal cord | leeg txha caj qaum Txheej leeg tuab tuab uas txuas lub hlwb mus rau lwm cov leeg xa xov uas nyob thoob plaws lub nrog cev.

spiral galaxy | xu-pai-lau nkej-laj-xi Lub galaxy uas muaj lub plawv ua ib thooj nyob hauv plawv thiab muaj tej tes uas tig ntxees ncav tawm sib raws zoo li lub log tsheb kauj vab.

spit | xij-pij Qhov hav xuab zeb nyob ntawm ntug dej zoo li tus ntiv tes uas tawm rau nram dej.

spongy bone | pob txha mos Txheej pob txha uas to ntau lub qhov thiab nyob rau hauv plawv txha.

spontaneous generation | kev cia li tshwm sim Lub tswv yim yuam kev uas hais tias tejtsiaj txhu muaj sia yog tshwm sim ntawm tej yam tsis muaj sia los.

spore | kab cell Nyob hauv cov kab mob, protists, thiab ntxhuab, nws yog ib yam cell uas tawv-tuab tuab uas ciaj sia tau rau tej chaw huab cua tsis zoo thiab txawj loj hlob rau hauv tus tsiaj txhu tshiab.

sporophyte | xu-pau-lau-phaij Lub caij ntawm ib tsob nroj tsuag thaum tsob nroj tsuag tsim noob paj.

spring tide | nplaim dej caij nplooj ntoos hlav Cov nplaim dej uas nws qhov qis thiab qhov siab sib txawv tshaj.

stalactite | xu-ta-lav-ti Cov dej khov uas ua tej tug kav dej khov ntse ntse hauv lo saum ru qhov tsua.

stalagmite | xu-ta-lav-mai Tej tug ceg pob zeb uas sawv ntseg ntseg hauv lub qhov tsua.

stamen | cag txiv Tus caj meem txiv ntawm paj ntoos, puav leej xam tus kav thiab zuas qe.

standing wave | xu-te-di vej Qhov wave uas zoo li nws nyob ib qhov chaw xwb, tiam sis qhov tseeb yog muaj ob qho wave los sib hla.

star | hnub qub Ib lub npas roj cua kub, yog muaj cov hydrogen thiab helium nyob hauv, uas tso tau hluav taws nuclear.

static discharge | txo fais fab Kev tsis muaj hluav taws xob lawm thaum xa hluav taws ntawm ib yam khoom mus rau lwm yam khoom.

static electricity | tshov fais fab Kev muaj fais fab ntau zuj zus rau ib yam khoom twg.

static friction | fais fab sib txhuam Kev sib txhuam ntawm ob yam khoom uas tsis txav.

steppe | tiaj nyom Qhov chaw muaj nroj los yog nyom nrhiav tau nyob rau tej chaw sov.

stimulant | tshuaj muaj zog Ib yam tshuaj ua rau kom lub cev khiav hauj lwm ceev.

stimulus | hom pauv Ib txoj kev pauv lossis xa xov ntawm thaj chaw uas ua rau tus tsiaj txhu txawv txav li cas.

stoma | xu-toos-mas Ib lub qhov me me hauv qab ib daim nplooj uas pub rau pa oxygen, dej, thiab carbon dioxide khiav taus.

stomach | lub plab Lub cuab yeej uas muaj leeg uas zom zaub mov, nyob rau nrog cev yas duav.

storm surge | nthwv dej Ib nthwv dej "zoo li ru tsev" uas ntaus los rau tom nruab nqhuab thaum muaj nag los loj tom hiav txwv.

stratosphere | xus-ra-to-fia Txheej huab cua uas qis thib ob saum Ntiaj Teb huab cua.

stratus | xa-ta-das Cov huab ua tej txheej nyias ntsais uas thaum muaj mas npog yuav luag tas nrho lub ntuj.

streak | kab xim Cov xim ntawm ib qho mineral cov hmoov.

stress | zog nias 1. Ib lub zog uas nias pob zeb kom nws txawv txav lossis yau. 2. Hais txog ib tug tib neeg lub cev thaum nws tau ntshai, sib tw, lossis lwm yam tshwm sim uas ua rau nws ntxhov siab.

striated muscle | tej ntshi leeg Txoj leeg uas pom zoo li sib lo; kuj hu ua cov leeg txuas txha thiab.

strike-slip fault | pob zeb zaws rov tav Ib hom av tawg pleb uas cov pob zeb nyob ob sab los sib txhuam rov tav tab sis ib daim tsis tshooj ib daim.

subarctic | xoj-npaj-tim Thaj chaw lossis huab cua uas nyob sab qaum teb ntawm cov huab cua sov.

subduction | xos-dav-sees Txoj kev uas daim av hauv qab thu hiav txwv xaub mus rau ib kab pleb thiab rov mus nyob rau txheej pob zeb mantle uas ti ib qho npoo av.

sublimation | xos-li-ma-sees Kev pauv cov khoom tawv los mus ua pa nkev yam tsis tas pauv ua kua ua ntej tso.

subscript | lej ko taw Tus lej nyob ntawm tus lej cim chemical uas qhia txog tias muaj pes tsawg lub atom hauv ib lub molecule lossis seb hauv qhov compound muaj pes tsawg qhov element.

subsoil | xub-sais Txheej av nyob hauv qab txheej saum toj uas tsis tshuaj muaj nroj tsuag thiab tsiaj nyob thiab yog muaj av nkos thiab lwm yam minerals ntau xwb.

substance | xob-tawm Yam khoom tsis muaj lwm yam xyaw nrog thiab nws muaj nws tej caj ces txawv lwm yam.

succession | xos-xev-sees Ib co kev pauv uas tshwm sim hauv ib lub zej zos uas twv tau.

sunspot | xas-paj 1. Qhov chaw tsaus tsawv saum lub hnub uas yog vim nws cov pa roj txias dua lwm qhov chaw nyob ib ncig. 2. Ib thaj chaw dub tsawv, thiab txias nyob saum lub hnub txheej tawv.

supernova | xu-siab-nauj-vam Hais txog thaum ib pawg hnub qub loj uas pib tuag zuj zus tawg loj tshaj plaws.

surface tension | rub txheej tawv Kev rub cov molecules ntawm ib hom kua uas ua rau kom cov molecules nyob zaum txheej tawv los sib ze zog; ua rau thaj chaw saum tawv nyob zoo li ib txheej uas nyias heev.

surface wave | xawb-fem vej Ib hom wave uas tshwm sim thaum hom wave P thiab hom wave S nce tuaj txog saum Ntiaj Teb daim av.

surveying | ntsuas nrhiav Txoj kev siv tshuab thiab lejlos ntsuas qhov deb thiab qhov siab ntawm ntiaj teb kom teeb tau pheem thib.

suspension | txo tog Cov kua pom muaj cov txo uas muab cais tau vim nws tog hauv dej lossis raug lim.

sustainable use | kev siv txuag tau Kev siv khoom ub no uas muaj kev txuag kom thiaj li muaj yam khoom no siv rau yav tom ntej.

sustainable yield | khoom rov tsim tau Qhov ntau ntawm ib yam khoom uas siv tau tas li tab sis tsis kav mus rau yav tom ntej.

swim bladder | lub zais ua pa Lub zais pa uas nyob hauv tus ntses lub cev uas pab tau nws ua tau luam dej mus tob thiab ntiav.

symbiosis | xib-npaum-sim Qhov kev txheeb ze ntawm ob yam tsiaj txhu uas nyob sib ze thiab txoj kev nyob ua ke no zoo rau nkawd ib tug twg.

synapse | xee-na Yog qhov pob caus uas leeg xa xovneuron xa tau xov mus qhia rau lwm cov leeg xa xov.

synthesis | xib-tej-sin Ib qho chemical reaction uas muaj ob lossis ntau yam khoom los sib puab ua lub tshiab, uas muaj ntau caj ces tshaj lub qub.

system | xiv-teem 1. Ib pawg ub no uas ua hauj lwm ua ke. 2. Ib pab uas zoo sib xws uas ua hauj lwm ua ke los saib xyuas los yog ua kom tau dab tsi.

T

T cell | T-xia Lub lymphocyte uas paub nrhiav cov kab phem thiab txawj qhia ib yam kab los ntawm lwm yam.

tar | tas Ib hom khoom dub, nplaum uas tsim tau thaum hlawv luam yeeb.

target cell | tav-nkem-xia Lub cell nyob hauv lub cev uas paub cov kua faij siv cov caj ces.

taste buds | teb-npaj Cov pob hnov xov nyob ntawm tus nplaig uas pab kev saij zaub mov.

taxonomy | tej-xab-na-mis Kev kawm txog cov tsiaj ciaj sia yuav cais li cas.

temperate zones | huab cua nrab Thaj chaw nyob nruab nrab ntawm thaj chaw los nag thiab los daus.

temperature | kev kub sov Qhov sov lossistxias ntawm ib qho dab tsi; kev ntsuas txog cov zog dab tsi thaum txawv txav; kev ntsuas txog lub zog kiv ntawm ib qho khoom.

temperature inversion | kev kub sov tig ntxees Qhov ua txheej huab cua sov los npog covcua khib nyiabze ntawm lub Ntiaj Teb daim av.

tendon | leeg txha Cov leeg tuav cov nqaij thiab cov pob txha.

tension | qhov rub Qhov kev muab cov pob zeb rub kom nyias hauv ntu nraub nrab.

terrestrial planets | ntiaj teb thooj lub peb nyob Lub npe kheev muab rau plaub lub ntiaj teb: Mercury, Venus, Earth, thiab Mars.

territory | thaj chaw Yog qhov chaw uas tsiaj txhu nyob thiab thaiv tseg.

testis | noob qes Lub noob qes uas yog txiv neej li, uas nws tsim cov kab me nyuam thiab testosterone.

testosterone | thej-tob-xu-tau-laus Cov haus-moos tsim ntawm lub noob qes uas tswj kev tsim kab menyuam thiab tus yam ntxwv txiv neej.

thermal conductivity | kev xa tau kub Lub peev xwm ntawm ib qho khoom los mus xa hluav tawssov.

thermal energy | zog hluav taws Xam tag nrho cov zog kiv thiab zog potential ntawm txhua qhov uas nyob hauv ib lub dab tsi.

thermal expansion | kev kub ua nthuav Thaum ib yam khoom nthuav vim raug muab rhaub.

thermogram | duab ntsuas kub Ib daim duab uas qhia txog kev kub sov siv tej xim txawv.

thermosphere | tawb-maus-xu-fia Txheej huab cua nyob siab tshaj plaws saum lub Ntiaj Teb cov huab cua.

thrust | ntiab Lub zog thawb kom lub cuas luaj (rocket) mus tau.

till | tiab Cov pob zeb mos uas yog daus ua los.

tissue | tiv-sum Ib pawg cell zoo sib xws uas txawj ua ib txoj hauj lwm twg.

tolerance | swm Thaum uas ib tus neeg siv ib hom tshuaj yuav tsum tau hom tshuaj ntawd ntau tshaj qub thiaj li muaj zog pab lub cev.

topography | tho-po-nkav-fim Qhov av zoo li cas, siab, dav, thiab tiaj tus.

topsoil | av saum toj Txheej av muag, nyob siab saum no uas yog muaj av thiab lwm yam minerals thiab nroj tsuag tsim los (nroj tsuag thiab tsiaj tuag los ua).

tornado | khaub zeeg cua Ib nthw huab cua kheej uas kiv ncig pes leeg los tsaws lub Ntiaj Teb daim av.

toxin | toj taug phem Ib hom toj taug uas ua rau tsiaj txhu puas tsuaj.

trace fossil | pob txha keeb kwm Ib hom pob txha uas qhia tau txog tias cov tsiaj txhu puag thaum ub ua tej hauj lwm dab tsi.

tracer | rhev-xawm Lub radioactive isotope uas raws tau nws cov kauj ruam thaum saib raws tus txheej txheem chemical reaction lossis kev cais tooj hlau.

trachea | hlab pas loj Txog hlab pas uas txuas ntawm lub pob qa mus hauv rau pa khiav; nws hu ua hlab pa.

trait | rhej Ib tug yam ntxwv ntawm ib tus tsiaj txhu uas muab yug tau rau nws cov menyuam yav tom ntej.

transfer RNA | tus RNA xa Yog cov RNA uas nqa cov amino acid mus rau hauv lub ribosome nyob rau thaum lawv tsim cov protein.

transform boundary | tsim tus ciam teb Tus npoo av tsim tau thaum ob txheej av loj los sib caij.

transformer | pob tswj fais fab Ib lub tshuab uas tswj cov fais fab kom txawj loj thiab yau, uas muaj cov hlua xov tooj ncig ib lub pob.

translucent | kaj tsim tsawv Yam khoom uas tso ib co teeb mus tshab tab sis muab cais rau ntau seem.

transparent | kaj kaj Yab khoom uas tso teeb mus tshab yam tsis muab teeb cais rau ntau seem.

transpiration | dej hws yaj Txoj kev ua dej yaj ntawm daim nplooj mus lawm.

transverse wave | rhes-vawj vej Ib qho wave uas txav rov tav ntawm qhov khoom uas nws mus nkag rau.

trench | av tu Ib qho av uas tu nrho nyob rau puag hauv hiav txwv qab thu dej.

tributary | dej me Ib tug dej los yog dej ntws mus rau nram tus dej loj lawm.

triple bond | koom peb ntu Qhov chemical uas tshwm sim thaum cov atoms koom peb khub electrons.

tropical zone | cheeb tsam sov Ib qhov chaw nyob ze ntawm nraub nrab ntiaj teb nyob li 23.5° sab qaum teb thiab li 23.5° sab qab teb.

tropism | rhob-phim Kev uastej nroj tsuag mus ze lossis txav deb ntawm ib yam khoom chiv keeb.

troposphere | rhaub-pos-xu-fia Txheej huab uas qis tshaj ntawm Ntiaj Teb cov huab cua.

trough | rhauj Qhov qis tshaj nplaws ntawm hom wave transverse.

tsunami | niag nthwv dej Nthwv dej loj dua ntais uas tshwm sim thaum av qeeb hauv qab thu hiav txwv.

tundra | chaw daus no Qhov chaw no, qhuav heev uas lub caij ntuj sov luv thiab lub ntuj no mas no kawg kiag.

U

ultrasound | aub-rhas-sau Cov suab wave uas khiav ntxees ceev tshaj 20,000 Hz.

umbra | ab-nplas Qhov dub tshaj plaws ntawm tus duab ntxoov ntxoo.

unconformity | tsis sib thooj Ib qhov kev tu ncua ntawm keeb kwm uas cov txiag pob zeb raug sej lawm.

understory | txheej ntoo qis Txheej ntoo thiab hmab uas nyob qis uas loj hlob rau hauv hav zoov.

uniformitarianism | yub-nis-fos-mis-tas-lia-nis-zw Lub tswv yim kawm txog liaj ia teb chaws uas hais tias cov kev txawv txav niaj hnub no zoo thooj li cov kev pauv liaj ia teb chaws txheej thaum ub hauv Ntiaj Teb daim av.

unsaturated zone | thaj ntxawm cua thiab dej Txheej pob zeb thiab av sab saum cov nplaim dej uas cua thiab dej txheem tag.

upwelling | dej cua nplawm Cov dej txias uas cua nplawm tom dej hiav txwv tuaj.

urea | yub-lia Ib yam chemical uas tshwm sim thaum protein piam sij los.

ureter | txeeb zis yau Ib txoj hlab uas nqa zis ntawm ib lub raum mus rau lub zais zis.

urethra | txeeb zig Ib txog hlab uas nqa zis tawm hauv lub cev.

urinary bladder | zais zis Lub cuab yeej leeg uas ntim zis txog txij uas tso zis tawm lub cev.

uterus | tsho menyuam Lub cuab yeej leeg hauv poj niam lub cev xeeb tub uas yog qhov chaw rau cov qe xeeb tub loj hlob.

V

vaccination | txhaj tshuaj tiv thaiv Tus txheej txheem ua siv cov tshuaj nkaug rau hauv tus tib neeg lub cev kom tiv thaiv kab mob; thiab hu ua kev xav tshuaj tiv thaiv.

vaccine | tshuaj txhaj tiv thaiv Cov tshuaj tiv thaiv uas siv ib yam mob uas raug txo lossis tua lawm tab sis nws tseem ua tau rau lub cev txawj tso chemical los tua kab mob.

vacuole | vav-kia-les Ib lub cuab yeej hauv cell uas zoo li lub hnab uas ntim tau dej, zaub mov, thiab lwm yam khoom noj.

vacuum | vav-khia Qhov chaw uas tsis muaj ib yam dab tsi (matter) hlo li.

valence electrons | ves-les is-leb-rhas Cov electrons uas nyob qhov tau zog siab tshaj hauv lub atom thiab muaj kev sib lo nrog cov chemical.

valley glacier | hav dej nkoog Daim av dej nkoog uas ntev thiab nqaim uas tsim tau thaum daus thiab dej khoov rau ntawm hav toj roob hauv pes.

valve | daim npog Daim hlab nqaij pluav txev nyob hauv lub plawv los yog cov leeg uas peb kaw cov ntshav kom tsis txhob ntws rov qab.

vaporization | kev yaj Qhov kev pauv dej los mus ua roj cua.

variable | qhov txawj pauv Ib yam uas txawj pauv ntawm kev soj ntsuam ua saib.

variation | kev sib txawv Yam kev sib txawv ntawm tej tsiaj txhu ntawm tib hom tsiaj.

vascular tissue | tej yas roj hmab Qhov cuab yeej kheej kheej ua tej tug hauv xyoob ntoo uas xa dej, zaub mov, thiab xa cov mineral.

vein | leeg 1. Qhov mineral me me uas txawv deb ntawm lub pob zeb nyob ib ncig. 2. Txoj leeg ntshav uas xa cov ntshav rov mus rau lub plawv.

velocity | qhov ceev Qhov ceev uas mus rau ib seem twg.

vent | lub qhov tso pa Qhov qhib uas cov kua hlau thiab pa roj tawm ntawm lub roob kub hnyiab los.

ventricle | vev-tis-kaus Yog lub cuab yeej qis hauv lub plawv uas xa ntshav tawm mus rau lub ntsws lossis lub cev.

vertebrae | txha caj qaum Cov pob txha uas ua tau cov txha nraum tsiaj txhu caj qaum. Hauv tib neeg, muaj 26 tug pob txha ua tus txha caj qaum.

vertebrate | tsiaj muaj txha caj qaum Tus tsiaj uas muaj txha caj qaum.

vibration | kev ntxhee Yam uas txav mus thiab los lossis rov sauv thiab rov hauv.

villi | viv-li Cov me me zoo li ntiv tes uas nyob txheej sab hauv cov hnyuv me uas yog qhov chaw zom tej zaub mov noj los.

virtual image | daim duab tseeb Daim duab tig sawv ntsug uas tshwm tim seem uas muaj qhov cov teeb ci tuaj.

virus | kab mob Ib yam me me, tsis ciaj sia uas nkag los rau lub cev thiab txawj tsim nws tus kheej ntau zuj zus hauv lub cell.

viscosity | qhov dej xem Ntsuas txog tias cov dej ntws tau zoo npaum li cas.

visible light | teeb ci uas qhov muag pom Cov teeb fais (electromagnetic radiation) uas qhov muag pom tau txawm tsis siv dab tsi los pab qhov muag li los pom.

volcanic neck | lub caj dab roob tawg Cov kua hlau uas khov rau hauv lub roob tawg tus plaws.

voltage | vauv-them Qhov txawv ntawm cov fais fab sib tshov ntawm ob qho chaw hauv lub pob fais fab.

voluntary muscle | cov leeg tswj tau Cov leeg nqaij uas yus tus kheej tswj tau.

W

water cycle | dej kev yaj thiab poob Qhov kev txav ntawm cov dej saum saum Ntiaj Teb txheej huab cua, hauv hiav txwv, thiab hauv av uas txawj yaj, rov ua pa hws, thiab ua nag poob los.

water table | dej hauv txheej av Txheej dej nyob saum daim av uas ntxaum dej, lossis hauv Ntiaj Teb daim av.

water vascular system | dej mus raws yas nroj Lub cev ntawm tus tsiaj deg uas txawj cug dej nyob hauv nws lub cev.

watershed | chaw dej txhawv Qhov av uas pab xa dej mus rau tom tus dej ntws.

watt | watt Qhov muaj zog lithium siv tas ib joule ua hauj lwm rau1 xes-nkoos.

wave | wave 1. Kev xa cov hluav taws xob ib qho chaw mus rau lwm qhov chaw. 2. Lub zog uas xav hauv dej.

wave height | vej haij Qhov kev ntaus nplaim dej siab sauv thiab hauv.

wavelength | vej-leej Qhov deb ntawm ob nthwv dej sib cab; qhov deb ntawm ob lub ncov nplaim dej.

weathering | kev huab cua sem Qhov kev uas cov chemical thiab lwm yam uas tsoo pob zeb thiab lwm yam tawg tag.

wedge | tus pas xiab Ib lub cav yooj yim uas txawj tig nqis hav.

weight | qhov hnyav Kev ntsuas qhov kev rub ntawm ib qhov khoom twg.

wetland | hav iav dej Ib thaj chaw uas muaj dej ntiav tauv ntawm daim av rau ib ntu lossis thawm xyoo.

wheel and axle | log thiab nqaj Lub cav yooj yim uas muaj ob lub log kheej kheej txuas rau thiab txawj tig ntxees.

white blood cell | ntshav dawb Lub noob ntshav uas pab tua cov kab mob.

white dwarf | hnub qub dawb Lub plawv hnub qub xiav-dawb uas seem tom qab uas nws txheej tawv nti lawm.

wind | cua Qhov cov cua mus ntawm ib thaj chaw cua loj mus rau thaj chaw cua yau.

wind-chill factor | cua txias Kev ntsuas qhov txias uas siv kev kub sov thiab cua tshuab.

windward | seem cua tshuab Seem ntawm lub roob uas tig rau seem cua tshuab.

work | hauj lwm Lub zog nias rau ib qho khoom uas ua rau nws txav.

X

X-rays | X-rays Cov fais electromagnetic uas xa fais luv dua yam ultraviolet tab sis ntev dua cov gamma.

xylem | plawv yas nroj Yas kav nroj uas dej thiab mineral khiav mus los hauv qee tsob nroj.

Z

zygote | zaiv-go Ib lub qe xeeb tau thaum uas tus txiv cov kab me nyuam thaib tus niam lub qe los sib tov.

Korean
한국어

interactive SCIENCE

A

abiotic factor | 비생물적 요소 생태계 구성 요소 중 무생물 요소.

abrasion | 마식 물이나 얼음 또는 바람을 통해 운반된 다른 암석 입자에 의해 암석이 깍이는 현상.

absolute age | 절대 연령 암석 형성 이후의 기간을 연수로 나타낸 암석의 연령.

absolute brightness | 절대 밝기 지구에서 표준 거리에 있다고 가정했을 때의 별의 밝기.

absolute zero | 절대 영도 물질에서 더 이상 에너지를 제거할 수 없는 상태의 온도.

absorption | 흡수 1. 영양 성분이 소화 기관의 벽을 통해서 혈액으로 들어가는 과정. 2. 물체가 빛을 받아들이거나 흡수하는 과정.

abyssal plain | 심해저 평원 심해저의 바닥이 거의 편평한 평탄 지대.

acid rain | 산성비 공기 중에 아황산 가스와 산화질소 분자의 배출로 인해 정상 상태보다 산성이 강한 비 또는 다른 형태의 강수.

activation energy | 활성화 에너지 화학 반응을 시작하는데 필요한 최소 에너지 양.

active immunity | 능동면역 인체 내의 면역 체계에서 병원체에 대항하는 항체를 만들 때 생기는 면역성.

active transport | 능동 수송 물질을 세포막을 통과시키기 위해 세포 자체의 에너지를 사용하는 수송.

adaptation | 적응 주어진 환경에서 생물의 생존과 번식을 가능하게 하는 유전적 습성 또는 신체적 특성.

aerospace engineering | 항공 우주 공학 비행기와 우주선의 설계, 제조, 시험 등을 연구하는 공학 분야.

air mass | 기단 주어진 고도에서 온도, 습도, 기압이 비슷한 거대한 공기 덩어리.

air pressure | 기압 표면을 아래로 누르는 공기 기둥의 무게로 인한 압력.

alloy | 합금 최소한 한 가지의 금속 원소를 포함한 두 가지 이상의 원소의 혼합물.

alluvial fan | 충적선상지 하천의 흐름으로 산기슭에 형성된 넓고 경사진 퇴적 지형.

alpha particle | 알파 입자 방사성 붕괴 시 방출되는 입자로서 두 개의 양성자와 두 개의 중성자로 이루어진다.

alternating current | 교류 회로에서 전후로 움직이는 전하를 포함하는 전류.

alveoli | 허파꽈리 공기와 혈액 사이의 가스 이동을 위한 폐 조직의 작은 주머니.

amniotic egg | 양막난 배(태아)에 수분을 유지하도록 껍질과 안쪽막이 있는 알로서, 육지에서 적응하기 위해 파충류, 조류, 알을 낳는 포유류에서 나타나는 적응 형태.

amniotic sac | 양막낭 자궁 내의 배 또는 태아가 잘 자라도록 충격을 흡수하고 보호해주는 액체로 채워진 주머니.

amorphous solid | 무정형 고체 규칙적인 배열을 갖지 않은 분자로 이루어진 고체.

amphibian | 양서류 주변 환경 온도에 따라 체온이 결정되고 유생기에 물에서 생활하다가 성장 후에 육지에서 생활하는 척추동물.

amplitude | 진폭 1. 횡파(가로파)의 중심에서 마루 또는 골까지의 높이. 2. 종파(세로파)가 매질을 관통할 때 매질 입자가 정지 위치에서 멀어지는 최대 거리.

amplitude modulation | 진폭 변조 전파의 진폭을 변경해서 신호를 전송하는 방법.

angiosperm | 속씨식물 열매 속에 씨를 보호하는 꽃이 피는 식물.

anomalous data | 이상 데이터 나머지 데이터 집합과 일치하지 않는 데이터.

antibiotic resistance | 항생제 내성 항생제 효과를 견디는 박테리아 능력.

antibody | 항체 병원체를 파괴하는 면역 체계의 B세포에 의해 만들어진 단백질.

antigen | 항원 면역 체계가 신체의 일부나 신체 외부에서 들어온 것으로 인식하는 분자.

anus | 항문 생물 소화기 계통의 끝(사람의 경우 직장)에 있으며 체내 배설물을 배출하는 구멍.

aorta | 대동맥 좌심실에서 혈액을 공급받는 체내에서 가장 큰 동맥.

apparent brightness | 겉보기 밝기 지구에서 보이는 별의 밝기.

aquifer | 대수층(함수층) 물을 함유하는 지하 암석층 또는 퇴적층.

artery | 동맥 심장에서 먼쪽으로 혈액을 운반하는 혈관.

artesian well | 자분정 대수층 내의 압력 때문에 물이 솟아 오르는 우물.

arthropod | 절지동물 외부에 골격이 있고 몸이 마디로 되어 있으며 부속지(다리)가 연결되어 있는 무척추 동물.

asexual reproduction | 무성생식 부모가 한 명뿐이고 부모와 유전적으로 동일한 개체를 번식하는 과정.

asteroid | 소행성 행성으로 여겨지기에는 너무 작고 많은 수로 이루어진 태양 주위를 공전하는 암석 물체들 중의 하나.

asthenosphere | 연약권 위에 암석권이 떠 있는 맨틀의 부드러운 층.

astronomical unit | 천문단위 약 1천 5백만 km이며 지구에서 태양까지의 평균 거리를 나타내는 거리 단위.

atherosclerosis | 죽상경화증(동맥경화증) 지방질이 쌓여서 동맥 벽이 두꺼워진 상태.

atmosphere | 대기 지구 외형 가장 바깥쪽 층의 비교적 얇은 가스층.

atom | 원자 각 원소의 특징을 갖는 가장 작은 미립자로서 모든 원소를 구성하는 기본 입자.

atomic mass | 원자질량 원소 내에 있는 전체 동위 원소의 평균 질량.

atomic number | 원자번호 원자핵 내에 있는 양성자의 수.

atrium | 심방 혈액을 받아들이는 심장의 위쪽 방.

autonomic nervous system | 자율신경계 말초신경계에서 무의식적인 작용을 조절하는 신경의 집합.

autotroph | 독립영양생물 빛 또는 화학 성분 (무기물)에서 에너지를 얻어서 자체 영양분을 만드는 생물.

auxin | 옥신 식물의 세포 성장을 촉진하고 빛에 반응하도록 조절하는 식물 호르몬.

axis | 축(지축) 행성의 중심 그리고 남극과 북극을 관통하는 가상의 선으로 이 축을 중심으로 행성이 회전함.

axon | 축색돌기 신경 자극을 멀리 세포체로부터 전달하는 신경세포의 실처럼 연장된 구조.

B

B cell | B세포 병원체를 파괴할 수 있는 단백질을 만드는 림프구.

bacteria | 박테리아 원핵생물과 같이 핵이 없는 단세포 생물.

basalt | 현무암 해양지각에서 발견되는 미세한 결정 구조의 검고 밀도가 높은 화성암 (화산암)의 일종.

base | 염기 맛이 쓰고 미끈미끈하며 붉은 리트머스 시험지를 청색으로 변하게 하는 물질.

batholith | 저반 지각 내에서 많은 양의 마그마가 식어서 굳어진 암석 덩어리.

bedrock | 기반암 지구의 지각을 구성하는 암석으로 토양 아래의 단단한 암석층.

benthos | 저서생물 바다 밑바닥에 살거나 또 다른 물 속에 사는 생물.

beta particle | 베타 입자 원자핵의 방사성 붕괴 과정에서 방출되는 빠르게 움직이는 전자.

big bang | 대폭발(빅뱅) 우주의 형성과 팽창의 원인이 된 최초의 폭발.

bilateral symmetry | 좌우대칭 몸체를 하나의 가상선으로 왼쪽과 오른쪽으로 나누면 서로 거울 상이 되는 몸체 모형.

bile | 담즙(쓸개즙) 지방 입자를 분해하기 위해 간에서 만들어 내는 물질.

binary fission | 이분법 하나의 셀을 나누어서 두 개의 동일한 셀을 만드는 무성 생식의 한 형태.

binary star | 쌍성 두 개의 별로 이루어진 행성 체계.

binomial nomenclature | 이명법 종(species) 과 속(genus)을 나타내는 두 가지 학명으로 각 생물을 구별하는 분류법.

biodiversity | 생물다양성 육지, 물, 대기를 포함하는 지구에 사는 다양한 종의 전체 수.

bioengineering | 생체공학 공학 원리를 생물학과 의학에 적용하는 분야.

biogeography | 생물지리학 생물의 서식지와 그곳으로 이동한 경유를 연구하는 학문.

biomass fuel | 바이오매스 연료 생물체에서 얻어지는 연료.

biome | 생물군계 비슷한 기후와 생물체를 갖고 있는 생태계의 집합.

biosphere | 생물권 지구상의 모든 생명체가 살고있는 부분.

biotic factor | 생물적 요소 생태계 내의 살아 있는 또는 과거에 살았던 생물 요소.

birth rate | 출산율 일정 기간 동안에 1,000 개체가 출산한 수.

black hole | 블랙홀 중력이 아주 강해서 아무것도 심지어 빛조차 빠져나갈 수 없는 물체.

boiling point | 끓는점 물질이 액체에서 기체로 변하는 온도 또는 기체가 액체로 변하는 온도로서 서림점(condensation point)과 같다.

boreal forest | 북방림 북반구의 위쪽 지역에 위치한 상록수가 밀집한 삼림 지대.

Boyle's law | 보일의 법칙 일정한 온도에서 기체의 압력과 부피 사이의 관계를 설명한 법칙.

brain | 뇌 1. 동물의 머리 속에 있는 좌우대칭 구조의 신경세포(뉴런) 집합. 2. 두개골 내에 있으며 대부분의 신체 기능을 조절하는 중추신경계의 일부.

brain stem | 뇌간 소뇌와 척수 사이에 있으며 몸의 무의식적인 작용을 조절하는 뇌의 부분.

bronchi | 기관지 공기가 폐에 들어가도록 하는 통로.

bronchitis | 기관지염 숨쉬는 통로(기관지) 내의 작은 통로가 정상 상태보다 좁아지고 점액으로 막힐 수 있는 증상.

budding | 출아 부모의 몸(모체)에서 새로운 개체가 발생하게 되는 무성생식의 한 형태.

C

caldera | 칼데라 마그마가 있던 공간이 무너질 때 화산 정상부가 함께 무너져서 생긴 커다란 구멍.

cambium | 부름켜(형성층) 새로운 체관(인피) 세포와 물관(목재) 세포를 만드는 식물 세포층.

canopy | 캐노피 우림의 큰 나무에 의해 생긴 무성한 나무잎으로 형성된 지붕.

capillary | 모세관 혈액과 체세포 사이에서 물질이 교환되는 작은 혈관.

captive breeding | 인공사육 번식 동물원이나 야생보호구역 내의 동물 교배에 의한 번식.

carbohydrate | 탄수화물 당 또는 전분과 같이 탄소, 수소, 산소로 이루어진 에너지가 풍부한 유기화합물.

carbon film | 탄소 피막 암석에 탄소가 아주 얇게 입혀져 있는 화석 종류.

carbon monoxide | 일산화탄소 담배와 같은 물질이 연소될 때 생기는 색과 냄새가 없는 기체.

carcinogen | 발암물질 환경에서 암의 발생 원인이 될 수 있는 물질 또는 요소.

cardiac muscle | 심장근육(심근) 심장에만 있는 무의식적인 근육(불수의근) 조직.

cardiovascular system | 심혈관계 심장, 혈관, 혈액으로 이루어진 신체 계통으로 순환계라고도 함.

carrier | 보인자 한 형질에 대해 열성 대립유전자 하나와 우성 대립유전자 하나를 보유한 사람.

carrying capacity | 환경수용력 특정한 환경 조건에서 유지할 수 있는 최대 개체수.

cartilage | 연골(물렁뼈) 뼈보다 유연하며 뼈의 끝쪽에서 뼈를 보호하고 뼈가 서로 마찰되지 않도록 하는 연결 조직.

cast | 캐스트(주형화석) 몰드(주형)에 광물이 흘러 들어가서 만들어진 생물체의 모습이 속까지 채워져서 복제된 화석.

catalyst | 촉매 활성화 에너지를 낮춤으로써 반응률을 올려주는 물질.

cell cycle | 세포주기 세포의 성장, 분열 준비, 두 개의 딸세포로 분열하는 연속적인 과정.

cell membrane | 세포막 세포 안과 밖으로 물질의 출입을 조절하는 세포를 둘러싼 얇고 부드러운 울타리.

cell theory | 세포이론 세포와 생명체 사이의 관계에 대한 널리 인정되고 있는 이론.

cell wall | 세포벽 식물과 기타 생물체의 세포를 둘러싸서 단단하게 지지해 주는 층.

cellular respiration | 세포호흡 세포 내에서 산소와 포도당을 결합하는 화학 반응을 통해 에너지를 방출하는 과정.

Celsius scale | 섭씨 온도 척도 물이 0° C에서 얼고 100° C에서 끓는 온도의 척도.

cementation | 시멘테이션(고결작용) 용해된 광물이 결정화되며 퇴적물의 입자와 결합하여 하나의 덩어리가 되는 과정.

central nervous system | 중추신경계 뇌와 척수로 이루어진 신경계 부분.

centripetal force | 구심력 물체의 원운동을 일으키는 힘.

cerebellum | 소뇌 근육의 운동을 조율하고 균형을 유지하게 하는 뇌의 부분.

cerebrum | 대뇌 입력된 감각을 해석하고 동작을 조절하며 복잡한 지적 과정을 수행하는 뇌의 부분.

Charles's law | 샤를의 법칙 일정한 압력에서 기체의 온도와 부피 사이의 관계를 설명한 법칙.

chemical bond | 화학결합 두 개의 원자를 묶어놓는 유인력.

chemical change | 화학변화 한 개 이상의 물질이 결합하거나 분리돼서 새로운 물질로 변하는 것.

chemical energy | 화학에너지 원자들 사이의 화학적 결합 내에 저장된 잠재 에너지의 한 형태.

chemical engineering | 화학 공학 화학물질의 유용한 제품으로의 변환을 다루는 공학 분야.

chemical property | 화학적 성질 다른 물질로 변화하는 능력을 설명하는 물질의 특성.

chemical reaction | 화학 반응 물질이 다른 성질을 갖는 새로운 물질로 변화하는 과정.

chemical rock | 화학암 광물이 용액 상태에서 결정화 될 때 생기는 퇴적암.

chemical weathering | 화학적 풍화 화학적 변화를 통해 암석이 분해되는 과정.

chemistry | 화학 물질의 특성과 변화 방법을 연구하는 학문.

chemotherapy | 화학요법 암과 같은 질병을 치료하기 위해 약물을 사용하는 치료법.

chlorofluorocarbons | 클로로플루오로카본 오존을 감소시키는 주요 원인인 염소와 플루오르(CFC라고도 함)가 포함된 인공 기체.

chlorophyll | 엽록소 식물, 조류(algae), 일부 박테리아의 엽록체에 있는 녹색 광합성 색소.

chloroplast | 엽록체 햇빛에서 에너지를 얻어 세포에서 영양분을 만드는데 사용할 수 있는 에너지 형태로 변환시키는 식물 세포와 일부 기타 생물 세포에 있는 작은 기관.

chordate | 척색동물 일생의 일정 시점에 척색(notochord), 신경색(nerve cord), 목주머니(throat pouches)를 갖고 있는 동물.

chromosome | 염색체 한 세대에서 다음 세대로 전해지는 DNA가 포함하는 세포핵 안에 있는 실과 같은 형태의 구조.

chromosphere | 채층 태양의 대기 중 가운데에 있는 층.

cilia | 섬모 파도처럼 움직이는 세포 바깥쪽의 작은 머리카락 모양의 돌출부.

cinder cone | 분석구 화산 분화구 주변에 쌓인 화산재, 분석, 화산탄으로 이루어진 원뿔 모양의 가파른 언덕 또는 작은 산.

circadian rhythm | 하루주기 리듬 약1일 주기로 일어나는 행동 주기.

circulatory system | 순환계 세포에 필요한 물질을 운반하고 찌꺼기를 제거하는 기관계.

cirrus | 권운(새털구름) 높은 고도에서 형성되는 얼음 결정체(빙정)로 이루어진 몇 가닥의 깃털 같은 구름.

civil engineering | 토목 공학 도로, 다리, 건물의 설계와 건설을 연구하는 공학 분야.

clastic rock | 쇄설암 암석 파편이 높은 압력에서 서로 압착해서 만들어진 퇴적암.

clear-cutting | 완전 벌채 특정 지역의 모든 나무를 일시에 베어 내는 과정.

cleavage | 벽개 광물이 편평한 면을 따라 쉽게 쪼개 지는 성질.

clone | 클론(복제 생물) 모태가 된 생물체와 유전적으로 동일한 생물체.

closed circulatory system | 폐쇄순환계 혈액이 연결된 혈관계와 심장 내에서만 이동하는 순환계.

closed system | 닫힌계 어떤 물질도 들어오거나 나갈 수 없는 계통.

cnidarian | 자포동물 먹이를 잡고 자신을 보호하기 위해 쏘는 세포(자포)를 사용하는 방사상 대칭의 무척추 동물.

cochlea | 달팽이관 안쪽 귀에 있는 액체로 채워진 관으로 달팽이 껍질 모양이며 소리에 반응하는 수용기세포들이 나열되어 있음.

codominance | 공우성(공동우성) 두 가지 대립유전자가 동등하게 모두 나타나는 상황.

coefficient | 계수 공식에서 반응에 관계된 각 반응 물질과 생성 물질의 분자 또는 원자의 개수를 나타내는 화학식 앞에 있는 숫자.

colloid | 콜로이드 작고 용해되지 않는 입자로 이루어진 혼합물로 침전되지 않는다.

coma | 코마 혜성의 흐릿한 외부 대기층.

comet | 혜성 일반적으로 길고 폭이 좁은 궤도로 태양 주위를 공전하는 얼음과 먼지가 산개된 집합체.

commensalism | 편리공생 1개의 종은 이익을 얻고 다른 1개의 종은 도움을 주거나 해도 끼치지 않는 2개의 종사이에 나타나는 공생의 형태.

compact bone | 치밀뼈 뼈의 외부 막 아래 쪽에 있는 단단하고 밀도가 높지만 속이 비어 있는 뼈 조직.

compaction | 치밀화 퇴적물이 자체의 무게로 서로 압착되는 과정.

compass | 나침반 자성이 있는 바늘이 자유롭게 회전할 수 있는 장치로 나침반의 바늘은 항상 북쪽을 향한다.

competition | 경쟁 생명을 유지하기 위해 같은 장소, 같은 시간대에 있는 한정된 자원을 차지하려고 생명체 사이에 벌어지는 싸움.

complementary colors | 보색 결합해서 하얀 빛을 형성하는 두 개의 색.

complete metamorphosis | 완전변태 알, 유충, 번데기, 성체의 4단계를 지닌 변태의 한 종류.

composite volcano | 복식화산 용암층과 화산재 및 기타 화산 분출물 층이 번갈아 나타나는 원뿔 모양의 큰 산.

compound | 화합물 두 개 이상의 원소가 특정 비율로 화학적 결합을 통해 만들어진 물질.

compression | 압축 1. 암석이 꺾이거나 부서질 때까지 압착하는 힘(압력). 2. 종파(세로파)에서 매질의 입자가 서로 가까이 있는 부분.

concave lens | 오목렌즈 모서리보다 가운데가 더 얇은 렌즈.

concave mirror | 오목거울 표면이 안쪽으로 휘어진 거울.

concentration | 농도 일정한 부피의 다른 물질 내에 존재하는 한 물질의 양.

concussion | 뇌좌상(뇌진탕) 뇌의 부드러운 조직이 두개골에 부딪혀서 발생하는 타박상 같은 뇌의 상처.

condensation | 응축 기체에서 액체로 상태가 변하는 현상.

conditioning | 조건형성 자극이나 반응을 좋거나 나쁜 결과와 연결짓는 것을 학습하는 과정.

conduction | 전도 1. 열에너지가 물질의 한 입자에서 다른 입자로 이동하는 현상. 2. 직접 접촉을 통해 한 물체에서 다른 물체로 전자를 이동하게 해서 물체를 충전하는 방법.

conductor | 전도체 1. 열을 잘 전달하는 물질. 2. 전하가 흐를 수 있는(전기가 통하는) 물질.

cone | 구과 겉씨 식물의 생식 구조.

cones | 원추세포(추상세포) 색에 반응하고 색을 감지하는 망막에 있는 세포.

coniferous tree | 침엽수 씨를 구과 내에 만들고 수분 손실을 줄이기 위해 표면이 왁스 층으로 덮여 있고 바늘 모양의 잎이 있는 나무.

conjugation | 접합 단세포생물이 또 다른 단세포생물로 유전자 물질 일부를 전달하는 유성생식의 한 형태.

connective tissue | 결합조직 몸을 지지해주고 신체 각 부위를 연결해 주는 신체 조직.

conservation of charge | 전하 보존(의 법칙) 전하는 생성되지도 파괴되지도 않는다고 주장하는 법칙.

conservation plowing | 보호 경작 이전 년도의 경작 후에 남은 잡초와 죽은 줄기를 땅 속으로 갈아 엎어서 토양을 보호하는 방법.

constraint | 제약 계획(설계)을 제한하는 요소.

constructive force | 생산력 지구의 표면을 강화하는 자연 과정.

constructive interference | 보강 간섭 두 개의 파동이 결합해서 개별 파동의 진폭보다 더 큰 진폭을 갖는 파동이 되는 간섭 현상.

consumer | 소비자 다른 생물체를 섭취해서 에너지를 얻는 생물체.

continental (air mass) | 대륙성 (기단) 대륙 위에 형성된 건조한 기단.

continental climate | 대륙성 기후 겨울은 춥고 여름은 따뜻하거나 더운 대륙 중심부의 기후.

continental drift | 대륙 이동 대륙이 천천히 지구 표면을 수평 이동한다는 가설.

continental glacier | 대륙 빙하 대륙 또는 커다란 섬의 많은 부분을 덮고 있는 빙하.

continental shelf | 대륙붕 대륙의 끝에서 해양 쪽으로 연결된 완만한 경사로 이루어진 얕은 바닥의 해양 지역.

continental slope | 대륙 사면 대륙붕의 끝에서 아래로 이어진 경사가 급격한 해양 바다.

contour interval | 등고(선) 간격 한 등고선에서 다음 등고선까지의 높이 차이.

contour line | 등고선 높이가 같은 지점을 연결한 지형도 상의 선.

contour plowing | 등고선식 경작 토양 손실을 막기위해 경사 곡선을 따라 논(밭)을 경작하는 방법.

contractile vacuole | 수축포 세포질에서 과다 수분을 추출하여 세포 밖으로 수분을 빼어내는 세포 구조.

control rod | 제어봉 분열 반응에서 중성자를 흡수하기 위해 원자로에 사용되는 카드뮴 봉.

controlled experiment | 통제된 실험 한 번에 하나의 변수 만을 조작하는 실험.

convection current | 대류 온도 차이에 의해 야기되는 유체의 이동으로서 이를 통해 유체의 한 부분에서 다른 부분으로 열이 이전됨.

convection zone | 대류층 태양의 내부에서 가장 바깥에 있는 층.

convergent boundary | 수렴 경계 서로를 향해 이동하는 두 개의 판의 경계.

convergent evolution | 수렴진화 상호 무관한 생물들이 유사한 특성을 진화시키는 과정.

convex lens | 볼록렌즈 모서리보다 가운데가 더 두꺼운 렌즈.

convex mirror | 볼록거울 표면이 바깥쪽으로 휘어진 거울.

core | 핵 핵융합반응이 일어나는 태양의 중심부.

Coriolis effect | 코리올리 효과 지구 회전 (자전)이 바람과 해류의 방향에 미치는 효과.

cornea | 각막 눈의 앞부분을 덮고 있는 투명한 조직.

corona | 코로나 태양의 대기 중 가장 바깥에 있는 층.

coronary artery | 관상동맥 심장근육(심근) 자체에 혈액을 공급하는 동맥.

cosmic background radiation | 우주배경복사 우주 대폭발 후에 현재까지 남아 있는 전자기파.

cotyledon | 떡잎(자엽) 일부의 경우 영양분을 저장하기도 하는 식물 씨의 싹(배)에 있는 잎처럼 생긴 기관.

covalent bond | 공유결합 두 개의 원자가 전자를 공유하는 형태의 화학 결합.

crater | 분화구(화구) 1. 운석의 충돌에 의해 생긴 크고 둥근 구멍. 2. 화산 중심이 폭발하여 생긴 그릇 모양의 둥근 지대.

critical night length | 한계야장 식물의 개화 여부를 결정하는 밤의 길이(시간).

crop rotation | 윤작(돌려짓기) 토양을 비옥하게 유지하기 위해 경작지에 해마다 다른 작물을 경작하는 방법.

crust | 지각 지구 가장 바깥쪽 표면의 암석층.

crystal | 결정 원자가 같은 방식으로 반복해서 일정하게 배열되어 있는 고체.

crystalline solid | 결정성 고체 입자가 규칙적이고 일정하게 반복해서 배열된 결정으로 이루어진 고체.

crystallization | 결정화 원자가 결정 구조 형태의 물질로 배열되는 과정.

cumulus | 적운 솜을 둥글게 쌓아올린 것처럼 보이고 일반적으로 바닥이 편평한 솜털같이 하얀 구름.

current | 해류 바다 속에서 이동하는 물의 커다란 흐름.

cuticle | 큐티클 거의 모든 식물의 잎과 줄기를 감싸고 있는 왁스성 방수층.

cyclone | 사이클론 저기압의 소용돌이 중심.

cytokinesis | 세포질분열 새로운 두 개의 딸세포 각각에 세포 소기관을 분배하기 위해 세포질이 쪼개지는 세포 주기의 마지막 단계.

cytoplasm | 세포질 세포막 안쪽(원핵생물의 경우)에 있거나 세포핵과 세포막 사이 (진핵세포생물의 경우)에 있는 세포의 두꺼운 유체 영역.

D

dark energy | 암흑 에너지 우주의 팽창을 가속시키는 원인으로 여겨지는 알 수 없는 힘.

dark matter | 암흑 물질 전자기파를 방출하지 않지만 우주 내에 매우 많이 존재하는 물질.

day-neutral plant | 중성식물 낮과 밤의 길이에 민감하지 않은 개화 주기를 갖는 식물.

death rate | 사망률 1,000개 개체 당 일정 기간 동안 사망한 개체의 수.

decibel(dB) | 데시벨(dB) 다양한 소리의 크기를 비교하기 위해 사용하는 측정 단위.

deciduous tree | 낙엽수 매 해마다 특별한 계절에 잎이 떨어지고 새로운 잎이 자라는 나무.

decomposer | 분해자 생물의 폐기물과 죽은 생물을 분해해서 에너지를 얻고 원료 물질을 토양과 물로 환원시키는 생물.

decomposition | 분해 화합물을 더 간단한 물질로 나누는 화학 반응.

deductive reasoning | 연역적 추리 일반적 개념을 특정 관찰 결과에 적용해서 사물 (현상)을 설명하는 방법.

deep-ocean trench | 깊은 해구 해양 지각이 천천히 맨틀로 가라앉는 바다의 바닥 밑 깊은 계곡.

deflation | 식반작용 바람에 의해 표면의
물질이 제거되는 과정.

degree | 각도 원 둘레의 거리를 측정하는 데
사용하는 단위. 1도는 전체 원 둘레의 1/360
이다.

delta | 삼각주 강이 바다나 호수로 흘러
들어가는 지역에 퇴적물이 쌓여서 생긴 지형.

dendrite | 수상돌기 신경충격을 세포체로
전달하는 신경세포(뉴런)가 실처럼 확장된
구조.

density | 밀도 일정한 부피에 존재하는 물질의
질량을 나타내는 치수.

deposition | 퇴적 퇴적물이 새로운 장소에
쌓이는 과정.

depressant | 억제제 중추신경계의 활동을
느리게 하는 약물.

dermis | 진피 피부의 안쪽에 있는 층.

desertification | 사막화 예전에 비옥했던
지역이 과도한 경작, 과도한 방목, 가뭄, 기후
변화 등의 원인으로 사막과 같은 상태로
변해가는 과정.

destructive force | 파괴력 지구의 표면을
손상시키거나 마모시키는 자연 과정.

destructive interference | 상쇄적 간섭 두
개의 파동이 결합해서 개별 파동의 진폭보다
더 작은 진폭을 갖는 파동이 되는 간섭 현상.

development | 발달 생물이 살아 있는 동안 더
복잡한 개체로 변해가는 과정.

dew point | 이슬점 응축이 시작되는 온도.

diaphragm | 횡격막 폐(허파) 밑에 있는
둥근 지붕 모양의 큰 근육으로 숨쉬는 것을
도와준다.

diatomic molecule | 이원자 분자 두 개의
원자로 이루어진 분자.

dicot | 쌍떡잎식물(쌍자엽식물) 두 개의 떡잎을
갖는 속씨식물(피자식물).

**Dietary Reference Intakes(DRIs) | 영양 섭취
기준(DRI)** 인간이 매일 섭취해야 하는
영양소의 양을 나타내는 기준.

diffraction | 회절 장애물 주위를 이동하거나
구멍을 통과할 때 파동이 구부러지거나
퍼지는 현상.

diffuse reflection | 난반사 평행한 빛이
울퉁불퉁한 표면에 부딪힐 때 모든 반사가
다른 각도로 일어나는 반사.

diffusion | 확산 농도가 높은 곳에서 낮은
곳으로 분자가 이동하는 과정.

digestion | 소화 음식물의 복잡한 분자를 작은
영양소 분자로 분해하는 과정.

digestive system | 소화계 음식을 소화하고
양분을 얻기 위한 특별 구조가 있는 기관계.

digitizing | 디지털화 컴퓨터에 사용할 수 있게
정보를 숫자로 바꾸는 과정.

dike | 암맥 마그마가 암석층을 뚫고 들어가서
형성된 화산성 암석판.

dilute solution | 희석액 용액에 용질이 아주
조금 녹아 있는 혼합물.

direct current | 직류 회로에서 전하가 한
방향으로만 흐르는 전류.

directly proportional | 정비례 한 점(0,0)을
지나는 직선 그래프에서 두 개의 변수 사이의
관계를 설명하는 데 사용하는 용어.

dispersal | 분산 한 장소에서 다른 장소로
개체가 이동하는 것.

divergent boundary | 발산 경계(확장 경계) 두
개의 판이 이동해서 서로 멀어지는 판의 경계.

divide | 분수령 한 지역과 다른 지역을 분리하는
육지의 융기.

DNA | DNA 디옥시리보핵산
(Deoxyribonucleic acid), 한 개체의 정보를
부모에서 자식에게로 전달하는 유전 물질.

DNA replication | DNA 복제 세포가 분할되기
전에 DNA를 스스로 복제하는 과정.

**dominant allele | 우성 대립유전자(우성
대립형질)** 대립유전자가 존재할 때
개체 내에서 언제나 그 특징아 나타내는
대립유전자.

Doppler effect | 도플러효과 발원체의 관측자에
대한 상대적 위치가 이동될 때 나타나는 파동
진동수의 변화 현상.

dormancy | 휴면기 생물체가 성장이나 활동을 멈추는 기간.

dormant | 잠복기 현재 활동하지 않지만 나중에 활동할 수 있는 상태(예,화산).

double bond | 이중결합 원자가 두 개의 전자 쌍을 공유하는 형태의 화학 결합.

double helix | 이중나선 DNA 분자의 모양.

duct | 관 샘에서 화학 물질을 배출하는 작은 관.

ductile | 연성 길게 뽑아낼 수 있는 물질을 설명하는 데 사용하는 용어.

dwarf planet | 왜소행성 태양을 중심으로 공전하며 둥근 모양이지만 공전 궤도가 명확하지 않은 물체.

E

ear canal | 외이도 사람의 외부 귀에서 고막에 이르는 좁은 부분.

eardrum | 고막 작고 팽팽히 당겨진 드럼같은 막으로 외이와 중이를 구분하며 음파가 전달되면 진동한다.

echinoderm | 극피동물 방사 대칭형 해양 무척추동물로 내부에 골격과 수관계(유체로 채워진 관)가 있다.

echolocation | 반향정위 반사된 음파를 이용해서 거리를 측정하거나 물체를 찾는 방법.

eclipse | 식 우주에서 한 천체가 다른 천체에 의해 완전히 또는 부분적으로 가려지는 현상.

eclipsing binary | 식쌍 하나의 별이 주기적으로 다른 별의 빛을 가리는 쌍성계.

ecological footprint | 생태발자국 개체에 필요한 자원을 충족시키고 폐기물을 수용하는 데 필요한 물과 토지의 양.

ecology | 생태학 주변 환경과 생물 서로 간에 이루어지는 상호 작용에 대한 연구 분야.

ecosystem | 생태계 특정 지역에서 비생물적 (물리적) 환경과 함께 사는 생물 공동체.

ectotherm | 변온동물(냉혈동물) 체온이 주변 온도에 의해 결정되는 동물.

efficiency | 효율 입력한 일이 출력된 일로 전환된 비율.

El Niño | 엘니뇨 현상 태평양에서 2–7년 마다 발생하는 이상 기후 현상으로 1–2년 동안 바람, 해류, 날씨 형태의 변화를 가져온다.

elastic potential energy | 탄성 위치에너지 늘어나거나 압축된 물체의 에너지.

electric circuit | 전기회로 전하가 중단 없이 흐를 수 있는 경로.

electric current | 전류 한 물질을 통한 전하의 연속적인 흐름.

electric field | 전기장 하전된 물체(전하)의 전기력이 다른 하전된 물체에 영향을 주는 하전된 물체의 주변 영역.

electric force | 전기력 하전된 물체(전하) 사이의 힘.

electric motor | 전동기 전기 에너지를 기계 에너지로 바꿔주는 장치.

electrical conductivity | 전기 전도도 물체가 전류를 전달해 주는 능력.

electrical energy | 전기 에너지 전하의 에너지.

electrical engineering | 전기 공학 발전, 제어 시스템, 통신 등의 전기 시스템 설계에 대해 연구하는 공학 분야.

electromagnet | 전자석 강한 자성의 코어 둘레를 전선 코일로 감아서 만드는 자석.

electromagnetic energy | 전자기 에너지 파동의 형태로 공간을 이동하는 빛과 기타 형태의 복사 에너지.

electromagnetic induction | 전자기 유도 전도체의 자기장 통과를 통해 전류를 생성시키는 과정.

electromagnetic radiation | 전자기 복사 전자기파 형태로 공간을 통해 전달되는 에너지.

electromagnetic spectrum | 전자기 스펙트럼 주파수의 오름차순으로 나열된 모든 범위의 전자기파.

electromagnetic wave | 전자기파 1. 변화하는 전기장과 자기장이 결합해서 만들어진 파동. 2. 진공 상태로 전기 에너지와 자기 에너지를 전달할 수 있는 파동.

electromagnetism | 전자기 전기와 자기 사이의 관계.

electron | 전자 원자의 핵 외곽 주위를 도는 작은 음의 전하를 띤 입자.

electron dot diagram | 전자 점 도식 점을 사용해서 원자의 최외곽 전자 수(원자가)를 표시하는 방법.

element | 원소 화학적 또는 물리적 방법으로 다른 물질로 분해할 수 없는 순수한 물질.

elevation | 해발 해면을 기준으로 한 높이.

ellipse | 타원 잡아 늘린 원이나 원과 비슷한 달걀 모양. 행성의 회전 궤도 모양.

elliptical galaxy | 타원 은하 일반적으로 오래된 별만 있는 둥근 공이나 납작한 공 모양의 은하.

embryo | 배 1. 접합자(체)에서 새로 생성된 생물체. 2. 수정이 이루어진 후 초기 8주 동안의 태아.

emergent layer | 돌출목층 햇빛을 가장 많이 받는 우림의 꼭대기 층.

emigration | 이출 집단의 지역 밖으로의 개체의 이동.

emissions | 배출물 공기 중에 배출된 오염 물질.

endangered species | 멸종 위기종 가까운 미래에 멸종될 위험이 있는 종.

endocytosis | 엔도시토시스 세포막이 모양을 바꾸고 입자를 삼켜서 세포 내로 입자를 흡수하는 과정.

endoplasmic reticulum | 소포체 세포의 한 부분에서 다른 부분으로 단백질과 기타 물질을 운반하는 미로 형태의 작은 기관.

endoskeleton | 내골격 내부 골격. 동물 신체 내부의 구조적 지지 구조.

endospore | 속홀씨 불리한 조건에서 박테리아와 같은 원핵생물에 의해 생산된 구조로 두꺼운 벽으로 DNA와 일부 세포질을 둘러싸고 있다.

endotherm | 항온동물(온혈동물) 동물의 체내에서 생성되는 열로 체온이 일정하게 유지되는 동물.

endothermic change | 흡열 변화 에너지를 흡수하는 변화.

endothermic reaction | 흡열 반응 에저지를 흡수하는 반응.

energy | 에너지 일을 하거나 변화의 원인이 되는 능력.

energy conservation | 에너지 보호 에너지 사용을 줄이는 습관.

energy level | 에너지 준위 원자 내에 에너지가 같은 전자가 모여 있는 영역.

energy pyramid | 에너지 피라미드 먹이그물에서 한 단계에서 다른 단계로 이동하는 에너지 양을 나타내는 도표.

energy transformation | 에너지 변환 한 형태의 에너지에서 다른 형태의 에너지로 변하는 것으로 에너지 전환이라고도 한다.

engineer | 엔지니어 실제 문제를 해결하기 위해 기술적 지식과 과학적 지식을 모두 사용하는 사람.

engineering | 공학 요구를 충족시키거나 문제를 해결하기 위한 과학의 적용.

enzyme | 효소 1. 생물 내에서 화학 반응을 빠르게 해 주는 단백질의 한 종류. 2. 세포 내에서 반응의 활성 에너지를 줄여주는 생물학적 촉매.

epicenter | 진앙(진원지) 진원 바로 위에 있는 지구 표면의 지점.

epidermis | 표피 피부의 가장 바깥에 있는 층.

epiglottis | 후두덮개 호흡 기관의 틈을 막아주고 음식이 폐로 들어가는 것을 막아주는 덮개 조직.

epithelial tissue | 상피조직 몸의 내부와 외부 표면을 덮고 있는 신체 조직.

equinox | 분점 반구가 태양을 향해 기울지도 않고 또는 태양 반대 방향으로 기울지도 않는 일 년의 2일 중 1일.

era | 대 선캄브리아기와 현재 사이에 있는 3가지 긴 지질 시대 기간 중 하나.

erosion | 침식 물이나 빙하, 바람, 중력 등에 의해 암석과 토양의 풍화된 입자가 이동하는 과정.

esophagus | 식도 입과 위를 연결해 주는 근육질의 관.

estrogen | 에스트로겐 난소에서 만들어지는 호르몬으로 난자의 성장과 성인 여성의 특징을 조절한다.

estuary | 삼각강 강물의 담수와 소금기가 있는 바닷물이 섞이는 지대에 형성된 습지대의 한 종류.

eukaryote | 진핵세포생물 세포에 핵이 있는 생물.

eutrophication | 부영양화 시간이 흐름에 따라 담수호와 연못에 영양분이 축적되어 조류의 성장이 증가하는 현상.

evacuate | 대피 격한 날씨에 영향을 받을 수 있는 지역에서 임시로 피하는 것.

evaluating | 평가 결론에 도달하기 위해 관찰 결과와 데이터를 비교하는 것.

evaporation | 증발 액체 표면의 분자가 에너지를 충분히 흡수해서 기체로 변하는 과정.

evolution | 진화 고대의 생물에서 현재의 생물로 계속해서 변화하며 이어지는 과정.

excretion | 배설 노폐물을 체내에서 제거하는 과정.

excretory system | 배설계 몸에서 질소성 부산물과 과도한 염분 및 수분을 제거하는 기관계.

exocytosis | 세포외 유출 액포에 의해 입자를 세포막으로 둘러싸서 내용물을 세포 밖으로 내보내는 과정.

exoskeleton | 외골격 외부골격; 무척추 동물의 몸을 보호하고 지지해 주며 몸에서 수분이 증발하는 것을 막기 위해 덮여 있는 방수성 물질의 단단한 외부 골격.

exosphere | 외기권 열권(온도권)의 가장 바깥에 있는 층.

endothermic change | 발열 변화 에너지를 방출하는 변화.

endothermic reaction | 발열 반응 일반적으로 열의 형태로 에너지를 방출하는 반응.

exotic species | 외래종 사람이 새로운 지역에서 가져온 종.

experimental bias | 실험적 편파 특정 결과가 나올 개연성이 상대적으로 높게 되는 실험 계획 상의 오류.

exponential growth | 기하급수적 성장 한 집단에서 일정한 비율로 개체수가 증가하는 성장 경향으로 개체수가 더 많은 집단이 더 빠르게 성장한다.

external fertilization | 체외수정 알(난자)이 암컷의 몸 밖에서 수정되는 것.

extinct | 1. 멸종한 2. 사멸한 1. 모두 죽어서 살아 있는 개체가 하나도 없는 생물종 집단을 말할 때 사용하는 용어 2. 더 이상 활동하지 않고 다시 분출할 수 없는 화산을 설명할 때 사용하는 용어.

extinction | 멸종 한 종의 모든 개체가 세상에서 사라진 상태.

extrusion | 분출층 용암이 지구의 표면으로 흘러서 굳어진 화성암 층.

extrusive rock | 분출암(화산암) 지구 표면으로 나온 용암에서 생긴 화성암.

eyepiece | 대안렌즈 대물렌즈에 의해 형성된 상을 확대하는 렌즈.

F

Fahrenheit scale | 화씨 온도 척도 물이 어는점인 32° F와 끓는점인 212° F를 기준으로 하는 온도 척도.

Fallopian tube | 난관(나팔관) 난소에서 자궁으로 난자가 이동하는 통로.

farsighted | 원시성 멀리 있는 물체를 선명하게 볼 수 있고 가까이 있는 물체는 흐리게 보이는 상태를 지님.

farsightedness | 원시 멀리 있는 물체를 선명하게 볼 수 있고 가까이 있는 물체는 흐리게 보이는 상태.

fat | 지방 탄소, 산소, 수소로 이루어진 에너지가 있는 영양소.

fault | 단층 암석의 이동에 따라 생긴 지각의 균열.

feedback | 피드백 시스템을 변화시키나 시스템 자체적인 조정을 가능하게 하는 산출물.

fermentation | 발효 세포가 산소를 이용하지 않고 음식물 분자를 분해해서 에너지를 방출하는 과정.

fertility | 토양 비옥도 토양이 식물 성장을 지원하는 척도.

fertilization | 수정 작용 난자 세포와 정자 세포가 만나서 새로운 세포를 형성하는 유성 생식 과정.

fertilizer | 거름(비료) 작물이 잘 자라도록 양분을 공급해주는 물질.

fetus | 태아 발생 9주에서 태어나기 전까지 자라고 있는 아기.

field | 야외(현장) 모든 실험실 외부 지역.

filter feeder | 여과섭식자 물에서 먹이를 걸러내는 동물.

fishery | 어장 가치 있는 해양 생물의 개체수가 많은 지역.

flagellum | 편모 세포의 이동을 도와주는 길고 채찍같은 구조.

flood plain | 범람원 강을 따라 생긴 편평하고 넓은 토지.

flower | 꽃 속씨 식물의 생식 구조.

fluid friction | 유체 마찰 물체가 유체 속을 이동할 때 생기는 마찰.

focal point | 초점 평행한 광선이 거울(또는 렌즈)에 의해 반사(또는 굴절)된 후에 광학적 축의 한 곳에 모이거나 모이는 것처럼 보이는 점.

focus | 진원 응력 하에 암석이 처음 파열되어 지진을 야기하는 지표면의 아래 지점.

foliated | 엽상 수평한 층 또는 띠에 입자가 배열되어 있는 변성암을 설명할 때 사용하는 용어.

follicle | 모낭(털주머니) 피부의 진피 내에 있는 구조로 여기에서 털 한 가닥이 자란다.

food chain | 먹이사슬(먹이연쇄) 잡아 먹고 먹혀서 생물체에 에너지가 전달되는 생태계의 연속적인 과정.

food web | 먹이그물 생태계 다양한 생물 사이에서 겹쳐지는 먹이 관계 방식 또는 먹이사슬.

force | 작용력(힘) 물체를 밀거나 당기려는 것.

fossil | 화석 과거에 살았던 생물의 유체나 흔적이 보존되어 있는 것.

fossil fuel | 화석 연료 수백 만년 동안 형성된 고대 생물의 유체로 태우면 에너지가 발생되는 석탄이나 석유, 천연가스.

fracture | 1. 단구 2. 골절 1. 불규칙하게 쪼개져서 나타난 광물 표면의 모양. 2. 뼈가 부러지는 것.

free fall | 자유낙하 중력만이 작용하는 낙하 물체의 운동.

frequency | 진동수(주파수) 일정한 시간 동안 한 지점을 지나가는 전체 파동의 수.

frequency modulation | 주파수 변조 전파의 주파수를 변경해서 신호를 전송하는 방법.

friction | 마찰 1. 두 표면을 서로 문지를 때 서로의 표면에 작용하는 힘. 2. 서로 문질러서 전하를 띠지 않는 한 물체에서 다른 물체로 전자가 이동하는 것.

frond | 엽상체 양치 식물의 잎.

front | 전선 성질이 다른 기단이 만나지만 혼합되지 않는 경계.

frost wedging | 동결쐐기작용 물이 암석의 틈으로 들어간 후 얼고 팽창해서 암석을 쪼개는 과정.

fruit | 열매 하나 이상의 씨가 들어 있는 씨방 및 속씨식물의 다른 구조가 익은 것.

fruiting body | 자실체 균사가 많고 포자를 만드는 균류의 생식 구조.

fuel rod | 연료봉 원자로에서 분열을 일으키는 우라늄 봉.

fulcrum | 지레받침 지레 운동에서 고정된 점.

fundamental tone | 바탕음(기음) 물체 본래의 주파수 중에 가장 낮은 부분.

fungus | 균류 번식을 위해 포자를 이용하고
세포벽이 있는 진핵성 생물로 영양분을
흡수해서 살아가는 종속영양생물이다.

fuse | 퓨즈 회로에서 과도한 전류가 흐르면 녹게
되는 얇은 금속 조각으로 된 안전 장치.

G

galaxy | 은하 단일 별, 성계, 성단, 먼지, 가스
등이 중력에 의해 모여 있는 거대한 집합.

gallbladder | 담낭(쓸개) 간에서 만들어진
담즙을 저장하는 기관.

galvanometer | 검류계 전자석을 이용해서
적은 양의 전류를 감지하는 장치.

gametophyte | 배우체 식물의
라이프사이클에서 배우자 또는 생식 세포를
만드는 단계.

gamma rays | 감마선 파장이 가장 짧고
주파수가 가장 높은 전자기파.

gas | 기체 일정한 형태나 부피가 없는 물질의
상태.

gas giant | 가스상 거래혹성 외부 행성인 목성,
토성, 천왕성, 해왕성에 종종 붙여지는 이름.

gasohol | 가소홀 가솔린(휘발유)과 알콜의
혼합물.

gene | 유전자 형질을 결정하며 부모에서
자식으로 전해지는 DNA 배열.

gene therapy | 유전자 요법 의학적 질병이나
질환을 치료하기 위해 유전자를 바꾸는 과정.
결여되어 있거나 결함이 있는 유전자를 정상
유전자로 대체.

generator | 발전기 기계 에너지를 전기
에너지로 바꿔주는 장치.

genetic disorder | 유전 질환 유전자 또는
염색체를 통해 유전되는 비정상적인 상태.

genetic engineering | 유전공학 원하는 형질의
생물을 얻기 위해 한 개체의 DNA에서 다른
개체로 전달되는 유전자를 연구하는 공학
분야.

genetics | 유전학 유전을 연구하는 과학.

genome | 게놈 개체의 DNA를 담아서 전달하는
유전자 정보의 전체 집합.

genotype | 유전자형 한 생물체의 유전적 구성
또는 대립 유전자 조합.

genus | 속 몇 가지 유사점과 서로 관련있는
종이 모인 분류 등급.

geocentric | 지구중심설(천동설) 지구를
중심으로 행성과 별이 돈다는 우주의 모형을
지칭하는 용어.

geode | 정동 속에 광물 결정이 자라 있는 속이
빈 암석.

**Geographic Information System | 지리정보
시스템** 양방향 대화형 지도를 만들기 위해
사용되는 컴퓨터 하드웨어 및 소프트웨어
시스템.

geologic time scale | 지질연대표 지구의
역사에서 나타난 지질학적 사건과 생명
형태에 대한 기록.

geosphere | 지권 지각, 맨틀, 코어로 구성된
지구에서 가장 밀도가 높은 부분.

geostationary orbit | 정지궤도 지구 회전율과
같은 속도로 회전해서 언제나 같은 위치에
정지해 있는 것 같은 위성의 궤도.

geothermal energy | 지열 에너지 지구
내부에서 나오는 온도가 높은 열 에너지.

germination | 발아 휴면기 이후에 싹이 다시
성장을 시작할 때 씨 밖으로 싹이 나오는 것.

gestation period | 잉태 기간 포유류의
수정에서 출산까지 기간의 길이.

gill | 아가미 물과 혈액 사이에서 기체를
교환하는 깃털 모양의 구조.

gizzard | 모래주머니(사낭) 부분적으로 소화된
음식을 짓누르고 으깨주는 두꺼운 근육
벽으로 된 기관.

gland | 샘(선) 화학 물질을 생산하여 관을 통해
또는 혈류 내로 화학 물질을 배출하는 기관.

**Global Positioning System | 지구상 위치파악
시스템** 위성 신호를 이용해서 지구 표면의
전파 수신자의 위치를 검색하는 항법 시스템.

global winds | 대규모 바람 일정한 방향으로 먼
거리를 끊임없이 부는 바람.

globular cluster | 구상성단 둥근 모양으로 빽빽하게 모여 있는 오래된 별들의 집단.

glucose | 포도당 1. 체세포의 주 에너지원이 되는 당. 2. 많은 복잡한 탄수화물 중에 단량체인 단순 탄수화물(단당류).

Golgi apparatus | 골지체 단백질과 소포체에서 새로 만들어진 다른 물질을 받아서 포장한 후에 세포의 다른 기관으로 보내 주는 세포 기관.

gradualism | 점진주의 오랜 기간 동안 약간의 유전자 변화가 천천히 그리고 꾸준히 축적되는 특징이 있는 진화 형태.

grains | 입자 암석의 결을 이루는 광물이나 기타 암석의 입자.

granite | 화강암 대륙성 지각에서 발견되는 일반적으로 밝은 색의 화성암.

grassland | 초원 대부분 풀과 기타 초본 식물로 이루어진 지역으로 연간 강수량은 25cm - 75cm이다.

gravitational potential energy | 중력 위치에너지 물체의 높이에 따라 변하는 위치에너지.

gravity | 중력 물체를 아래로 움직이는 힘으로 물체 사이에서 서로 당기는 힘(인력).

greenhouse effect | 온실효과 행성의 대기에 존재하는 일정한 기체에 의해 행성 표면 부근의 열을 가두는 현상.

greenhouse gases | 온실가스 에너지를 가두는 대기 중의 기체.

groin | 방파제 침식을 막기 위해 해변 바깥쪽에 암석이나 콘크리트로 만든 벽.

grounded | 접지된 합선이 생겼을 때 전류가 전기회로로부터 직접 건물의 접지선을 통해 지면으로 흘러들어가도록 되어있는 상태.

groundwater | 지하수 지하 토양층과 암석층의 틈이나 빈 공간에 채워진 물.

group | 족 주기율표의 같은 세로열에 있는 원소로 계열이라고도 한다.

gully | 우열 폭풍우 후에 유거수가 지나가는 토양 내의 커다란 통로.

gymnosperm | 겉씨식물(나자식물) 씨를 열매로 감싸서 보호하지 않고 직접 구과의 표피에 씨를 만드는 식물.

H

habitat | 서식지 특정 생물이 살아가고 성장하며 번식하는 데 필요한 것을 제공해 주는 환경.

half-life | 반감기 방사성 원소의 원자 절반이 붕괴되는 데 소요되는 시간.

hazardous waste | 유해폐기물 적절히 폐기하지 않으면 해로울 수 있는 물질.

headland | 곶 바다쪽으로 삐죽 나온 해변 지대.

heat | 열 고온의 물체에서 저온의 물체로 이동하는 열 에너지.

heliocentric | 태양중심설(지동설) 태양을 중심으로 지구와 다른 행성이 돈다는 태양계의 모형을 지칭하는 용어.

hemoglobin | 헤모글로빈 철이 있는 단백질로 산소 분자와 화학적으로 결합하며 적혈구의 대부분을 이룬다.

heredity | 유전 부모에서 자식으로 형질의 전달.

hertz(Hz) | 헤르쯔(Hz) 주파수 측정 단위.

Hertzsprung-Russell diagram | 헤르쯔스프룽-러셀도(H-R도) 별의 표면 온도와 절대밝기의 관계를 나타낸 그래프.

heterotroph | 종속영양생물 스스로 영양분을 만들지 못하고 다른 생물을 소모해서 영양분을 얻는 생물.

heterozygous | 이형 접합체 특정 유전자에 대해 두 개의 다른 형질을 갖는 것.

hibernation | 동면 동물이 겨울에 상당히 활동을 줄인 상태.

histamine | 히스타민 알러지 증상에 대응하는 화학 물질.

homeostasis | 항상성 외부 환경이 바뀌어도 생물의 내부 환경을 안정적으로 유지하려는 상태.

homologous structures | 상동 구조 같은 조상에서 유전되어 서로 다른 종에서 비슷하게 나타나는 구조.

homozygous | 동형 접합체 특정 유전자에 대해 두 개의 동일한 형질을 갖는 것.

hormone | 호르몬 1. 성장과 발생에 영향을 주는 화학 물질. 2. 내분비선에 의해 만들어진 화학 물질.

host | 숙주 기생 생물이 그 안이나 위에 함께 살며 기생 생물이 살 수 있게 에너지원이나 적당한 환경을 공급해 주는 생물.

hot spot | 열점 맨틀의 깊은 곳에 존재하며 위에 있는 지각을 녹이는 마그마 지대.

Hubble's law | 허블의 법칙 멀리 떨어져 있는 은하일수록 더 빠르게 멀어져 간다는 관측.

humid subtropical | 습윤성 아열대 열대 기후 가장자리에서 볼 수 있는 습하고 따뜻한 기후.

humidity | 습도 부피가 일정한 부피에 존재하는 수증기의 양.

humus | 부식 토양 내의 짙은 색의 유기물.

hurricane | 허리케인 시속 약 119km 이상의 바람이 부는 열대성 폭풍.

hybrid | 잡종 한 형질에 대해 두 개의 대립유전자가 있는 이종 교배의 후손.

hybridization | 교잡 두 부모에서 최고의 형질을 모두 가져오기 위해 다른 개체와 교배하는 선택적 번식 방법.

hydrocarbon | 탄화수소 탄소 원자와 수소 원자만으로 이루어진 유기 화합물.

hydroelectric power | 수력발전 폭포나 댐에서 떨어지는 물의 운동에너지로 만들어지는 전기.

hydrogen ion | 수소 이온 수소 원자가 전자를 잃어서 양으로 하전된 이온(H+).

hydrosphere | 수권 바다, 빙하, 하천, 호수, 지하수, 수증기를 비롯한 모든 형태의 물로 이루어진 지구의 한 부분.

hydroxide ion | 수산화 이온 산소와 수소로 만들어진 음으로 하전된 이온(OH−).

hypertension | 고혈압 사람의 혈압이 정상 상태보다 계속 높게 나타나는 질환.

hyphae | 균사 다세포 균류의 몸에 있는 나뭇가지나 실과 같은 관.

hypothalamus | 시상하부 신경계와 내분비계에 연결된 뇌의 한 부분.

hypothesis | 가설 과학적 관찰 결과나 질문에 대한 해답에 대한 가능성 있는 설명으로 반드시 검증할 수 있어야 한다.

I

igneous rock | 화성암 지표 또는 지표 아래에서 녹았던 암석이 식어서 생긴 암석의 한 종류.

image | 상 광선의 반사와 굴절로 생긴 복사물.

immigration | 이입 특정 군집 지역 안으로의 외부 개체의 이동.

immune response | 면역반응 면역계 세포에서 특정 병원체(항원)를 목표로 하는 병원체(항체)로 각 병원체에 대응하는 신체 방어 반응.

immunity | 면역 병원체가 질병을 일으키기 전에 신체가 병원체를 파괴하는 능력.

impermeable | 불침투성 점토와 화강암과 같이 물이 쉽게 통과할 수 없는 물질의 특성.

imprinting | 각인 새로 부화한 조류와 새로 태어난 포유류가 처음 본 움직이는 사물을 따르는 학습 행위.

impulse | 충격 신경계에서 정보를 전달하는 전기적 신호.

inbreeding | 동계교배 형질이 유사한 두 개체를 연결하는 선택적 교배 방법.

incineration | 소각 고체 폐기물을 태우는 것.

inclined plane | 경사면 편평하고 경사진 면이 있는 간단한 장치.

incomplete dominance | 불완전 우성 한 형질이 다른 형질에 대해 완전히 우성을 나타내지 않는 상황.

incomplete metamorphosis | 불완전변태 알, 약충(애벌레), 성체의 3단계로 구분되는 변태의 한 종류.

index contour | 계곡선 지형도에서 등고선의 해발(높이)을 표시하는 굵은 등고선.

index fossil | 표준화석 짧은 지질시대 동안 넓게 분포되어 살았던 생물의 화석.

index of refraction | 굴절률 광선이 한 매질에서 다른 매질을 통과할 때 휘는 정도.

indicator | 지시약 산이나 염기가 존재하면 색이 변하는 화합물.

induction | 유도 물체를 직접 접촉하지 않고 한 물체의 전기장을 통해 다른 물체의 전하를 재분배하는 방법.

inductive reasoning | 귀납적 추리 보편화하기 위해 특정 관찰 결과를 사용하는 추리 방법.

inertia | 관성 운동의 변화에 저항하려는 물체의 성향.

infectious disease | 전염성 질병 몸 속에 있는 생물에 의해 생기는 질병으로 다른 생물체로 옮겨 갈 수 있다.

inflammatory response | 염증 반응 병원체에 대항하기 위해 혈액과 백혈구가 혈관에서 조직으로 흘러 나와 병원체를 파괴하여 몸을 방어하는 작용.

infrared radiation | 적외선복사 파장이 가시광선보다 길지만 마이크로파보다는 짧은 전자기파.

infrared rays | 적외선 마이크로파보다 파장이 짧고 주파수가 높은 전자기파.

inhibitor | 억제제 반응률을 감소시켜 주는 물질.

inner core | 내핵 지구 중심에 있는 철과 니켈로 이루어진 밀도가 높은 구형 고체.

inorganic | 무기물의 생물 또는 생물의 유해로부터 생성된 것이 아닌.

input | 투입(량) 시스템에 입력되는 물질, 에너지 또는 정보.

input force | 입력 기계에 가해진 힘.

insight learning | 통찰학습 이미 알고 있는 것을 적용해서 문제를 해결하거나 새로운 것을 하는 학습 과정.

instantaneous speed | 순간 속력 한 순간 시점에 있어서의 물체의 속력.

instinct | 본능 동물이 처음에도 올바로 행동하는 선천적 습성.

insulation | 단열재 건물 내부와 외부의 공기 사이에서 열 이동을 막기 위해 공기를 차단하는 물질.

insulator | 절연체 1. 열을 잘 전달하지 않는 물질. 2. 전하가 잘 흐르지 않는 물질.

insulin | 인슐린 췌장에서 만들어지며 세포가 혈액으로부터 포도당을 섭취하여 에너지로 사용할 수 있게 해주는 호르몬.

intensity | 세기 단위 면적을 통과하는 파동이 운반하는 초 당 에너지 양.

interference | 간섭 서로 만나는 파동 사이에 일어나는 상호 작용.

internal fertilization | 체내 수정 알(난자)이 암컷의 몸 안에서 수정되는 것.

interneuron | 사이신경세포 한 신경세포에서 다른 신경세포로 신경 충격을 전달하는 신경세포.

interphase | 간기 세포가 성장하고 DNA를 복사하는 단계로서 세포 분열 전에 발생하는 세포 주기의 첫 단계.

intertidal zone | 조간대 육지의 가장 높은 수위 지점과 가장 낮은 수위로 대륙붕이 드러난 지점의 사이 지대.

intestine | 장 소화가 완전히 이루어지고 음식이 흡수되는 기관.

intrusion | 관입층 지구 표면 아래에서 마그마가 굳어질 때 형성된 화성암 층.

intrusive rock | 관입암 지구 표면 아래에서 마그마가 굳어질 때 형성된 화성암.

inversely proportional | 반비례 두 변수의 곱이 상수인 변수 사이의 관계를 설명하는데 사용하는 용어.

invertebrate | 무척추동물 척추가 없는 동물.

involuntary muscle | 불수의근 의식적으로 조절할 수 없는 근육.

ion | 이온 전기적으로 하전된 원자 또는 원자의 집합.

ionic bond | 이온 결합 반대로 하전된 전하 사이의 인력.

ionic compound | 이온 결합 화합물 양이온과 음이온으로 이루어진 화합물.

ionosphere | 전리층(이온층) 열권(온도권)의 하부.

iris | 홍채 눈동자를 둘러싼 원형 근육으로 눈에 들어가는 빛의 양을 조절하고 눈동자의 색을 결정한다.

irregular galaxy | 불규칙 은하 일정한 형태가 없는 은하.

island arc | 호상열도 하나의 해양판이 두 번째 해양판 아래로 수렴한 결과로 형성된 화산열.

isobar | 등압선 기압이 같은 곳을 연결한 기상 지도 위의 선.

isotherm | 등온선 온도가 같은 곳을 연결한 기상 지도 위의 선.

isotope | 동위원소 같은 원소의 다른 원자들과 양성자 수는 같고 중성자 수가 다른 원자.

J

jet streams | 제트류 지구 표면에서 약 10km 위의 속도가 빠른 기류.

joule | 줄 1뉴턴-미터와 동일한 일의 단위.

K

karst topography | 카르스트 지형 표면 근처 석회암층에 깊은 계곡, 동굴, 함몰공(지호)이 생성된 지대.

karyotype | 핵형 세포에 쌍으로 모여 있는 인간의 모든 염색체가 큰 크기에서 작은 크기의 순서로 배열되어 있는 그림.

Kelvin scale | 켈빈 온도 척도 0도에서 더 이상 물질의 에너지를 제거할 수 없는 온도 척도.

kettle | 케틀 빙력토에 얼음 덩어리가 남게될 때 형성되는 작은 함몰지.

keystone species | 핵심종 한 생태계에서 다른 많은 종들의 생존에 영향을 주는 종.

kidney | 신장(콩팥) 혈액에서 요소와 다른 노폐물을 제거하는 배설계의 주요 기관.

kinetic energy | 운동 에너지 물체의 운동에 의해 생기는 에너지.

Kuiper belt | 카이퍼 벨트 해왕성 궤도를 지나 태양과 지구 간 거리의 약 100배 정도 연장된 지역.

L

La Niña | 라니냐 현상 태평양 동쪽의 수면 온도가 정상일 때보다 낮게 나타나는 기후 현상.

land breeze | 육풍 육지에서 바다로 부는 바람.

land reclamation | 토지 복원 토지를 더 자연스럽고 생산적인 상태로 회복하는 과정.

landform | 지형 지구 표면 형성 과정에서 생긴 지형학적 특징.

landform region | 지형대 주로 한 종류의 지형으로 이루어진 거대한 지형학적 지역.

large intestine | 대장 소화계의 마지막 부분으로 혈류로 수분을 흡수한 후에 나머지 물질을 몸 밖으로 배출한다.

larva | 유충 성체의 모습과 아주 다르게 보이는 동물의 유년기 형태.

larynx | 후두 후두개 아래에 있고 기관(호흡관)의 제일 위쪽 부분에 있는 소리 상자.

latitude | 위도 적도에서 북쪽 또는 남쪽까지의 거리를 나타내는 각도.

lava | 용암 표면으로 나온 액체 상태의 마그마.

law of conservation of energy | 에너지 보존의 법칙 에너지는 생성되거나 파괴될 수 없다는 법칙.

law of conservation of energy | 질량 보존의 법칙 모든 화학적 또는 물리적 변화 중에 물질의 총 질량은 생성되거나 파괴되지 않는다는 법칙.

law of conservation of energy | 운동량 보존의 법칙 외부의 작용력이 없으면 상호 작용하는 물체의 총 운동량은 변화하지 않는다는 법칙.

law of superposition | 지층누증의 법칙 퇴적암의 수평층에서 각 층은 위에 있는 층보다 오래된 것이고 아래의 층보다는 최근의 것이라는 지질 법칙.

law of universal gravitation | 만유인력의 법칙 우주에 존재하는 모든 물체가 다른 모든 물체를 당기려 하는 힘을 설명하는 과학 법칙.

leachate | 침출액 매립지에 물이 흘러 들어가서 매립된 폐기물의 화학 물질을 녹여서 만들어진 오염된 액체.

learning | 학습 연습과 경험을 바탕으로 습관이 변화하는 과정.

leeward | 바람의지(풍하) 불어오는 바람의 반대 편 산악 면.

lens | 1. 수정체 2. 렌즈 1. 눈에 들어온 빛의 초점을 맞추는 유연한 구조. 2. 빛을 굴절시키는 데 사용되는 곡면 형태의 유리 조각이나 기타 투명한 물질.

lever | 지레 고정된 점을 축으로 운동하는 단단한 막대기로 이루어진 간단한 기계.

lichen | 지의류(이끼) 균류와 조류 또는 독립영양세균이 두 생물 모두에 이익이 되는 관계 속에 함께 살아가는 조합.

ligament | 인대 관절에서 두 뼈를 결합해주는 강한 연결 조직.

light-year | 광년 빛이 1년 동안 이동한 거리로 약 9.5x1012km 이다.

limiting factor | 제한 요인 개체수를 감소시키는 환경 요인.

lipid | 지질 지방이나 기름, 왁스와 같이 탄소, 수소, 산소로 이루어진 에너지가 풍부한 유기화합물.

liquid | 액체 일정한 형태는 없지만 일정한 부피를 갖는 물질의 상태.

lithosphere | 암석권 맨틀과 지각의 최상위 부분을 이루는 단단한 층.

litter | 낙엽층 낙엽과 풀의 사체로 이루어진 비옥한 토양의 제일 위쪽 층.

liver | 간 소화계를 위해 담즙을 생산하는 것과 같이 체내 작용에서 많은 역할을 하는 신체 내부에서 제일 큰 기관.

loam | 양토(참흙) 점토, 모래, 침니(실트, silt)가 같은 비율로 이루어진 비옥한 토양.

loess | 황토 점토와 침니(실트)의 고운 입자로 이루어진 풍성(바람에 의해 형성된) 퇴적물.

long-day plant | 장일식물 식물의 밤 길이가 임계 밤 길이보다 짧을 때 꽃이 피는 식물.

longitude | 경도 본초 자오선에서 동쪽 또는 서쪽까지의 거리를 나타내는 각도.

longitudinal wave | 종파(세로파) 파동이 진행하는 방향과 평행한 방향으로 매질을 이동하는 파.

longshore drift | 연안표류 파동이 해안에 한 각도로 유입되서 물과 퇴적물이 해변 아래로 이동하는 것.

loudness | 소리크기 귀로 지각할 수 있는 소리 에너지 강도.

lunar eclipse | 개기월식 태양과 달 사이에 지구가 일직선으로 있을 때 달이 받는 태양 빛을 가리는 현상.

lung | 폐(허파) 1. 대기호흡을 하는 척추동물의 호흡기관으로 혈액의 산소와 이산화탄소를 교환한다. 2. 사람의 경우 둘 중 하나는 호흡계의 주요 기관이다.

luster | 광택 광물의 표면에서 빛을 반사하는 것.

lymph | 림프 물과 기타 용해성 물질로 이루어진 액체로 림프계에 모였다가 혈액으로 돌아간다.

lymph node | 림프절 림프를 여과하고 질병의 원인이 되는 박테리아와 기타 미생물을 붙잡는 림프계의 작은 조직 덩어리.

lymphatic system | 림프계 혈관에서 흘러 나온 액체를 혈류로 되돌리는 정맥같은 망상 조직.

lymphocyte | 림프구 각 병원체를 구별하는 백혈구.

lysosome | 리소좀 커다란 음식 입자를 잘게 분해하는 화학 물질을 갖고 있으며 이러한 물질을 세포의 다른 기관이 사용할 수 있도록 제공하는 세포 소기관.

M

machine | 기계 작동력의 양이나 거리, 방향 등을 변경하는 장치.

magma | 마그마 맨틀에서 암석 구성 물질, 기체, 물이 녹아서 만들어진 혼합물.

magnetic declination | 자기 편각 지리학적 북쪽과 나침반 바늘이 가리키는 북쪽 사이의 각.

magnetic field | 자기장 자기력이 작용하는 자석 주변의 영역.

magnetic force | 자기력 자기의 극이 상호 작용할 때 생기는 힘.

magnetic pole | 자극 자성이 있는 물체의 끝쪽으로 자기력이 가장 강하다.

magnetism | 자성 자기 물질의 인력 또는 반발력.

magnitude | 규모 지진파와 단층의 이동을 바탕으로 측정한 지진의 세기.

main sequence | 주계열 모든 별의 90% 이상이 포함되는 헤르쯔스프룽−러셀도(H−R 도)의 대각선 영역.

malleable | 전성 편평한 판으로 두드려 펴거나 늘일 수 있는 물질을 설명할 때 사용하는 용어.

mammal | 포유류 내부 열에 의해 체온이 일정하고 피부가 털이나 모피로 덮여 있고 어린 개체에 먹일 젖을 생산하는 유선(젖샘) 이 있는 척추동물.

mammary gland | 유선(젖샘) 어린 포유류를 위해 젖을 생산하는 포유류 암컷에 있는 기관.

manipulated variable | 조절변수 실험 중에 과학자가 변경하는 요소로 독립변수라고도 한다.

mantle | 맨틀 지구의 지각과 코어(핵) 사이에 있는 뜨거운 고체로 이루어진 물질층.

map projection | 지도 투영법 지구 표면 위의 점을 평면 지도에 이동하는데 도움이 되는 선의 구조.

maria | 마리아(바다) 거대한 고대 용암이 흘러서 형성된 달 표면의 어둡고 편평한 지역.

marine climate | 해양성 기후 비교적 따뜻한 겨울과 시원한 여름이 나타나는 일부 해안 지대의 기후.

marrow | 골수 뼈의 내부 공간에 채워져 있는 부드러운 연결 조직.

marsupial | 유대류 발생의 초기 단계로 태어나서 일반적으로 모체의 주머니에서 계속 성장하는 포유류.

mass | 질량 한 물체 내에 있는 물질 양의 수치.

mass extinction | 대멸종 많은 종류의 생물이 동시에 멸종하는 시기.

mass movement | 매스 무브먼트 퇴적물이 중력에 의해 아래로 이동하는 몇 가지 과정 중 하나.

mass number | 질량수 원자핵 내에 있는 양성자와 중성자의 합.

matter | 물질 질량이 있고 공간을 차지하는 모든 것.

mean | 평균값 데이터 집합의 평균을 숫자로 나타낸 값.

meander | 곡류하천 고리 모양의 굴곡이 있는 하천.

mechanical advantage | 기계적 확대율 기계에 작용되는 힘을 증가시킨 배율.

mechanical energy | 기계 에너지(역학 에너지) 물체의 운동이나 위치와 관련된 운동 에너지 또는 위치 에너지.

mechanical engineering | 기계 공학 기계의 설계, 제조, 작동 등을 연구하는 공학 분야.

mechanical wave | 기계파(역학파) 파동의 이동에 매질이 필요한 파.

mechanical weathering | 기계적 풍화 암석을 물리적으로 작은 입자로 쪼개는 풍화 작용.

median | 중앙 값 데이터 집합의 중간 숫자.

medium | 매질 파동이 통과하는 물질.

medusa | 메두사 열린 우산 모양이고 자유유영을 위해 적용된 자포동물류의 신체 형태 특징.

meiosis | 감수분열 생식세포(정자 및 난자) 의 형성에서 나타나며 염색체 수가 반으로 감소하는 과정.

melanin | 멜라닌 피부에 색이 나타나게 하는 색소.

melting point | 녹는점(용융점) 물질이 고체에서 액체로 변하는 온도 또는 액체가 고체로 변하는 온도로서 어는점(freezing point)과 같다.

meniscus | 둥근 마루 액체의 기둥에서 둥글게 휜 위쪽의 표면.

mercury barometer | 수은 기압계 부분적으로 수은이 채워진 유리관의 끝이 열린 쪽을 수은이 있는 접시에 담가서 기압의 변화를 측정하는 도구.

mesosphere | 중간권 성층권의 바로 위에 있는 지구의 대기층.

messenger RNA | 전령 RNA 아미노산 단백질 조합에 대한 복사된 정보를 DNA에서 세포질의 리보솜으로 전달하는 RNA 종류.

metabolism | 물질대사(대사) 생물이 물질을 만들고 분해하는 과정에 관련된 화학 반응의 조합.

metal | 금속 광택, 전성, 연성, 전도성 등의 특성이 있는 원소 종류.

metallic bond | 금속 결합 금속 양이온과 주변의 전자 사이의 인력.

metalloid | 준금속 금속과 비금속 모두의 특성을 일부 갖고 있는 원소.

metamorphic rock | 변성암 기존의 암석이 열이나 압력 또는 화학적 반응에 의해 변해서 생긴 암석의 종류.

metamorphosis | 변태 동물이 살아가는 주기 동안 몸의 모양과 형질이 현격하게 변화하는 과정.

meteor | 유성(별똥별) 유성체가 지구의 대기에서 소각되면서 하늘에 생기는 줄 모양의 빛.

meteorite | 운석 지구의 대기를 통과해서 표면에 떨어진 유성체.

meteoroid | 유성체 우주에 있는 일반적으로 소행성보다 작은 암석 또는 먼지 덩어리.

metric system | 미터법 숫자 10을 기준으로 한 측정 시스템.

microgravity | 미세중력 궤도 상에서 중력이 없음을 경험하는 상태.

microorganism | 미생물 현미경 없이는 관찰할 수 없는 아주 작은 생물.

microscope | 현미경 작은 물체를 크게 볼 수 있는 장치.

microwaves | 마이크로파(극초단파) 전파보다 파장이 짧고 주파수가 높은 전자기파.

mid-ocean ridge | 중앙해령 바다 밑의·발산성 판 경계에 새로 생긴 해저 산맥.

migration | 이동 동물이 먹이나 번식을 위해 한 환경에서 다른 환경으로 계절에 따라 정기적으로 이동하고 다시 돌아오는 것.

mineral | 광물 1. 유기적 과정을 거치지 않고 자연적으로 생긴 고체로 결정 구조와 일정한 화학 조직을 갖는다. 2. 생물에서 생성되지 않지만 신체에 작은 양이 필요한 영양소.

mirage | 신기루 빛의 굴절에 의해 멀리 있는 물체의 상이 온도가 변하는 대기를 이동해서 보이는 것.

mitochondria | 미토콘드리아 음식 분자의 에너지를 세포의 기능을 수행하기 위해 사용할 수 있는 에너지로 바꿔주는 막대 모양의 소기관.

mitosis | 유사분열 세포핵이 새로운 두 개의 핵과 DNA 집합으로 분리되어 각각의 딸세포에 분배되는 세포 주기의 두 번째 단계.

mixture | 혼합물 같은 공간에 함께 있지만 원자가 화학적으로 결합하지 않은 두 가지 이상의 물질.

mode | 최빈수 숫자 목록에서 가장 자주 나타나는 숫자.

model | 모형 복잡한 물체나 과정을 표현한 것으로서 직접 관찰할 수 없는 개념에 대한 이해를 돕는데 사용한다.

Modified Mercalli scale | 수정 머칼리 척도 (MM 스케일) 지진으로 인해 흔들리는 양을 비율로 나타난 척도.

Mohs hardness scale | 모스 경도 가장 연한 광물에서 가장 단단한 광물까지 10가지의 등급으로 나눈 척도로서 광물의 경도(굳기)를 측정하는 데 사용한다.

mold | 몰드 생물이나 생물의 일부분의 모양이 빈 공간으로 퇴적층에 남아 있는 화석의 종류.

molecular compound | 분자 화합물 분자로 이루어진 화합물.

molecule | 분자 공유결합에 의해 두 개 이상의 원자가 서로 붙들고 있는 중성 결합체.

mollusk | 연체동물 연하고 체절이 없는 몸 구조로 된 무척추동물로 대부분 단단한 외부 껍질로 보호된다.

molting | 탈피 외골격이 자라서 껍질을 벗는 과정.

moment magnitude scale | 모멘트 규모 (MMS) 지진으로 발생하는 총 에너지를 측정한 지진율 척도.

momentum | 운동량 물체의 질량과 속도의 곱.

monocot | 외떡잎식물 한 개의 떡잎 만 갖는 속씨식물(피자식물).

monotreme | 단공류 알을 낳는 포유류.

monsoon | 계절풍 계절에 따라 방향이 바뀌는 넓은 지역에 걸쳐 부는 해풍 또는 육풍.

moraine | 빙퇴석 빙하 모서리에 있는 빙적토에 의해 생긴 둔덕이.

motion | 운동 한 물체의 거리가 다르게 변화하는 상태.

motor neuron | 운동신경세포 충격을 근육이나 샘으로 보내는 신경세포로 근육이나 샘이 반응하는 원인이 된다.

mountain range | 산맥 모양, 구조, 지역, 연령이 밀접하게 연관된 산의 집합체.

mucus | 점액 몸에서 만들어진 걸쭉하고 미끄러운 물질.

multiple alleles | 복대립유전자 형질을 결정하는 유전자가 3개 이상이 가능한 대립유전자.

municipal solid waste | 도시형 고형 폐기물 사회의 가정, 기업, 학교 등에서 만들어진 폐기물.

mutation | 돌연변이 모든 형태의 유전자 또는 염색체 DNA 변화.

mutualism | 상리공생 두 종이 서로 이익을 주며 살아가는 공생의 한 종류.

N

natural selection | 자연 도태 환경에 가장 잘 적응하는 생물이 가장 쉽게 생존하고 번식하는 과정.

neap tide | 소조(조금) 조류의 높고 낮음이 반복되는 사이에 최소의 차이가 있는 조류.

nearsighted | 근시 가까이 있는 물체를 선명하게 볼 수 있고 멀리 있는 물체는 흐리게 보이는 상태를 지님.

nebula | 성운 우주에서 기체와 먼지로 이루어진 거대한 구름.

negative feedback | 음성 피드백 시스템이 만든 조건으로 시스템이 중단되는 과정.

nekton | 유영동물 전체 수중을 자유롭게 유영하며 이동할 수 있는 동물.

nephron | 네프론(신단위) 신장에 있는 작은 여과 구조로 혈액에서 노폐물을 제거하고 요소를 만든다.

neritic zone | 근해 간조일 때 위치에서 대륙붕의 끝쪽으로 연장한 해양 지역.

nerve | 신경 신경섬유의 다발.

nerve impulse | 신경 충격 신경세포가 전달하는 정보.

nervous system | 신경계 주변 환경에서 정보를 받아드리고 반응을 조절하는 기관계.

nervous tissue | 신경조직 뇌와 다른 신체 기관 사이에서 전기적 신호를 전달하는 신체 조직.

net force | 알짜힘(합력) 물체에 작용하는 각각의 힘이 서로 합쳐진 전체 힘.

neuron | 신경세포(뉴런) 신경계를 통해 정보를 전달하는 세포.

neutralization | 중화 생성 용액이 시약과 같이 산성이나 염기성이 아닌 산과 염기의 반응.

neutron | 중성자 전하가 없는 원자의 핵에 있는 작은 입자.

neutron star | 중성자별 초신성 폭발 이후에 남은 질량이 큰 물질로 이루어진 작고 밀도가 높은 별.

newton | 뉴턴 질량 1kg을 1m/sec2으로 가속하는 데 필요한 힘과 같은 측정 단위.

Newton's first law of motion | 뉴턴의 운동 제1법칙 힘이 작용하지 않으면 정지해 있는 물체는 계속 정지해 있으려 하고 일정한 속도와 방향으로 운동하는 물체는 계속 운동하려 한다는 과학 법칙.

niche | 생태적 지위 생물의 서식지에서 생물 요소 및 무생물 요소와 상호 작용하며 살아가는 형태.

nitrogen bases | 질소 염기 질소와 다른 원소로 이루어진 분자.

nitrogen fixation | 질소고정 자유 질소 기체를 플랜트에서 흡수해서 이용할 수 있는 질소 화합물로 변환하는 과정.

noble gas | 비활성 기체 주기율표의 18족 원소.

node | 마디 정상파에서 진폭이 영(zero)인 점.

nodule | 단괴 망간과 같은 금속이 껍질 조각 둘레에 쌓여 형성된 해저 바닥의 덩어리.

infectious disease | 비전염성 질병 병원균이 아닌 이유로 발생하는 질병.

nonpoint source | 비점오염원 특정한 발단점을 연결하기 어려운 범위가 넓은 오염원.

nonpolar bond | 비극성 결합 전자를 똑같이 공유하는 공유결합.

normal fault | 정단층 지각의 응력으로 인해 상반이 아래로 미끄러져 내려가는 단층의 종류.

notochord | 척색 척색동물의 신경색 바로 아래의 등을 지지하는 유연한 막대.

nuclear energy | 핵에너지(원자력) 원자핵 내에 저장된 잠재 에너지.

nuclear fission | 핵분열 원자의 핵이 두 개의 작은 핵과 중성자로 분열로서 많은 양의 에너지가 방출된다.

nuclear fusion | 핵융합 별에서 에너지를 만드는 과정으로 두 개의 원자핵이 큰 핵으로 결합하는 과정이며 더 무거운 원소가 만들어지고 거대한 양의 에너지가 방출된다.

nuclear reaction | 핵반응 하나의 원소가 다른 원소로 변화할 수 있는 원자핵 입자의 반응.

nucleic acid | 핵산 탄소, 산소, 수소, 질소, 인으로 만들어진 매우 큰 유기 분자로 세포가 수행해야 하는 모든 기능에 대한 정보가 포함되어 있다.

nucleus | 핵 1. 세포의 커다란 타원형 소기관으로 DNA 형태의 세포 유전 물질이 있고 여러 세포의 활동을 조절한다. 2. 양성자와 중성자가 있는 원자의 중심핵 3. 혜성의 단단한 핵.

nutrient | 영양소 1. 질소 또는 인과 같이 식물과 조류의 성장에 필요한 물질. 2. 생물의 기본적인 과정을 수행하는 데 필요한 원료 물질과 에너지를 제공해 주는 음식물.

nutrient depletion | 영양소 결핍 분해자가 지원할 수 있는 능력 이상의 토양 영양소를 사용할 때 나타나는 현상.

nymph | 약충(애벌레) 일반적으로 성충과 모습이 닮은 불완전 변태 단계.

O

objective | 1. 대물렌즈 2. 객관성 1. 물체에서 빛을 모으고 실제의 상을 만드는 렌즈. 2. 유효한 증거를 바탕으로 결정을 하거나 결론을 내리는 행동을 설명.

obsolete | 퇴화 더이상 사용하지 않는 것.

occluded | 차단 따뜻한 기단이 두 개의 차가운 기단 사이에 갇힌 부분의 앞쪽처럼 단절된 것.

Ohm's law | 옴의 법칙 회로의 저항은 전압을 전류로 나눈 값과 같다는 법칙.

omnivore | 잡식동물 식물과 동물 모두를 먹어서 에너지를 얻는 소비자.

Oort cloud | 오르트 구름 태양계를 둘러싼 구형의 혜성 지역.

opaque | 오파크(불투명체) 빛이 닿으면 모든 빛을 반사하거나 흡수하는 물질.

open circulatory system | 열린순환계 심장이 혈액을 몸의 열린 공간으로 뿜어 내고 혈액은 혈관으로 제한되지 않는 순환계.

open cluster | 산개성단 별이 무질서하게 흩어져 있는 형태의 성단으로서 포함되어 있는 별의 수는 몇 천개를 넘지 않는다.

open system | 개방계 물질이 주변의 외부를 드나들 수 있는 체계.

open-ocean zone | 외양대 대륙붕의 끝 너머에 있는 깊고 어두운 해양 지역.

optic nerve | 시신경 신호를 눈에서 뇌로 전달하는 짧고 두꺼운 신경.

optical axis | 광학축 거울을 반으로 가르는 가상의 선.

optical telescope | 망원경 가시광선을 모으고 집중하기 위해 렌즈나 거울을 사용하는 장치.

orbit | 궤도 우주에서 다른 물체의 주위를 회전하는 한 물체의 경로.

orbital velocity | 궤도속도 우주에서 한 물체 주위의 궤도를 이루기 위해 로켓이 도달해야 하는 속도.

organ | 기관 함께 작용하는 다른 종류의 조직으로 구성된 신체 구조.

organ system | 기관계 주요 기능을 수행하기 위해 함께 작용하는 기관의 집합체.

organelle | 소기관 세포 내에서 특정 기능을 수행하는 작은 세포 구조.

organic rock | 유기암 두꺼운 층에 생물의 유체가 퇴적되어 형성된 퇴적암.

osmosis | 삼투 선택성 침투막을 통과해서 물 분자가 확산 되는 것.

outer core | 외핵 지구의 내핵을 둘러싸고 있는 철과 니켈이 녹아 있는 층.

output | 생산 시스템에서 나온 물질, 에너지, 결과, 생성물 등.

output force | 출력 기계에서 물체에 가하는 힘.

ovary | 1. 씨방 2. 난소 1. 밑씨와 씨가 성장하도록 둘러싸고 보호하는 꽃의 구조. 2. 난자(알)와 에스트로젠을 생산하는 암컷의 생식계 기관.

overtone | 배음 기음의 진동이 배가된 자연 진동.

ovulation | 배란 성숙한 난자가 난소에서 난관 (나팔관)으로 방출되는 과정.

ovule | 밑씨(배주) 난세포를 포함한 여성 배우체를 생산하는 종자 식물의 식물 구조.

oxbow lake | 우각호 강에서 잘린 굽은 부분 (만곡부).

oxidation | 산화반응 철이 산화되어 녹이 생기는 것처럼 물질이 산소와 결합하는 화학 변화.

ozone | 오존 각각의 분자에 일반적인 산소 원자 2개 대신 3개가 있는 산소 형태로 지구의 표면 근처에서 형성되며 생물에게 독성이 있다.

ozone layer | 오존층 오존 농도가 다른 대기층보다 더 높은 상부의 대기층.

P

P wave | P 파 지층의 압축과 팽창을 일으키는 지진파의 한 유형.

pacemaker | 심장 박동 조절 기관 우심실에 위치한 세포군으로서 심장 근육의 수축과 심장 박동률을 조절하는 신호를 내보내는 기관.

paleontologist | 고생물학자 오래 전에 생존했던 생물체를 연구하기 위해 화석을 조사하는 과학자.

pancreas | 췌장 위장과 소장의 시작 부분 사이에 위치한 삼각형 모양의 기관으로서 영양분을 분해하는 소화 효소를 만든다.

Pangaea | 판게아 2억년 전에 분리되기 시작하여 오늘날의 대륙들을 형성한 단일 대륙의 이름.

parallax | 시차 서로 다른 장소에서 한 물체를 바라봤을 때 위치에 따른 시선의 분명한 차이.

parallel circuit | 병렬 회로 회로의 여러 부분이 개별적인 접점으로 접속되어 있는 전자 회로의 일종.

parasite | 기생생물 숙주와 함께 또는 숙주 내에서 기생 활동을 하며 살아 가면서 이득을 취하는 생물체.

parasitism | 기생 하나의 생물체가 숙주와 함께 또는 숙주 내에서 살면서 해를 입히는 공생의 한 형태.

passive immunity | 수동 면역 항체가 인체에서 자체적으로 만들어지는 것보다는 외부에서 주어져서 생기는 면역.

passive transport | 수동 수송 세포 자체의 에너지를 사용하지 않고 용해된 물질을 가지고 세포막을 통과시키는 수송.

pasteurization | 저온 살균 음식물 맛에 변화를 주지 않으면서 해로운 박테리아를 죽이기 위한 충분한 온도로 음식물을 가열하는 처리 방법.

pathogen | 병원체 질병을 일으키는 생물체.

peat | 이탄 습지 아래에 퇴적된 죽은 이끼류의 유체가 압축된 층.

pedigree | 가계 혈통 여러 세대에 걸쳐서 한 가족 내의 관계 속에 나타나는 특성의 현존이나 소멸을 보여 주는 도표.

penumbra | 반영 가장 어두운 부분을 둘러싸고 있는 그림자의 바깥 부분.

Percent Daily Value | 일일섭취권장량 하루에 2000칼로리를 소비하는 사람에게 필요한 영양분을 기준으로 한 번 공급 받는 음식에 들어 있는 영양분의 비율.

percent error | 백분율 오차 실험값이 얼마나 정확한지 또는 실제값에 얼마나 가까운지 결정하는데 사용되는 계산.

period | 기 1. 연대표에서 하나의 수평을 이루는 부분 시간대. 2. 지질학자가 연대를 구분하기 위해 쓰이는 지질학상의 시간 단위.

peripheral nervous system | 말초신경계 중추신경계의 외부에 위치한 모든 신경으로 구성된 신경계통 부분.

peristalsis | 연동 운동 식도를 통해 위장으로 음식물을 보내기 위한 근육의 원활하며 연속적인 수축 작용.

permafrost | 영구동토층 툰드라 생물 기후 지역에서 발견되는 영구히 동결되어 있는 토양.

permeable | 침수성 수분이 쉽게 흡수될 수 있도록 연결된 공간이나 작은 구멍을 가지고 있는 물질의 성질.

petrified fossil | 석화 화석 생물체의 전체나 일부가 광물로 대체된 화석.

petrochemical | 석유화학제품 석유를 원료로 하여 만든 화합물.

petroleum | 석유 액체 화석 연료, 원유.

pH scale | 산성도 용액 속의 수소 이온 농도를 이용하여 물질이 산성이거나 염기성임을 표시하는데 사용되는 일정 범위의 수치.

phagocyte | 포식세포 병원체를 삼키거나 분해해서 파괴시키는 백혈구.

pharynx | 인두 목구멍, 호흡기와 소화기의 기능을 갖는 부분.

phase | 위상 지구에서 본 달이 여러 각도의 빛을 받아 드러나는 모습들 중의 하나.

phenotype | 표현형 생물체의 실제 외형이나 보여지는 형질.

pheromone | 페로몬 동물이 분비하는 물질로서 같은 종에 속하는 다른 동물의 행위에 영향을 주는 화학물질.

phloem | 체관조직 식물에서 양분이 운반되는 통로가 되는 관 조직.

photochemical smog | 광화학 스모그 공해 물질이 태양광선과 반응하여 형성된 화합물과 오존의 혼합으로 생긴 갈색의 두터운 안개 층.

photoelectric effect | 광전 효과 어떤 물질에 빛을 쪼였을 때 그 물질에서 전자가 방출되는 현상.

photon | 광자 빛 에너지를 가진 작은 입자나 다발.

photoperiodism | 광주기성 계절적으로 밤과 낮의 길이 변화에 따라 생기는 식물의 반응.

photosphere | 광구 가시 광선을 방출하는 태양 대기의 내부층, 태양의 표면.

photosynthesis | 광합성 식물이나 독립영양생물이 이산화탄소와 수분과 함께 빛 에너지를 사용하여 영양분을 만드는 작용.

physical change | 물리적 변화 어떤 물질이 다른 물질로 바뀌지 않으면서 모양이나 형태가 변화하는 현상.

physical property | 물리적 성질 어떤 물질이 다른 물질로의 변화가 없는 상태에서 관찰 되어지는 순수한 고유의 특성.

pigment | 색소 1. 일정 빛을 흡수하여 한 가지 색을 띠는 화합물. 2. 다른 물질을 착색시키는데 이용되는 색채 물질.

pioneer species | 개척종 천이과정 중에서 가장 처음 어떤 지역에 정착하는 생물의 종.

pipe | 파이프 마그마 저장소에서 지표까지 마그마가 이동하는 긴 통로 모양의 관.

pistil | 암술 꽃의 암 생식 기관.

pitch | 피치 감지한 소리의 높고 낮음을 나타내는 표현.

pituitary gland | 뇌하수체 내분비선의 하나로서 많은 신체 활동을 조절하고 여러 다른 내분비선의 작용을 제어함.

pixel | 픽셀 보통 작은 점이나 네모 모양으로 나타나는 디지털 이미지의 최소 단위.

placenta | 태반 인류를 포함하여 새끼를 밴 포유류에 있는 기관으로서 모체와 성장중인 배아를 연결해 주고 둘 사이에 대사물질 교환을 담당함.

placental mammal | 유태반 포유동물 자신의 신체 계통이 독립적으로 활동할 수 있을 때까지 모체의 몸 속에서 성장하는 포유동물.

plain | 평원 평탄한 지형 또는 경사가 완만한 지대로서 낮게 형성되어 있는 지형.

plane mirror | 평면 거울 평평한 거울로서 물체와 같은 크기 그대로의 허상을 보여주는 것.

planet | 행성 항성 주위를 회전하는 물체로서 자체 인력으로 공전할 수 있을 정도의 크기를 가지며 공전 궤도가 분명함.

planetesimal | 미행성체 행성의 덩어리를 형성하는데 모여진 작은 운석 같은 조각.

plankton | 플랑크톤 물 속에 부유하는 작은 조류나 동물로서 파도나 물의 흐름에 따라 이동한다.

plasma | 플라스마 1. 혈액의 액체 부분. 2. 전자가 이탈된 원자와 자유 전자의 혼합으로 구성되어 있는 가스 상태의 물질.

plate | 판 연약권 위에서 천천히 이동하면서 대륙지각과 해양지각을 움직이는 암석권의 일부.

plate tectonics | 판구조론 맨틀의 대류에 의해 지구의 암석권 조각들이 지속적으로 움직인다고 보는 이론.

plateau | 고원 높은 지대에 있으면서 어느 정도 평탄한 표면을 유지하는 커다란 지형.

platelet | 혈소판 혈액을 응고시키는데 중요한 역할을 하는 혈액 세포의 일부.

plucking | 굴식 빙하가 지표를 따라 흐르면서 암석을 긁어 내는 과정을 말함.

point source | 점오염원 오염의 구체적인 원인으로서 분명하게 확인이 가능함.

polar bond | 극성 결합 분자 내에서 전자를 비균등하게 차지하는 공유 결합.

polar zones | 한대 북위 66.5도에서 90도, 남위 66.5도에서 90도까지에 이르는 양극(북극과 남극)에 가까운 지역.

polarization | 분극 원자 내에서 전자를 움직이게 하는 외부의 전기장에 의해 전자가 끌리거나 밀리는 현상.

polarized light | 편광 빛이 필터를 통과하여 모든 빛의 진동이 서로 평행한 방향으로 이루어진 것.

pollen | 꽃가루 씨를 만드는 식물에 의해 만들어진 작은 알갱이(수 배우체)로서 후에 정자를 이루는 세포가 담겨 있다.

pollination | 수분 식물에 있는 수생식 구조에서 암생식 구조로의 꽃가루의 전이.

polyatomic ion | 다원자 이온 하나 이상의 원자가 모여서 만들어진 이온.

polygenic inheritance | 다인자 유전 인간의 신장과 같이 둘 또는 그 이상의 유전자에 의해 통제되는 유전적 특성.

polyp | 폴립 꽃병 모양의 자포동물문 체형을 가지며 주로 수면 아래에서 고착되어 생활함.

population | 개체군 같은 지역에서 생존하는 한 생물종의 모든 집단.

population density | 개체군 밀도 일정 단위 지역에 있는 개체의 수.

potential energy | 위치 에너지 위치에 따라 물체가 가지는 에너지. 화학 결합 속에 저장된 에너지와 같이 이 에너지도 물체 내부에 지니고 있다.

power | 일률 일정 형태의 에너지가 다른 에너지로 전달되는 비율.

precipitate | 침전 화학 반응 중에 용액에서 고체가 형성되는 현상.

precision | 정밀도 한 그룹의 측정이 얼마나 정확한지 나타내는 정도.

predation | 포식 하나의 생명체가 먹이나 영양분을 위해 다른 생명체를 죽이는 행위.

predator | 포식자 포식 행위로 살생을 하는 생명체.

pressure | 압력 표면의 단위 면적을 누르는 힘.

prey | 먹이 포식 행위를 통해 다른 개체에게 죽임을 당하거나 먹히는 생명체.

primary succession | 1차 천이 토양 또는 생물이 존재하지 않는 지역에서 발생하는 일련의 변화.

prime meridian | 본초 자오선 북극과 남극을 연결하는 반원을 그리는 선으로 영국의 Greenwich(그리니치)를 통과하는 경선.

producer | 생산자 스스로 양분을 만들어 낼 수 있는 생명체.

product | 생산물 화학 반응의 결과로 생성되는 물질.

prokaryote | 원핵 생물 세포핵과 다른 세포 구조가 없는 단세포 생명체.

prominence | 홍염 태양의 거대하며 붉은 기체구름으로 태양의 표면에서 분출되며 태양의 흑점군과 관련이 있다.

protein | 단백질 탄소, 수소, 산소, 질소로 이루어 졌으며 때로는 황이 첨가된 유기 복합 고분자를 말함.

protist | 원생 생물 동물, 식물, 진균류로 구분할 수 없는 진핵 생물체.

protons | 양성자 원자의 핵에서 발견되며 양전하를 띠고 있는 작은 입자.

protostar | 원시성 항성을 형성하기에 충분한 질량을 가진 가스와 먼지가 응축된 구름.

prototype | 시제품 설계를 평가하기 위해 만들어진 초기 모델.

protozoan | 원생 동물 단세포이며 동물성을 지닌 원생 생물.

pseudopod | 위족 원생 생물체에 있는 것으로 먹이를 잡거나 움직이는데 사용되는 세포질의 일시적인 돌기 부분이며 '헛발' 이라고 불림.

psychrometer | 건습구습도계 상대 습도를 측정하기 위해 사용되는 기구.

pulley | 도르래 밧줄이나 케이블을 감을 수 있도록 홈이 파인 바퀴로 구성된 단순한 도구.

pulsar | 펄서 고속으로 회전하는 중성자 별로서 전파를 방출한다.

punctuated equilibrium | 단속 평형 장시간의 안정적인 시기를 갖다가 단시간의 신속한 변화를 일으킨다고 보는 진화의 형태.

Punnett square | 파네트 배열 유전적 교차로 발생할 수 있는 모든 가능한 대립 유전자 형질을 보여주는 도표.

pupa | 번데기 유충이 성충으로 자라면서 나타나는 완전변태의 세번째 단계.

pupil | 동공 홍채의 중심에 열린 부분으로 이것을 통해 눈 안으로 빛이 들어 온다.

purebred | 순혈종 같은 형질을 가진 종끼리 교배되어 나온 어린 동물.

pyroclastic flow | 화산쇄설류 화산의 폭발적인 분출로 인해 분화구 주위로 화산재, 화산탄, 가스 등이 흘러 내리는 것.

Q

qualitative observation | 정성 관찰 숫자로 표현될 수 없는 특성을 다루는 관찰 방법.

quantitative observation | 정량 관찰 숫자나 양을 다루는 관찰 방법.

quasar | 퀘이사 매우 밝으며 중심부에는 거대한 블랙홀을 가지고 있고 먼 거리에 있는 은하계.

R

radial symmetry | 방사 대칭 동물체의 중심점을 지나는 임의의 가상선에 의해 나눠지는 이미지가 거울 이미지처럼 같은 경우를 나타내는 몸의 구조.

radiation | 복사 전자기파에 의한 에너지의
전달 방식.

radiation zone | 복사층 태양 내부에 가스로
밀집되어 있는 층으로서 주로 전자기 복사의
형태로 에너지가 전달되는 곳.

radio telescope | 전파 망원경 우주의 물체에서
발생하는 전파를 감지하는데 사용되는 기기.

radio waves | 전파 가장 긴 파장과 낮은
진동수를 가진 전자기파.

radioactive dating | 방사능 연대 측정 하나
또는 그 이상의 방사능 동위 원소의 반감기를
이용하여 물체의 나이를 측정하는 방법.

radioactive decay | 방사능 붕괴 방사능 물질의
핵이 분해되면서 고속으로 움직이는 입자와
에너지가 방출되는 과정.

radioactivity | 방사능 불안정한 원자의 핵에
의한 자발적인 에너지 복사 방출.

radon | 라돈 색깔과 냄새가 없는 방사성 기체.

radula | 치설 연체 동물이 갖고 있는 유연한
리본 형태의 작은 이빨들.

rain forest | 우림 대개 열대의 습한 기후 지역에
있으면서 연평균 강수량이 적어도 2m가 되는
곳의 숲을 말함.

range | 범위 일련의 데이터에서 가장 큰 값과
가장 작은 값의 차이를 말함.

rarefaction | 희박상 진동 매질이 멀리
떨어지면서 나타나는 종파의 일부.

ray | 광선 광파를 표현하는데 사용되는 직선.

reactant | 반응물 화학 반응에 첨가되는 물질.

reactivity | 반응성 하나의 성분이 다른
성분이나 혼합물과 결합하거나 반응할 때의
용이성과 신속성의 정도.

reactor vessel | 원자로 용기 원자로의 일부로서
핵분열이 일어나는 곳.

real image | 실상 광선이 교차되어 형성된
거꾸로 보이는 이미지.

recessive allele | 열성 형질 우성 형질이 드러날
때 숨겨지는 유전 형질.

red blood cell | 적혈구 폐에서 산소를 받아
신체의 세포에 전달해 주는 혈액 세포.

reference point | 기준점 물체의 움직임을
판단하기 위해 비교하려고 사용되는 위치
또는 대상.

refinery | 정제소 원유를 가열하여 연료나 다른
제품으로 분리하는 공장.

reflecting telescope | 반사 망원경 오목 거울을
사용하여 빛을 모아 상이 맺히게 하는 망원경.

reflection | 반사 물체나 파동이 통과할 수 없는
표면에 부딪혔을 때 반대 방향으로 튀어
나오는 현상.

reflex | 반사 작용 의식적인 조절이 없이
즉각적으로 일어나는 자동적인 반응.

refracting telescope | 굴절 망원경 볼록
렌즈를 사용하여 빛을 모아 상이 맺히게 하는
망원경.

refraction | 굴절 파동이 어느 한 각도로 새로운
매질에 진입할 때 속도의 변화로 생기는
파동의 굽힘 현상.

regular reflection | 정반사 평행 광선이 평평한
표면에 부딪혀 모두 같은 각도로 반사되는
현상.

relative age | 상대 나이 다른 암석들의 나이와
비교하여 추정된 암석의 나이.

relative humidity | 상대 습도 특정 온도에서
공기 중에 포함될 수 있는 최대 수증기양과
비교하여 현재 공기 중에 포함된 수증기양을
백분율로 나타낸 것.

relief | 경사 한 지역에서 가장 높은 곳과 가장
낮은 곳 사이의 높이 차이를 말함.

remote sensing | 원격 탐사 인공위성이나
측정 기기를 사용하여 우주에서 지구와 다른
물체에 관한 정보를 수집하는 것.

replacement | 치환 하나의 화합물에서 한
성분이 다른 성분을 대체하거나 두 성분이
서로 다른 화합물에서 위치를 교환하는
반응을 말함.

replication | 복제 세포 분열이 일어나기 전에
세포핵에서 DNA의 복사가 일어나는 과정.

reptile | 파충류 주변 환경의 온도에 따라
체온이 결정되는 척추동물로서 허파와 비늘을
가지고 있고 육지에 알을 낳는 동물.

Reservoir | 저수지 사람들이 사용할 수 있도록 물을 저장하는 인공 호수.

resistance | 저항 한 물체를 전류가 통과하는 어려움의 정도를 나타내는 측정값.

resonance | 공명 외부의 진동이 한 물체의 고유 진동과 일치할 때 진동이 증폭되는 현상.

respiratory system | 호흡계 기관계의 일종으로 이를 통해 기관이 주위 환경과 가스 교환을 할 수 있음.

responding variable | 응답 변수 실험에서 조작이나 독립변수의 변화에 따라 바뀌는 요소이며 종속 변수라고 불리기도 함.

response | 반응 자극의 결과로 발생하는 활동이나 행위의 변화를 말함.

retina | 망막 안구의 뒤쪽에 있으며 그 위에 상이 맺히는 감각 세포층.

reverse fault | 역단층 지각이 압축을 받아 상반이 하반 위로 미끄러져 올라간 형태의 단층.

revolution | 공전 한 물체가 다른 물체의 주위를 회전하는 운동.

rhizoid | 헛뿌리 가늘며 뿌리 같은 구조로 되어 있고 늪지에 자리 잡으면서 식물을 위해 수분과 양분을 흡수하는 구조물.

ribosome | 리보솜 작은 곡식알 모양의 세포 기관으로서 세포질 내에서 단백질을 생성함.

Richter scale | 리히터 척도 지진파의 크기를 기반으로 하여 지진의 강도를 표시하는 방법.

rift valley | 열곡 두 지반이 서로 떨어져 나가면서 형성된 깊은 계곡.

rill | 세류 물이 흐르면서 토양 위에 만들어진 작게 파인 자국.

ring | 고리 행성 주위를 둘러싸고 있는 작은 얼음과 암석으로 이루어진 원판 모양의 띠.

rip current | 이안류 좁게 열린 틈을 통해 해변에서 바다 쪽으로 산발적으로 짧게 흐르는 강하고 좁은 해류.

risk-benefit analysis | 위험-이익 분석 기대되는 이익과 비교하여 기술적으로 발생할 수 있는 문제를 평가하는 분석방법.

rock cycle | 암석의 순환 지구 표면과 내부에서 암석이 천천히 다른 상태로 바뀌는 일련의 과정.

rock-forming mineral | 조암광물 지구의 지각에 있는 대부분의 암석을 구성하는 공통적인 광물.

rods | 간상세포 망막에 있으면서 흐릿한 빛을 감지하는 세포.

rolling friction | 구름 마찰 한 물체가 표면 위를 구를 때 발생하는 마찰.

root cap | 근관 뿌리가 토양 속으로 자랄 때 상처 받지 않도록 뿌리를 보호하기 위해 뿌리 끝을 덮고 있는 조직.

rotation | 자전 행성이 그 축을 중심으로 회전하는 운동.

rover | 로버 행성이나 달 표면 위에서 움직일 수 있는 작은 로봇형의 우주 탐색기.

runoff | 유거수 땅 속으로 흡수되지 않고 지표 위를 흐르는 물.

S

S wave | S 파 파동의 진행 방향에 수직으로 진동하는 지진파의 한 유형.

salinity | 염도 일정량의 물에 녹아 있는 염류의 총 양.

salt | 염 산과 염기가 반응하여 중화를 이루면서 만들어진 이온 화합물.

sanitary landfill | 위생 매립 도시에서 나오는 고체 상태의 폐기물, 건축 잔해, 농업 및 산업 폐기물 등과 같은 유해하지 않은 폐기물을 땅 속에 묻는 매립 방법.

satellite | 위성 1. 행성 주위를 회전하는 물체. 2. 다른 물체 주위를 회전하는 어떤 물체.

saturated solution | 포화 용액 주어진 온도에서 용해될 수 있는 최대한의 용질을 포함하는 용액을 말함.

saturated zone | 포화대 틈이나 작은 구멍으로 물이 스며들어 채워진 침수성 암석이나 토양으로 이루어진 지역.

savanna | 사바나 적도 근처에 위치한 초원으로 관목이나 작은 나무가 있고 연평균 강수량이 120cm정도인 지역.

scale | 축척 지구 표면의 실제 거리와 비교하여 지도나 지구본 위의 거리의 비율을 나타낼 때 사용함.

scattering | 산란 모든 방향으로 빛이 반사되는 현상.

scavenger | 부식 동물 동물의 시체나 썩어가는 생명체를 먹이로 하는 육식 동물.

scientific law | 과학적 법칙 과학자가 특별하게 설정된 조건 하에서 어떤 일이 반복되는 것을 기대할 때 이 사건을 설명하는 법칙.

scientific notation | 유효숫자 표기법 10의 제곱수를 사용하여 숫자를 표기하는 수학적 방법.

scientific theory | 과학 이론 광범위한 관찰과 실험 결과로 올바르게 평가된 이론.

scrotum | 음낭 고환이 들어 있으며 외부에 돌출되어 있는 피부 주머니.

sea breeze | 해풍 바다나 호수에서 육지로 향해 부는 차가운 공기의 흐름.

sea-floor spreading | 해저 확장 해저에서 새로운 해양 지각에 용융 물질이 더해져 확장되는 현상.

seamount | 해산 바다 속 심해저 평원에서 올라온 경사도가 높은 화산.

secondary succession | 2차 천이 생태계의 균형이 파괴되었으나 토양이나 생명체가 남아 있는 지역에서 발생하는 일련의 변화.

sediment | 퇴적물 암석이나 생명체의 잔여물에서 나온 작은 고체 알갱이로 이루어진 물질 또는 침식 작용에 의해 쌓여진 지각 물질.

sedimentary rock | 퇴적암 다른 암석의 조각이나 식물과 동물의 잔여물이 압축을 받아 서로 단단하게 굳어져서 형성된 암석의 종류.

seismic wave | 지진파 지진이 발생했을 때 방출된 에너지를 전달하면서 지각을 통해 전파되는 진동을 말함.

seismogram | 진동 기록 지진계에 의해 만들어진 지진파의 기록.

seismograph | 지진계 지진파가 지각을 통해 전달되면서 생겨난 지표의 움직임을 기록하는 장치.

selective breeding | 선택 육종 기대하는 유전 형질을 가진 생명체에서 다음 세대가 태어나도록 교배하는 방법.

selective cutting | 택벌 한 지역에서 특정 종류의 나무를 자르는 행위.

selectively permeable | 선택 투과성 세포벽을 통하여 어떤 물질은 통과되고 다른 물질은 통과되지 못하게 하는 성질.

semicircular canals | 세반고리관 인체의 균형 감각을 담당하고 있는 귀 내부에 있는 기관.

semiconductor | 반도체 특정 조건 하에서 전류를 흐르게 하는 물질.

sensory neuron | 감각 신경 외부 또는 내부 환경에서 오는 자극을 받아 들이는 신경 세포이며 각각의 자극을 신경 신호로 전환한다.

sepal | 꽃받침 꽃봉오리를 보호하고 감싸는 잎사귀 모양의 구성체.

series circuit | 직렬 회로 전자 회로의 모든 부분이 하나의 경로를 따라 일렬로 연결되어 있는 것.

sex chromosomes | 성염색체 한 사람이 남성인지 여성인지를 결정해주는 유전자를 지니고 있는 한 쌍의 염색체.

sex-linked gene | 반성 유전자 성염색체 (X 또는 Y)에 들어 있는 유전자를 말함.

sexual reproduction | 유성생식 부모가 둘의 유전 형질을 합쳐서 부모와 다른 새로운 개체를 만들어 내는 생식 과정.

shared derived characteristic | 공유파생형질 가죽 등과 같이 한 그룹의 공통 조상이 지녔으며 후손에게 전해지는 형질이나 특성.

shearing | 전단력 암석의 몸체를 한 면과 평행하게 서로 반대 방향으로 밀어내는 힘.

shield volcano | 순상 화산 점진적인
용암분출로 인하여 용암층이 만들어져 넓고
완만한 경사를 이루는 화산.

short circuit | 회로의 합선 전류가 가장 저항이
작은 쪽으로 흐르도록 하는 연결.

short-day plant | 단일 식물 해당 식물의 임계
밤의 길이보다 밤이 길어져야 꽃을 피우는
식물.

significant figures | 유효 숫자 측정값에서
정확하게 측정된 자리 숫자와 추정된 마지막
자리 숫자를 포함하는 모든 자리 수.

silica | 실리카 산소와 규소 성분으로 형성된
물질로서 마그마에서 발견되며 지구의 지각과
맨틀을 이루는 주요 물질이다.

sill | 암상 암석층 사이로 마그마가 스며들 때
형성된 판 모양의 화산암.

skeletal muscle | 골격근 골격의 뼈에 붙어
있는 근육으로 뼈를 움직이는 힘을 전달하며
가로무늬근이라고 불리기도 함.

sliding friction | 미끄럼 마찰 한 고체 표면이
다른 고체 표면 위에서 미끄러지며 발생하는
마찰.

small intestine | 소장 소화계의 한 기관으로
대부분의 화학적 소화가 이루어지는 곳.

smooth muscle | 평활근 신체의 많은 내부
기관에서 발견되며 자율적으로 움직이는
불수의근.

society | 집단 같은 종류의 동물이 밀접하게
관련되는 모임으로 그룹의 이익을 위해 매우
짜임새 있는 방식으로 협력하는 단체.

soil horizon | 토양 층위 위 아래의 층과 색깔과
조직이 다른 하나의 토양 층.

solar eclipse | 일식 달이 정확히 해와 지구
사이에 위치할 때 지구에 오는 햇빛을 가려서
일어나는 현상.

solar flare | 태양 폭발 태양 표면에서 가스가
분출하는 것으로 태양 흑점 부근의 고리가
갑자기 연결될 때 발생함.

solar wind | 태양풍 전기적으로 전하를 가진
입자의 흐름으로 태양의 코로나에서 방출됨.

solenoid | 솔레노이드 전류가 흐르는 전선의
코일.

solstice | 지점 태양의 겉보기 경로가 지구
적도에서 북쪽 또는 남쪽으로 가장 멀리 있는
일년 중의 이틀 중 하루 .

solubility | 용해도 주어진 온도에서 주어진
용매에 용해될 수 있는 용질의 양을 측정하는
것.

solute | 용질 용매 속에 녹아 있는 용액의
일부를 말함.

solution | 용액 전체적으로 같은 조성을 띠고
하나의 용매와 적어도 하나 이상의 용질을
포함하는 혼합물로서 하나의 물질이 다른
물질에 녹아 있는 것.

solvent | 용매 용액의 일부로서 대체로 가장
많은 양을 차지하고 용질을 녹이는 물질.

**somatic nervous system |
체성신경계** 말초신경계에서 의식적인 작용을
조절하는 신경의 집합.

sonar | 음파탐지기 반사된 음파를 이용하여 물
속에 있는 물체까지의 거리를 측정하거나
위치를 찾아내는 장치.

sonogram | 초음파 영상 반사된 초음파를
사용하여 만들어낸 이미지.

space probe | 우주 탐색기 여러 과학 장치를
가진 우주 조사 기기로서 영상 이미지와
같은 자료를 수집하는 기능이 있으며 무인
탐색기이다.

species | 종 유사한 생명체의 집단으로 서로
짝짓기할 수 있으며 자손을 낳고 그 자손들이
또한 교배하여 재생산할 수 있다.

specific heat | 비열 어떤 물체 1kg을 1
캘빈온도(1°C에 해당함) 올리는데 필요한
열량.

spectrograph | 분광기 빛을 색깔별로 분리하여
결과를 스펙트럼 상으로 나타내는 기기.

spectrum | 스펙트럼 전자기파의 파장 범위.

speed | 속력 단위 시간 동안 물체가 이동한
거리.

spinal cord | 척수 뇌와 말초신경계에 해당하는
대부분의 신경을 연결해 주는 굵은 줄기
형태의 신경 조직.

spiral galaxy | 나선 성운 붉어진 중심부와 팔처럼 뻗어 나온 것이 바람개비 모양으로 휘어진 형태의 은하.

spit | 사취 해안가에 손가락 모양으로 바다쪽을 향해 돌출되어 나온 좁고 긴 해변을 말함.

spongy bone | 해면뼈 치밀뼈층의 안쪽에서 발견되며 다수의 작은 구멍들을 가지고 있는 뼈조직층.

spontaneous generation | 자연발생설 무생물적 물질로부터 생명체가 발생한다는 잘못된 학설.

spore | 포자 박테리아, 원생생물 및 곰팡이에 있는 것으로 적합하지 않은 환경에서도 생존할 수 있으며 새로운 생명체를 만들어 가는 작은 세포.

sporophyte | 포자체 포자를 만드는 식물의 생명 주기의 한 단계.

spring tide | 사리 연속적인 만조와 간조 사이에 최대 차이를 보이는 조석.

stalactite | 종유석 동굴의 천정에 매달린 고드름 같이 생긴 암석.

stalagmite | 석순 동굴의 바닥에서 위로 자라난 기둥같이 생긴 암석.

stamen | 수술 꽃의 수 생식 기관.

standing wave | 정상파 두 파동이 간섭을 하지만 서로 통과하기 때문에 한 장소에 머물러 있듯이 보이는 파동.

star | 별 주로 수소와 헬륨으로 되어 있고 핵융합을 일으키는 뜨거운 가스 덩어리.

static discharge | 정전기 방전 한 물체에서 전하가 다른 물체로 전달되면서 정전기를 잃는 현상.

static electricity | 정전기 어떤 물체에 축적된 전하.

static friction | 정지 마찰 움직이지 않는 두 물체 사이에 작용하는 마찰.

steppe | 초원 반건조 지대에서 발견되는 목초지.

stimulant | 흥분제 신체의 작용을 가속화하는 약물.

stimulus | 자극 환경으로부터 오는 변화 또는 신호로 신체 기관이 어떤 방식으로 반응하게 한다.

stoma | 기공 잎사귀의 뒷면에 있는 작은 구멍으로 산소, 수분 및 이산화탄소가 출입하는 곳.

stomach | 위장 근육으로 된 주머니 모양의 기관으로 음식을 분해하며 복부에 위치함.

storm surge | 폭풍 해일 허리케인이 상륙하는 해안가를 휩쓰는 물의 치솟음.

stratosphere | 성층권 지구 대기권에서 두번째로 낮은 층.

stratus | 층운 평평한 층처럼 생긴 구름으로 종종 하늘의 대부분을 덮는다.

streak | 조흔 분말상태의 광물이 나타내는 색.

stress | 응력, 스트레스 1. 암석에 작용하여 형태나 부피를 변화시키는 힘. 2. 잠재적인 위협, 도전 또는 방해되는 일을 받았을 때 인체에 생기는 반응.

striated muscle | 가로무늬근 줄무늬 모양의 근육으로 골격근이라고 불리기도 함.

strike-slip fault | 주향 이동 단층 단층면을 따라서 옆으로 움직여 생긴 단층으로 위 아래 움직임이 거의 없다.

subarctic | 아북극 습한 대륙성 기후대 북쪽에 위치한 기후대.

subduction | 섭입 해양 지각이 해저구 밑으로 가라 앉으면서 판 경계가 만나는 곳에서 맨틀로 들어가는 현상.

sublimation | 승화 고체 상태에서 액체 상태를 거치지 않고 바로 기체 상태로 변하는 현상.

subscript | 화학식 첨자 화학식에 있는 숫자로 분자에서 원자의 수를 말해 주거나 화합물 성분의 비를 나타냄.

subsoil | 하층토 상층토 아래에 있는 토양층으로 상층토보다 식물이나 동물이 적게 분포되어 있으며 대부분이 점토나 다른 광물을 함유하고 있다.

substance | 물질 한 종류의 성분으로 된 재질로 순수하며 특정한 성질을 가지고 있다.

succession | 천이 시간이 흐름에 따라 한 생체 집단에서 생기며 예상 가능한 일련의 변화.

sunspot | 태양 흑점 1. 태양 표면에 있는 어두운 가스 지역으로 주변 가스보다 온도가 낮다. 2. 비교적 어둡고 온도가 낮은 태양 표면 지역.

supernova | 초신성 초대형의 별이 소멸하면서 생기는 굉장히 밝은 폭발.

surface tension | 표면 장력 액체의 분자들이 서로 당기는 힘으로 표면의 분자들을 서로 더 가깝게 끌어 당기며 표면이 얇은 피부처럼 작용하도록 한다.

surface wave | 표면파 P파와 S파가 지표에 이르렀을 때 형성되는 지진파의 한 유형.

surveying | 측량 지도 제작을 위해 자료를 수집하는 과정으로 거리와 경사도를 측정하기 위해 기하학 원리와 기구를 사용한다.

suspension | 현탁액 액체 내에 입자가 보이며 쉽게 침전되거나 걸러질 수 있는 혼합물.

sustainable use | 지속적 이용 자원을 사용하는 하나의 방식으로 일정 기간 동안 어느 정도의 특성으로 자원을 유지하는 것.

sustainable yield | 지속적 산출 미래 자원 공급의 감소가 없도록 일정량으로 채취할 수 있는 갱신 가능한 자원의 양.

swim bladder | 부레 내부가 가스로 채워진 기관으로 경골어류가 물의 깊이가 달라짐에 따라 자신의 신체를 안정시키는데 사용한다.

symbiosis | 공생 두 종의 생물이 서로 가깝게 생활하며 적어도 하나의 생명체가 이득을 얻는 생존 관계를 말함.

synapse | 시냅스 하나의 신경 세포가 근처의 조직에 신경 신호를 전달하는 접합점.

synthesis | 합성 화학 반응의 일종으로 둘 이상의 단순 물질이 합쳐서 새롭고 더 복잡한 물질을 형성하는 것.

system | 시스템 1. 전체적으로 공조하는 구성 부분들의 집단. 2. 같이 작용하면서 하나의 기능을 수행하거나 하나의 결과를 만들어 내는 부분들의 관련 집단.

T

T cell | T 세포 병원체들을 식별하며 한 병원체와 다른 병원체를 구별하는 임파구.

tar | 타르 담배를 태울 때 형성되는 검고 끈적끈적한 물질.

target cell | 표적 세포 인체에 있는 세포의 일종으로 호르몬의 화학 구조를 인지한다.

taste buds | 맛봉오리 혀에 있는 감각 세포로 음식에 있는 화학물질에 반응한다.

taxonomy | 분류학 생명체를 분류하는 방법에 대한 과학적 연구.

temperate zones | 온난 기후대 열대 기후대와 극 기후대 사이에 있는 지역.

temperature | 온도 물체의 뜨겁고 차가운 정도 또는 물질을 구성하는 입자가 갖는 평균 운동 에너지를 측정한 것이나 물질을 구성하는 입자가 갖는 동역학적 에너지를 측정한 것.

temperature inversion | 기온 역전 따뜻한 공기층이 지구 표면 가까이 있는 오염된 공기를 붙잡고 있는 상태.

tendon | 힘줄 뼈에 붙어 있는 근육으로 강한 연결 조직.

tension | 장력 암석을 늘리는 힘으로 암석의 중간 부분이 가늘어지게 한다.

terrestrial planets | 지구형 행성 4개의 내행성인 수성, 금성, 지구, 화성을 칭하는 이름.

territory | 세력권 한 동물이나 동물의 집단에 의해 점유되고 보호받는 지역.

testis | 고환 정자와 테스토스테론을 생성하는 수컷의 생식 기관.

testosterone | 테스토스테론 고환에서 만들어지는 호르몬의 일종으로 정자를 발육하는 것과 성장한 수컷의 특성을 조절한다.

thermal conductivity | 열전도율 한 물체가 열을 전달할 수 있는 능력의 정도.

thermal energy | 열 에너지 한 물체의 모든 입자들이 가지고 있는 동역학적 에너지와 위치 에너지의 총합.

thermal expansion | 열팽창 물질이 열을 받았을 때 부피가 증가하는 것.

thermogram | 온도 기록도 온도가 다른 부위를 각기 다른 색으로 나타낸 이미지.

thermosphere | 열권 지구 대기권에서 가장 바깥에 있는 층.

thrust | 추력 로켓을 앞으로 내보낼 때 작용하는 힘.

till | 빙력토 빙하에 의해 직접적으로 누적된 퇴적물.

tissue | 조직 특별한 기능을 담당하는 유사한 세포로 이루어진 집합.

tolerance | 내성 신체에 같은 효과를 주기 위해 약물 치료자가 점점 더 많은 약물이 필요하게 되는 상태.

topography | 지형도 높이, 경사 및 지형에 의해 결정되는 육지의 형태.

topsoil | 상층토 부스러지기 쉬운 상부의 토양층으로 점토와 다른 광물 및 부식토(양분, 부패한 식물 및 동물체)로 이루어진 토양.

tornado | 토네이도 빠르게 회전하는 깔때기 모양의 구름으로 지표까지 닿을 정도로 내려 온다.

toxin | 독소 생명체에 해를 줄 수 있는 독성 물질.

trace fossil | 생흔 화석 고대 생명체 활동의 증거를 제시할 수 있는 화석의 일종.

tracer | 추적자 화학 반응의 단계나 산업 처리를 통해 추적될 수 있는 방사선 동위원소.

trachea | 기관 숨통이라고 불리며 호흡계로 공기가 들어가는 통로이다.

trait | 형질 특별한 성질로 한 생명체가 유전자를 통해 그 자손에게 넘겨 주는 특성을 말함.

transfer RNA | 전이 RNA 세포질 내의 RNA 형태로 단백질 합성 중에 리보솜에 아미노산을 전달한다.

transform boundary | 변환단층 경계 두개의 지판이 서로 교차하면서 반대 방향으로 움직일 때 생기는 판 경계.

transformer | 변압기 전압을 증가시키거나 감소시키는 장치로 철심 둘레에 감겨진 전열 전선 코일이 주로 2개가 있다.

translucent | 반투명 빛을 통과시키면서 분산하게 하는 물질의 유형.

transparent | 투명 빛의 분산없이 그대로 통과시키는 물질의 유형.

transpiration | 증산 작용 수분이 식물이 잎을 통해서 방출되는 현상.

transverse wave | 횡파 매질이 파동의 진행 방향에 직각으로 움직이는 파.

trench | 해구 해저에 있는 깊고 경사진 계곡.

tributary | 지류 커다란 강으로 흘러 들어가는 작은 강이나 개울.

triple bond | 3중결합 원자들이 세쌍의 전자를 공유하면서 형성된 화학 결합.

tropical zone | 열대 지역 적도를 중심으로 북위 23.5도와 남위 23.5도 사이에 해당하는 지역.

tropism | 굴성 식물이 외부 자극으로 다가가거나 멀어지려는 반응을 말함.

troposphere | 대류권 지구 대기권에서 가장 아래에 있는 층.

trough | 골 횡파에서 가장 낮은 부분.

tsunami | 쓰나미 해저의 지진에 의해 발생하는 커다란 파도.

tundra | 툰드라 매우 춥고 건조한 생물 기후 지역으로 짧고 서늘한 여름과 몹시 추운 겨울이 특징이다.

U

ultrasound | 초음파 주파수가 20,000Hz 이상에 해당하는 음파를 말함.

umbra | 본영 그림자에서 가장 어두운 부분.

unconformity | 부정합 침식에 의해 암석층이 손실된 곳을 보여주는 지질학적 기록의 공백.

understory | 하층식생 우거진 숲의 그늘에서 자라는 낮은 나무나 덩굴의 층.

uniformitarianism | 동일과정설 지질학 이론으로 과거에 지구 표면을 변화시킨 지질학적 작용이 오늘날에도 똑같이 작용하고 있다고 본다.

unsaturated zone | 불포화대 지하수면 위에 있는 암석과 토양의 층으로 작은 틈새에 수분 뿐만 아니라 공기도 포함하고 있다.

upwelling | 용승 바람에 의해 깊은 바다에서 차가운 물이 위로 솟아 오르는 움직임.

urea | 요소 단백질이 분해되면서 나오는 화학 물질의 일종.

ureter | 수뇨관 신장에서 방광으로 소변을 전달하는 가느다란 관.

urethra | 요도 소변을 신체 밖으로 내보내는 작은 관.

urinary bladder | 방광 주머니 모양의 근육 기관으로 소변을 신체 밖으로 배출하기 전에 저장하는 곳.

uterus | 자궁 암 생식계의 기관으로 근육으로 이루어져 있으며 내부가 비워져 있고 수정란이 그 안에서 성장한다.

V

vaccination | 예방접종 해롭지 않은 항원을 인체에 의도적으로 주입시켜 능동 면역 기능을 생성하게 하는 작용이며 면역조치라고도 불림.

vaccine | 백신 예방접종에 사용되는 물질로 약해지거나 죽은 병원체가 들어 있으며 병원체를 파괴할 수 있는 화학물질을 인체에 생성시키도록 유도한다.

vacuole | 액포 주머니 모양의 세포질로 수분, 양분 및 기타 물질을 저장한다.

vacuum | 진공 모든 물질이 비워진 공간이나 장소.

valence electrons | 원자가 전자 원자에서 가장 높은 에너지 준위에 있으며 화학적 결합에 관련되는 전자.

valley glacier | 곡빙하 길고 좁은 빙하로 눈과 얼음이 산의 계곡에 쌓여 형성된다.

valve | 판막 심장이나 혈관에 있는 뚜껑 모양의 조직으로 피가 역류하는 것을 방지한다.

vaporization | 기화 액체 상태에서 기체 상태로 변화하는 것.

variable | 변수 실험에서 바뀔 수 있는 요소.

variation | 변이 같은 종의 생명체에서 각각의 개체에 나타나는 유전적 차이.

vascular tissue | 관조직 일부 식물에 있는 내부 운반 조직으로 관 모양의 구조를 가지며 수분, 양분 및 미네랄을 전달한다.

vein | 1. 광맥, 2. 정맥 1. 좁게 누적된 광물로 주변의 암석과 분명하게 구분이 된다. 2. 심장으로 다시 혈액을 되돌리는 혈관.

velocity | 속도 주어진 한 방향으로의 속력.

vent | 화도 화산에서 용암과 가스가 배출되는 열린 통로.

ventricle | 심실 심장의 낮은 쪽에 있는 방으로 혈액을 폐나 신체로 보내는 역할을 한다.

vertebrae | 척추 한 생명체에서 등뼈를 구성하는 뼈들을 지칭함. 인체에서는 등뼈를 이루는 26개의 뼈 중에 하나의 마디.

vertebrate | 척추동물 등뼈를 가지고 있는 동물을 말함.

vibration | 진동 앞 뒤로 또는 위 아래로 반복하는 움직임.

villi | 융모 작은 손가락 모양의 구조체로 소장의 내부 표면을 덮고 있고 소화된 음식을 흡수할 수 있도록 넓은 표면적을 제공한다.

virtual image | 허상 광선이 나와서 생기는 똑바른 이미지.

virus | 바이러스 작고 독립적으로 생존할 수 없는 물질로 살아 있는 세포 내에 들어가 증식한다.

viscosity | 점성 액체가·흐름에 저항하는 정도.

visible light | 가시 광선 육안으로 볼 수 있는 전자기파적 복사선.

volcanic neck | 암경 화산의 파이프에 마그마가 굳어져서 누적된 것.

voltage | 전압 회로에서 두 지점의 전하 사이에 생기는 전위 에너지의 차이.

voluntary muscle | 수의근 의식적으로 조절이 가능한 근육.

W

water cycle | 물의 순환 증발, 응축 및 강수를 통하여 지구 대기권, 해양, 지표 사이에서 물이 계속적으로 이동하는 것.

water table | 지하수면 포화대의 윗면 또는 지표에서 지하수 까지의 깊이를 말함.

water vascular system | 수관계 극피 동물의 몸체에 있는 수액으로 채워진 관의 계통.

watershed | 분수계 하천 지역으로 물을 공급하는 육지 지대를 말함.

watt | 와트 1초 동안 1J(줄)의 일을 하는 힘의 단위.

wave | 파동 1. 에너지를 한 장소에서 다른 장소로 전달하는 진동. 2. 물의 일체를 통해서 에너지가 전달되는 것.

wave height | 파고 파동의 골에서 마루까지의 수직 거리.

wavelength | 파장 파동에서 일치하는 두 점 사이의 거리로 예를 들어 두 마루 사이의 거리.

weathering | 풍화 작용 암석이나 기타 물질을 작게 분해하는 화학 및 물리적 작용.

wedge | 쐐기 움직이는 경사진 면을 가지고 있는 간단한 기구.

weight | 무게 한 물체에 작용하는 중력의 힘을 측정한 것.

wetland | 습지대 일년 내내 또는 일정 기간 동안 얕은 물의 층으로 덮여 있는 육지 지대.

wheel and axle | 윤축 하나의 회전하는 공통 축에 두 개의 원판이나 원기둥 모양의 물체가 부착되어 있는 간단한 장치로 각 부착물의 반지름이 다르다.

white blood cell | 백혈구 질병과 싸우는 혈액 세포의 일종.

white dwarf | 백색왜성 별에 있는 청백색의 중심부로서 팽창한 외부층이 떨어져 우주 공간으로 흘러 나간 후에 남아 있는 부분.

wind | 바람 고기압 지역에서 저기압 지역으로 흐르는 공기의 수평적 움직임을 말함.

wind-chill factor | 풍속 냉각 지수 온도와 풍속을 합쳐서 냉각의 정도를 나타내는 측정 지수.

windward | 바람받이 바람이 불어오는 방향으로 향한 산맥의 측면.

work | 일 물체를 움직이기 위해 물체에 작용된 힘.

X

X-rays | X 선 전자기파의 일종으로 파장이 자외선보다 짧으며 감마선보다 긴 것을 말함.

xylem | 물관부 일부 식물에서 수분과 미네랄이 운반되는 통로가 되는 관 조직.

Z

zygote | 접합자 정자 세포와 난자 세포가 합쳐서 생겨난 수정란.

Russian
Русский

A

abiotic factor | абиотический фактор
Фактор неживой природы в среде обитания организма.

abrasion | абразия Процесс механического истирания горных пород обломками других пород, приносимыми с водой, льдом или ветром.

absolute age | абсолютный возраст
Возраст породы, выраженный числом лет, прошедших с момента ее формирования.

absolute brightness | абсолютная яркость
Наблюдаемая яркость, которую бы имела звезда, если бы находилась на фиксированном, стандартном расстоянии от Земли.

absolute zero | абсолютный нуль
Температура, при которой из материи больше невозможно извлечь энергию.

absorption | абсорбция 1. Процесс, при котором молекулы питательных веществ проходят через стенки пищеварительной системы и попадают в кровь. 2. Процесс поглощения или абсорбирования света объектом.

abyssal plain | абиссальное дно Ровная, почти плоская поверхность дна океанических котловин.

acid rain | кислотный дождь Дождь или другая форма осадков с повышенной кислотностью, вызванных выбросами в атмосферу диоксида серы и оксида азота.

activation energy | энергия активации
Минимальное количество энергии, необходимой для начала химической реакции.

active immunity | активный иммунитет
Способность иммунной системы человека вырабатывать антитела в ответ на появление возбудителя болезни.

active transport | активный транспорт
Перенос веществ через клеточную мембрану за счет энергии клетки.

adaptation | адаптация Унаследованное поведение или физический признак, который помогает организму выживать и размножаться в среде его обитания.

aerospace engineering | авиационно-космическая техника Отрасль промышленности, связанная с проектированием, созданием и испытанием самолетов и космических кораблей.

air mass | воздушная масса Огромный объем воздуха, имеющий близкие значения температуры, влажности и давления на любой заданной высоте.

air pressure | атмосферное давление
Давление, оказываемое массой столба воздуха на поверхность земли.

alloy | сплав Смесь двух или более элементов, из которых по крайней мере один является металлом.

alluvial fan | аллювиальный веер Широкий, наклонный участок нанесенных водой отложений, образующийся при выходе реки с гор на равнину.

alpha particle | альфа-частица Частица, испускаемая во время радиоактивного распада и состоящая из двух протонов и двух нейтронов.

alternating current | переменный ток
Электрический ток, характеризующийся периодическим изменением направления движения зарядов в цепи.

alveoli | альвеолы Крошечные мешочки лёгочной ткани, через стенки которых происходит газообмен между атмосферным воздухом и кровью.

amniotic egg | амниотическое яйцо Яйцо с оболочкой и внутренними мембранами, благодаря которым эмбрион находится в жидкой среде; главный фактор адаптации к обитанию на суше, характерный для рептилий, птиц и яйцекладущих млекопитающих.

amniotic sac | амниотический мешок Заполненная жидкостью оболочка, которая защищает развивающийся в матке эмбрион или плод.

amorphous solid | аморфное тело Твердое вещество, состоящее из неупорядоченных частиц.

amphibian | амфибия Позвоночное животное, температура тела которого определяется температурой среды обитания, и которое в начале жизни обитает в воде, а взрослую жизнь проводит на суше.

amplitude | амплитуда 1. Высота поперечной волны от центра до гребня или впадины. 2. Максимальное расстояние, на которое отклоняются частицы среды от их положения в состоянии покоя при прохождении продольной волны сквозь среду.

amplitude modulation | амплитудная модуляция Метод передачи сигналов посредством изменения амплитуды радиоволны.

angiosperm | покрытосеменное растение Цветковое растение, семена которого находятся под слоем защитной ткани плода.

anomalous data | неверные данные Данные, которые не соответствуют остальной части набора данных.

antibiotic resistance | устойчивость к антибиотику Способность бактерий противостоять воздействию антибиотика.

antibody | антитело Белок, производимый В-клеткой иммунной системы, который уничтожает возбудителей болезней.

antigen | антиген Молекула, являющаяся частью организма или поступившая извне и распознаваемая иммунной системой как чужеродная.

anus | анальное отверстие Отверстие в конце пищеварительной системы (прямой кишки у людей), через которое из организма выводятся отходы жизнедеятельности и непереваренные остатки пищи.

aorta | аорта Самая крупная артерия в организме; получает кровь из левого желудочка сердца.

apparent brightness | видимая яркость Яркость звезды, наблюдаемая с Земли.

aquifer | водоносный слой Подземный слой породы или отложений, в котором содержится вода.

artery | артерия Кровеносный сосуд, который переносит кровь от сердца.

artesian well | артезианский колодец Колодец, в котором вода поднимается за счет давления в водоносном слое.

arthropod | членистоногое Беспозвоночное животное, имеющее внешний скелет, сегментированное тело и сочлененные конечности.

asexual reproduction | бесполое размножение Форма размножения, в которой участвует только один родитель, и производится потомство, генетически идентичное родителю.

asteroid | астероид Один из твердых объектов, вращающихся вокруг Солнца, которые слишком малы и многочисленны, чтобы считаться планетами.

asthenosphere | астеносфера Верхний пластичный слой мантии Земли, на который опирается литосфера.

astronomical unit | астрономическая единица Единица расстояния, равная среднему расстоянию от Земли до Солнца (приблизительно 150 миллионов километров).

atherosclerosis | атеросклероз Состояние, при котором стенки артерий утолщаются в результате отложения жирсодержащих веществ.

atmosphere | атмосфера Относительно тонкая газовая оболочка, образующая самый внешний слой планеты Земля.

atom | атом Основная составляющаявсех химических элементов; наименьшая частица, сохраняющая свойства данного элемента.

atomic mass | атомная масса Средняя масса всех изотопов элемента.

atomic number | атомное число Число протонов в ядре атома.

atrium | предсердие Верхняя камера сердца, в которую поступает кровь.

autonomic nervous system | автономная нервная система Группа нервов в периферической нервной системе, управляющая непроизвольнымидействиями.

autotroph | автотроф Организм, способный извлекать энергию из солнечного света или химических веществ и использовать ее для получения собственной пищи.

auxin | ауксин Растительный гормон, ускоряющий рост клеток растений и управляющий реакцией растения на свет.

axis | ось Воображаемая линия, проходящая через центр планеты и ее северный и южный полюса, вокруг которой вращается планета.

axon | аксон Нитевидный отросток нейрона, по которому передаются нервные импульсы от клетки.

B

B cell | В-клетка Лимфоцит, производящий белки, способствующие уничтожению возбудителей болезней.

bacteria | бактерии Одноклеточные организмы, не имеющие ядра; прокариоты.

basalt | базальт Темная, плотная вулканическая порода с мелкозернистой текстурой, встречающаяся в океанической части земной коры.

base | основа Вещество, горькое на вкус, скользкое на ощупь и меняющее цвет лакмусовой бумаги с красного на синий.

batholith | батолит Массив каменистой породы, образующийся при охлаждении большого объема магмы в глубине земной коры.

bedrock | коренная порода Порода, из которой состоит земная кора; также пласт твердой породы ниже почвы.

benthos | бентос Организмы, обитающие на дне океанов, озер и рек.

beta particle | бета-частица Быстро движущийся электрон, испускаемый при ядерном бета-распаде.

big bang | большой взрыв Первоначальный взрыв, который привел к зарождению и расширению вселенной.

bilateral symmetry | билатеральная симметрия Строение тела, при котором одна воображаемая линия делит тело на левую и правую стороны, являющиеся зеркальными отображениями друг друга.

bile | желчь Вырабатываемое печенью вещество, которое разщепляет частицы жира.

binary fission | простое деление Форма бесполого размножения, при котором одна клетка делится, образуя две идентичных клетки.

binary star | двойная звезда Звездная система с двумя звездами.

binomial nomenclature | биноминальная номенклатура Система классификации, при которой каждому организму присваивается уникальное научное название из двух частей, указывающих его род и вид.

biodiversity | биоразнообразие Всё разнообразие форм жизни на планете, в том числе на суше, в воде и в воздухе.

bioengineering | биоинженерия Технологическая отрасль, связанная с применением технических принципов к биологии и медицине.

biogeography | биогеография Исследование мест обитания организмов и истории их появления там.

biomass fuel | топливо из биомассы Топливо на основе растительных и животных организмов.

biome | биом Группа экосистем со сходными климатом и организмами.

biosphere | биосфера Части планеты Земля, где имеются живые организмы.

biotic factor | биотический фактор Фактор в среде обитания организма, связанный с жизнедеятельностью других организмов, живущих ныне или живших когда-то.

birth rate | уровень рождаемости Количество детей, родившихся за определенный период времени в расчете на 1000 человек.

black hole | черная дыра Космический объект, гравитационное притяжение которого настолько сильно, что ничто не может покинуть его, даже свет.

boiling point | точка кипения Температура, при которой вещество переходит из жидкого состояния в газообразное; эквивалентна точке конденсации или температуре, при которой газ переходит в жидкое состояние.

boreal forest | арктический лес Густые леса с вечнозелеными растениями, расположенные в верхних регионах Северного полушария.

Boyle's law | закон Бойля-Мариотта Принцип, характеризующий зависимость между давлением и объемом газа при постоянной температуре.

brain | мозг 1. Упорядоченная группа нейронов в голове животного с билатеральной симметрией. 2. Отдел центральной нервной системы, расположенный в черепе и управляющий большинством функций организма.

brain stem | ствол мозга Часть мозга, расположенная между мозжечком и спинным мозгом и управляющая непроизвольными действиями организма.

bronchi | бронхи Проходы, направляющие воздух в легкие.

bronchitis | бронхит Раздражение дыхательных путей, при котором узкие проходы еще более сужаются и могут быть забиты слизью.

budding | почкование Форма бесполого размножения, при которой новый организм вырастает из тела родительского организма.

C

caldera | кальдера Большая впадина наверху вулкана, образовавшаяся вследствие провала или обрушения купола магматической камеры.

cambium | камбий Слой клеток растения, производящий новые клетки флоэмы и ксилемы.

canopy | листовой полог Плотный слой листьев, образуемый высокими деревьями тропического дождевого леса.

capillary | капилляр Тонкий кровеносный сосуд, в котором происходит обмен веществ между кровью и соматическими клетками.

captive breeding | разведение в неволе Спаривание животных в зоопарках или заповедниках дикой природы.

carbohydrate | углевод Богатое энергией органическое соединение, состоящее из атомов углерода, водорода и кислорода, например, сахар или крахмал.

carbon film | углеродная пленка Тип ископаемого, представляющего собой чрезвычайно тонкое углеродное покрытие на камне.

carbon monoxide | монооксид углерода (угарный газ) Газ без цвета и запаха, выделяемый при горении веществ, в том числе табака.

carcinogen | канцероген Вещество или фактор среды, способные вызвать рак.

cardiac muscle | сердечная мышца Непроизвольно сокращающаяся мышечная ткань, имеющаяся только в сердце.

cardiovascular system | сердечно-сосудистая система Система организма, состоящая из сердца, кровеносных сосудов и крови; другое название – система кровообращения.

carrier | носитель Лицо, имеющее один рецессивный и один доминантный аллель признака.

carrying capacity | переносимый объем Максимальный размер популяции, который способна поддерживать определенная среда.

cartilage | хрящ Соединительная ткань, более гибкая, чем кость, которая защищает концы костей, препятствуя их трению друг о друга.

cast | слепок Ископаемое, представляющее собой твердую копию организма, образованную в результате отложения минералов внутри оставленного им отпечатка.

catalyst | катализатор Вещество, которое увеличивает скорость реакции, понижая энергию активации.

cell cycle | цикл клетки Последовательность явлений, сопровождающих рост клетки, подготовку к делению и деление с образованием двух дочерних клеток.

cell membrane | мембрана клетки Тонкий эластичныйбарьер, контролирующий поступление веществ в клетку и из нее.

cell theory | клеточная теория Широко принятое объяснение взаимосвязи между клетками и живыми существами.

cell wall | стенка клетки Прочная оболочка, окружающая клетки растений и некоторых других организмов.

cellular respiration | клеточное дыхание
Процесс, при котором кислород и глюкоза подвергаются сложной серии химических реакций в клетках с выделением энергии.

Celsius scale | шкала Цельсия Температурная шкала, на которой точке замерзания воды соответствует температура 0°C, а точке ее кипения – температура 100°C.

cementation | цементация Процесс, при котором растворенные минералы кристаллизуются и склеивают частицы осадка в общую массу.

central nervous system | центральная нервная система Отдел нервной системы, состоящий из головного и спинного мозга.

centripetal force | центростремительная сила Сила, заставляющая движущийся объект перемещаться к центру окружности.

cerebellum | мозжечок Участок головного мозга, который координирует движения мышц и помогает поддерживать равновесие.

cerebrum | головной мозг Участок мозга, который распознает сигналы органов чувств, управляет движениями и выполняет сложные мыслительные процессы.

Charles's law | закон Шарля Принцип, характеризующий зависимость между температурой и объемом газа при постоянном давлении.

chemical bond | химическая связь Сила притяжения между двумя атомами, удерживающая их вместе.

chemical change | химическое превращение Изменение, при котором одно или более веществ соединяются или разлагаются, образуя новые вещества.

chemical energy | химическая энергия
Форма потенциальной энергии, которая сохраняется в химических связях между атомами.

chemical engineering | химическая технология Отрасль промышленности, связанная с переработкой химических веществ в полезные изделия или материалы.

chemical property | химическое свойство
Свойство вещества, характеризующее его способность к превращению в другие вещества.

chemical reaction | химическая реакция
Процесс, при котором одни вещества превращаются в новые вещества с другими свойствами.

chemical rock | хемогенная порода
Осадочная порода, образующаяся в ходе кристаллизации минералов из раствора.

chemical weathering | химическое выветривание Процесс разрушения горных пород вследствие химических реакций.

chemistry | химия Наука, исследующая свойства веществ и закономерности их изменений.

chemotherapy | химиотерапия
Использование лекарственных препаратов при лечении заболеваний, таких как рак.

chlorofluorocarbons | хлорофтороуглеводороды Газы искусственного происхождения, содержащие хлор и фтор (также называемые ХФУ), которые являются главной причиной истощения озонового слоя.

chlorophyll | хлорофилл Зеленый пигмент, участвующий в фотосинтезе; содержится в хлоропластах растений, водорослей и некоторых бактерий.

chloroplast | хлоропласт Органелла в клетках растений и некоторых других организмов, поглощающая энергию солнечного света и преобразующая ее в такую форму энергии, которую клетки могут использовать для синтеза питательных веществ.

chordate | хордовое животное Животное, которое на определенном этапе своей жизни имеет спинную струну (нотохорд), нервный ствол и жаберные мешки.

chromosome | хромосома Нитевидная структура в ядре клетки, содержащая ДНК, передаваемую от одного поколения следующему.

chromosphere | хромосфера Средний слой атмосферы Солнца.

cilia | реснички Короткие волосяные отростки снаружи клеток, производящие волнообразные движения.

cinder cone | пепловый конус Крутой конический холм или небольшая гора, образованные вулканическими шлаками, пеплом и бомбами, скопившимися вокруг жерла вулкана.

circadian rhythm | циркадный ритм
Устойчивый поведенческий цикл, протекающий в течение примерно одного дня.

circulatory system | система циркуляции Система органов, транспортирующая необходимые материалы к клеткам и удаляющая отходы.

cirrus | перистое облако Легкие облака в форме перьев, состоящие из кристаллов льда, которые образуются на больших высотах.

civil engineering | гражданское строительство Отрасль, связанная с проектированием и строительством дорог, мостов и зданий.

clastic rock | обломочная порода Осадочная порода, которая формируется при сжатии фрагментов породы под высоким давлением.

clear-cutting | сплошная вырубка Процесс вырубки всех деревьев на участке леса.

cleavage | расщепление Способность минерала легко раскалываться вдоль плоскостей.

clone | клон Организм, генетически идентичный организму, из которого он был произведен.

closed circulatory system | закрытая система кровообращения Система кровообращения, в которой кровь перемещается только в пределах связанной сети кровеносных сосудов и сердца.

closed system | закрытая система Система, не предусматривающая ни входа, ни выхода.

cnidarian | книдарии (стрекающие) Радиально симметричное беспозвоночное животное, которое использует стрекательные клетки для захвата пищи и защиты.

cochlea | улитка (внутреннего уха) Заполненная жидкостью полость внутреннего уха, имеющая форму раковины улитки и покрытая рецепторными клетками, которые реагируют на звук.

codominance | кодоминантность Ситуация, в которой обе аллели гена выражены одинаково.

coefficient | коэффициент Число перед химическими формулами в уравнении, которое указывает, сколько молекул или атомов каждого реагента и продукта участвует в реакции.

colloid | коллоид Смесь, содержащая мелкие, нерастворимые частицы, которые не осаждаются.

coma | кома (голова кометы) Туманный внешний слой кометы.

comet | комета Рыхлое скопление льда и пыли, обращающееся вокруг солнца, обычно по вытянутой орбите.

commensalism | комменсализм Тип симбиоза между двумя организмами, который полезен для одного из них и безразличен для другого – не помогает и не вредит.

compact bone | компактная кость Твердая и плотная, но не сплошная, костная ткань, которая находится под наружной мембраной кости.

compaction | уплотнение Процесс, при котором отложения спрессовываются под действием собственного веса.

compass | компас Устройство с намагниченной стрелкой, которая может свободно вращаться; стрелка компаса всегда указывает на север.

competition | конкуренция Борьба за выживание между организмами, которым одновременно приходится использовать одни и те же ограниченные ресурсы в одном и том же месте.

complementary colors | дополнительные цвета Любые два цвета спектра, которые в сочетании дают белый свет.

complete metamorphosis | полный метаморфоз Тип метаморфоза с четырьмя отдельными стадиями: яйцо, личинка, куколка и взрослая особь.

composite volcano | сложный вулкан Высокая гора в форме конуса, в которой слои лавы чередуются со слоями пепла и других вулканических материалов.

compound | соединение Вещество, состоящее из двух или более элементов, химически соединенных в определенном соотношении или пропорции.

compression | сжатие 1. Напряжение, сжимающее породу и приводящее к образованию складок или разломов. 2. Часть продольной волны, в которой частицы среды сближаются.

concave lens | вогнутая линза Линза, которая в центре тоньше, чем по краям.

concave mirror | вогнутое зеркало Зеркало с поверхностью, изогнутой внутрь.

concentration | концентрация
Количественное содержание одного материала в определенном объеме другого материала.

concussion | сотрясение Подобное ушибу повреждение мозга, которое происходит, когда его мягкая ткань сталкивается с черепом.

condensation | конденсация Изменение состояния от газообразного до жидкого.

conditioning | выработка условного рефлекса Процесс обучения, при котором стимул или ответ связывается с хорошим или плохим результатом.

conduction | проводимость 1. Передача тепловой энергии от одной частицы другой. 2. Метод получения заряда объектом за счет перехода электронов из одного объекта в другой при прямом контакте.

conductor | проводник 1. Материал, хорошо проводящий тепло. 2. Материал, способный к переносу электрических зарядов.

cone | шишка Репродуктивная структура голосеменных растений.

cones | колбочки (сетчатки глаза) Клетки в сетчатке глаза, которые реагируют на цвет и обеспечивают его распознавание.

coniferous tree | хвойное дерево Дерево, у которого семена развиваются в шишках, а листья имеют форму иголок, покрытых воскообразным веществом для уменьшения потери влаги.

conjugation | конъюгация Форма полового размножения, при котором одноклеточный организм передает часть своего генетического материала другому одноклеточному организму.

connective tissue | соединительная ткань Ткань тела, которая обеспечивает опорную функцию и соединяет все части организма.

conservation of charge | сохранение заряда Закон физики, который гласит, что заряды не возникают из ничего и не исчезают.

conservation plowing | рациональное вспахивание Метод сохранения плодородия почвы, при котором сорняки и сухие стебли от урожая предыдущего года запахиваются в землю.

constraint | ограничение Любой фактор, который ограничивает проект.

constructive force | конструктивная (созидательная) сила Любой природный процесс, укрепляющий земную поверхность.

constructive interference | конструктивная интерференция Интерференция, при которой слияние двух волн образует волну с большей амплитудой, чем амплитуда каждой из них.

consumer | потребитель Организм, который получает энергию, питаясь другими организмами.

continental (air mass) | континентальная (воздушная масса) Сухая воздушная масса, которая формируется над сушей.

continental climate | континентальный климат Климат в центре континентов, с холодной зимой и теплым или жарким летом.

continental drift | дрейф континентов Гипотеза о том, что континенты на поверхности Земли медленно перемещаются.

continental glacier | континентальный ледник Ледник, покрывающий большую часть континента или большого острова.

continental shelf | континентальный шельф Пологий склон, мелководная область океанского дна, которая простирается от края континента.

continental slope | континентальный (материковый) склон Крутой склон океанского дна, ведущий вниз от бровки континентального шельфа.

contour interval | интервал между контурными линиями Разница высот при подъеме от одной контурной линии к другой.

contour line | контурная линия Линия на топографической карте, соединяющая точки равных высот.

contour plowing | контурное вспахивание Вспахивание полей по контуру склона для предотвращения размыва почвы.

contractile vacuole | сократительная вакуоль Структура клетки, которая забирает избыточную воду из цитоплазмы, а затем удаляет ее из клетки.

control rod | стержень регулирования Кадмиевый стержень, используемый в ядерном реакторе для поглощения нейтронов, образующихся при делении ядер.

controlled experiment | контролируемый эксперимент Эксперимент, при котором каждый раз изменяется только одна переменная.

convection current | конвекционное течение Движение жидкости, вызванное разницей температур, при котором теплота передается от одной части жидкости к другой.

convection zone | конвективная зона Самый внешний слой внутренней части Солнца.

convergent boundary | граница сходимости Граница между двумя сходящимися литосферными плитами.

convergent evolution | конвергентная эволюция Процесс, при котором у неродственных организмов развиваются сходные признаки.

convex lens | выпуклая линза Линза, которая в центре толще, чем по краям.

convex mirror | выпуклое зеркало Зеркало с поверхностью, изогнутой наружу.

core | ядро Центральная область Солнца, где происходят ядерные реакции.

Coriolis effect | эффект Кориолиса Влияние вращения Земли на направление ветров и течений.

cornea | роговица Прозрачная ткань, покрывающая переднюю часть глазного яблока.

corona | солнечная корона Внешний слой атмосферы Солнца.

coronary artery | коронарная артерия Артерия, которая доставляет кровь непосредственно к сердечной мышце.

cosmic background radiation | фон космического излучения Электромагнитное излучение, оставшееся после большого взрыва.

cotyledon | семядоля Первый лист, образуемый зародышем семенного растения; иногда сохраняет питательные вещества.

covalent bond | ковалентная связь Химическая связь, образуемая при совместном использовании электронов двумя атомами.

crater | кратер 1. Большое круглое углубление, вызванное падением метеорита. 2. Чашевидное углубление, образующееся вокруг центрального жерла вулкана.

critical night length | критическая продолжительность ночи Количество часов темного времени суток, которое определяет, будет ли растение цвести.

crop rotation | севооборот Выращивание на поле разных культур каждый год для сохранения плодородия почвы.

crust | земная кора Слой породы, образующей внешнюю поверхность Земли.

crystal | кристалл Твердое вещество, в котором атомы пространственно упорядочены по многократно повторяющемуся принципу.

crystalline solid | кристаллическое твердое вещество Твердое вещество, состоящее из кристаллов, в которых частицы пространственно упорядочены по многократно повторяющемуся принципу.

crystallization | кристаллизация Процесс, при котором атомы упорядочиваются, образуя материал с кристаллической структурой.

cumulus | кучевые облака Пушистые белые облака, обычно с плоскими основаниями, похожие на округленные кучи хлопка.

current | течение Большие потоки водных масс, текущие в толще океанов.

cuticle | кутикула Восковая водонепроницаемая пленка, покрывающая листья и стебли большинства растений.

cyclone | циклон Атмосферный вихрь с пониженным давлением в центре.

cytokinesis | цитокинез Заключительная стадия цикла клетки, на которой цитоплазма делится, распределяя органеллы в каждую из двух новых дочерних клеток.

cytoplasm | цитоплазма Густая жидкая среда клетки, находящаяся внутри мембраны (у прокариот) или между мембраной и ядром (у эукариот).

D

dark energy | темная энергия Гипотетическая сила, предположительно ускоряющая расширение вселенной.

dark matter | темная материя Невидимые материальные объекты, которые не испускают электромагнитного излучения, но составляют довольно большую долю от массы Вселенной.

day-neutral plant | растение нормального дня Растение, у которого цикл цветения не чувствителен к продолжительности периодов света и темноты.

death rate | уровень смертности Количество смертей за определенный период времени в расчете на 1000 человек.

decibel (dB) | децибел (дБ) Единица измерения громкости различных звуков.

deciduous tree | лиственное дерево Дерево, у которого каждый год в определенный периодк опадают листья, а потом вырастают новые.

decomposer | деструктор (редуцент) Организм, который получает энергию, разлагая биологические отходы и органические остатки, и возвращает в почву и воду исходные вещества.

decomposition | разложение Химическая реакция, при которой соединения разлагаются на более простые вещества.

deductive reasoning | дедуктивное рассуждение Способ объяснения, посредством которого на основе общего представления делается заключение о частном наблюдении.

deep-ocean trench | глубокая океанская впадина Глубокий желоб вдоль океанского дна, под которым океаническая кора медленно опускается к мантии.

deflation | выветривание Процесс переноса ветром частиц поверхности.

degree | градус Единица измерения расстояний по кругу. Один градус равен 1/360 части полного круга.

delta | дельта Рельеф суши вблизи впадения реки в море или озеро, образованный осадочными материалами.

dendrite | дендрит Нитевидный отросток нейрона, по которому передаются нервные импульсы к телу клетки.

density | плотность Мера, указывающая массу вещества, содержащегося в определенном объеме.

deposition | нанос Процесс образования осадка в новых местах.

depressant | успокоительное средство Препарат, замедляющий деятельность центральной нервной системы.

dermis | дерма Внутренний слой кожи.

desertification | опустынивание Распространение пустынных условий на области, которые ранее были плодородными; вызывается чрезмерно интенсивным земледелием, выбиванием пастбищ, засухами и изменением климата.

destructive force | деструктивная сила Любой природный процесс, который разрушает или истощает земную поверхность.

destructive interference | деструктивная интерференция Интерференция, при которой слияние двух волн образует волну с меньшей амплитудой, чем амплитуда каждой из них.

development | развитие Процесс изменения, происходящий в течение жизни организма и приводящий к появлению более сложного организма.

dew point | точка росы Температура, при которой начинается конденсация.

diaphragm | диафрагма Широкая, выпуклая мышца, расположенная в основании легких и обеспечивающая процесс дыхания.

diatomic molecule | двухатомная молекула Молекула, состоящая из двух атомов.

dicot | двудольное Покрытосеменное растение с двумя семядолями.

Dietary Reference Intakes (DRIs) | рекомендованный пищевой рацион Рекомендации по количеству питательных веществ, которые необходимы людям ежедневно.

diffraction | дифракция Отклонение направления или рассеяние волн при прохождении через преграду или отверстие.

diffuse reflection | диффузное отражение Отражение, возникающее при попадании параллельных лучей света на неровную поверхность и отражении их под разными углами.

diffusion | диффузия Процесс перемещения молекул из области с более высокой концентрацией в область с более низкой.

digestion | пищеварение Процесс расщепления сложных молекул пищи на более мелкие молекулы питательных веществ.

digestive system | пищеварительная система Система организма, включающая специализированные органы для получения и переваривания пищи.

digitizing | оцифровка Преобразование информации в числа для обработки компьютером.

dike | дайка Массив вулканической породы, сформировавшийся в результате просачивания магмы между пластами породы.

dilute solution | разбавленный раствор Смесь, содержащая лишь небольшое количество растворенного вещества.

direct current | постоянный ток Ток, образуемый зарядами, которые перемещаются в цепи только в одном направлении.

directly proportional | прямо пропорциональная Термин, используемый для описания зависимости между двумя переменными, график которой представляет собой прямую линию, проходящую через точку (0, 0).

dispersal | распространение Перемещение организмов из одного места в другое.

divergent boundary | граница расходимости Граница между двумя расходящимися литосферными плитами.

divide | водораздел Водораздельный хребет, отделяющий один водосборный бассейн от другого.

DNA | ДНК Дезоксирибонуклеиновая кислота; генетический материал, содержащий информацию об организме и передаваемый от родителя потомству.

DNA replication | Репликация ДНК Процесс, при котором ДНК копирует себя перед делением клетки.

dominant allele | доминантный аллель Аллель, признак которого всегда проявляется в организме, если данный аллель в нем присутствует.

Doppler effect | эффект Доплера Изменение частоты волны при перемещении ее источника относительно наблюдателя.

dormancy | состояние покоя Промежуток времени, когда рост или активность организма приостанавливается.

dormant | спящий Неактивный в настоящее время, но способный активизироваться в будущем (в отношении вулкана).

double bond | двойная связь Химическая связь, образуемая при совместном использовании атомами двух пар электронов.

double helix | двойная спираль Форма молекулы ДНК.

duct | проток Крошечная трубка, через которую химические вещества выводятся из железы.

ductile | пластичный (тягучий) Термин, используемый для описания материала, который может вытягиваться в длинную проволоку.

dwarf planet | карликовая планета Небесное тело, которое обращается вокруг солнца и является сферическим, но не может расчистить пространство своей орбиты от других объектов.

E

ear canal | ушной канал Узкий проход в ухе человека, ведущий к барабанной перепонке.

eardrum | барабанная перепонка Маленькая, плотно натянутая, подобно барабану, мембрана, отделяющая наружное ухо от среднего и вибрирующая под воздействием звуковых волн.

echinoderm | иглокожее Радиально симметричное морское беспозвоночное, обладающее внутренним скелетом и системой заполненных жидкостью трубок.

echolocation | эхолокация Использование отраженных звуковых волн для определения расстояния или местонахождения объектов.

eclipse | затмение Частичное или полное перекрывание одного объекта другим в космическом пространстве.

eclipsing binary | затменно-двойная звезда Система двойной звезды, в которой одна звезда периодически перекрывает свет от другой.

ecological footprint | экологический след Количество земли и воды, необходимое людям для удовлетворения своих потребностей в ресурсах и хранения производимых ими отходов.

ecology | экология Наука, изучающая взаимодействие организмов друг с другом и средой их обитания.

ecosystem | экосистема Сообщество организмов, живущих в определенном ареале, а также неживая среда их обитания.

ectotherm | эктотермное (холоднокровное)
Животное, температура тела которого определяется температурой среды его обитания.

efficiency | эффективность Процентное отношение конечных результатов к проделанной работе.

El Niño | Эль-Ниньо Аномальное климатическое явление, которое наблюдается в Тихом океане один раз в два-семь лет, вызывая изменения ветров, течений и погодных условий на один-два года.

elastic potential energy | упругий потенциал Энергия растянутых или сжатых объектов.

electric circuit | электрическая цепь
Замкнутая цепь без разрывов, по которой может протекать электрический ток.

electric current | электрический ток
Непрерывный поток электрических зарядов через материал.

electric field | электрическое поле Область вокруг заряженного объекта, в которой его электрическая сила действует на другие заряженные объекты.

electric force | сила электрического взаимодействия Сила взаимодействия между заряженными объектами.

electric motor | электродвигатель
Устройство, преобразующее электрическую энергию в механическую.

electrical conductivity | электропроводность Способность объекта проводить электрический ток.

electrical energy | электрическая энергия
Энергия электрических зарядов.

electrical engineering | электротехника
Отрасль техники, связанная с проектированием электрических систем, включая электропитание, системы управления и телекоммуникации.

electromagnet | электромагнит Магнит, состоящий из катушки с проволокой и ферромагнитного сердечника.

electromagnetic energy | электромагнитная энергия Энергия света и других форм излучения, которые распространяются в пространстве в виде волн.

electromagnetic induction | электромагнитная индукция Процесс возникновения электрического тока при движении проводника через магнитное поле.

electromagnetic radiation | электромагнитное излучение Энергия, переносимая через пространство электромагнитными волнами.

electromagnetic spectrum | электромагнитный спектр Полный диапазон электромагнитных волн в порядке увеличения их частоты.

electromagnetic wave | электромагнитная волна 1. Волна, состоящая из комбинации изменяющегося электрического поля и изменяющегося магнитного поля. 2. Волна, способная переносить электрическую и магнитную энергию через вакуум космического пространства.

electromagnetism | электромагнетизм
Взаимосвязь между электричеством и магнетизмом.

electron | электрон Крошечная, отрицательно заряженная частица, движущаяся вокруг ядра атома.

electron dot diagram | точечная диаграмма электронов Представление валентных электронов атома в виде точек.

element | элемент Чистое вещество, которое невозможно разложить на другие вещества химическими или физическими методами.

elevation | высота Высота над уровнем моря.

ellipse | эллипс Овальная форма, которая может быть вытянутой или почти круглой; форма орбиты планет.

elliptical galaxy | эллиптическая галактика Галактика в форме круглого или сплюснутого шара, обычно содержащая только старые звезды

embryo | эмбрион 1. Молодой организм, развивающийся из зиготы. 2. Стадия развития человека в течение первых восьми недель после оплодотворения.

emergent layer | эмергентный уровень
Самый верхний ярус дождевого леса, получающий большую часть солнечного света.

emigration | эмиграция Переселение отдельных людей из области проживания популяции.

emissions | выбросы (в атмосферу)
Загрязнители, попавшие в атмосферу.

endangered species | вымирающие виды
Виды, которым грозит вымирание в
ближайшем будущем.

endocytosis | эндоцитоз Процесс захвата
внешних частиц мембраной клетки путем
изменения ее формы и последующего охвата
частицы.

**endoplasmic reticulum |
эндоплазматический ретикулум**
Образованный органеллой лабиринт
проходов, по которым белки и другие
материалы переносятся из одной части
клетки в другую.

endoskeleton | эндоскелет Внутренний
скелет; опорная структура в теле животного.

endospore | эндоспора Структура,
образуемая прокариотами, например,
бактериями, в неблагоприятных условиях;
толстая внутренняя стенка, защищающая
ДНК и часть цитоплазмы.

endotherm | эндотермное (теплокровное)
Животное, температура тела которого
регулируется внутренней теплотой,
производимой самим животным.

**endothermic change | эндотермическое
изменение** Изменение, при котором
поглощается энергия.

**endothermic reaction | эндотермическая
реакция** Реакция, при которой
поглощается энергия.

energy | энергия Способность производить
работу или вызывать изменение.

energy conservation | энергосбережение
Практика экономного потребления энергии.

energy level | энергетический уровень
Область атома, в которой вероятно наличие
электронов с одинаковой энергией.

energy pyramid | энергетическая пирамида
Диаграмма, показывающая величину
энергии, передаваемой от одного уровня
пищевой сети к другому.

**energy transformation | преобразование
энергии** Изменение одной формы энергии
в другую; также известно как превращение
энергии.

engineer | инженер Лицо, использущее как
технические, так и научные знания для
решения практических задач.

engineering | техника Применение науки для
удовлетворения потребностей или решения
задач.

enzyme | фермент 1. Вид белка, ускоряющий
химическую реакцию в организме. 2.
Биологический катализатор, снижающий
энергию активации реакций в клетках.

epicenter | эпицентр Точка земной
поверхности, находящаяся непосредственно
над центром землетрясения.

epidermis | эпидермис Внешний слой кожи.

epiglottis | надгортанник Хрящевая
пластинка, прикрывающая трахею и
препятствующая попаданию пищи в легкие.

epithelial tissue | эпителиальная ткань
Ткань, покрывающая внутренние и внешние
поверхности тела.

equinox | равноденствие Любой из двух
дней в году, когда ни одно из полушарий
Земли не наклонено к Солнцу или от
Солнца.

era | эра Один из трех крупных этапов
геологической истории между
докембрийским периодом и настоящим
временем.

erosion | эрозия Процесс уноса
поверхностных частиц горных пород и
почвы под воздействием воды, льда, ветра
или силы тяжести.

esophagus | пищевод Мускулистая трубка,
соединяющая рот с желудком.

estrogen | эстроген Гормон, производимый
яичниками; он управляет развитием
яйцеклеток и функционированием женской
половой системы.

estuary | устье Вид заболоченной местности,
образуемой в местах, где пресная вода рек
смешивается с соленой морской водой.

eukaryote | эукариот Организм, клетки
которого содержат ядра.

eutrophication | эвтрофикация Постепенное
накопление питательных веществ
в пресноводных озерах и водоемах,
приводящее к усилению роста водорослей.

evacuate | эвакуация Временное переселение
из местности при угрозе крайне
неблагоприятных погодных условий.

evaluating | оценка Сравнение наблюдений и
данных для вывода заключений о них.

evaporation | испарение Процесс, при котором молекулы на поверхности жидкости поглощают достаточно энергии для перехода в газообразное состояние.

evolution | эволюция Изменения в течение длительного времени; процесс, в результате которого древние организмы превратились в современные формы организмов.

excretion | выделение Процесс выведения из организма отходов жизнедеятельности.

excretory system | выделительная система Система организма, которая выводит из него азотсодержащие отходы, а также избыточные соли и воду.

exocytosis | экзоцитоз Клеточный процесс, при котором частицы, окружающие вакуоль, сливаются с мембраной, вытесняя содержимое из клетки.

exoskeleton | экзоскелет Внешний скелет; жесткое, водонепроницаемое внешнее покрытие, которое защищает, выполняет опорные функции и предотвращает испарение воды из организма многих беспозвоночных.

exosphere | экзосфера Внешний слой термосферы.

exothermic change | экзотермическое изменение Изменение, при котором выделяется энергия.

exothermic reaction | экзотермическая реакция Реакция, протекающая с выделением энергии, обычно в форме теплоты.

exotic species | экзотические виды Виды, которые переселяются в новые места людьми.

experimental bias | экспериментальное отклонение Ошибка в проекте эксперимента, делающая определенный результат более вероятным.

exponential growth | экспоненциальный рост Модель роста, при которой размножение популяции происходит с постоянной скоростью; поэтому, чем больше размер популяции, тем быстрее она растет.

external fertilization | внешнее оплодотворение Оплодотворение яйцеклетки вне женского организма.

extinct | исчезнувший 1. Термин, используемый по отношению к группе родственных организмов, которые полностью вымерли и больше не осталось живущих представителей этой группы. 2. потухший – термин, используемый по отношению к вулкану, который больше не проявляет активности, и извержение которого в будущем маловероятно.

extinction | исчезновение Вымирание всех представителей данного вида на Земле.

extrusion | экструзия Слой магматической породы, образовавшийся из застывших потоков лавы на земной поверхности.

extrusive rock | экструзивная порода Магматическая порода, образовавшаяся из застывших потоков лавы на земной поверхности.

eyepiece | окуляр Линза, которая увеличивает изображение, сформированное объективом.

F

Fahrenheit scale | шкала Фаренгейта Температурная шкала, на которой точке замерзания воды соответствует температура 32°F, а точке ее кипения – температура 212°F.

Fallopian tube | фаллопиева труба Проход для яйцеклеток из яичника к матке.

farsighted | дальнозоркий Человек, который видит удаленные объекты ясно, а близкие – расплывчато.

farsightedness | дальнозоркость Состояние, при котором человек видит удаленные объекты ясно, а близкие – расплывчато.

fat | жир Высококалорийное питательное вещество, состоящее из углерода, кислорода и водорода.

fault | разлом Разрыв земной коры, вдоль которого смещаются породы.

feedback | обратная связь Результат, который изменяет систему или позволяет ей саморегулироваться.

fermentation | ферментация Процесс, при котором клетки высвобождают энергию, разлагая молекулы питательных веществ без использования кислорода.

fertility | плодородие Мера, определяющая способность почвы поддерживать рост растений.

fertilization | оплодотворение Процесс в ходе полового размножения, при котором яйцеклетка и сперматозоид сливаются, образуя новую клетку.

fertilizer | удобрение Вещество, дающее питательные вещества для повышения урожайности растительных культур.

fetus | плод Развивающийся внутриутробно человек с девятой недели после оплодотворения и до рождения.

field | полевые условия Любой участок вне лаборатории.

filter feeder | фильтратор Животное, которое добывает пищу, процеживая воду.

fishery | рыбный промысел Район с большой популяцией ценных морских организмов.

flagellum | жгутик Длинная плетевидная структура, помогающая клетке перемещаться.

flood plain | пойма Плоская, широкая область суши вдоль реки.

flower | цветок Репродуктивная структура покрытосеменных растений.

fluid friction | трение жидкости Трение, возникающее при движении объекта в жидкости.

focal point | фокальная точка Точка, в которой лучи света, параллельные оптической оси, сходятся или кажется, что сходятся, после отражения (или преломления) зеркалом (или линзой).

focus | центр (землетрясения) Точка в толще земной коры, где под воздействием напряжения разрушилась порода, вызвав землетрясение.

foliated | слоистый Термин, характеризующий метаморфические породы, частицы которых располагаются параллельными слоями или полосами.

follicle | фолликул Структура во внутреннем слое кожи (волосяная луковица), из которой растет волос.

food chain | цепь питания (пищевая цепь) Последовательность явлений в экосистеме, при которых организмы передают энергию, когда поедают пищу и сами поедаются другими организмами.

food web | сеть питания (пищевая сеть) Модель переплетения взаимоотношений питания или цепей питания среди различных организмов в экосистеме.

force | сила Физическое воздействие (толкание или вытягивание), оказываемое на объект.

fossil | ископаемые Сохранившиеся остатки или отпечатки древних организмов.

fossil fuel | ископаемое топливо Уголь, нефть или природный газ, которые образовались за миллионы лет из остатков древних организмов; сжигаются для высвобождения энергии.

fracture | скол (перелом) 1. Внешний вид минерала при его разламывании произвольным способом. 2. Перелом кости.

free fall | свободное падение Движение падающего объекта под действием только силы тяжести.

frequency | частота Число полных волн, проходящих через данную точку за определенный промежуток времени.

frequency modulation | частотная модуляция Метод передачи сигналов посредством изменения частоты волны.

friction | трение 1. Сила, с которой две контактирующие поверхности действуют друг на друга при перемещении относительно друг друга. 2. Передача электронов от одного незаряженного объекта другому незаряженному объекту путем трения.

frond | вайя Лист папоротника.

front | фронт Граница, где встречаются, но не смешиваются разнородные воздушные массы.

frost wedging | морозное расклинивание Процесс раскалывания породы в результате просачивания воды в трещины, где она замерзает и расширяется при замерзании.

fruit | плод Созревшая завязь и другие структуры покрытосеменных растений, внутри которых находится одно или несколько семян.

fruiting body | плодовое тело Репродуктивная структура гриба, которая содержит множество гиф мицелия и производит споры.

fuel rod | топливный стержень Урановый стержень, атомы которого подвергаются расщеплению в ядерном реакторе.

fulcrum | точка опоры Неподвижная точка, вокруг которой поворачивается рычаг.

fundamental tone | основной тон Низшая резонансная частота объекта.

fungus | гриб Эукариотический организм, который имеет клеточные стенки, размножается спорами и является гетеротрофным, усваивая питательные вещества из окружающей среды.

fuse | плавкий предохранитель Защитное устройство с тонкой металлической полоской, которая плавится, если в цепи возникает слишком большой ток.

G

galaxy | галактика Огромное скопление одиночных звезд, звездных систем, созвездий, пыли и газов, связанных гравитационными силами.

gallbladder | желчный пузырь Орган, в котором хранится желчь, вырабатываемая печенью.

galvanometer | гальванометр Устройство, в котором используется электромагнит для обнаружения малых токов.

gametophyte | гаметофит Фаза в жизненном цикле растения, на которой растение производит гаметы или половые клетки.

gamma rays | гамма-лучи Электромагнитные волны с самыми короткими длинами волн и самыми высокими частотами.

gas | газ Состояние, при котором вещество не имеет определенной формы или объема.

gas giant | газовый гигант Так часто называют внешние планеты: Юпитер, Сатурн, Уран и Нептун.

gasohol | газоголь Смесь бензина (газолина) и спирта.

gene | ген Последовательность ДНК, которая определяет признак и передается от родителя потомству.

gene therapy | генотерапия Процесс изменения гена для лечения болезни или нарушения. Отсутствующий или поврежденный ген заменяется полноценным.

generator | генератор Устройство, преобразующее механическую энергию в электрическую.

genetic disorder | генетическое нарушение Аномальное состояние, наследуемое человеком через гены или хромосомы.

genetic engineering | генная инженерия Перенос гена из ДНК одного организма в другой для получения организма с желательными признаками.

genetics | генетика Наука, изучающая наследственность.

genome | геном Полный набор генетической информации, содержащейся в ДНК организма.

genotype | генотип Генетический состав организма или комбинации аллелей.

genus | род Классификационная группировка, включающая множество подобных, тесно связанных видов.

geocentric | геоцентрическая Термин, характеризующий модель вселенной, где Земля находится в центре вращающихся планет и звезд.

geode | жеода Полость в породе, внутри которой выросли кристаллы минералов.

Geographic Information System | географическая информационная система Система компьютерного оборудования и программ для создания интерактивных карт.

geologic time scale | шкала геологического времени Перечень геологических событий и форм жизни в истории Земли.

geosphere | геосфера Самые плотные слои Земли, включающие земную кору, мантию и ядро.

geostationary orbit | геостационарная орбита Орбита, на которой спутник вращается вокруг Земли с той же скоростью, с какой вращается Земля, и поэтому все время остается на одном месте относительно Земли.

geothermal energy | геотермальная энергия Интенсивная тепловая энергия, поступающая из недр Земли.

germination | прорастание Прорастание зародыша из семени; происходит, когда зародыш возобновляет свой рост после состояния покоя.

gestation period | период беременности Продолжительность времени между оплодотворением и рождением млекопитающего.

gill | жабры Перистые структуры, где происходит газообмен между водой и кровью.

gizzard | мышечный желудок Мускулистый, толстостенный орган, который сжимает и размалывает частично переваренную пищу.

gland | железа Орган, который вырабатывает и выделяет химические вещества через протоки или в кровоток.

Global Positioning System | глобальная система позиционирования Навигационная система, использующая спутниковые сигналы для определения местонахождения их приемника на поверхности Земли.

global winds | глобальные ветры Ветры, устойчиво дующие в определенных направлениях на больших расстояниях.

globular cluster | шаровое звездное скопление Крупное, округлое скопление большого количества старых звезд.

glucose | глюкоза 1. Сахар, являющийся главным источником энергии для клеток организма. 2. Простой углевод; мономер, входящий в состав многих сложных углеводов.

Golgi apparatus | комплекс Гольджи Органелла клетки, которая получает белки и другие вновь образованные материалы из эндоплазматического ретикулума, упаковывает их и распределяет по другим частям клетки.

gradualism | градуализм Модель эволюции, характеризующаяся медленным и устойчивым накоплением небольших генетических изменений за длительные периоды времени.

grains | зёрна Частицы минералов или других пород, определяющие структуру породы.

granite | гранит Обычно светлая магматическая порода, встречающаяся в континентальной коре.

grassland | поле (луг) Участок, на котором растут главным образом травы и другие недревесные растения; получает 25-75 сантиметров осадков в год.

gravitational potential energy | гравитационная потенциальная энергия Потенциальная энергия, зависящая от высоты объекта.

gravity | гравитация Сила притяжения между объектами; сила, под действием которой объекты движутся вниз.

greenhouse effect | парниковый эффект Удержание тепла вблизи поверхности планеты некоторыми атмосферными газами.

greenhouse gases | парниковые газы Атмосферные газы, удерживающие энергию.

groin | буна Стена из камня или бетона, построенная на берегу для уменьшения эрозии.

grounded | заземление Возможность отвода зарядов из цепи непосредственно в заземляющий провод здания и затем в землю в случае короткого замыкания.

groundwater | грунтовая вода Вода, заполняющая трещины и пустоты в подземной почве и пластах породы.

group | группа Элементы одного вертикального столбца периодической таблицы; другое название – семейство.

gully | водосток Большая канава в земле, куда стекает вода после ливня.

gymnosperm | голосеменное Растение, семена которого находятся прямо на чешуйках шишек и не прикрыты защитным плодом.

H

habitat | среда обитания Среда, обеспечивающая все необходимое для проживания, роста и размножения определенного организма.

half-life | период полураспада Промежуток времени, за который распадается половина атомов радиоактивного элемента.

hazardous waste | опасные отходы Материал, способный причинить вред при неправильной утилизации.

headland | мыс Часть берега, которая выдается в океан.

heat | нагревание Передача тепловой энергии от более теплого объекта более холодному.

heliocentric | гелиоцентрическая Термин, характеризующий модель солнечной системы, где Земля и другие планеты вращаются вокруг Солнца.

hemoglobin | гемоглобин Железосодержащий белок, который химически связывается с молекулами кислорода; главная составная часть красных кровяных клеток (эритроцитов).

heredity | наследственность Передача признаков от родителей потомству.

hertz (Hz) | герц (Гц) Единица измерения частоты.

Hertzsprung-Russell diagram | диаграмма Герцшпрунга-Рассела Диаграмма, связывающая поверхностные температуры с абсолютной яркостью звезд.

heterotroph | гетеротроф Организм, который не способен сам синтезировать питательные вещества и получает пищу, потребляя другие живые организмы.

heterozygous | гетерозиготный Имеющий два разных аллеля данного гена.

hibernation | спячка Состояние животного в зимний период, когда его активность значительно уменьшается.

histamine | гистамин Химическое вещество, ответственное за симптомы аллергии.

homeostasis | гомеостаз Способность организма сохранять внутреннюю среду стабильной, несмотря на изменения во внешней среде.

homologous structures | гомологические структуры Структуры, которые подобны у разных видов и были унаследованы от общего предка.

homozygous | гомозиготный Имеющий два идентичных аллеля данного гена.

hormone | гормон 1. Химическое вещество, влияющее на рост и развитие. 2. Химическое вещество, вырабатываемое эндокринной железой.

host | хозяин (паразитирующего организма) Организм, с которым, в котором или на котором живет паразит, и которому хозяин обеспечивает источник энергии или подходящую среду обитания.

hot spot | горячая зона Область, где магма из глубины мантии проплавляет кору над ней.

Hubble's law | закон Хаббла Закон разбегания галактик, из которого следует, что чем дальше находится галактика, тем быстрее она удаляется.

humid subtropical | влажный субтропический Влажный и теплый климат, наблюдающийся по краям тропиков.

humidity | влажность Содержание водяного пара в данном объеме воздуха.

humus | гумус (перегной) Органический материал темного цвета в почве.

hurricane | ураган Тропический шторм, при котором скорость ветра может достигать 119 километров в час или больше.

hybrid | гибрид Потомок от скрещиваний, имеющий два различных аллеля на признак.

hybridization | гибридизация Метод селекционного разведения, который заключается в скрещивании различных особей с целью получения лучших признаков от обоих родителей.

hydrocarbon | углеводород Органическое соединение, содержащее только атомы углерода и водорода.

hydroelectric power | гидроэлектроэнергия Электроэнергия, полученная за счет кинетической энергии воды, текущей из водопада или через плотину.

hydrogen ion | ион водорода Положительно заряженный ион (H+), образованный водородным атомом, потерявшим электрон.

hydrosphere | гидросфера Часть Земли, состоящая из воды в любой из ее форм, включая океаны, ледники, реки, озера, грунтовую воду и водный пар.

hydroxide ion | ион гидроксида Отрицательно заряженный ион, состоящий из атомов кислорода и водорода (OH–).

hypertension | гипертония Заболевание, при котором давление крови у человека постоянно выше нормы; другое название – высокое кровяное давление.

hyphae | гифы Ветвистые, нитевидные трубки, из которых состоят тела многоклеточных грибов.

hypothalamus | гипоталамус Отдел мозга, связывающий нервную и эндокринную системы.

hypothesis | гипотеза Возможное объяснение ряда наблюдений или ответ на научный вопрос; должна поддаваться проверке.

I

igneous rock | магматическая порода Тип породы, образующейся при охлаждении расплавленной породы на земной поверхности или под ней.

image | изображение Копия объекта, образуемая отраженными или преломленными лучами света.

immigration | иммиграция Переселение отдельных людей в область проживания популяции.

immune response | иммунная реакция Элемент защиты организма против возбудителей болезней, причем клетки иммунной системы реагируют на каждый патоген, применяя защиту, предназначенную именно для данного патогена.

immunity | иммунитет Способность организма уничтожать возбудителей болезни раньше, чем они смогут вызвать болезнь.

impermeable | водонепроницаемый Характеристика материалов, таких как глина и гранит, плохо пропускающих воду.

imprinting | импринтинг (запечатление) В первые часы и дни жизни птенцы и новорожденные млекопитающие инстинктивно следуют за первым движущимся объектом, который они видят.

impulse | импульс Электрический сигнал, передающий информацию нервной системе.

inbreeding | родственное разведение Метод селекционного разведения, который заключается в скрещивании двух особей с подобными наборами аллелей.

incineration | сжигание Сжигание твердых отходов.

inclined plane | наклонная плоскость Простой механизм, представляющий собой плоскую наклонную поверхность.

incomplete dominance | неполная доминантность Ситуация, при которой один аллель не полностью доминирует над другим.

incomplete metamorphosis | неполный метаморфоз Тип метаморфоза с тремя стадиями: яйцо, нимфа и взрослая особь.

index contour | опорный контур На топографической карте – самая жирная контурная линия, помеченная высотой данной горизонтали.

index fossil | руководящие ископаемые Ископаемые остатки или отпечатки широко распространенных организмов, существовавших на протяжении геологически короткого периода.

index of refraction | показатель преломления Величина, характеризующая долю лучей света, преломляющихся при переходе из одной среды в другую.

indicator | индикатор Вещество, изменяющее цвет в присутствии кислоты или основания.

induction | индукция Метод перераспределения заряда на объекте под воздействием электрического поля другого объекта (объекты не находятся в прямом контакте).

inductive reasoning | индуктивное рассуждение Общее заключение на основе частных наблюдений.

inertia | инерция Тенденция объекта сохранять неизменной скорость движения.

infectious disease | инфекционное заболевание Заболевание, вызванное присутствием в организме микробов, способных передаваться от одного организма другому.

inflammatory response | воспалительная реакция Защитная реакция организма против возбудителя болезни, при которой жидкость и белые кровяные клетки (лейкоциты) поступают из кровеносных сосудов в ткани и уничтожают патогены, разрушая их.

infrared radiation | инфракрасное излучение Электромагнитные волны, длина которых больше, чем у видимого света, но меньше, чем у излучения микроволнового диапазона.

infrared rays | инфракрасные лучи Электромагнитные волны, длина которых меньше, а частота выше, чем у излучения микроволнового диапазона.

inhibitor | ингибитор Вещество, уменьшающее скорость реакции.

inner core | внутреннее ядро Плотная сфера из твердого железо-никелевого сплава в центре Земли.

inorganic | неорганический Образованный не из живых существ или их остатков.

input | входной Материал, энергия или информация, поступающие в систему.

input force | входная сила Сила, действующая на механизм.

insight learning | обучение по типу инсайта Процесс обучения с применением уже имеющихся навыков для решения проблемы или выполнения новых действий.

instantaneous speed | мгновенная скорость Скорость объекта в заданный момент времени.

instinct | инстинкт Врожденный навык, который животное безошибочно использует с первого раза.

insulation | теплоизоляция Материал, который не пропускает воздух, предотвращая теплообмен между наружным и внутренним воздухом здания.

insulator | изолятор 1. Материал, который плохо проводит тепло. 2. Материал, не способный к переносу электрических зарядов.

insulin | инсулин Гормон, вырабатываемый поджелудочной железой; обеспечивает получение глюкозы из крови клетками организма и использование ее в качестве энергии.

intensity | интенсивность Количество энергии, переносимой волной за секунду через единицу площади.

interference | интерференция Взаимодействие между пересекающимися волнами.

internal fertilization | внутреннее оплодотворение Оплодотворение яйцеклетки в женском организме.

interneuron | интернейрон (промежуточный нейрон) Нейрон, передающий нервные импульсы от одного нейрона другому.

interphase | интерфаза (промежуточная фаза) Первая стадия цикла клетки до ее деления; на этой стадии клетка растет и производит копию своей ДНК.

intertidal zone | литоральная зона (приливно-отливная зона) Область между самой высокой линией прилива на суше и точкой на континентальном шельфе, представляющей низшую линию отлива.

intestine | кишечник Орган, в котором завершается пищеварение, и всасываются питательные вещества.

intrusion | интрузия Слой магматической породы, образованный при отвердении магмы в глубине земной коры.

intrusive rock | интрузивный массив Слой магматической породы, образованный при отвердении магмы в глубине земной коры.

inversely proportional | обратно пропорциональный Термин, характеризующий зависимость между двумя переменными, произведение которых является постоянной величиной.

invertebrate | беспозвоночное Животное, не имеющее позвоночника.

involuntary muscle | непроизвольно сокращающаяся мышца Мышца, не подчиняющаяся сознательному управлению.

ion | ион Атом или группа атомов, получивших электрический заряд.

ionic bond | ионная связь Притяжение между противоположно заряженными ионами.

ionic compound | ионное соединение Соединение, состоящее из положительных или отрицательных ионов.

ionosphere | ионосфера Нижняя часть термосферы.

iris | радужная оболочка глаза Кольцо мышц вокруг зрачка, которое регулирует количество света, попадающего в глаз; содержит пигмент, определяющий цвет глаз.

irregular galaxy | неправильная галактика Галактика, не имеющая определенной формы.

island arc | островная дуга Цепочка вулканических островов, возникшая там, где одна океаническая плита перекрывает другую.

isobar | изобара Линия на карте погоды, соединяющая точки с одинаковым давлением воздуха.

isotherm | изотерма Линия на карте погоды, соединяющая точки с одинаковой температурой.

isotope | изотоп Атом с таким же числом протонов, как у других атомов данного элемента, но иным числом нейтронов.

J

jet streams | струйные течения Узкие высокоскоростные воздушные потоки на высоте около 10 километров над земной поверхностью.

joule | джоуль Единица работы, равная одному ньютон-метру.

K

karst topography | карстовый рельеф Область, в которой близкий к поверхности слой известняка создает глубокие долины, пещеры и воронки.

karyotype | кариотип Полный набор хромосом человека в клетке, сгруппированных по парам и упорядоченных по размеру.

Kelvin scale | шкала Кельвина Температурная шкала, на которой ноль соответствует температуре, при которой из материи больше невозможно извлечь энергию.

kettle | котёл (ледника) Небольшая впадина, которая образуется, когда в ледниковой морене остается кусок льда.

keystone species | ключевые виды Виды, влияющие на выживание многих других видов в экосистеме.

kidney | почка Главный орган системы выделения; удаляет мочевину и другие ненужные вещества из крови.

kinetic energy | кинетическая энергия Энергия движения объекта.

Kuiper belt | пояс Койпера Область солнечной системы за орбитой Нептуна – приблизительно до стократного расстояния от Земли до Солнца.

L

La Niña | Ла-Ниньо Климатическое явление в восточной части Тихого океана, когда поверхностные воды становятся холоднее нормы.

land breeze | береговой бриз Потоки воздуха, направленные с берега в сторону моря.

land reclamation | освоение земли Процесс возврата земли в более естественное, плодородное состояние.

landform | рельеф Топографические особенности, возникшие в процессе формирования земной поверхности.

landform region | область рельефа Большая площадь суши с однотипными топографическими особенностями.

large intestine | толстая кишка Последний отдел пищеварительной системы, в котором вода всасывается в кровоток, а оставшиеся материалы выводятся из организма.

larva | личинка Незрелая форма животного, по внешнему виду сильно отличающаяся от взрослой особи.

larynx | гортань Голосовой аппарат, расположенный в верхней части трахеи, под надгортанником.

latitude | широта Расстояние в градусах к северу или к югу от экватора.

lava | лава Жидкая магма, которая достигает земной поверхности.

law of conservation of energy | закон сохранения энергии Закон, который гласит, что энергия не может возникнуть из ничего и не может исчезнуть в никуда.

law of conservation of mass | закон сохранения массы Закон, согласно которому общее количество материи сохраняется постоянным во время любой химической реакции или физического изменения.

law of conservation of momentum | Закон сохранения момента импульса Закон, согласно которому при отсутствии внешних сил общий момент импульса взаимодействующих объектов не изменяется.

law of superposition | закон наложения Геологический принцип, который гласит, что в горизонтальных слоях осадочной породы каждый слой старше, чем слой выше него, и моложе, чем слой ниже него.

law of universal gravitation | закон всемирного тяготения Научный закон, который гласит, что каждый объект во вселенной притягивает любой другой объект.

leachate | продукт выщелачивания Загрязненная жидкость; образуемая при прохождении воды через захороненные на свалке отходы и содержащая растворившиеся химические вещества.

learning | обучение Процесс, приводящий к изменениям в поведении на основе практики или опыта.

leeward | подветренная сторона Склоны горной цепи, расположенные с противоположной стороны от господствующих ветров.

lens | хрусталик (глаза), линза 1. Прозрачное, эластичное образование, которое фокусирует свет, попадающий в глаз. 2. Стекло или другой прозрачный материал с искривленной поверхностью, используемые для преломления света.

lever | рычаг Простой механизм, состоящий из жесткого стержня, который поворачивается вокруг неподвижной точки.

lichen | лишайник Сочетание грибов с микроскопическими водорослями или автотрофными бактериями, которые сосуществуют с обоюдной выгодой.

ligament | связка Прочная соединительная ткань, скрепляющая кости в подвижных суставах.

light-year | световой год Расстояние, которое проходит луч света за один год и равное, приблизительно, 9,5 триллионов километров.

limiting factor | лимитирующий фактор Фактор внешней среды, вызывающий уменьшение размера популяции.

lipid | липид Богатое энергией органическое соединение, состоящее из атомов углерода, водорода и кислорода, например, жир, масло или воск.

liquid | жидкость Состояние, при котором вещество не имеет определенной формы, но обладает определенным объемом.

lithosphere | литосфера Твердый слой, включающий самую верхнюю часть мантии и земную кору.

litter | подстилка Самый верхний слой плодородной почвы, образованный из опавших листьев и увядших трав.

liver | печень Самый крупный внутренний орган; играет важную роль во многих процессах организма, таких как выработка желчи для пищеварительной системы.

loam | суглинок Богатая, плодородная почва, содержащая приблизительно равные доли глины, песка и пылеватых материалов.

loess | лёсс Нанесенная ветром осадочная порода, состоящая из мелких частиц глины и илистых материалов.

long-day plant | растение длинного дня Растение, которое цветет в период, когда ночи короче, чем их критическая продолжительность для данного растения.

longitude | долгота Расстояние в градусах к востоку или к западу от главного меридиана.

longitudinal wave | продольная волна Волна, перемещающая среду в направлении, параллельном направлению своего движения.

longshore drift | береговой дрейф Движение воды и донных наносов у берега, вызванное волнами, подходящими под углом к берегу.

loudness | громкость Восприятие силы звука.

lunar eclipse | лунное затмение Препятствие попаданию солнечного света на Луну, которое возникает, когда Земля находится непосредственно между Солнцем и Луной.

lung | лёгкое 1. Орган у дышащих воздухом позвоночных, в котором происходит газообмен с кровью: кислородом и углекислым газом. 2. У людей – главный орган дыхательной системы (парный).

luster | блеск Результат отражения света поверхностью минерала.

lymph | лимфа Жидкость, состоящая из воды и других растворенных веществ, которые лимфатическая система собирает и возвращает в кровоток.

lymph node | лимфатический узел Маленький периферический орган лимфатической системы, который фильтрует лимфу, улавливая бактерии и другие болезнетворные микроорганизмы.

lymphatic system | лимфатическая система Система сосудов, подобных венам, которая возвращает в кровоток жидкость, поступающую из капилляров кровеносных сосудов.

lymphocyte | лимфоцит Белая кровяная клетка, которая распознает разные виды патогенов.

lysosome | лизосома Органелла клетки, содержащая химические вещества, которые расщепляют крупные частицы пищи на более мелкие, используемые остальной частью клетки.

M

machine | механизм Устройство, изменяющее величину действующей силы, расстояние, на котором она действует, или направление действия силы.

magma | магма Расплавленная смесь породообразующих веществ, газов и воды, поступающая из мантии.

magnetic declination | магнитное склонение Угол между географическим севером и севером, на который указывает стрелка компаса.

magnetic field | магнитное поле Область вокруг магнита, где действует магнитная сила.

magnetic force | магнитная сила Сила, возникающая при взаимодействии магнитных полюсов.

magnetic pole | магнитный полюс Концы магнитного объекта, где магнитная сила наиболее велика.

magnetism | магнетизм Сила притяжения или отталкивания магнитных материалов.

magnitude | магнитуда Величина, характеризующая мощность землетрясения на основе сейсмических волн и движения вдоль разломов.

main sequence | главная последовательность (звёзд) Диагональный участок на диаграмме Герцшпрунга-Рассела, включающий более 90 процентов всех звезд.

malleable | ковкий Термин, характеризующий материал, поддающийся ковке или прокатыванию в плоские листы.

mammal | млекопитающее Позвоночное животное, температура тела которого регулируется его внутренней теплотой; характерные признаки: кожа, покрытая волосами или мехом, и железы, вырабатывающие молоко для кормления детёнышей.

mammary gland | молочная железа Орган у самки млекопитающего, вырабатывающий молоко для кормления детёнышей.

manipulated variable | регулируемая переменная Один фактор, изменяемый ученым во время эксперимента; другое название – независимая переменная.

mantle | мантия Слой горячего, твердого материала между земной корой и ядром.

map projection | проекция карты Система линий, помогающая перенести точки земной поверхности на плоскую карту.

maria | лунные моря Темные, плоские области на поверхности Луны, образованные огромными древними потоками лавы.

marine climate | морской климат Климат некоторых прибрежных регионов с относительно теплой зимой и прохладным летом.

marrow | мозговое вещество Мягкая соединительная ткань, заполняющая внутренние полости кости.

marsupial | сумчатое Млекопитающее, у которого детёныши рождаются на раннем этапе развития и поэтому продолжают развиваться в специальной «сумке» на теле матери.

mass | масса Мера количества вещества, содержащегося в объекте.

mass extinction | массовое вымирание Явление одновременного вымирания многих видов живых существ.

mass movement | движение масс Любой из нескольких процессов, посредством которых отложения и наносы перемещаются вниз по склону под действием силы тяжести.

mass number | массовое число Общее число протонов и нейтронов в ядре атома.

matter | материя Всё, что имеет массу и занимает место в пространстве.

mean | среднее Среднее числовое значение для набора данных.

meander | излучина Петлевидный изгиб реки.

mechanical advantage | выигрыш в силе Величина, показывающая, во сколько раз механизм увеличивает приложенную к нему силу.

mechanical energy | механическая энергия Кинетическая или потенциальная энергия, связанная с движением или положением объекта.

mechanical engineering | машиностроение Отрасль промышленности, связанная с проектированием, производством и работой машин.

mechanical wave | механическая волна Распространение колебаний от частицы к частице в упругой среде.

mechanical weathering | механическое выветривание Тип выветривания, при котором горная порода физически разрушается на более мелкие части.

median | срединное значение Середина набора данных.

medium | среда Материал, в котором распространяется волна.

medusa | медуза Подвижный стрекающий организм, имеющий форму раскрытого зонтика и проводящий жизнь в свободном плавании.

meiosis | мейоз Процесс, происходящий при формировании половых клеток (сперматозоидов и яйцеклеток) с уменьшением количества хромосом в два раза.

melanin | меланин Пигмент, определяющий цвет кожи.

melting point | точка плавления Температура, при которой вещество переходит из твердого состояния в жидкое; эквивалентна точке замерзания или температуре, при которой жидкость переходит в твердое состояние.

meniscus | мениск Искривленная верхняя поверхность столба жидкости.

mercury barometer | ртутный барометр Прибор, измеряющий атмосферное давление; состоит из стеклянной трубки, частично заполненной ртутью, верхний конец которой запаян, а открытый – опущен в сосуд с ртутью.

mesosphere | мезосфера Средний слой земной атмосферы, расположенный непосредственно над стратосферой.

messenger RNA | информационная (матричная) РНК Тип РНК, которая переносит копии инструкций для сборки аминокислот в белках от ДНК к рибосомам цитоплазмы.

metabolism | метаболизм Комбинация химических реакций, с помощью которых организм синтезирует или расщепляет материалы.

metal | металл Класс элементов, обладающих рядом определенных физических свойств, включая блеск, ковкость, пластичность и электропроводность.

metallic bond | металлическая связь Притяжение между положительным ионом металла и окружающими его электронами.

metalloid | металлоид Элемент, сочетающий в себе некоторые свойства металлов и неметаллов.

metamorphic rock | метаморфическая порода Тип породы, которая формируется из существующей под воздействием тепла, давления или химических реакций.

metamorphosis | метаморфоз Процесс, при котором форма тела животного значительно меняется в течение его жизненного цикла.

meteor | метеор Светящаяся полоса в ночном небе, возникающая при сгорании метеорного тела в атмосфере Земли.

meteorite | метеорит Метеорное тело, которое проходит через атмосферу и падает на поверхность Земли.

meteoroid | метеорное тело Небольшое небесное тело из камня или пыли в космическом пространстве; обычно меньше астероида.

metric system | метрическая система Система измерений, основанная на числе 10.

microgravity | микрогравитация Состояние, позволяющее ощутить невесомость на орбите.

microorganism | микроорганизм Живое существо, которое невозможно увидеть без микроскопа.

microscope | микроскоп Прибор, позволяющий видеть мелкие объекты более крупными.

microwaves | излучение микроволнового диапазона Электромагнитные волны, длина которых меньше, а частота выше, чем у радиоволн.

mid-ocean ridge | срединно-океанический хребет Подводная горная цепь, где происходит образование новой океанической коры; область расхождения тектонических плит под океаном.

migration | миграция Регулярное сезонное передвижение популяции животных из одной среды в другую и обратно с целью пропитания или размножения.

mineral | минерал 1. Твердое вещество природного происхождения, способное образоваться в результате неорганических процессов, имеющее кристаллическую структуру и определенный химический состав. 2. Питательное вещество, которое необходимо организму в небольших количествах и не вырабатывается живыми существами.

mirage | мираж Изображение отдаленного объекта, возникающее в результате преломления света при его прохождении через воздух с переменной температурой.

mitochondria | митохондрия Палочковидные органеллы, преобразующие энергию пищевых молекул в такую форму, которую клетка может использовать для своих функций.

mitosis | митоз Вторая стадия цикла клетки, на которой ядро делится на два новых ядра, и обе дочерние клетки получают по набору ДНК.

mixture | смесь Два или более веществ, находящихся в одном месте, но не связанных химически.

mode | мода Число, которое чаще всего появляется в списке чисел.

model | модель Представление сложного объекта или процесса, помогающее понять концепцию, которую невозможно наблюдать непосредственно.

Modified Mercalli scale | модифицированная шкала Меркалли Шкала, по которой оценивается интенсивность землетрясения.

Mohs hardness scale | шкала твёрдости по Моосу Шкала на основе твёрдости десяти стандартных минералов – от самого мягкого до самого твёрдого; используется для определения твёрдости исследуемых минералов.

mold | слепок Тип ископаемого, представляющий собой полую область в осадочной породе, сохранившую форму организма или его части.

molecular compound | молекулярное соединение Соединение, состоящее из молекул.

molecule | молекула Нейтральная группа из двух или более атомов, соединенных ковалентными связями.

mollusk | моллюск Беспозвоночное с мягким, несегментированным телом; обычно защищено твердой внешней оболочкой (раковиной).

molting | линька Процесс сбрасывания устаревшего экзоскелета.

moment magnitude scale | шкала момента магнитуды Шкала, оценивающая землетрясения по общей высвобождаемой энергии.

momentum | момент Произведение массы объекта и скорости.

monocot | однодольное Покрытосеменное растение с одной семядолей.

monotreme | однопроходное (яйцекладущее) Млекопитающее животное, которое откладывает яйца.

monsoon | муссон Морской или береговой бриз на обширной территории, меняющий направление в зависимости от сезона.

moraine | морена Горная порода на краю ледника, сформированная ледниковыми отложениями.

motion | движение Состояние, при котором изменяется расстояние от одного объекта до другого.

motor neuron | мотонейрон Нейрон, который посылает импульс в мышцу или железу, вызывая их реакцию.

mountain range | горная гряда Группа гор, близко связанных по форме, структуре, местоположению и возрасту.

mucus | слизь Густое, скользкое вещество, вырабатываемое организмом.

multiple alleles | серия аллелей Три или больше возможных аллелей гена, которые определяют признак.

municipal solid waste | коммунально-бытовые твёрдые отходы Отходы, производимые в домах, учреждениях, школах и жилых комплексах.

mutation | мутация Любое изменение в ДНК гена или хромосомы.

mutualism | мутуализм Тип симбиоза, при котором сосуществование выгодно обоим видам.

N

natural selection | естественный отбор Процесс, при котором более высокую вероятность выживания и воспроизводства имеют организмы, лучше всего приспособленные к своей среде обитания.

neap tide | квадратурный прилив Прилив с наименьшей разницей между последовательными приливом и отливом.

nearsighted | близорукий Человек, который ясно видит близкие предметы, а удаленные – расплывчато.

nebula | туманность Большое облако из газа и пыли в космическом пространстве.

negative feedback | отрицательная обратная связь Процесс, при котором состояние, достигаемое системой, отключает ее.

nekton | нектон Водные, свободноплавающие животные, способные противостоять течению.

nephron | нефрон Маленькая фильтрующая структура в почках, которая удаляет отходы из крови и вырабатывает мочу.

neritic zone | неритовая зона Область океана от линии отлива до края континентального шельфа.

nerve | нерв Пучок нервных волокон.

nerve impulse | нервный импульс Сигнал, передаваемый нейроном.

nervous system | нервная система Система организма, которая получает информацию из среды и координирует ответную реакцию.

nervous tissue | нервная ткань Ткань организма, которая передает электрические сигналы от мозга к другим частям организма и наоборот.

net force | равнодействующая сила Сила, которая производит на объект такое же действие, как несколько одновременно действующих сил.

neuron | нейрон Клетка, передающая информацию по нервной системе.

neutralization | нейтрализация Реакция кислоты с основанием, в результате которой образуется раствор, кислотность или щелочность которого ниже, чем у исходных растворов.

neutron | нейтрон Маленькая частица в ядре атома, не имеющая электрического заряда.

neutron star | нейтронная звезда Компактная, сверхплотная звезда, являющаяся остатком звезды с большой массовой после взрыва сверхновой.

newton | ньютон Единица измерения, равная силе, необходимой для ускорения объекта массой 1 килограмм на 1 метр в секунду за секунду.

Newton's first law of motion | Первый закон движения Ньютона Научный закон, который гласит, что в отсутствие действия силы объект, находящийся в покое, будет оставаться в покое, а движущийся объект продолжит движение с постоянной скоростью и направлением.

niche | ниша Место, занимаемое организмом, и характер его взаимодействия с биотическими и абиотическими факторами в его естественной среде обитания.

nitrogen bases | азотные основания Вещества, молекулы которых содержат азот и другие элементы.

nitrogen fixation | фиксация азота Процесс превращения свободного газообразного азота в азотные соединения, которые могут усваиваться растениями.

noble gas | инертный газ Элемент из группы 18 периодической таблицы.

node | узловая точка Точка с нулевой амплитудой на стоячей волне.

nodule | конкреция Округлое образование на океанском дне, возникающее при кристаллизации металлов (например, марганца) на частях ракушек.

noninfectious disease | неинфекционное заболевание Заболевание, вызванное не патогеном, а иными причинами.

nonpoint source | неточечный источник Источник обширного загрязнения, который трудно связать с определенной точкой или местом образования.

nonpolar bond | неполярная связь Ковалентная связь, общие электроны которой в равной степени принадлежат обоим участникам связи.

normal fault | нормальный сброс Тип разлома, при котором висячая стена сдвигается вниз; возникает при растяжении земной коры.

notochord | спинная струна (нотохорд) Эластичный продольный тяж, поддерживающий спину хордового животного непосредственно под нервным стволом.

nuclear energy | ядерная энергия Потенциальная энергия, сохраняемая в ядре атома.

nuclear fission | деление ядра Расщепление ядра атома на два меньших ядра и нейтроны, при котором выделяется большое количество энергии.

nuclear fusion | ядерный синтез Процесс, при котором два атомных ядра объединяются, образуя более крупное ядро и выделяя огромное количество энергии; таким способом образуется энергия в звездах.

nuclear reaction | ядерная реакция Реакция с участием частиц ядра атома, при которой один элемент может превратиться в другой.

nucleic acid | нуклеиновая кислота Очень большая органическая молекула, состоящая из углерода, кислорода, водорода, азота и фосфора; содержит инструкции, необходимые клеткам для выполнения всех функций жизнедеятельности.

nucleus | ядро 1. В клетках – большая овальная органелла, содержащая генетический материал в форме ДНК и управляющая многими функциями клетки. 2. Центральная часть атома, состоящая из протонов и нейтронов. 3. Твердая центральная часть кометы.

nutrient | питательное вещество 1. Вещество, такое как азот или фосфор, необходимое для роста растений и водорослей. 2. Вещества в пище, которые поставляют сырье и энергию, необходимые организму для обеспечения жизненно важных процессов.

nutrient depletion | истощение питательных веществ Ситуация, которая возникает, когда из почвы потребляется больше питательных веществ, чем могут обеспечить редуценты.

nymph | нимфа Стадия неполного метаморфоза, которая обычно напоминает взрослое насекомое.

O

objective | объектив, цель 1. Линза, которая получает свет от объекта и формирует реальное изображение. 2. Желаемый результат процесса принятия решений или выведения заключений на основании имеющихся доказательств.

obsolete | атрофированный Больше не используемый.

occluded | окклюдированный (фронт) Теплый воздушный фронт, зажатый между двумя холодными воздушными массами.

Ohm's law | закон Ома Закон, который гласит, что сопротивление в цепи равно результату деления напряжения на ток.

omnivore | всеядное животное Потребитель, получающий энергию, поедая и растения, и животных.

Oort cloud | облако Оорта Сферическая область комет, окружающая солнечную систему.

opaque | непрозрачный Тип материала, который отражает или поглощает весь свет, падающий на него.

open circulatory system | незамкнутая кровеносная система Кровеносная система, в которой сердце качает кровь в открытые полости организма, и кровь не ограничена кровеносными сосудами.

open cluster | рассеянное скопление Звёздное скопление, которое имеет произвольную неправильную форму и содержит не более нескольких тысяч звезд.

open system | открытая система Система, которая обменивается веществом с внешней средой.

open-ocean zone | зона открытого океана Самая глубокая и темная область океана вдали от континентального шельфа.

optic nerve | зрительный нерв Короткий, утолщенный нерв, передающий сигналы из глаза в мозг.

optical axis | оптическая ось Воображаемая линия, разделяющая зеркало пополам.

optical telescope | оптический телескоп Телескоп, в котором для сбора и фокусировки видимого света используются линзы или зеркала.

orbit | орбита Траектория в пространстве, по которой объект обращается вокруг другого объекта.

orbital velocity | орбитальная скорость (первая космическая скорость) Скорость, которую должна развить ракета, чтобы выйти на орбиту вокруг небесного тела.

organ | орган Структура организма, состоящая из различных видов взаимодействующих тканей.

organ system | система органов Группа органов, совместно выполняющих основную функцию.

organelle | органелла Крошечная структура клетки, выполняющая определенную функцию.

organic rock | органическая порода Осадочная порода, формирующаяся из толстых слоев остатков организмов.

osmosis | осмос Диффузия молекул воды через селективно-проницаемую мембрану.

outer core | внешнее ядро Слой расплавленного железа и никеля, окружающий внутреннее ядро Земли.

output | выход Материал, энергия, результат или продукт, которые выходят из системы.

output force | усилие на выходе Сила, действующая на объект посредством механизма.

ovary | яичник 1. В растениях: завязь – структура, которая окружает и защищает семяпочки и семена в период их развития. 2. Орган женской репродуктивной системы, в котором вырабатываются яйцеклетки и эстроген.

overtone | обертон Собственная частота, кратная частоте основного тона.

ovulation | овуляция Процесс, при котором зрелая яйцеклетка выходит из яичника в фаллопиеву трубу.

ovule | семяпочка Структура семенного растения, в которой образуется женский гаметофит; содержит яйцеклетку.

oxbow lake | озеро-старица Участок старого русла реки.

oxidation | окисление Химическая реакция, при которой вещество соединяется с кислородом - например, когда окисляется железо, образуя ржавчину.

ozone | озон Форма кислорода, в которой молекула содержит три атома вместо обычных двух; токсична для организмов, когда образуется вблизи земной поверхности.

ozone layer | озоновый слой Верхний слой атмосферы с более высокой концентрацией озона, чем в остальной ее части.

P

P wave | Р-волна Тип сейсмической волны, сжимающей и растягивающей грунт.

pacemaker | водитель ритма (синусовый узел сердца) Группа клеток в правом предсердии, которая посылает сигналы, заставляющие сердечную мышцу сокращаться, и управляет частотой сердцебиения.

paleontologist | палеонтолог Ученый, изучающий ископаемые остатки или отпечатки, чтобы узнать об организмах, которые населяли Землю в давние времена.

pancreas | поджелудочная железа Треугольный орган, расположенный между животом и первым отделом тонкой кишки; вырабатывает пищеварительные ферменты, которые расщепляют питательные вещества.

Pangaea | Пангея Название единого суперконтинента, который начал раскалываться 200 миллионов лет назад, и из которого образовались нынешние континенты.

parallax | параллакс Изменение видимого положения объекта при его наблюдении с разных точек.

parallel circuit | параллельная цепь Электрическая цепь, содержащая несколько ветвей.

parasite | паразит Организм, который извлекает выгоду, живя с-, на- или в хозяине – этот вид сосуществования организмов называется паразитизмом.

parasitism | паразитизм Тип симбиоза, при котором один организм живет с-, на- или в хозяине и вредит ему.

passive immunity | пассивный иммунитет Иммунитет, при котором антитела вводятся в организм человека, а не вырабатываются самим организмом.

passive transport | пассивный транспорт Перенос растворенных веществ через клеточную мембрану без использования энергии клетки.

pasteurization | пастеризация Процесс нагревания пищи до температуры, которая достаточно высока, чтобы уничтожить большинство вредных бактерий, не изменяя вкуса пищи.

pathogen | патоген Организм, вызывающий болезнь.

peat | торф Спрессованные слои увядшего мха сфагнума, которые накапливаются в болотах.

pedigree | генеалогическая схема Диаграмма, показывающая наличие или отсутствие признака в зависимости от родственных связей в пределах семейства на протяжении нескольких поколений.

penumbra | полутень Более светлая часть тени, окружающая самую темную часть.

Percent Daily Value | суточный показатель в процентах Величина, которая показывает, насколько соответствует питательная ценность одной порции пищи диете, рассчитанной на потребление 2000 калорий в день.

percent error | процентная ошибка Разница между экспериментальным и истинным значением, выраженная в процентах.

period | период 1. Горизонтальный ряд элементов в периодической таблице. 2. Одна из единиц геологического времени, используемая для подразделения эры.

peripheral nervous system | периферическая нервная система Отдел нервной системы, включающий все нервы, расположенные вне центральной нервной системы.

peristalsis | перистальтика Волнообразные сокращения гладких мышц, продвигающие пищу по пищеводу к желудку.

permafrost | вечная мерзлота Слой постоянно промерзшей почвы в климатическом регионе биома тундры.

permeable | водопроницаемый Характеристика материала, содержащего соединенные воздушные полости или поры, через которые может легко просочиться вода.

petrified fossil | окаменелое ископаемое Ископаемые остатки, в которых минералы заменили весь организм или его часть.

petrochemical | нефтепродукт Соединение, полученное из нефти.

petroleum | нефть Жидкое ископаемое топливо.

pH scale | шкала pH Диапазон значений, указывающих уровень кислотности или щелочности вещества; выражает концентрацию водородных ионов в растворе.

phagocyte | фагоцит Белая кровяная клетка, которая уничтожает возбудителей болезней, поглощая и расщепляя их.

pharynx | глотка Горло; является частью дыхательной и пищеварительной систем.

phase | фаза Одна из различных видимых форм Луны при наблюдении с Земли.

phenotype | фенотип Внешний вид организма, или видимые признаки.

pheromone | феромон Выделяемое животным химическое вещество, которое влияет на поведение другого животного, принадлежащего к тому же виду.

phloem | флоэма (лубяная ткань) Сосудистая ткань у некоторых растений, транспортирующая питательные вещества.

photochemical smog | фотохимический смог Коричневатый густой туман, представляющий собой смесь озона и других химических веществ, образующихся при воздействии солнечного света на загрязнители.

photoelectric effect | фотоэффект Испускание электронов веществом под воздействием света.

photon | фотон Крошечная частица или сгусток энергии света.

photoperiodism | фотопериодизм Реакция растения на сезонные изменения продолжительности ночи и дня.

photosphere | фотосфера Внутренний слой атмосферы Солнца, испускающий видимый свет; поверхность Солнца.

photosynthesis | фотосинтез Процесс, при котором растения и другие автотрофы поглощают и используют энергию света для синтеза питательных веществ из углекислого газа и воды.

physical change | физическое изменение Изменение, которое меняет форму или внешний вид материала, но не превращает его в другое вещество.

physical property | физическое свойство Неизменная характеристика чистого вещества, которой оно обладает постоянно.

pigment | пигмент 1. Цветное химическое соединение, которое поглощает свет. 2. Цветное вещество, используемое для окрашивания других материалов.

pioneer species | пионерский вид Первый вид, заселивший ареал во время сукцессии (смены сообществ живых существ).

pipe | жерло (вулкана) Длинный канал, по которому магма поднимается из магматической камеры к поверхности Земли.

pistil | пестик Женская репродуктивная часть цветка.

pitch | высота тона Характеристика воспринимаемого звука – низкий или высокий.

pituitary gland | гипофиз Эндокринная железа, регулирующая многие функции организма и управляющая действиями некоторых других эндокринных желез.

pixel | пиксел Один бит оцифрованного изображения; часто выглядит как маленький квадрат или точка.

placenta | плацента Орган у большинства беременных млекопитающих, включая людей, который связывает организм матери с развивающимся эмбрионом и обеспечивает обмен веществ между ними.

placental mammal | плацентарное млекопитающее Млекопитающее, которое развивается в теле своей матери до тех пор, пока системы его организма не смогут функционировать самостоятельно.

plain | равнина Рельеф, представляющий плоские или слегка холмистые участки суши с однообразным ландшафтом.

plane mirror | плоское зеркало Ровное зеркало, дающее вертикальное мнимое изображение объекта в натуральную величину.

planet | планета Небесное тело, обращающееся вокруг звезды, и достаточно крупное, чтобы стать округлым под действием собственной гравитации и расчистить область своей орбиты.

planetesimal | планетезималь Одно из множества маленьких астероидоподобных небесных тел, которые являются строительным материалом для образования планет.

plankton | планктон Крошечные водоросли и животные, которые взвешены в воде и переносятся волнами и течениями.

plasma | плазма 1. Жидкий компонент крови. 2. Подобное газу состояние материи, представляющее смесь свободных электронов и атомов, которые лишены своих электронов.

plate | плита Блок литосферы, медленно двигающийся по астеносфере, неся части континентальной и океанской коры.

plate tectonics | тектоника плит Теория, согласно которой части земной литосферы находятся в постоянном движении, вызванном конвекционными течениями в мантии.

plateau | плато Большой участок довольно возвышенной над уровнем моря местности с более или менее ровной поверхностью.

platelet | тромбоцит Фрагмент клетки, играющий важную роль в образовании кровяных сгустков.

plucking | ледниковое выпахивание Процесс захвата камней ледником при его движении по суше.

point source | точечный источник Определенный источник загрязнения, который может быть идентифицирован.

polar bond | полярная связь Ковалентная связь, при которой электроны распределяются неравномерно.

polar zones | полярные зоны Области у обоих полюсов приблизительно от 66,5 до 90 градусов северной широты и от 66,5 до 90 градусов южной широты.

polarization | поляризация Процесс притяжения или отталкивания электронов внешним электрическим полем, заставляющий электроны перемещаться в пределах их собственных атомов.

polarized light | поляризованный свет Свет, отфильтрованный так, чтобы все его волны были параллельны друг другу.

pollen | пыльца Крошечная структура (мужской гаметофит) семенных растений, содержащая клетку, которая впоследствии развивается в мужскую половую клетку.

pollination | опыление Перенос пыльцы из мужских репродуктивных структур на женские репродуктивные структуры растения.

polyatomic ion | многоатомный ион Ион, состоящий из нескольких атомов.

polygenic inheritance | полигенная наследственность Наследование признаков, которые определяются двумя или более генами, например, рост человека.

polyp | полип Стрекающий организм; характеризуется вертикальной формой чаши и малой подвижностью; живет, закрепившись на какой-нибудь подводной поверхности.

population | популяция Все представители одного вида, живущие в одном ареале.

population density | плотность популяции Число особей в расчете на участок площади определенного размера.

potential energy | потенциальная энергия Энергия объекта, зависящая от его положения; также внутренняя сохраненная энергия объекта, например, энергия химических связей.

power | мощность Скорость, с которой одна форма энергии преобразуется в другую.

precipitate | осадок Твердое вещество, выпадающее из раствора во время химической реакции.

precision | точность Показатель близости группы измерений друг к другу.

predation | хищничество Взаимоотношения, при которых один организм убивает другой для использования в качестве пищи или источника питательных веществ.

predator | хищник Во взаимоотношениях хищничества – организм, который убивает.

pressure | давление Сила, давящая на поверхность, деленная на площадь поверхности.

prey | жертва Во взаимоотношениях хищничества – организм, убитый и съеденный хищником.

primary succession | первичная сукцессия Ряд изменений, происходящих в области, где нет ни почвы, ни организмов.

prime meridian | главный меридиан Воображаемая линия от Северного до Южного полюса, проходящая через Гринвич в Англии.

producer | продуцент Организм, способный синтезировать собственную пищу.

product | продукт Вещество, образованное в результате химической реакции.

prokaryote | прокариот Одноклеточный организм, не имеющий ядра и некоторых других структур клетки.

prominence | протуберанец Огромный, красноватый язык газа, который вырывается с поверхности Солнца, связывая части областей солнечных пятен.

protein | белок Большая органическая молекула, состоящая из углерода, водорода, кислорода, азота и иногда серы.

protist | протист Эукариотический организм, который не может быть классифицирован как животное, растение или гриб.

protons | протоны Маленькие, положительно заряженные частицы в ядре атома.

protostar | протозвезда Пульсирующее облако газа и пыли, имеющее массу, достаточную для образования звезды.

prototype | прототип Рабочая модель, используемая для проверки проекта.

protozoan | простейшее Одноклеточный, подобный животному протист.

pseudopod | псевдоподия (ложноножка) «Ложная нога» или временный цитоплазматический вырост у некоторых простейших животных, используемые для добывания пищи и передвижения.

psychrometer | психрометр Прибор для измерения относительной влажности.

pulley | блок Простой механизм, состоящий из колеса с желобом по окружности, обернутого веревкой или тросом.

pulsar | пульсар Быстро вращающаяся нейтронная звезда, которая испускает радиоволны.

punctuated equilibrium | прерывистое равновесие Модель эволюции, в которой длительные периоды стабильности прерываются краткими периодами более быстрых изменений.

Punnett square | решётка Пеннетта Диаграмма, показывающая все возможные комбинации аллелей, способные возникнуть при генетическом скрещивании.

pupa | куколка Третья стадия полного метаморфоза, на которой личинка развивается во взрослое насекомое.

pupil | зрачок Отверстие в центре радужной оболочки, через которое свет попадает во внутреннюю часть глаза.

purebred | чистокровный Потомство от скрещиваний, имеющее ту же форму признаков.

pyroclastic flow | пирокластический поток Поток из шлаков, пепла, камней и газов по склону вулкана во время взрывного извержения.

Q

qualitative observation | качественный результат наблюдения Результат наблюдения, касающийся признаков, которые не могут быть выражены числами.

quantitative observation | количественный результат наблюдения Результат наблюдения, касающийся признаков, которые выражаются числами.

quasar | квазар Чрезвычайно яркая, удаленная галактика с гигантской черной дырой в ее центре.

R

radial symmetry | радиальная симметрия
Форма симметрии, при которой любая плоскость сечения тела по любой воображаемой линии, проходящей через его центральную точку, делит это тело на два зеркальных отображения.

radiation | излучение Передача энергии электромагнитными волнами.

radiation zone | радиационная зона
Область очень плотных газов внутри Солнца, где энергия передается главным образом в форме электромагнитного излучения.

radio telescope | радиотелескоп Устройство, используемое для обнаружения радиоволн от объектов в космическом пространстве.

radio waves | радиоволны
Электромагнитные волны, имеющие самые большие значения длины волн и самые низкие значения частоты.

radioactive dating | радиоактивное датирование Процесс определения возраста объекта на основании периода полураспада одного или нескольких радиоактивных изотопов.

radioactive decay | радиоактивный распад
Процесс, при котором расщепляются ядра радиоактивных элементов с выделением быстро движущихся частиц и энергии.

radioactivity | радиоактивность
Самопроизвольное испускание лучистой энергии нестабильным ядром атома.

radon | радон Радиоактивный газ без цвета и запаха.

radula | радула (тёрка) Гибкая структура у моллюсков с множеством крошечных зубов.

rain forest | дождевой лес Лес, ежегодно получающий не менее 2 метров дождевых осадков; встречается главным образом в зоне влажного тропического климата.

range | диапазон Разница между наибольшим и наименьшим значениями в наборе данных.

rarefaction | разрежение Часть продольной волны, в которой частицы среды расходятся.

ray | луч Прямая линия, используемая для представления световой волны.

reactant | реагент Вещество, вступающее в химическую реакцию.

reactivity | реакционная способность
Лёгкость и скорость, с которой элемент соединяется или реагирует с другими элементами и соединениями.

reactor vessel | реакторный сосуд
Компонент ядерного реактора, в котором происходит деление ядер.

real image | реальное изображение
Перевернутое изображение, образуемое в месте, где лучи света сходятся.

recessive allele | рецессивный аллель
Аллель, признак которого не проявляется в присутствии доминантного аллеля.

red blood cell | красная кровяная клетка (эритроцит) Клетка в составе крови, которая захватывает кислород в лёгких и доставляет его клеткам всего организма.

reference point | точка отсчёта (контрольная точка) Место или объект, используемые для сравнения, чтобы определить, движется ли объект.

refinery | нефтеперегонный завод Завод, на котором сырая нефть нагревается и разделяется на топливо и другие продукты.

reflecting telescope | отражающий телескоп Телескоп, в котором для сбора и фокусировки света используется искривленное зеркало.

reflection | отражение Изменение направления волны или объекта при столкновении с поверхностью, через которую они не в состоянии пройти.

reflex | рефлекс Машинальная реакция, проявляющаяся быстро и непроизвольно.

refracting telescope | преломляющий телескоп Телескоп, в котором для сбора и фокусировки света используются выпуклые линзы.

refraction | преломление Изгиб волн под определенным углом при вхождении в новую среду, вызванный изменением скорости.

regular reflection | простое отражение
Отражение, которое происходит, когда параллельные лучи света попадают на гладкую поверхность и все отражаются под одинаковым углом.

relative age | относительный возраст
Возраст горной породы относительно возраста других пород.

relative humidity | относительная влажность Процент содержания водного пара в воздухе по сравнению с максимальным его содержанием, которое возможно при данной температуре.

relief | профиль местности (рельеф) Разница по вертикали между самой высокой и самой низкой точками местности.

remote sensing | дистанционное зондирование Сбор информации о Земле и других объектах в космическом пространстве с помощью спутников или зондов.

replacement | замещение Реакция, при которой один элемент замещает другой в соединении, или два элемента разных соединений меняются местами.

replication | репликация Процесс создания клеткой копии своей ДНК, происходящий в ядре перед делением клетки.

reptile | рептилия Позвоночное животное, температура тела которого определяется температурой среды его обитания; имеет лёгкие и чешуйчатую кожу, откладывает яйца на суше.

reservoir | водохранилище Озеро, в котором накапливается вода для потребления людьми.

resistance | сопротивление Мера, показывающая, насколько затруднено движение зарядов через объект.

resonance | резонанс Увеличение амплитуды колебаний, которое происходит, когда частота внешних колебаний совпадает с собственной частотой объекта.

respiratory system | дыхательная система Система органов, позволяющая организмам обмениваться газами с окружающим пространством.

responding variable | реагирующая переменная Фактор, который изменяется в результате изменения регулируемой (независимой) переменной в эксперименте; другое название – зависимая переменная.

response | ответная реакция Действие или изменение в поведении, которое происходит в ответ на стимул.

retina | сетчатка Слой рецепторных клеток внутренней оболочки глаза, на котором фокусируется изображение.

reverse fault | обратный сброс Тип разлома, при котором висячая стена сдвигается вверх; возникает в результате сжатия земной коры.

revolution | обращение (вращение) Движение одного объекта вокруг другого.

rhizoid | ризоид Тонкая корневидная структура, которая прикрепляет мох, поглощая воду и питательные вещества для растения.

ribosome | рибосома Маленькая зернообразная органелла в цитоплазме клетки, которая вырабатывает белки.

Richter scale | шкала Рихтера Шкала оценки мощности землетрясения на основании размера его сейсмических волн.

rift valley | рифтовая долина Глубокий провал, образующийся при расхождении двух плит.

rill | промоина Небольшая канавка в почве, образованная текущей водой.

ring | кольцо Тонкий слой мелких частиц льда и породы, окружающих планету.

rip current | отбойная волна Кратковременный сильный узкий поток от берега в океан через узкий проход.

risk-benefit analysis | анализ выгоды и риска Процесс оценки возможных технических проблем в сравнении с ожидаемыми преимуществами.

rock cycle | жизненный цикл горной породы Серия процессов на поверхности и в толще Земли, в результате которых медленно изменяется тип породы.

rock-forming mineral | породообразующий минерал Любой из распространенных минералов, составляющих большинство пород земной коры.

rods | палочки Клетки в сетчатке глаза, которые чувствительны к свету, но не различают цвета.

rolling friction | трение качения Трение, возникающее при перекатывании объекта по поверхности.

root cap | корневой чехлик Структура, покрывающая кончик корня и защищающая корень от повреждений во время его роста в почве.

rotation | вращение Вращательное движение планеты вокруг своей оси.

rover | планетоход Маленький автоматизированный космический зонд, способный двигаться по поверхности планеты или другого небесного тела.

runoff | сток Вода, текущая по поверхности земли, не впитываясь в землю.

S

S wave | S-волна Тип сейсмической волны, у которой толчок перпендикулярен направлению волны.

salinity | солёность Общее количество растворенных солей в пробе воды.

salt | соль Ионное соединение, образующееся при нейтрализации кислоты основанием.

sanitary landfill | мусорная свалка Свалка для неопасных отходов, таких как коммунально-бытовые твердые отходы, строительный мусор, а также некоторые сельскохозяйственные и промышленные отходы.

satellite | спутник 1. Объект, который обращается вокруг планеты. 2. Любой объект, вращающийся вокруг другого объекта в космическом пространстве.

saturated solution | насыщенный раствор Смесь, содержащая максимальное количество растворенного вещества, способного раствориться при данной температуре.

saturated zone | насыщенная зона Область водопроницаемой породы или почвы, в которой трещины и поры полностью заполнены водой.

savanna | саванна Травянистая местность вблизи экватора, на которой могут расти кусты и небольшие деревья; ежегодно получает 120 сантиметров дождевых осадков.

scale | масштаб Используется для соотнесения расстояний на карте или глобусе с расстояниями на поверхности Земли.

scattering | рассеяние Отражение света во всех направлениях.

scavenger | падальщик Плотоядное животное, питающееся телами умерших или распадающихся организмов.

scientific law | научный закон Утверждение, которое описывает, что должно произойти при определенном наборе условий.

scientific notation | экспоненциальное представление чисел Математический метод записи чисел с использованием степени числа десять.

scientific theory | научная теория Хорошо проверенное объяснение широкого круга наблюдений или результатов экспериментов.

scrotum | мошонка Внешний кожный мешочек, в котором расположены яички.

sea breeze | морской бриз Поток более прохладного воздуха с моря или озера в сторону суши.

sea-floor spreading | спрединг морского дна Процесс, при котором к океанической коре добавляется дополнительный расплавленный материал.

seamount | подводная гора Крутая вулканическая гора на дне глубоководной части океана.

secondary succession | вторичная сукцессия Серия изменений, происходящих в области, где нарушена экосистема, но почва и организмы все еще существуют.

sediment | отложение (нанос, осадок) Приносимые водой и ветром маленькие, твердые частицы горных пород или остатков организмов; земные материалы, осаждаемые в результате эрозии.

sedimentary rock | осадочная порода Тип породы, которая формируется, когда частицы других пород или остатков растений и животных сжимаются и цементируются в общую массу.

seismic wave | сейсмическая волна Колебания, которые распространяются через земную кору, неся энергию, высвобожденную во время землетрясения.

seismogram | сейсмограмма Запись сейсмических волн землетрясения, произведенная сейсмографом.

seismograph | сейсмограф Прибор, регистрирующий колебания в земной коре, вызванные сейсмическими волнами, распространяющимися в толще земли.

selective breeding | селекционное разведение Метод разведения, при котором потомство получают только от особей с желательными признаками.

selective cutting | выборочная рубка Процесс вырубки только некоторых видов деревьев на участке.

selectively permeable | селективно проницаемая Свойство клеточной мембраны, благодаря которому одни вещества могут проходить через мембрану, а другие – нет.

semicircular canals | полукружные каналы Структуры во внутреннем ухе, отвечающие за регуляцию равновесия.

semiconductor | полупроводник Вещество, способное проводить электрический ток при определенных условиях.

sensory neuron | сенсорный нейрон Нейрон, получающий сигналы из внутренней или внешней среды и преобразующий каждый сигнал в нервный импульс.

sepal | чашелистик Подобная листу структура, которая охватывает и защищает бутон цветка.

series circuit | последовательная цепь Электрическая цепь, в которой все элементы соединены один за другим в одной линии.

sex chromosomes | половые хромосомы Пара хромосом, содержащих гены, которые определяют пол будущего организма.

sex-linked gene | ген, сцепленный с полом Ген, передаваемый половой хромосомой (X или Y).

sexual reproduction | половое размножение Репродуктивный процесс с участием двух родителей, генетический материал которых комбинируется, и зарождается новый организм, отличающийся от обоих родителей.

shared derived characteristic | общий приобретенный признак Характеристика или признак, например, мех, имевшийся у общего предка группы и передавшийся его потомству.

shearing | сдвиг Напряжение, которое действует на массы породы в противоположных направлениях при поперечном движении.

shield volcano | щитовой вулкан Широкая гора с пологим наклоном, состоящая из слоев лавы и сформированная спокойными извержениями.

short circuit | короткое замыкание Соединение, позволяющее току течь по пути наименьшего сопротивления.

short-day plant | растение короткого дня Растение, цветущее в период, когда ночь длиннее, чем критическая ее продолжительность для данного растения.

significant figures | значащие цифры Все цифры измеренного значения, правильность которых не вызывает сомнений, плюс одна расчетная цифра.

silica | диоксид кремния (кварц, кремнезём) Вещество, встречающееся в магме и состоящее из элементов кислорода и кремния; это основное вещество земной коры и мантии.

sill | залежь Слой вулканической породы, образованный сжатием магмы между пластами пород.

skeletal muscle | скелетная мышца Мышца, которая крепится к костям скелета и обеспечивает силу, двигающую кости; другое название – поперечно-полосатая мышца.

sliding friction | трение скольжения Трение, возникающее при скольжении одной твердой поверхности по другой.

small intestine | тонкая кишка Отдел пищеварительной системы, в котором происходит основное химическое переваривание пищи.

smooth muscle | гладкая мышца Непроизвольно сокращающаяся мышца, встречающаяся во многих внутренних органах тела.

society | сообщество Группа близкородственных животных одного вида с высокой организацией взаимодействия в интересах этой группы.

soil horizon | почвенный горизонт Слой почвы, отличающийся по цвету и структуре от нижележащего и вышележащего слоя.

solar eclipse | солнечное затмение Препятствие попаданию солнечного света на Землю, которое возникает, когда Луна находится непосредственно между Солнцем и Землей.

solar flare | солнечная вспышка Выброс газа с поверхности солнца, который происходит при внезапном слиянии петелевидных образований в области солнечных пятен.

solar wind | солнечный ветер Поток электрически заряженных частиц, испускаемых из солнечной короны.

solenoid | соленоид Катушка проволоки с током.

solstice | солнцестояние Любой из двух дней в году, когда солнце достигает самого дальнего расстояния к северу или к югу от экватора.

solubility | растворимость Количество вещества, способного раствориться в данном растворителе при данной температуре.

solute | растворенное вещество Компонент, растворенный в растворителе.

solution | раствор Однородная смесь с одинаковыми свойствами в любой ее части, содержащая растворитель и, по крайней мере, одно растворенное вещество; смесь, полученная растворением одного вещества в другом.

solvent | растворитель Компонент раствора, который обычно присутствует в наибольшем количестве и в котором растворены другие компоненты.

somatic nervous system | соматическая нервная система Группа нервов в периферической нервной системе, управляющих произвольными действиями.

sonar | гидролокатор Система, использующая отраженные звуковые волны для обнаружения объектов под водой и определения расстояний до них.

sonogram | сонограмма Изображение, сформированное с помощью отраженных ультразвуковых волн.

space probe | космический зонд Беспилотный космический корабль с различными научными приборами, предназначенными для сбора данных, включая визуальные изображения.

species | вид Группа схожих организмов, которые могут спариваться и производить потомство, также способное к спариванию и воспроизводству.

specific heat | удельная теплоёмкость Количество теплоты, необходимое для повышения температуры 1 килограмма материала на 1 кельвин, эквивалентный 1 градусу Цельсия.

spectrograph | спектрограф Прибор, который разделяет свет на цвета и создает изображение полученного спектра.

spectrum | спектр Диапазон длин волн электромагнитного излучения.

speed | скорость Расстояние, на которое перемещается объект за единицу времени.

spinal cord | спинной мозг Столб нервной ткани, связывающий головной мозг с большинством нервов периферической нервной системы.

spiral galaxy | спиральная галактика Галактика с утолщением в середине и ответвлениями, которые спирально направлены наружу, подобно завихрениям.

spit | коса (отмель) Узкая полоса суши, сформированная из наносов береговым дрейфом и выдающаяся в море.

spongy bone | губчатая кость Слой костной ткани, имеющей много маленьких полостей и находящейся только в слое компактной кости.

spontaneous generation | самопроизвольное зарождение Ошибочное представление, согласно которому живые существа возникли из неживых источников.

spore | спора У бактерий, протистов и грибов – толстостенная, крошечная клетка, способная к длительному сохранению жизнеспособности в неблагоприятных условиях и последующему превращению в новый организм.

sporophyte | спорофит Фаза жизненного цикла растения, на которой оно производит споры.

spring tide | сизигийный прилив Наибольший прилив, или прилив с наибольшей разницей между последовательными приливом и отливом.

stalactite | сталактит Структура, подобная сосульке, свисающая с потолка пещеры.

stalagmite | сталагмит Колоннообразная структура, растущая вверх из пола пещеры.

stamen | тычинка Мужская репродуктивная часть цветка.

standing wave | стоячая волна Волна, которая кажется стоящей на одном месте, хотя это результат взаимодействия двух волн при прохождении сквозь друг друга.

star | звезда Шаровое скопление раскаленного газа - главным образом, водорода и гелия - в котором происходят термоядерные реакции.

static discharge | статический разряд Потеря статического электричества при переходе электрических зарядов из одного объекта в другой.

static electricity | статическое электричество Накопление зарядов на объекте.

static friction | трение покоя Трение, возникающее между объектами, которые не движутся.

steppe | степь Прерия или луг, встречающиеся в полузасушливых регионах.

stimulant | стимулятор Лекарственный препарат, ускоряющий процессы организма.

stimulus | стимул Любое изменение или сигнал в среде, способные вызвать ответную реакцию организма.

stoma | устьице Небольшое отверстие на нижней стороне листа, через которое происходит диффузия кислорода, воды и углекислого газа.

stomach | желудок Орган в форме мышечного мешка, где расщепляется пища; расположен в животе.

storm surge | штормовой нагон Повышение уровня воды («купол») в береговой зоне местностей, где часто бывают ураганы.

stratosphere | стратосфера Второй снизу слой земной атмосферы.

stratus | слоистое облако Облака, образованные плоскими слоями и часто покрывающие большую часть неба.

streak | прожилок Цветная прослойка порошка минерала.

stress | стресс (нагрузка) 1. Сила, которая действует на породу, изменяя ее форму или объем. 2. Реакция организма человека на потенциально опасные, ответственные или тревожные события.

striated muscle | поперечно-полосатая мышца Мышца, которая выглядит полосатой; другое название – скелетная мышца.

strike-slip fault | сдвиговой сброс Тип разлома, при котором породы с обеих сторон перемещаются относительно друг друга вбок и немного вверх или вниз.

subarctic | субарктическая Климатическая зона, расположенная к северу от влажных континентальных зон.

subduction | пододвигание (субдукция) Процесс, при котором океаническая кора под глубокой океанской впадиной на границе сходящихся плит опускается в мантию.

sublimation | возгонка (сублимация) Переход вещества из твердого состояния сразу в газ, минуя жидкое состояние.

subscript | нижний индекс Число в химической формуле, указывающее количество атомов в молекуле или соотношение элементов в соединении.

subsoil | подпочва Слой почвы под поверхностным слоем, в котором содержится меньше растительных и животных остатков, чем в верхнем; состоит, главным образом, из глины и других минералов.

substance | вещество Отдельный вид чистой материи сопределенным набором свойств.

succession | сукцессия Ряд предсказуемых изменений, которые происходят в сообществе с течением времени.

sunspot | солнечное пятно 1. Темная область газов на поверхности солнца, которые холоднее, чем окружающие газы. 2. Относительно темная и прохладная область на поверхности солнца.

supernova | сверхновая звезда Яркая вспышка от взрыва звезды-супергиганта.

surface tension | поверхностное натяжение Результат внутреннего напряжения между молекулами жидкости, приводящего к сближению поверхностных молекул; поверхность действует так, словно имеет тонкую оболочку.

surface wave | поверхностная волна Тип сейсмической волны, которая возникает, когда Р-волны и S-волны достигают земной поверхности.

surveying | топографическая съёмка Процесс сбора картографических данных с использованием приборов и принципов геометрии для определения расстояний и высот.

suspension | суспензия Жидкая смесь, состоящая из видимых частиц, которые легко отделяются путем отстаивания или фильтрации.

sustainable use | рациональное использование Использование ресурса способами, позволяющими сохранять определенное качество ресурса в течение определенного промежутка времени.

sustainable yield | устойчивый урожай Количество возобновляемого ресурса, который можно регулярно собирать без снижения будущего урожая.

swim bladder | плавательный пузырь Внутренний газонаполненный орган, помогающий костистой рыбе стабилизировать тело на различных глубинах.

symbiosis | симбиоз Любое сосуществование двух видов, , приносящее пользу, по крайней мере, одному из них.

synapse | синапс Точка соединениянейронов, где один из них может передать импульс следующей структуре.

synthesis | синтез Химическая реакция, при которой два или более простых веществ соединяются, образуя новое, более сложное вещество.

system | система 1. Группа частей, работающих как единое целое. 2. Группа связанных частей, которые взаимодействуют в целях выполнения определенной функции или получения результата.

T

T cell | Т-клетка Лимфоцит, который идентифицирует возбудителей болезней и отличает один патоген от другого.

tar | смола Темное, липкое вещество, образующееся при сгорании табака.

target cell | клетка-мишень Клетка организма, распознающая химическую структуру гормона.

taste buds | вкусовые сосочки Чувствительные рецепторы на языке, которые реагируют на химические вещества в пище.

taxonomy | таксономия Научное исследование способов классификации живых существ.

temperate zones | умеренные зоны Области между тропическими и полярными зонами.

temperature | температура Степень нагретости или охлаждения; мера средней энергии движения частиц вещества; мера средней кинетической энергии частиц вещества.

temperature inversion | температурная инверсия Состояние, при котором слой теплого воздуха захватывает загрязненный воздух вблизи земной поверхности.

tendon | сухожилие Прочная соединительная ткань, прикрепляющая мышцу к кости.

tension | растяжение Нагрузка, растягивающая пласт породы, в результате чего он становится более тонким в середине.

terrestrial planets | планеты земной группы Так часто называют четыре ближайшие к Солнцу планеты: Меркурий, Венеру, Землю и Марс.

territory | территория Область, которая занята и защищается животным или группой животных.

testis | яичко Орган мужской репродуктивной системы, в котором вырабатываются сперма и тестостерон.

testosterone | тестостерон Гормон, производимый яичками; он управляет развитием сперматозоидов и функционированием мужской половой системы.

thermal conductivity | теплопроводность Способность объекта переносить теплоту.

thermal energy | тепловая энергия Общая кинетическая и потенциальная энергия всех частиц объекта.

thermal expansion | тепловое расширение Расширение материалов при нагревании.

thermogram | термограмма Изображение, на котором области разных температур показаны разным цветом.

thermosphere | термосфера Наиболее удаленный слой земной атмосферы.

thrust | тяга Реактивная сила, которая движет ракету вперед.

till | отложение (нанос) Осадки, нанесенные непосредственно ледником.

tissue | ткань Группа подобных клеток, выполняющих определенную функцию.

tolerance | устойчивость (к воздействию) Состояние, при котором некоторым людям требуется большее количество лекарственного препарата для оказания нужного эффекта на организм.

topography | топография Форма суши, определяемая высотой, профилем и рельефом местности.

topsoil | верхний слой почвы Самый верхний, рассыпчатый слой почвы, состоящий из глины, других минералов и перегноя (питательные вещества и распадающиеся остатки растений и животных).

tornado | торнадо Быстро крутящееся, воронкообразное облако, достигающее поверхности земли.

toxin | токсин Яд, способный причинить вред организму.

trace fossil | ископаемый след Тип ископаемого, дающий представление о жизнедеятельности древних организмов.

tracer | меченый атом Радиоактивный изотоп, за которым можно проследить на стадиях химической реакции или производственного процесса.

trachea | трахея Дыхательное горло; проход, по которому воздух поступает в дыхательную систему.

trait | признак Определенная черта, которую организм может передать своему потомству через гены.

transfer RNA | транспортная РНК Тип РНК в цитоплазме, которая переносит аминокислоту к рибосоме во время синтеза белка.

transform boundary | граница трансформации Граница, где две плиты проходят мимо друг друга в противоположных направлениях.

transformer | трансформатор Устройство, которое увеличивает или уменьшает напряжение; часто состоит из двух отдельных катушек с изолированным проводом и железного сердечника.

translucent | просвечивающий (полупрозрачный) Тип материала, который рассеивает свет, проходящий через него.

transparent | прозрачный Тип материала, который пропускает свет, не рассеивая его.

transpiration | испарение Процесс потери воды растением через листья.

transverse wave | поперечная волна Волна, которая перемещает среду в направлении, перпендикулярном направлению своего движения.

trench | впадина Глубокий, крутой каньон на океанском дне.

tributary | приток Ручей или река, которые впадают в большую реку.

triple bond | тройная связь Химическая связь, образуемая при совместном использовании атомами трех пар электронов.

tropical zone | тропическая зона Область вблизи экватора, приблизительно между параллелями 23,5 градуса северной широты и 23,5 градуса южной широты.

tropism | тропизм Ответная реакция растения: наклон в направлении стимула (раздражителя) или в противоположном направлении.

troposphere | тропосфера Самый нижний слой земной атмосферы.

trough | спад Самая нижняя точка поперечной волны.

tsunami | цунами Гигантская волна, обычно вызываемая землетрясением под океанским дном.

tundra | тундра Регион с чрезвычайно холодным, сухим биомным климатом, отличающийся коротким прохладным летом и суровыми, холодными зимами.

U

ultrasound | ультразвук Звуковые волны с частотами выше 20 000 Гц.

umbra | полная тень Самая темная часть тени.

unconformity | несогласное напластование Пробел в геологической записи, который показывает, где слои породы были потеряны из-за эрозии.

understory | подлесок Ярус более низких деревьев и лиан, растущих в тени лесного полога.

uniformitarianism | униформизм Геологический принцип, согласно которому геологические процессы, аналогичные нынешним, происходили и в прошлом, изменяя земную поверхность.

unsaturated zone | ненасыщенная зона Слой горных пород и почвы выше горизонта грунтовых вод, в котором поры содержат воздух наряду с водой.

upwelling | подъем глубинных вод Движение холодной воды из глубин океана вверх, вызванное ветром.

urea | мочевина Химическое вещество, образующееся при расщеплении белков.

ureter | мочеточник Узкая трубка, по которой моча поступает из почки в мочевой пузырь.

urethra | уретра Маленькая трубка, через которую моча выводится из организма.

urinary bladder | мочевой пузырь Мешковидный мышечный орган, в котором накапливается моча перед выведением из организма.

uterus | матка Полый мышечный орган женской репродуктивной системы, в котором развивается оплодотворенная яйцеклетка.

V

vaccination | вакцинация Процесс, при котором в организм человека намеренно вводятся безопасные антигены для выработки активного иммунитета; другое название – иммунизация.

vaccine | вакцина Вещество, используемое при вакцинации и содержащее возбудителей болезни - ослабленных или погибших, но еще способных побудить организм к выработке химических веществ, уничтожающих патогены.

vacuole | вакуоль Органелла в форме мешочка, в которой запасены вода, питательные вещества и другие материалы.

vacuum | вакуум Пространство, в котором нет материи.

valence electrons | валентные электроны Электроны, расположенные на самом высоком энергетическом уровне атома и участвующие в химических связях.

valley glacier | долинный ледник Длинный, узкий ледник, который формируется в результате накопления снега и льда в горной долине.

valve | клапан Створка из ткани в сердце или вене, препятствующая обратному току крови.

vaporization | испарение Изменение состояния от жидкого до газообразного.

variable | переменная Фактор, допускающий изменения в эксперименте.

variation | вариация Любое различие между представителями одного вида.

vascular tissue | сосудистая ткань Внутренняя транспортная ткань у некоторых растений, состоящая из трубчатых структур, по которым переносятся вода, питательные вещества и минералы.

vein | вена 1. Узкая залежь минерала, которая резко отличается от окружающей породы. 2. Кровеносный сосуд, переносящий кровь к сердцу.

velocity | скорость Быстрота перемещения в заданном направлении.

vent | жерло Отверстие вулкана, через которое выходят расплавленная порода и газ.

ventricle | желудочек Нижняя камера сердца, из которой кровь направляется в лёгкие или другие части тела.

vertebrae | позвоночник Кости, составляющие опорную основу организма. У человека позвоночник состоит из 26 костей.

vertebrate | позвоночное Животное, имеющее позвоночник.

vibration | колебание Повторяющееся движение взад-вперед или вверх-вниз.

villi | ворсинки Крошечные отростки, покрывающие внутреннюю оболочку тонкой кишки и обеспечивающие большую площадь поверхности, через которую всасывается переваренная пища.

virtual image | мнимое изображение Вертикальное изображение, формируемое там, откуда предположительно приходят лучи света.

virus | вирус Крошечная, неживая частица, которая попадает в организм, а затем воспроизводится в живой клетке.

viscosity | вязкость Сопротивление жидкости течению.

visible light | видимый свет Электромагнитное излучение, которое можно видеть невооруженным глазом.

volcanic neck | горловина вулкана Отложение застывшей магмы в жерле вулкана.

voltage | напряжение Разница электрической потенциальной энергии, приходящейся на заряд, между двумя точками в цепи.

voluntary muscle | произвольно сокращающаяся мышца Мышца, подчиняющаяся сознательному управлению.

W

water cycle | круговорот воды Непрерывное движение воды между атмосферой, океанами и поверхностью земли за счет испарения, конденсации и осадков.

water table | горизонт грунтовых вод Верхняя часть насыщенной зоны, или глубина до грунтовой воды под землей.

water vascular system | воднососудистая система Система заполненных жидкостью трубок в теле иглокожего животного.

watershed | водосборный бассейн Область суши, поставляющая воду для системы рек.

watt | ватт Единица мощности, при которой один джоуль работы выполняется за одну секунду.

wave | волна 1. Возмущение, переносящее энергию из одной точки в другую. 2. Перенос энергии через массу воды.

wave height | высота волны Вертикальное расстояние от гребня волны до впадины.

wavelength | длина волны Расстояние между двумя соответствующими частями волны - например, между двумя гребнями.

weathering | выветривание Химические и физические процессы, разрушающие породу и другие вещества.

wedge | клин Простой механизм, представляющий собой наклонную движущуюся плоскость.

weight | вес Мера силы тяжести, действующей на объект.

wetland | влажный район (заболоченная местность) Область суши, некоторое время или постоянно покрытая небольшим слоем воды.

wheel and axle | колесо и ось Простой механизм, состоящий из двух скрепленных круглых или цилиндрических объектов разного радиуса, которые вращаются вокруг общей оси.

white blood cell | белая кровяная клетка (лейкоцит) Клетка крови, которая борется с болезнями.

white dwarf | белый карлик Сине-белое горячее ядро звезды, которое осталось после того, как внешние слои расширились и были унесены в космическое пространство.

wind | ветер Горизонтальное движение воздуха из области высокого давления в область пониженного.

wind-chill factor | коэффициент охлаждения ветром Мера охлаждения, учитывающая температуру и скорость ветра.

windward | наветренные Склоны горной цепи, расположенные на стороне, подверженной воздействию господствующих ветров.

work | работа Сила, действующая на объект, которая заставляет его перемещаться.

X

X-rays | рентгеновское излучение Электромагнитные волны, длина которых меньше, чем у ультрафиолетовых лучей, но больше, чем у гамма-лучей.

xylem | ксилема Сосудистая ткань у некоторых растений, транспортирующая воду и минералы.

Z

zygote | зигота Оплодотворенное яйцо, полученное слиянием сперматозоида и яйцеклетки.

Spanish
Español

A

abiotic factor | factor abiótico La parte sin vida del hábitat de un organismo.

abrasion | abrasión Tipo de desgaste de la roca por otras partículas de roca transportadas por el agua, el viento o el hielo.

absolute age | edad absoluta Edad de una roca basada en el número de años de su formación.

absolute brightness | magnitud absoluta Brillo que tendría una estrella si estuviera a una distancia estándar de la Tierra.

absolute zero | cero absoluto Temperatura a cuyo punto ya no se puede extraer energía de la materia.

absorption | absorción 1. Proceso en el cual las moléculas de nutrientes pasan a la sangre a través de las paredes del sistema digestivo. 2. Proceso en el cual un objeto recibe, o absorbe, luz.

abyssal plain | llanura abisal Región llana, casi plana, de la cuenca oceánica profunda.

acid rain | lluvia ácida Lluvia u otra forma de precipitación que es más ácida de lo normal, debido a la contaminación del aire con moléculas de dióxido de azufre y óxido de nitrógeno.

activation energy | energía de activación Cantidad mínima de energía que se necesita para iniciar una reacción química.

active immunity | inmunidad activa Inmunidad que ocurre cuando el sistema inmunológico de una persona produce anticuerpos en respuesta a la presencia de un patógeno.

active transport | transporte activo Proceso que usa la energía celular para mover materiales a través de la membrana celular.

adaptation | adaptación Comportamiento o característica física hereditaria que le permite a un organismo sobrevivir y reproducirse en su ambiente.

aerospace engineering | ingeniería aeroespacial Rama de la ingeniería que consiste en diseñar, construir y poner a prueba aviones y naves espaciales.

air mass | masa de aire Gran cuerpo de aire que tiene temperatura, humedad y presión similares en todos sus puntos.

air pressure | presión de aire Presión causada por el peso de una columna de aire en un área.

alloy | aleación Mezcla de dos o más elementos, uno de los cuales es un metal.

alluvial fan | abanico aluvial Depósito de sedimento ancho e inclinado que se forma donde un arroyo sale de una cordillera.

alpha particle | partícula alfa Partícula liberada durante la desintegración radiactiva que tiene dos protones y dos neutrones.

alternating current | corriente alterna Corriente de cargas eléctricas que se mueven hacia delante y hacia atrás en un circuito.

alveoli | alvéolos Sacos diminutos de tejido pulmonar que se especializan en el intercambio de gases entre el aire y la sangre.

amniotic egg | huevo amniótico Huevo con cáscara y membranas internas que mantiene al embrión húmedo; adaptación principal a la vida en la tierra, característica de los reptiles, las aves y los mamíferos que ponen huevos.

amniotic sac | saco amniótico Saco lleno de líquido que acojina y protege al embrión o feto dentro del útero.

amorphous solid | sólido amorfo Sólido constituido por partículas que no están dispuestas en un patrón regular.

amphibian | anfibio Animal vertebrado cuya temperatura corporal depende de la temperatura de su entorno, y que vive la primera etapa de su vida en el agua y su vida adulta en la tierra.

amplitude | amplitud 1. Altura de una onda transversal desde el centro a una cresta o un valle. 2. Máxima distancia del desvío de las partículas de un medio, desde sus posiciones de reposo, al ser atravesado por una onda longitudinal.

amplitude modulation | amplitud modulada Método de transmisión de señales al cambiar la amplitud de una onda de radio.

angiosperm | angiosperma Planta con flores que produce semillas encerradas en una fruta protectora.

anomalous data | datos anómalos Información que no encaja con los otros datos de un conjunto de datos.

antibiotic resistance | resistencia a los antibióticos Capacidad de la bacteria de resistir los efectos de los antibióticos.

antibody | anticuerpo Proteína producida por una célula B del sistema inmunológico que destruye patógenos.

antigen | antígeno Molécula que el sistema inmunológico puede reconocer como parte del cuerpo o como un agente extraño.

anus | ano Orificio al final del sistema digestivo de un organismo (el recto, en los humanos) por el que se eliminan los desechos del cuerpo.

aorta | aorta La arteria más grande del cuerpo; recibe sangre del ventrículo izquierdo.

apparent brightness | magnitud aparente Brillo de una estrella vista desde la Tierra.

aquifer | acuífero Capa subterránea de roca o sedimento que retiene agua.

artery | arteria Vaso sanguíneo que transporta la sangre que sale del corazón.

artesian well | pozo artesiano Pozo por el que el agua se eleva debido a la presión dentro del acuífero.

arthropod | artrópodo Invertebrado que tiene un esqueleto externo, un cuerpo segmentado y apéndices articulados.

asexual reproduction | reproducción asexual Proceso reproductivo que consiste de un solo reproductor y que produce individuos que son genéticamente idénticos al reproductor.

asteroid | asteroide Uno de los cuerpos rocosos que se mueven alrededor del Sol y que son demasiado pequeños y numerosos como para ser considerados planetas.

asthenosphere | astenósfera Capa suave del manto en la que flota la litósfera.

astronomical unit | unidad astronómica Unidad de medida equivalente a la distancia media entre la Tierra y el Sol, aproximadamente 150 millones de kilómetros.

atherosclerosis | aterosclerosis Condición en la que la pared de una arteria se hace más gruesa debido a la acumulación de materia grasa.

atmosphere | atmósfera Capa de gases relativamente delgada que forma la capa exterior de la Tierra.

atom | átomo Partícula básica de la que todos los elementos están formados; partícula más pequeña de un elemento, que tiene las propiedades de ese elemento.

atomic mass | masa atómica Promedio de la masa de todos los isótopos de un elemento.

atomic number | número atómico Número de protones en el núcleo de un átomo.

atrium | aurícula Cavidad superior del corazón que recibe la sangre.

autonomic nervous system | sistema nervioso autónomo Grupo de nervios del sistema nervioso periférico que controla las acciones involuntarias.

autotroph | autótrofo Organismo capaz de capturar y usar la energía solar o de sustancias químicas para producir su propio alimento.

auxin | auxina Hormona vegetal que acelera la velocidad del crecimiento de las células de una planta y que controla la respuesta de la planta a la luz.

axis | eje Línea imaginaria alrededor de la cual gira un planeta, y que atraviesa su centro y sus dos polos, norte y sur.

axon | axón Extensión con forma de hilo de una neurona que transmite los impulsos nerviosos del cuerpo de la célula.

B

B cell | célula B Linfocito que produce proteínas que ayudan a destruir patógenos.

bacteria | bacteria Organismos unicelulares que no tienen un núcleo; procariotas.

basalt | basalto Roca ígnea, oscura y densa, de textura lisa, que se encuentra en la corteza oceánica.

base | base Sustancia de sabor amargo, escurridiza y que vuelve azul el papel de tornasol rojo.

batholith | batolito Masa de roca formada cuando una gran masa de magma se enfría dentro de la corteza terrestre.

bedrock | lecho rocoso Roca que compone la corteza terrestre; también, la capa sólida de roca debajo del suelo.

benthos | bentos Organismos que viven en el fondo del océano u otro cuerpo de agua.

beta particle | partícula beta Electrón de movimiento rápido producido como radiación nuclear.

big bang | *big bang* Explosión inicial que resultó en la formación y expansión del universo.

bilateral symmetry | simetría bilateral Esquema del cuerpo en el que una línea imaginaria divide el cuerpo en dos partes, izquierda y derecha, que son el reflejo la una de la otra.

bile | bilis Sustancia producida por el hígado que descompone partículas grasas.

binary fission | fisión binaria Forma de reproducción asexual en la que una célula se divide y forma dos células idénticas.

binary star | estrella binaria Sistema estelar de dos estrellas.

binomial nomenclature | nomenclatura binaria Sistema de clasificación en el que cada organismo tiene un nombre científico específico de dos partes que indica el género y la especie.

biodiversity | biodiversidad Número total de especies diferentes que habitan la Tierra, incluyendo especies terrestres, marinas y del aire.

bioengineering | bioingeniería Rama de la ingeniería que consiste en aplicar los principios de la ingeniería a la biología y la medicina.

biogeography | biogeografía Estudio del hábitat de los organismos y de cómo han llegado a ese hábitat.

biomass fuel | combustible de biomasa Combustible creado a partir de seres vivos.

biome | bioma Grupo de ecosistemas con organismos y climas parecidos.

biosphere | biósfera Partes de la Tierra que contienen organismos vivos.

biotic factor | factor biótico Parte viva, o que alguna vez tuvo vida, del hábitat de un organismo.

birth rate | tasa de natalidad Número de nacimientos por 1.000 individuos durante un período de tiempo determinado.

black hole | agujero negro Cuerpo cuya gravedad es tan fuerte que nada, ni siquiera la luz, puede escapar.

boiling point | punto de ebullición Temperatura a la que una sustancia cambia de líquido a gas; es lo mismo que el punto de condensación (la temperatura a la que un gas se convierte en líquido).

boreal forest | bosque boreal Bosque denso donde abundan las plantas coníferas y que se encuentra en las regiones más al norte del Hemisferio Norte.

Boyle's law | ley de Boyle Principio que describe la relación entre la presión y el volumen de un gas a una temperatura constante.

brain | encéfalo 1. Conjunto organizado de neuronas ubicado en la cabeza de animales con simetría bilateral. 2. Parte del sistema nervioso ubicada en el cráneo y que controla la mayoría de las funciones del cuerpo.

brain stem | tronco encefálico Parte del encéfalo que se encuentra entre el cerebelo y la médula espinal, y que controla las acciones involuntarias del cuerpo.

bronchi | bronquios Conductos que dirigen el aire hacia los pulmones.

bronchitis | bronquitis Irritación de los conductos respiratorios en la que los conductos pequeños se estrechan más de lo normal y se pueden obstruir con mucosidad.

budding | gemación Forma de reproducción asexual en la que una porción del cuerpo de un reproductor se separa y forma un nuevo organismo.

C

caldera | caldera Gran agujero en la parte superior de un volcán que se forma cuando la tapa de la cámara magmática de un volcán se desploma.

cambium | cámbium Una capa de células de una planta que produce nuevas células de floema y xilema.

canopy | dosel Techo de hojas que forman los árboles en la selva tropical.

capillary | capilar Vaso sanguíneo diminuto donde se intercambian sustancias entre la sangre y las células del cuerpo.

captive breeding | reproducción en cautiverio Apareamiento de animales en zoológicos y reservas naturales.

carbohydrate | carbohidrato Compuesto orgánico rico en energía, como un azúcar o almidón, formado por los elementos carbono, hidrógeno y oxígeno.

carbon film | película de carbono Tipo de fósil que consiste en una capa de carbono extremadamente fina que recubre la roca.

carbon monoxide | monóxido de carbono Gas incoloro e inodoro producido cuando se queman algunas sustancias, entre ellas el tabaco.

carcinogen | carcinógeno Sustancia o factor ambiental que puede causar cáncer.

cardiac muscle | músculo cardiaco Tejido de músculo involuntario, que sólo se encuentra en el corazón.

cardiovascular system | sistema cardiovascular Sistema corporal formado por el corazón, los vasos sanguíneos y la sangre; se conoce también como sistema circulatorio.

carrier | portador Persona que tiene un alelo recesivo y un alelo dominante para un rasgo.

carrying capacity | capacidad de carga Población mayor que un ambiente en particular puede mantener.

cartilage | cartílago Tejido conector más flexible que el hueso, que protege los extremos de los huesos y evita que se rocen.

cast | vaciado Fósil que es una copia sólida de la forma de un organismo y que se forma cuando los minerales se filtran y crean un molde.

catalyst | catalizador Material que aumenta la velocidad de una reacción al disminuir la energía de activación.

cell cycle | ciclo celular Serie de sucesos en los que una célula crece, se prepara para dividirse y se divide para formar dos células hijas.

cell membrane | membrana celular Barrera delgada y flexible alrededor de la célula, que controla lo que entra y sale de la célula.

cell theory | teoría celular Explicación ampliamente aceptada sobre la relación entre las células y los seres vivos.

cell wall | pared celular Capa fuerte de apoyo alrededor de las células de las plantas y algunos otros organismos.

cellular respiration | respiración celular Proceso en el cual el oxígeno y la glucosa pasan por una serie compleja de reacciones químicas dentro de las células y así liberan energía.

Celsius scale | escala Celsius Escala de temperatura en la que el punto de congelación del agua es 0°C y el punto de ebullición es 100°C.

cementation | cementación Proceso mediante el cual minerales disueltos se cristalizan y forman una masa de partículas de sedimento.

central nervous system | sistema nervioso central División del sistema nervioso formada por el cerebro y la médula espinal.

centripetal force | fuerza centrípeta Fuerza que hace que un objeto se mueva circularmente.

cerebellum | cerebelo Parte del encéfalo que coordina las acciones de los músculos y ayuda a mantener el equilibrio.

cerebrum | cerebro Parte del encéfalo que interpreta los estímulos de los sentidos, controla el movimiento y realiza procesos mentales complejos.

Charles's law | ley de Charles Principio que describe la relación entre la temperatura y el volumen de un gas a una presión constante.

chemical bond | enlace químico Fuerza de atracción que mantiene juntos a dos átomos.

chemical change | cambio químico Cambio en el cual una o más sustancias se combinan o se descomponen para formar sustancias nuevas.

chemical energy | energía química Forma de energía potencial almacenada en los enlaces químicos de los átomos.

chemical engineering | ingeniería química Rama de la ingeniería que trata de la conversión de las sustancias químicas en productos útiles.

chemical property | propiedad química Característica de una sustancia que describe su capacidad de convertirse en sustancias diferentes.

chemical reaction | reacción química Proceso por el cual las sustancias químicas se convierten en nuevas sustancias con propiedades diferentes.

chemical rock | roca química Roca sedimentaria que se forma cuando los minerales de una solución se cristalizan.

chemical weathering | desgaste químico Proceso que erosiona la roca mediante cambios químicos.

chemistry | química Estudio de las propiedades de la materia y de sus cambios.

chemotherapy | quimioterapia Uso de medicamentos para tratar enfermedades como el cáncer.

chlorofluorocarbons | clorofluorocarbonos Gases generados por el hombre, que contienen cloro y fluor (también llamados CFC) y que son la causa principal del deterioro de la capa de ozono.

chlorophyll | clorofila Pigmento verde fotosintético de los cloroplastos de las plantas, algas y algunas bacterias.

chloroplast | cloroplasto Orgánulo de las células vegetales y otros organismos que absorbe energía de la luz solar y la convierte en una forma de energía que las células pueden usar para producir alimentos.

chordate | cordado Animal que tiene un notocordio, un cordón nervioso y bolsas en la garganta en determinada etapa de su vida.

chromosome | cromosoma Estructura filamentosa en el núcleo celular que contiene el ADN que se transmite de una generación a la siguiente.

chromosphere | cromósfera Capa central de la atmósfera solar.

cilia | cilio Estructuras diminutas parecidas a pelos, ubicadas en el exterior de las células y que ondulan.

cinder cone | cono de escoria Colina o pequeña montaña escarpada en forma de cono que se forma cuando ceniza volcánica, escoria y bombas se acumulan alrededor del cráter de un volcán.

circadian rhythm | ritmo circadiano Ciclo de comportamiento que ocurre durante el transcurso de aproximadamente un día.

circuit breaker | interruptor de circuito Interruptor de seguridad reutilizable que corta un circuito cuando la corriente es demasiado alta.

circulatory system | sistema circulatorio Sistema de órganos que transporta los materiales que la célula necesita y elimina los desechos.

cirrus | cirros Nubes que parecen plumas o pinceladas y que están formadas por cristales de hielo que se crean a grandes alturas.

civil engineering | ingeniería civil Rama de la ingeniería que incluye el diseño y la construcción de caminos, puentes y edificios.

clear-cutting | tala total Proceso de cortar simultáneamente todos los árboles de un área.

cleavage | exfoliación Facilidad con la que un mineral se divide en capas planas.

clone | clon Organismo genéticamente idéntico al organismo del que proviene.

closed circulatory system | sistema circulatorio cerrado Sistema circulatorio en el que la sangre viaja sólo dentro de una red de vasos sanguíneos hacia el corazón.

closed system | sistema cerrado Sistema en el cual la materia no puede entrar ni salir.

cnidarian | cnidario Invertebrado de simetría radiada que usa células urticantes para obtener alimentos y defenderse.

cochlea | cóclea Cavidad llena de fluido situada en el oído interno, con forma de caracol, forrada de células receptoras que responden a los sonidos.

codominance | codominancia Situación en la que ambos alelos de un gen se manifiestan de igual manera.

coefficient | coeficiente En un ecuación, número delante de una fórmula química que indica cuántas moléculas o átomos de cada reactante y producto intervienen en una reacción.

colloid | coloide Mezcla que contiene partículas pequeñas y sin disolver que no se depositan.

coma | coma Capa exterior y difusa de un cometa.

comet | cometa Cuerpo poco denso de hielo y polvo que orbita alrededor del Sol. Generalmente su órbita es larga y estrecha.

commensalism | comensalismo Tipo de relación simbiótica entre dos especies en la cual una especie se beneficia y la otra especie ni se beneficia ni sufre daño.

compact bone | hueso compacto Tejido de hueso denso y duro, pero no sólido, que se encuentra debajo de la membrana externa de un hueso.

compaction | compactación Proceso mediante el cual los sedimentos se unen por la presión de su propio peso.

compass | brújula Instrumento con una aguja imantada que puede girar libremente; la aguja siempre apunta hacia el norte.

competition | competencia Lucha por la supervivencia entre organismos que se alimentan de los mismos recursos limitados en el mismo lugar y al mismo tiempo.

complementary colors | colores complementarios Dos colores cualesquiera que se combinan para crear luz blanca.

complete metamorphosis | metamorfosis completa Tipo de metamorfosis de cuatro etapas: huevo, larva, pupa y adulto.

composite volcano | volcán compuesto Montaña alta en forma de cono en la que las capas de lava se alternan con capas de ceniza y otros materiales volcánicos.

compound | compuesto Sustancia formada por dos o más elementos combinados químicamente en una razón o proporción específica.

compression | compresión 1. Fuerza que oprime una roca hasta que se pliega o se rompe. 2. Parte de una onda longitudinal en la que las partículas del medio están muy próximas unas con otras.

concave lens | lente cóncava Lente que es más fina en el centro que en los extremos.

concave mirror | espejo cóncavo Espejo cuya superficie se curva hacia dentro.

concentration | concentración Cantidad de un material en cierto volumen de otro material.

concussion | contusión Magulladura del encéfalo que ocurre cuando el tejido suave del encéfalo choca con el cráneo.

condensation | condensación Cambio del estado gaseoso al estado líquido.

conditioning | condicionamiento Proceso en el que se aprende a relacionar un estímulo o una respuesta con un resultado bueno o malo.

conduction | conducción 1. Transferencia de energía térmica de una partícula de materia a otra. 2. Método de transferencia de electricidad que consiste en permitir que los electrones fluyan por contacto directo de un cuerpo a otro.

conductor | conductor 1. Material que puede conducir bien el calor. 2. Material que no permite fácilmente que las cargas eléctricas fluyan.

cone | cono Estructura reproductora de una gimnosperma.

cones | conos Células en la retina que responden y detectan el color.

coniferous tree | árbol conífero Árbol que produce sus semillas en piñones y que tiene hojas en forma de aguja y cubiertas por una sustancia cerosa que reduce la pérdida de agua.

conjugation | conjugación Forma de reproducción sexual en la que un organismo unicelular transfiere su material genético a otro organismo unicelular.

connective tissue | tejido conector Tejido del cuerpo que mantiene la estructura del cuerpo y une todas sus partes.

conservation of charge | conservación de carga eléctrica Ley que establece que las cargas no se crean ni se destruyen.

conservation plowing | arado de conservación Método de conservación de la tierra en el que las plantas y los tallos muertos de la cosecha del año anterior se dejan en la tierra al ararla.

constellation | constelación Patrón de estrellas que se dice se asemeja a una figura u objeto.

constraint | restricción Cualquier factor que limita un diseño.

constructive interference | interferencia constructiva Interferencia que ocurre cuando se combinan ondas para crear una onda con una amplitud mayor a la de cualquiera de las ondas individuales.

consumer | consumidor Organismo que obtiene energía al alimentarse de otros organismos.

continental (air mass) | masa de aire continental Masa de aire seco que se forma sobre la Tierra.

continental climate | clima continental Clima del centro de los continentes, con inviernos fríos y veranos templados o calurosos.

continental drift | deriva continental Hipótesis que sostiene que los continentes se desplazan lentamente sobre la superficie de la Tierra.

continental glacier | glaciar continental Glaciar que cubre gran parte de un continente o una isla grande.

continental shelf | plataforma continental Área poco profunda con pendiente suave en la cuenca oceánica que se extiende desde los márgenes de un continente.

continental slope | talud continental Región de la cuenca oceánica con pendiente empinada que baja del borde de la plataforma continental.

contour interval | intervalo entre curvas de nivel Diferencia de elevación de una curva de nivel a la próxima.

contour line | curva de nivel Línea de un mapa topográfico que conecta puntos con la misma elevación.

contour plowing | arado en contorno
Arar los campos siguiendo las curvas de una pendiente para evitar la pérdida del suelo.

contractile vacuole | vacuola contráctil
Estructura celular que recoge el agua sobrante del citoplasma y luego la expulsa de la célula.

control rod | varilla de control Varilla de cadmio que se usa en un reactor nuclear para absorber los neutrones emitidos por reacciones de fisión.

controlled experiment | experimento controlado Experimento en el cual sólo se manipula una variable a la vez.

convection current | corriente de convección
Movimiento de un líquido ocasionado por diferencias de temperatura y que transfiere calor de un área del líquido a otra.

convection zone | zona de convección
Capa más superficial del interior del Sol.

convergent boundary | borde convergente
Borde de una placa donde dos placas se deslizan una hacia la otra.

convergent evolution | evolución convergente Proceso por el cual organismos no relacionados exhiben una evolución de características similares.

convex lens | lente convexa Lente que es más gruesa en el centro que en los extremos.

convex mirror | espejo convexo Espejo cuya superficie se curva hacia fuera.

core | núcleo Región central del Sol, donde ocurre la fusión nuclear.

Coriolis effect | efecto Coriolis Efecto de la rotación de la Tierra sobre la dirección de los vientos y las corrientes.

cornea | córnea Tejido transparente que cubre la parte delantera del ojo.

corona | corona Capa externa de la atmósfera solar.

coronary artery | arteria coronaria Arteria que lleva sangre directamente al músculo cardiaco.

cosmic background radiation | radiación cósmica de fondo Radiación electromagnética que quedó del *Big bang*.

cost | costo Resultado negativo de una acción o de la falta de acción.

covalent bond | enlace covalente Enlace químico que se forma cuando dos átomos comparten electrones.

crater | cráter 1. Gran hoyo redondo que se forma por el impacto de un meteorito. 2. Área en forma de tazón que se forma en la abertura central de un volcán.

critical night length | duración crítica de la noche El número de horas de oscuridad que determina si florecerá una planta o no.

crop rotation | rotación de las cosechas
Cultivo anual de cosechas diferentes en un campo para mantener la fertilidad del suelo.

crust | corteza terrestre Capa de rocas que forma la superficie externa de la Tierra.

crystal | cristal Cuerpo sólido en el que los átomos siguen un patrón que se repite una y otra vez.

crystalline solid | sólido cristalino Sólido constituido por cristales en los que las partículas están colocadas en un patrón regular repetitivo.

crystallization | cristalización Proceso mediante el cual los átomos se distribuyen y forman materiales con estructura de cristal.

cumulus | cúmulos Nubes blancas, normalmente con la parte inferior plana, que parecen grandes masas de algodón esponjosas y redondas.

current | corriente Gran volumen de agua que fluye por los océanos.

cuticle | cutícula Capa cerosa e impermeable que cubre las hojas y los tallos de la mayoría de las plantas.

cyclone | ciclón Centro de un remolino de aire de baja presión.

cytokinesis | citocinesis Última etapa del ciclo celular en la que se divide el citoplasma y se reparten los orgánulos entre las dos células hijas nuevas.

cytoplasm | citoplasma Región celular de líquido espeso ubicada dentro de la membrana celular (en las procariotas) o entre la membrana celular y el núcleo (en las eucariotas).

D

dark energy | energía negra Misteriosa fuerza que parece acelerar la expansión del universo.

dark matter | materia negra Materia que es muy abundante en el universo y no despide radiación electromagnética.

day-neutral plant | planta de día neutro
Planta con un ciclo de floración que no es sensible a la luz o la oscuridad.

death rate | tasa de mortalidad Número de muertes per 1.000 individuos durante un período de tiempo determinado.

decibel (dB) | decibelio (dB) Unidad usada para comparar el volumen de distintos sonidos.

deciduous tree | árbol caducifolio Árbol que pierde las hojas durante una estación específica y al que le salen hojas nuevas cada año.

decomposer | descomponedor Organismo que obtiene energía al descomponer desechos bióticos y organismos muertos, y que devuelve materia prima al suelo y al agua.

decomposition | descomposición Reacción química que descompone los compuestos en productos más simples.

deductive reasoning | razonamiento deductivo Manera de explicar las cosas en la que se aplica una idea general a una observación específica.

deep-ocean trench | fosa oceánica profunda Valle profundo a lo largo del suelo oceánico debajo del cual la corteza oceánica se hunde lentamente hacia el manto.

deflation | deflación Proceso por el cual el viento se lleva materiales de la superficie.

degree | grado Unidad usada para medir distancias alrededor de un círculo. Un grado es igual a 1/360 de un círculo completo.

delta | delta Accidente geográfico formado por sedimento que se deposita en la desembocadura de un río a un océano o lago.

dendrite | dendrita Extensión en forma de hilo de una neurona que lleva los impulsos nerviosos hacia el cuerpo de las células.

density | densidad Medida de la masa de una sustancia que tiene un volumen dado.

deposition | sedimentación Proceso por el cual los sedimentos se asientan en nuevos sitios.

depressant | depresora Droga que disminuye la velocidad de la actividad del sistema nervioso central.

dermis | dermis Capa más interna de la piel.

desertification | desertificación Paso de condiciones desérticas a áreas que eran fértiles; resulta de la agricultura descontrolada, el uso exagerado de los pastos, las sequías y los cambios climáticos.

destructive force | fuerza constructiva Proceso natural que destruye o desgasta la superficie de la Tierra.

destructive interference | interferencia destructiva Interferencia que ocurre cuando dos ondas se combinan para crear una onda con una amplitud menor a la de cualquiera de las ondas individuales.

development | desarrollo Proceso de cambio que ocurre durante la vida de un organismo, mediante el cual se crea un organismo más complejo.

dew point | punto de rocío Temperatura a la que comienza la condensación.

diaphragm | diafragma Músculo grande y redondo situado en la base de los pulmones que ayuda a la respiración.

diatomic molecule | molécula diatómica Molécula que tiene dos átomos.

dicot | dicotiledónea Angiosperma cuyas semillas tienen dos cotiledones.

Dietary Reference Intakes (DRIs) | Ingestas Dietéticas de Referencia Recomendaciones sobre la cantidad de nutrientes que los humanos necesitan diariamente.

diffraction | difracción Desviación de las ondas al desplazarse alrededor de una barrera o atravesar una abertura.

diffuse reflection | reflexión difusa Reflexión que ocurre cuando rayos de luz paralelos tocan una superficie rugosa y se reflejan en diferentes ángulos.

diffusion | difusión Proceso por el cual las moléculas se mueven de un área de mayor concentración a otra de menor concentración.

digestion | digestión Proceso que descompone las moléculas complejas de los alimentos en moléculas de nutrientes más pequeñas.

digestive system | sistema digestivo Sistema de órganos que tiene estructuras especializadas para ingerir y digerir alimentos.

digitizing | digitalizar Convertir información en números para que la use una computadora.

dike | dique discordante Placa de roca volcánica formada cuando el magma se abre paso a través de las capas de roca.

dilute solution | solución diluida Mezcla que sólo tiene un poco de soluto disuelto en ella.

direct current | corriente directa Corriente de cargas eléctricas que fluyen en una sola dirección en un circuito.

directly proportional | directamente proporcional Término empleado para describir la relación entre dos variables cuya gráfica forma una línea recta que pasa por el punto (0, 0).

dispersal | dispersión Traslado de los organismos de un lugar a otro.

divergent boundary | borde divergente Borde de una placa donde dos placas se separan.

divide | divisoria Elevación de terreno que separa una cuenca hidrográfica de otra.

DNA | ADN Ácido desoxirribonucleico; material genético que lleva información sobre un organismo y que se transmite de padres a hijos.

DNA replication | replicación del ADN Proceso en el que el ADN se duplica, antes de que la célula se divide.

dominant allele | alelo dominante Alelo cuyo rasgo siempre se manifiesta en el organismo, cuando el alelo está presente.

Doppler effect | efecto Doppler Cambio en la frecuencia de una onda a medida que la fuente se mueve en relación al observador.

dormancy | latencia Período de tiempo durante el cual se detiene el crecimiento o la actividad de un organismo.

dormant | inactivo Que no está activo en la actualidad pero puede ser activo en el futuro (como un volcán).

double bond | enlace doble Enlace químico formado cuando los átomos comparten dos pares de electrones.

double helix | doble hélice Forma de una molécula de ADN.

duct | ducto Conducto diminuto por el cual se liberan sustancias químicas de una glándula.

ductile | dúctil Término usado para describir un material que se puede estirar hasta crear un alambre largo.

dwarf planet | planeta enano Un cuerpo esférico que orbita alrededor del Sol, pero que no ha despejado las proximidades de su órbita.

E

ear canal | canal auditivo Región estrecha que conecta el exterior del oído humano con el tímpano.

eardrum | tímpano Membrana pequeña, extendida y tensa como la de un tambor que separa el oído externo del oído medio y que vibra cuando la golpean las ondas sonoras.

echinoderm | equinodermo Invertebrado marino de simetría radiada que tiene un esqueleto interno y un sistema de apéndices en forma de tubos llenos de líquido.

echolocation | ecolocación Uso de ondas sonoras reflejadas para determinar distancias o para localizar objetos.

eclipse | eclipse Bloqueo parcial o total de un cuerpo en el espacio por otro.

eclipsing binary | eclipse binario Sistema estelar binario en el que una estrella bloquea periódicamente la luz de la otra.

ecological footprint | espacio ecológico Cantidad de tierra y agua que los individuos usan para cubrir sus necesidades y absorber sus desechos.

ecology | ecología Estudio de la forma en que los organismos interactúan entre sí y con su medio ambiente.

ecosystem | ecosistema Comunidad de organismos que viven en un área específica, y el medio ambiente que los rodea.

ectotherm | ectotermo Animal cuya temperatura corporal es determinada por la temperatura de su medio ambiente.

efficiency | eficacia Porcentaje de trabajo aportado que se convierte en trabajo producido.

El Niño | El Niño Suceso climático anormal que se presenta cada dos a siete años en el océano Pacífico y que causa cambios de vientos, corrientes y patrones meteorológicos que duran uno o dos años.

elastic potential energy | energía elástica potencial Energía de los cuerpos estirados o comprimidos.

electric circuit | circuito eléctrico Trayecto completo y continuo a través del cual pueden fluir las cargas eléctricas.

electric current | corriente eléctrica Flujo continuo de cargas eléctricas a través de un material.

electric field | campo eléctrico Región alrededor de un objeto cargado, donde su fuerza eléctrica interactúa con otros objetos cargados eléctricamente.

electric force | fuerza eléctrica Fuerza entre cuerpos cargados eléctricamente.

electric motor | motor eléctrico Instrumento que convierte la energía eléctrica en energía mecánica.

electrical conductivity | conductividad eléctrica Capacidad de un objeto para cargar corriente eléctrica.

electrical energy | energía eléctrica Energía de las cargas eléctricas.

electrical engineering | ingeniería eléctrica Rama de la ingeniería que se dedica al diseño de los sistemas eléctricos, como los sistemas de electricidad, control y telecomunicación.

electromagnet | electroimán Imán creado al enrollar una espiral de alambre con corriente alrededor de un núcleo ferromagnético.

electromagnetic energy | energía electromagnética Energía de la luz y otras formas de radiación, que viaja a través del espacio en forma de ondas.

electromagnetic induction | inducción electromagnética Proceso por el cual se genera una corriente eléctrica a partir del movimiento de un conductor a través de un campo magnético.

electromagnetic radiation | radiación electromagnética Energía transferida a través del espacio por ondas electromagnéticas.

electromagnetic spectrum | espectro electromagnético Gama completa de ondas electromagnéticas organizadas de menor a mayor frecuencia.

electromagnetic wave | onda electromagnética 1. Onda formada por la combinación de un campo eléctrico cambiante y un campo magnético cambiante. 2. Onda que puede transferir energía eléctrica y magnética a través del vacío del espacio.

electromagnetism | electromagnetismo Relación entre la electricidad y el magnetismo.

electron | electrón Partícula pequeña de carga negativa que se mueve alrededor del núcleo de un átomo.

electron dot diagram | esquema de puntos por electrones Representación del número de electrones de valencia de un átomo, usando puntos.

element | elemento Sustancia que no se puede descomponer en otras sustancias por medios químicos o físicos.

elevation | elevación Altura sobre el nivel del mar.

ellipse | elipse Forma ovalada que puede ser alargada o casi circular; la forma de la órbita de los planetas.

elliptical galaxy | galaxia elíptica Galaxia de forma redonda o semejante a una pelota desinflada, que generalmente sólo contiene estrellas viejas.

embryo | embrión 1. Organismo joven que se desarrolla a partir del cigoto. 2. Un ser humano en desarrollo durante las primeras ocho semanas después de llevarse a cabo la fertilización.

emergent layer | capa emergente Capa superior de la selva tropical, que recibe la mayor cantidad de luz solar.

emigration | emigración Traslado de individuos fuera del área de una población.

emissions | gases contaminantes Contaminantes liberados al aire.

endangered species | especie en peligro de extinción Especie que corre el riesgo de desaparecer en el futuro próximo.

endocytosis | endocitosis Proceso en el que la membrana celular absorbe partículas al cambiar de forma y envolver las partículas.

endoplasmic reticulum | retículo endoplasmático Orgánulo que forma un laberinto de conductos que llevan proteínas y otros materiales de una parte de la célula a otra.

endoskeleton | endoesqueleto Esqueleto interno; sistema estructural de soporte dentro del cuerpo de un animal.

endospore | endospora Estructura que las procariotas, como las bacterias, producen en condiciones desfavorables; capa gruesa que encierra al ADN y parte del citoplasma.

endotherm | endotermo Animal cuya temperatura corporal es regulada por el calor interno que produce.

endothermic change | cambio endotérmico Cambio en el que se absorbe energía.

endothermic reaction | reacción endotérmica Reacción que absorbe energía.

energy | energía Capacidad para realizar un trabajo o producir cambios.

energy conservation | conservación de energía Práctica de reducción del uso de energía.

energy level | nivel de energía Región de un átomo en la que es probable que se encuentren electrones con la misma energía.

energy pyramid | pirámide de energía
Diagrama que muestra la cantidad de energía que fluye de un nivel de alimentación a otro en una red alimentaria.

energy transformation | transformación de la energía Cambio de una forma de energía a otra; también se le llama conversión de energía.

engineer | ingeniero Persona capacitada para usar conocimientos tecnológicos y científicos para resolver problemas prácticos.

engineering | ingeniería Aplicar las ciencias para satisfacer necesidades o resolver problemas.

enzyme | enzima 1. Tipo de proteína que acelera una reacción química de un ser vivo. 2. Catalizador biológico que disminuye la energía de activación de las reacciones celulares.

epicenter | epicentro Punto de la superficie de la Tierra directamente sobre el foco de un terremoto.

epidermis | epidermis Capa externa de la piel.

epiglottis | epiglotis Lámina de tejido que sella la tráquea y evita que los alimentos entren en los pulmones.

epithelial tissue | tejido epitelial Tejido del cuerpo que cubre las superficies interiores y exteriores.

equinox | equinoccio Cualquiera de los de dos días del año en el que ningún hemisferio se retrae o inclina hacia el Sol.

era | era Cada una de las tres unidades largas del tiempo geológico entre el precámbrico y el presente.

erosion | erosión Proceso por el cual el agua, el hielo, el viento o la gravedad desplazan partículas desgastadas de roca y suelo.

esophagus | esófago Tubo muscular que conecta la boca con el estómago.

estrogen | estrógeno Hormona producida por los ovarios que controla el desarrollo de los óvulos y de las características femeninas adultas.

estuary | estuario Tipo de pantanal que se forma donde el agua dulce de los ríos se junta con el agua salada del océano.

eukaryote | eucariota Organismo cuyas células contienen un núcleo.

eutrophication | eutrofización Acumulación gradual de nutrientes en lagos y estanques de agua dulce que produce un aumento en el crecimiento de algas.

evacuate | evacuar Desalojar temporalmente un área que será afectada por mal tiempo.

evaluating | evaluar Comparar observaciones y datos para llegar a una conclusión.

evaporation | evaporación Proceso mediante el cual las moléculas en la superficie de un líquido absorben suficiente energía para pasar al estado gaseoso.

evolution | evolución Cambios a través del tiempo; proceso por el cual los organismos modernos se originaron a partir de organismos antiguos.

excretion | excreción Proceso por el cual se eliminan los desechos del cuerpo.

excretory system | sistema excretor Sistema de órganos que elimina desechos que contienen nitrógeno, y excesos de sal y agua del cuerpo.

exocytosis | exocitosis Proceso en el que la vacuola que envuelve partículas se funde con la membrana celular, expulsando así el contenido al exterior de la célula.

exoskeleton | exoesqueleto Esqueleto exterior; una cobertura fuerte e impermeable que protege, soporta y ayuda a prevenir la evaporación del agua del cuerpo de muchos invertebrados.

exosphere | exósfera Capa externa de la termósfera.

exothermic change | cambio exotérmico Cambio en el que se libera energía.

exothermic reaction | reacción exotérmica Reacción que libera energía generalmente en forma de calor.

exotic species | especies exóticas Especies que las personas trasladan a un nuevo lugar.

experimental bias | prejuicio experimental Error en el diseño de un experimento que aumenta la probabilidad de un resultado.

exponential growth | crecimiento exponencial Patrón de crecimiento en el cual los individuos de una población se reproducen a una tasa constante, de modo que mientras más aumenta la población, más rápido crece ésta.

external fertilization | fertilización externa Cuando los óvulos se fertilizan fuera del cuerpo de la hembra.

extinct | extinto 1. Término que se refiere a un grupo de organismos que ha muerto y del cual no queda ningún miembro vivo. 2. Término que describe un volcán que ya no es activo y es poco probable que vuelva a hacer erupción.

extinction | extinción Desaparición de la Tierra de todos los miembros de una especie.

extrusion | extrusión Capa de roca ígnea formada cuando la lava fluye hacia la superficie de la Tierra y se endurece.

extrusive rock | roca extrusiva Roca ígnea que se forma de la lava en la superficie de la Tierra.

eyepiece | ocular Lente que aumenta la imagen formada por el objetivo.

F

Fahrenheit scale | escala Fahrenheit Escala de temperatura en la que el punto de congelación del agua es 32°F y el punto de ebullición es 212°F.

Fallopian tube | trompa de falopio Pasaje por el que pasan los óvulos de un ovario al útero.

farsighted | hipermetropía Condición en la que una persona ve con claridad los objetos lejanos y ve borrosos los objetos cercanos.

farsightedness | hipermetropía Condición en la que una persona ve con claridad los objetos lejanos y ve borrosos los objetos cercanos.

fat | grasas Nutrientes que contienen energía y están compuestos de carbono, oxígeno e hidrógeno.

fault | falla Fisura en la corteza terrestre a lo largo de la cual se desplazan las rocas.

feedback | retroalimentación Salida que cambia un sistema o permite que éste se ajuste.

fermentation | fermentación Proceso en el que las células liberan energía al descomponer las moléculas de alimento sin usar oxígeno.

fertility | fertilidad Medida de cuán apropiado es un suelo para estimular el crecimiento de las plantas.

fertilization | fertilización Proceso de la reproducción sexual en el que un óvulo y un espermatozoide se unen para formar una nueva célula.

fertilizer | fertilizante Sustancia que proporciona nutrientes para ayudar a que crezcan mejor los cultivos.

fetus | feto Humano en desarrollo desde la novena semana de desarrollo hasta el nacimiento.

field | campo Cualquier área fuera del laboratorio.

filter feeder | comedores por suspensión Animal que filtra sus alimentos del agua.

fishery | pesquería Área con una gran población de organismos marinos aprovechables.

flagellum | flagelo Estructura larga con forma de látigo, que ayuda a la célula a moverse.

flood plain | llanura de aluvión Área de tierra extensa y plana a lo largo de un río.

flower | flor Estructura reproductora de una angiosperma.

fluid friction | fricción de fluido Fricción que ocurre cuando un cuerpo se mueve a través de un fluido.

focal point | punto de enfoque Punto en el que se encuentran, o parecen encontrarse, los rayos de luz paralelos al eje óptico después de reflejarse (o refractarse) en un espejo (o lente).

focus | foco Punto debajo de la superficie de la Tierra en el que la roca empieza a romperse debido a una gran fuerza y causa un terremoto.

foliated | foliación Término que describe las rocas metamórficas con granos dispuestos en capas paralelas o bandas.

follicle | folículo Estructura en la dermis de la piel de donde crece un pelo.

food chain | cadena alimentaria Serie de sucesos en un ecosistema por medio de los cuales los organismos transmiten energía al comer o al ser comidos por otros.

food web | red alimentaria Patrón de las relaciones de alimentación intercruzadas o de cadenas alimentarias entre los diferentes organismos de un ecosistema.

force | fuerza Empuje o atracción que se ejerce sobre un cuerpo.

fossil | fósil Restos o vestigios conservados de un organismo que vivió en el pasado.

fossil fuel | combustible fósil Carbón, petróleo o gas natural que se forma a lo largo de millones de años a partir de los restos de organismos antiguos; se queman para liberar energía.

fracture | fractura 1. Apariencia de un mineral cuando se rompe de manera irregular. 2. Fisura de un hueso.

free fall | caída libre Movimiento de un objeto que cae cuando la única fuerza que actúa sobre éste es la gravedad.

frequency | frecuencia Número de ondas completas que pasan por un punto dado en cierto tiempo.

frequency modulation | frecuencia modulada Método de transmisión de señales mediante el cambio de la frecuencia de una onda.

friction | fricción 1. Fuerza que dos superficies ejercen una sobre la otra al frotarse. 2. Transferencia de electrones al frotarse un cuerpo no cargado con otro cuerpo no cargado.

frond | fronda Hoja de un helecho.

front | frente Límite donde se encuentran, pero no se mezclan, masas de aire diferentes.

frost wedging | acuñado rocoso Proceso que separa las rocas cuando el agua se filtra entre grietas y luego se congela y expande.

fruit | fruto Ovario maduro y otras estructuras de una angiosperma que encierran una o más semillas.

fruiting body | órgano fructífero Estructura reproductora de un hongo, que contiene muchas hifas y produce esporas.

fuel rod | varilla de combustible Varilla de uranio que se somete a la fisión en un reactor nuclear.

fulcrum | fulcro Punto fijo en torno al cual gira una palanca.

fundamental tone | tono fundamental Frecuencia natural más baja de un cuerpo.

fungus | hongo Organismo eucariótico que posee paredes celulares, usa esporas para reproducirse y es un heterótrofo que se alimenta absorbiendo sus alimentos.

fuse | fusible Elemento de seguridad que tiene una tira metálica delgada que se derrite si una corriente demasiado fuerte pasa por un circuito.

G

galaxy | galaxia Enorme grupo de estrellas individuales, sistemas estelares, cúmulos de estrellas, polvo y gases unidos por la gravedad.

gallbladder | vesícula biliar Órgano que almacena la bilis producida por el hígado.

galvanometer | galvanómetro Instrumento que usa un electroimán para detectar la intensidad de una pequeña corriente.

gametophyte | gametofito Etapa del ciclo vital de una planta en la que produce gametos, es decir, células sexuales.

gamma rays | rayos gamma Ondas electromagnéticas con la menor longitud de onda y la mayor frecuencia.

gas | gas Estado de la materia sin forma ni volumen definidos.

gas giant | gigantes gaseosos Nombre que normalmente se da a los cuatro planetas exteriores: Júpiter, Saturno, Urano y Neptuno.

gasohol | gasohol Mezcla de gasolina y alcohol.

gene | gen Secuencia de ADN que determina un rasgo y que se pasa de los progenitores a los hijos.

gene therapy | terapia genética Proceso que consiste en cambiar un gen para tratar una enfermedad o un trastorno médico. El gen ausente o defectuoso se cambia por un gen con función normal.

generator | generador eléctrico Instrumento que convierte la energía mecánica en energía eléctrica.

genetic disorder | desorden genético Condición anormal que hereda una persona a través de los genes o cromosomas.

genetic engineering | ingeniería genética Transferencia de un gen desde el ADN de un organismo a otro, para producir un organismo con los rasgos deseados.

genetics | genética Ciencia que estudia la herencia.

genome | genoma Toda la información genética que un organismo lleva en su ADN.

genotype | genotipo Composición genética de un organismo, es decir, las combinaciones de los alelos.

genus | género Clase de agrupación que consiste de un número de especies similares y estrechamente relacionadas.

geocentric | geocéntrico Término que describe un modelo del universo en el cual la Tierra se encuentra al centro de los planetas y estrellas que circulan a su alrededor.

geode | geoda Roca hueca dentro de la que se forman cristales minerales.

Geographic Information System | Sistema de Información Geográfica Sistema de equipos y programas computarizados que se usa para producir mapas interactivos.

geologic time scale | escala de tiempo geológico Registro de los sucesos geológicos y de las formas de vida en la historia de la Tierra.

geosphere | geósfera Partes más densos de la Tierra que incluye la corteza, el manto y el núcleo.

geostationary orbit | órbita geoestacionaria Órbita en la que un satélite orbita alrededor de la Tierra a la misma velocidad que rota la Tierra y que, por lo tanto, permanece en el mismo lugar todo el tiempo.

geothermal energy | energía geotérmica Energía intensa que proviene del interior de la Tierra.

germination | germinación Brotamiento del embrión a partir de la semilla; ocurre cuando el embrión reanuda su crecimiento tras el estado latente.

gestation period | período de gestación Tiempo entre la fertilización y el nacimiento de un mamífero.

gill | branquia Estructura filamentosa donde se realiza el intercambio de gases entre el agua y la sangre.

gizzard | molleja Órgano muscular y de paredes gruesas que exprime y tritura los alimentos parcialmente digeridos.

gland | glándula Órgano que produce y libera sustancias químicas por los ductos o al torrente sanguíneo.

Global Positioning System | sistema de posicionamiento global Sistema de navegación que usa señales satelitales para ubicar un receptor de radio en la superficie de la Tierra.

global winds | vientos globales Vientos que soplan constantemente desde direcciones específicas por largas distancias.

globular cluster | cúmulo globular Conjunto grande y redondo de estrellas viejas densamente agrupadas.

glucose | glucosa 1. Azúcar que es la fuente principal de energía para las células corporales. 2. Carbohidrato simple; monómero de muchos carbohidratos complejos.

Golgi apparatus | aparato de Golgi Orgánulo de la célula que recibe, empaqueta y distribuye a otras partes de la célula las proteínas y otros materiales que se forman en el retículo endoplasmático.

gradualism | gradualismo Evolución de una especie por medio de la acumulación lenta pero continua de cambios genéticos a través de largos períodos de tiempo.

grains | granos Partículas de minerales o de otras rocas que le dan textura a una roca.

granite | granito Roca generalmente de color claro que se encuentra en la corteza continental.

grassland | pradera Área poblada principalmente por hierbas y otras plantas no leñosas, y donde caen entre 25 y 75 centímetros de lluvia cada año.

gravitational potential energy | energía gravitatoria potencial Energía potencial que depende de la altura de un cuerpo.

gravity | gravedad Fuerza que atrae a los cuerpos entre sí; fuerza que mueve un cuerpo cuesta abajo.

greenhouse effect | efecto invernadero Retención de calor cerca de la superficie de un planeta debido a la presencia de ciertos gases en la atmósfera.

greenhouse gases | gases de efecto invernadero Gases presentes en la atmósfera que atrapan la energía.

groin | escollera Pared de piedra o concreto que se construye perpendicularmente a una playa para reducir la erosión.

grounded | conectado a tierra Permitir que las cargas eléctricas fluyan directamente del circuito al cable a tierra del edificio y luego a la Tierra en caso de un cortocircuito.

groundwater | aguas freáticas Agua que llena las grietas y huecos de las capas subterráneas de tierra y roca.

group | grupo Elementos en la misma columna vertical de la tabla periódica; también llamado familia.

gully | barranco Canal grande en el suelo formado por corrientes de agua durante una tormenta de lluvia.

gymnosperm | gimnosperma Planta que produce semillas directamente sobre las escamas de los conos—sin estar encerradas en un fruto protector.

H

habitat | hábitat Medio que provee lo que un organismo específico necesita para vivir, crecer y reproducirse.

half-life | vida media Tiempo que tarda en decaer la mitad de los átomos de un elemento radiactivo.

hazardous waste | desecho peligroso Material que puede ser dañino si no se elimina adecuadamente.

headland | promontorio Parte de la costa que se interna en el mar.

heat | calor Transferencia de energía térmica de un cuerpo más cálido a uno menos cálido.

heliocentric | heliocéntrico Término que describe un modelo del universo en el cual la Tierra y los otros planetas giran alrededor del Sol.

hemoglobin | hemoglobina Proteína que contiene hierro, y que se enlaza químicamente las moléculas de oxígeno; forma la mayoría de los glóbulos rojos.

heredity | herencia Transmisión de rasgos de padres a hijos.

hertz (Hz) | hercio (Hz) Unidad de medida de la frecuencia.

Hertzsprung-Russell diagram | diagrama Hertzsprung-Russell Gráfica que muestra la relación entre la temperatura de la superficie de una estrella y su magnitud absoluta.

heterotroph | heterótrofo Organismo que no puede producir sus propios alimentos y que se alimenta al consumir otros seres vivos.

heterozygous | heterocigoto Que tiene dos alelos distintos para un gen particular.

hibernation | hibernación Estado de gran reducción de la actividad de un animal que ocurre en el invierno.

histamine | histamina Sustancia química responsable de los síntomas de una alergia.

homeostasis | homeostasis Condición en la que el medio ambiente interno de un organismo se mantiene estable a pesar de cambios en el medio ambiente externo.

homologous structures | estructuras homólogas Estructuras parecidas de especies distintas y que se han heredado de un antepasado común.

homozygous | homocigoto Que tiene dos alelos idénticos para un gen particular.

hormone | hormona 1. Sustancia química que afecta el crecimiento y el desarrollo. 2. Sustancia química producida por una glándula endocrina.

host | huésped Organismo dentro del o sobre el cual vive un parásito y que provee una fuente de energía o un medio ambiente apropiado para la existencia del parásito.

hot spot | punto caliente Área en la que el magma de las profundidades del manto atraviesa la corteza.

Hubble's law | ley de Hubble Observación que enuncia que mientras más lejos se encuentre una galaxia, se aleja con mayor rapidez.

humid subtropical | subtropical húmedo Clima húmedo y templado que se encuentra en los límites de los trópicos.

humidity | humedad Cantidad de vapor de agua en cierto volumen de aire.

humus | humus Material orgánico de color oscuro del suelo.

hurricane | huracán Tormenta tropical que tiene vientos de cerca.

hybrid | híbrido Descendiente de cruces que tiene dos alelos distintos para un rasgo.

hybridization | hibridación Técnica reproductiva en la que se cruzan individuos distintos para reunir los mejores rasgos de ambos progenitores.

hydrocarbon | hidrocarburo Compuesto orgánico que contiene átomos de carbón e hidrógeno solamente.

hydroelectric power | energía hidroeléctrica Electricidad producida a partir de la energía cinética del agua que baja por una catarata o presa.

hydrogen ion | ión hidrógeno Ión de carga positiva (H+) formado por un átomo de hidrógeno que ha perdido su electrón.

hydrosphere | hidrósfera Parte de la Tierra formada por agua en cualquiera de sus formas, ya sea océanos, glaciares, ríos, lagos, agua subterránea y vapor de agua.

hydroxide ion | ión hidróxido Ión de carga negativa formado de oxígeno e hidrógeno (OH–).

hypertension | hipertensión Enfermedad en la que la presión arterial de una persona es constantemente más alta de lo normal; se llama también presión sanguínea alta.

hyphae | hifas Delgados tubos ramificados que forman el cuerpo de los hongos multicelulares.

hypothalamus | hipotálamo Parte del encéfalo que une el sistema nervioso con el sistema endocrino.

hypothesis | hipótesis Explicación posible de un conjunto de observaciones o respuesta a una pregunta científica; se debe poder poner a prueba.

I

igneous rock | roca ígnea Tipo de roca que se forma cuando se enfrían las rocas fundidas en la superficie o debajo de la superficie.

image | imagen Copia de un objeto formado por rayos de luz que se reflejan y se refractan.

immigration | inmigración Movimiento de individuos al área de una población.

immune response | reacción inmunológica Parte de la defensa del cuerpo contra los patógenos, en la que las células del sistema inmunológico reaccionan a cada tipo de patógeno con una defensa específica.

immunity | inmunidad Capacidad del cuerpo para destruir los patógenos antes de que causen enfermedades.

impermeable | impermeable Característica de los materiales, como la arcilla y el granito, que no dejan pasar fácilmente el agua.

imprinting | impronta Comportamiento adquirido de las aves y los mamíferos recién nacidos que consiste en seguir al primer cuerpo en movimiento que ven.

impulse | impulso Mensaje eléctrico que transporta información por el sistema nervioso.

inbreeding | endogamia Técnica reproductiva en la que se cruzan dos individuos con conjuntos de alelos parecidos.

incineration | incineración Quema de desechos sólidos.

inclined plane | plano inclinado Máquina simple que consiste en una superficie plana con pendiente.

incomplete dominance | dominancia incompleta Situación en la que un alelo no es completamente dominante sobre el otro.

incomplete metamorphosis | metamorfosis incompleta Tipo de metamorfosis de tres etapas: huevo, ninfa y adulto.

index contour | curva de nivel índice En un mapa topográfico, curva de nivel más gruesa que lleva rotulada la elevación de esa curva de nivel.

index fossil | fósil guía Fósiles de organismos altamente dispersos que vivieron durante un período geológico corto.

index of refraction | índice de refracción Medida de la inclinación de un rayo de luz cuando pasa de un medio a otro.

indicator | indicador Compuesto que cambia de color en presencia de un ácido o una base.

induction | inducción Método de redistribuir la carga de un cuerpo haciendo uso del campo eléctrico de otro; los cuerpos no están en contacto directo.

inductive reasoning | razonamiento inductivo Usar observaciones específicas para hacer generalizaciones.

inertia | inercia Tendencia de un cuerpo de resistirse a cambios de movimiento.

infectious disease | enfermedad infecciosa Enfermedad causada por la presencia de un ser vivo en el cuerpo y que puede pasar de un organismo a otro.

inflammatory response | reacción inflamatoria Parte de la defensa del cuerpo contra los patógenos en la cual los fluidos y los glóbulos blancos salen de los vasos sanguíneos hacia los tejidos y destruyen los patógenos descomponiéndolos.

infrared radiation | radiación infrarroja Ondas electromagnéticas con longitudes de onda más largas que la luz visible, pero más cortas que las microondas.

infrared rays | rayos infrarrojos Ondas electromagnéticas con longitudes de onda más cortas y frecuencias más altas que las microondas.

inhibitor | inhibidor Material que disminuye la velocidad de una reacción.

inner core | núcleo interno Esfera densa de hierro y níquel que se encuentra en el centro de la Tierra.

inorganic | inorgánico Que no está formado por seres vivos o por los restos de seres vivos.

input | entrada Material, energía o informacion que se agrega a un sistema.

input force | fuerza aplicada Fuerza que se ejerce sobre una máquina.

insight learning | aprendizaje por discernimiento Proceso de aprendizaje de cómo resolver un problema o hacer algo nuevo aplicando lo que ya se sabe.

instantaneous speed | velocidad instantánea Velocidad de un objeto en un instante del tiempo.

instinct | instinto Comportamiento innato que un animal ejecuta correctamente en su primer intento.

insulation | aislante Material que atrapa el aire para ayudar a bloquear el paso del calor del aire adentro y afuera de un edificio.

insulator | aislante 1. Material que no conduce bien el calor. 2. Material que no permite fácilmente que las cargas eléctricas fluyan.

insulin | insulina Hormona producida por el páncreas, que permite que las células del cuerpo absorban glucosa de la sangre y la usen como energía.

intensity | intensidad Cantidad de energía por segundo que transporta una onda a través de una unidad de área.

interference | interferencia Interacción entre dos o más ondas que se encuentran.

internal fertilization | fertilización interna Cuando los óvulos se fertilizan dentro del cuerpo de la hembra.

interneuron | interneurona Neurona que transporta los impulsos nerviosos de una neurona a otra.

interphase | interfase Primera etapa del ciclo celular que ocurre antes de la división celular y durante la cual la célula crece y duplica su ADN.

intertidal zone | zona intermareal Área entre el punto más alto de la marea alta y el punto más bajo de la marea baja.

intestine | intestino Órgano donde se completa la digestión y se absorben los alimentos.

intrusion | intrusión Capa de roca ígnea formada cuando el magma se endurece bajo la superficie de la Tierra.

intrusive rock | roca intrusiva (o plutónica) Roca ígnea que se forma cuando el magma se endurece bajo la superficie de la Tierra.

inversely proportional | inversamente proporcional Término usado para describir la relación entre dos variables cuyo producto es constante:

invertebrate | invertebrado Animal sin columna vertebral.

involuntary muscle | músculo involuntario Músculo que no se puede controlar conscientemente.

ion | ión Átomo o grupo de átomos que está cargado eléctricamente.

ionic bond | enlace iónico Atracción entre iones con cargas opuestas.

ionic compound | compuesto iónico Compuesto que tiene iones positivos y negativos.

ionosphere | ionósfera Parte inferior de la termósfera.

iris | iris Disco de músculo que rodea la pupila y regula la cantidad de luz que entra al ojo; da color al ojo.

irregular galaxy | galaxia irregular Galaxia que no tiene una forma regular.

island arc | arco de islas Cadena de volcanes formados como resultado de la subducción de una placa océanica debajo de una segunda placa océanica.

isobar | isobara Línea en un mapa del tiempo que une lugares que tienen la misma presión de aire.

isotherm | isoterma Línea en un mapa del tiempo que une lugares que tienen la misma temperatura.

isotope | isótopo Átomo con el mismo número de protones y un número diferente de neutrones que otros átomos del mismo elemento.

J

jet streams | corrientes de viento en chorro Bandas de vientos de alta velocidad a unos 10 kilómetros sobre la superficie de la Tierra.

joule | julio Unidad de trabajo equivalente a un newton-metro.

K

karst topography | topografía kárstica Región en la que una capa de piedra caliza cerca de la superficie crea valles hundidos, grutas y pozos.

karyotype | cariotipo Fotografía de todos los cromosomas humanos en una célula agrupados en pares y ordenados de los más grandes a los más pequeños.

Kelvin scale | escala Kelvin Escala de temperatura en la cual el cero es la temperatura a cuyo punto no se puede extraer más energía de la materia.

kettle | cazuela Pequeña depresión formada cuando un trozo de hielo se asienta en arcilla glaciárica.

keystone species | especie clave Especie que tiene un impacto en la supervivencia de muchas otras especies de un ecosistema.

kidney | riñón Órgano importante del sistema excretorio; elimina la urea y otros desechos de la sangre.

kinetic energy | energía cinética Energía que tiene un cuerpo debido a su movimiento.

Kuiper belt | cinturón de Kuiper Región que empieza más allá de la órbita de Neptuno y se extiende por aproximadamente cien veces la distancia entre la Tierra y el Sol.

L

La Niña | la Niña Fenómeno climático que ocurre en la parte este del océano Pacífico, en el cual las aguas superficiales están más fías que lo normal.

land breeze | brisa terrestre Flujo de aire desde la tierra a una masa de agua.

land reclamation | recuperación de la tierra Proceso que consiste en restaurar la tierra y llevarla a un estado productivo más natural.

landform | accidente geográfico Característica de la topografía creada por los procesos de formación de la superficie de la Tierra.

landform region | región con accidentes geográficos Terreno amplio donde la tipografía está compuesta, principalmente, por un tipo de accidente geográfico.

large intestine | intestino grueso Última sección del sistema digestivo, donde se absorbe agua dirigida al torrente sanguíneo y se eliminan del cuerpo los materiales restantes.

larva | larva Forma inmadura de un animal que luce muy distinta al adulto.

larynx | laringe Caja de la voz; está ubicada en la parte superior de la tráquea debajo de la epiglotis.

latitude | latitud Distancia en grados al norte o al sur del ecuador.

lava | lava Magma líquida que sale a la superficie.

law of conservation of energy | ley de conservación de la energía Regla que dice que la energía no se puede crear ni destruir.

law of conservation of mass | ley de conservación de la masa Principio que establece que la cantidad total de materia no se crea ni se destruye durante cambios químicos o físicos.

law of conservation of momentum | principio de la conservación del momento Regla que establece que, en ausencia de fuerzas externas, la cantidad de movimiento total de los cuerpos que se relacionan no cambia.

law of superposition | ley de la superposición Principio geológico que enuncia que, en las capas horizontales de las rocas sedimentarias, cada capa es más vieja que la capa superior y más joven que la capa inferior.

law of universal gravitation | ley de gravitación universal Ley científica que establece que todos los cuerpos del universo se atraen entre sí.

leachate | lixiviado Líquido contaminado producido por el agua que pasa por y disuelve químicos provenientes de desechos bajo la tierra y en rellenos sanitarios.

learning | aprendizaje Proceso que conduce a cambios de comportamiento basados en la práctica o la experiencia.

leeward | sotavento Lado de una cadena montañosa que está resguardado del viento.

lens | lente 1. Estructura flexible que enfoca la luz que entra al ojo. 2. Trozo curvo de vidrio u otro material transparente que se usa para refractar la luz.

lever | palanca Máquina simple que consiste en una barra rígida que gira en torno a un punto fijo.

lichen | liquen Combinación de un hongo y una alga o bacteria autotrópica que viven juntos en una relación mutuamente beneficiosa.

ligament | ligamentos Tejido conector resistente que une dos huesos en las articulaciones móviles.

light-year | año luz Distancia a la que viaja la luz en un año; aproximadamente 9.5 millones de millones de kilómetros.

limiting factor | factor limitante Factor ambiental que causa la disminución del tamaño de una población.

lipid | lípido Compuesto orgánico rico en energía, como una grasa, aceite o cera, formado por los elementos carbono, hidrógeno y oxígeno.

liquid | líquido Estado de la materia que no tiene forma definida pero sí volumen definido.

lithosphere | litósfera Capa rígida constituida por la parte superior del manto y la corteza.

litter | mantillo Capa superior del suelo fértil, que está formada por hojas y pasto muertos.

liver | hígado El órgano más grande dentro del cuerpo; interviene en muchos procesos corporales, como la producción de bilis para el sistema digestivo.

loam | marga Suelo rico y fértil formado por partes casi iguales de arcilla, arena y limo.

loess | loes Depósito de partículas finas de arcilla y limo arrastradas por el viento.

long-day plant | planta de día largo Planta que florece cuando la duración de la noche es más corta que la duración crítica.

longitude | longitud Distancia en grados al este o al oeste del meridiano cero.

longitudinal wave | onda longitudinal Onda que mueve al medio en una dirección paralela a la dirección en la que se propaga la onda.

longshore drift | deriva litoral Movimiento de agua y sedimentos paralelo a una playa debido a la llegada de olas inclinadas respecto a la costa.

loudness | volumen Percepción de la energía de un sonido.

lunar eclipse | eclipse lunar Bloqueo de la luz solar que ilumina la Luna que ocurre cuando la Tierra se interpone entre el Sol y la Luna.

lung | pulmón 1. Órgano que tienen los vertebrados que respiran aire, que intercambia oxígeno y dióxido de carbono en la sangre. 2. En los humanos, uno de los dos órganos principales del sistema respiratorio.

luster | lustre Manera en la que un mineral refleja la luz en su superficie.

lymph | linfa Fluido formado por agua y otros materiales disueltos que el sistema linfático recoge y devuelve al torrente sanguíneo.

lymph node | ganglio linfático Pequeña prominencia de tejido en el sistema linfático que filtra la linfa, atrapando las bacterias y otros microorganismos que causan enfermedades.

lymphatic system | sistema linfático Red de vasos que parecen venas que devuelve al torrente sanguíneo el fluido que sale de los vasos sanguíneos.

lymphocyte | linfocito Glóbulo blanco que distingue cada tipo de patógeno.

lysosome | lisosoma Orgánulo de una célula, que tiene sustancias químicas que convierten partículas grandes de alimentos en partículas más pequeñas que el resto de la célula puede utilizar.

M

machine | máquina Dispositivo que altera la cantidad de fuerza ejercida, la distancia sobre que se ejerce la fuerza, o la dirección en la que se ejerce la fuerza.

magma | magma Mezcla fundida de las sustancias que forman las rocas, gases y agua, proveniente del manto.

magnetic declination | declinación magnética Ángulo (en una ubicación particular) entre el norte geográfico y el polo magnético ubicado en el hemisferio norte de la Tierra.

magnetic field | campo magnético Área alrededor de un imán donde actúa la fuerza magnética.

magnetic force | fuerza magnética Fuerza que se produce cuando hay actividad entre los polos magnéticos.

magnetic pole | polo magnético Extremo de un cuerpo magnético, donde la fuerza magnética es mayor.

magnetism | magnetismo Poder de atracción o repulsión de los materiales magnéticos.

magnitude | magnitud Medida de la fuerza de un sismo basada en las ondas sísmicas y en el movimiento que ocurre a lo largo de las fallas.

main sequence | secuencia principal Área diagonal en un diagrama de Hertzsprung-Russell que incluye más del 90 por ciento de todas las estrellas.

malleable | maleable Término usado para describir materiales que se pueden convertir en láminas planas por medio de martillazos o con un rodillo.

mammal | mamífero Vertebrado cuya temperatura corporal es regulada por su calor interno, cuya piel está cubierta de pelo o pelaje y que tiene glándulas que producen leche para alimentar a sus crías.

mammary gland | glándula mamaria Órgano de los mamíferos hembra que produce leche para alimentar a sus crías.

manipulated variable | variable manipulada Único factor que el científico cambia durante un experimento; también llamada variable independiente.

mantle | manto Capa de material caliente y sólido entre la corteza terrestre y el núcleo.

map projection | proyección de mapa Esquema de líneas que facilita la transferencia de puntos de la superficie terrestre a un mapa plano.

maria | maria Áreas oscuras y llanas de la superficie lunar formadas por enormes flujos de lava antiguos.

marine climate | clima marino Clima de algunas regiones costeras, con inviernos relativamente templados y veranos fríos.

marrow | médula ósea Tejido conector suave que llena los espacios internos de un hueso.

marsupial | marsupial Mamífero cuyas crías nacen en una etapa muy temprana del desarrollo, y que normalmente continúan el desarrollo en una bolsa del cuerpo de la madre.

mass | masa Medida de cuánta materia hay en un cuerpo.

mass extinction | extinción en masa Situación que ocurre cuando muchos tipos de seres vivos se extinguen al mismo tiempo.

mass movement | movimiento en masa Cualquiera de los procesos por los cuales la gravedad desplaza sedimentos cuesta abajo.

mass number | número de masa Suma de los protones y neutrones en el núcleo de un átomo.

matter | material Cualquier cosa que tiene masa y ocupa un espacio.

mean | media Promedio numérico de un conjunto de datos.

meander | meandro Curva muy pronunciada en el curso de un río.

mechanical advantage | ventaja mecánica Número de veces que una máquina amplifica la fuerza que se ejerce sobre ella.

mechanical energy | energía mecánica Energía cinética o potencial asociada con el movimiento o la posición de un cuerpo.

mechanical engineering | ingeniería mecánica Rama de la ingeniería que trata del diseño, la construcción y la operación de máquinas.

mechanical wave | onda mecánica Onda que necesita un medio por el cual propagarse.

mechanical weathering | desgaste mecánico Tipo de desgaste en el cual una roca se rompe físicamente en trozos más pequeños.

median | mediana Número del medio de un conjunto de datos.

medium | medio Material a través del cual se propaga una onda.

medusa | medusa Cnidario con cuerpo que tiene la forma de una sombrilla abierta y que está adaptado para nadar libremente.

meiosis | meiosis Proceso durante la formación de las células sexuales (espermatozoide y óvulo) por el cual el número de cromosomas se reduce a la mitad.

melanin | melanina Pigmento que da color a la piel.

melting point | punto de fusión Temperatura a la que una sustancia cambia de estado sólido a líquido; es lo mismo que el punto de congelación (la temperatura a la que un líquido se vuelve sólido).

meniscus | menisco Superficie superior curva de un líquido en una columna de líquido.

mercury barometer | barómetro de mercurio Instrumento que mide los cambios de presión del aire; es un tubo de vidrio parcialmente lleno de mercurio con su extremo abierto posado sobre un recipiente con mercurio.

mesosphere | mesósfera Capa de la atmósfera de la Tierra inmediatamente sobre la estratósfera.

messenger RNA | ARN mensajero Tipo de ARN que lleva, del ADN a los ribosomas del citoplasma, copias de instrucciones para sintetizar a los aminoácidos en proteínas.

metabolism | metabolismo Combinación de reacciones químicas mediante las cuales un organismo compone o descompone la materia.

metal | metal Clase de elementos caracterizados por propiedades físicas que incluyen brillo, maleabilidad, ductilidad y conductividad.

metallic bond | enlace metálico Atracción entre un ión metálico positivo y los electrones que lo rodean.

metalloid | metaloide Elemento que tiene algunas características de los metales y de los no metales.

metamorphic rock | roca metamórfica Tipo de roca que se forma cuando una roca cambia por el calor, la presión o por reacciones químicas.

metamorphosis | metamorfosis Proceso por el cual el cuerpo de un animal cambia de forma radicalmente durante su ciclo vital.

meteor | meteoro Rayo de luz en el cielo producido por el incendio de un meteoroide en la atmósfera terrestre.

meteorite | meteorito Meteoroide que pasa por la atmósfera y toca la superficie terrestre.

meteoroid | meteoroide Un trozo de roca o polvo, generalmente más pequeño que un asteroide, que existe en el espacio.

metric system | sistema métrico Sistema de medidas basado en el número 10.

microgravity | microgravedad Manifestación de la falta de pesadez al estar en órbita.

microorganism | microorganismo Ser vivo que es tan pequeño que sólo es visible a través de un microscopio.

microscope | microscopio Instrumento que permite que los objetos pequeños se vean más grandes.

microwaves | microondas Ondas electromagnéticas con longitudes de onda más cortas y frecuencias más altas que las ondas de radio.

mid-ocean ridge | cordillera oceánica central Cadena montañosa submarina donde se produce el nuevo suelo oceánico; borde de placa divergente bajo el océano.

migration | migración Viaje estacional y regular, de ida y vuelta, que hace un animal de un medio ambiente a otro con el propósito de alimentarse y reproducirse.

mineral | mineral 1. Sólido natural que puede formarse por procesos inorgánicos, con estructura cristalina y composición química específica. 2. Nutriente inorgánico que el cuerpo necesita en pequeñas cantidades y que no es producido por los seres vivos.

mirage | espejismo Imagen de un objeto distante causado por la refracción de la luz cuando viaja por el aire a temperaturas cambiantes.

mitochondria | mitocondria Estructura celular con forma de bastón que transforma la energía de las moléculas de alimentos en energía que la célula puede usar para llevar a cabo sus funciones.

mitosis | mitosis Segunda etapa del ciclo celular, durante la cual se divide el núcleo de la célula en dos núcleos nuevos y el conjunto del ADN se reparte entre cada célula hija.

mixture | mezcla Dos o más sustancias que están en el mismo lugar pero cuyos átomos no están químicamente enlazados.

mode | moda Número que aparece con más frecuencia en una lista de números.

model | modelo Representación de un objeto o proceso complejo que se usa para explicar un concepto que no se puede observar directamente.

Modified Mercalli scale | escala modificada de Mercalli Escala que evalúa la intensidad del temblor de un terremoto.

Mohs hardness scale | escala de dureza de Mohs Escala en la que se clasifican diez minerales del más blando al más duro; se usa para probar la dureza de los minerales.

mold | molde Tipo de fósil que consiste en una depresión del sedimento que tiene la forma de un organismo o de parte de un organismo.

molecular compound | compuesto molecular Compuesto que tiene moléculas.

molecule | molécula Grupo neutral de dos o más átomos unidos por medio de enlaces covalentes.

mollusk | molusco Invertebrado con cuerpo blando y sin segmentos; la mayoría tienen una concha exterior dura que les sirve de protección.

molting | muda de cubierta Proceso de cambiar un exoesqueleto viejo por uno nuevo.

moment magnitude scale | escala de magnitud de momento Escala con la que se miden los sismos estimando la cantidad total de energía liberada por un terremoto.

momentum | momento Producto de la masa de un cuerpo multiplicada por su velocidad.

monocot | monocotiledónea Angiosperma cuyas semillas tienen un solo cotiledón.

monotreme | monotrema Mamífero que pone huevos.

monsoon | monzón Vientos marinos o terrestres que soplan en una región extensa y cambian de dirección según las estaciones.

moraine | morrena Montículo formado por arcilla glaciárica depositada en el borde de un glaciar.

motion | movimiento Estado en el que la distancia entre un cuerpo y otro va cambiando.

motor neuron | neurona motora Neurona que envía un impulso a un músculo o glándula y hace que el músculo o la glándula reaccione.

mountain range | cordillera Grupo de montañas que están estrechamente relacionadas en forma, estructura y edad.

mucus | mucosidad Sustancia espesa y lubricante que produce el cuerpo.

multiple alleles | alelo múltiple Tres o más alelos posibles del gen que determina un rasgo.

municipal solid waste | desechos sólidos urbanos Desechos generados en los hogares, los negocios, las escuelas y las comunidades.

mutation | mutación Cualquier cambio del ADN de un gen o cromosoma.

mutualism | mutualismo Tipo de relación simbiótica entre dos especies en la cual ambas especies se benefician de su convivencia.

N

natural selection | selección natural Proceso mediante el cual los organismos que se adaptan mejor a su ambiente tienen mayor probabilidad de sobrevivir y reproducirse.

neap tide | marea muerta Marea con la mínima diferencia entre las mareas altas y bajas consecutivas.

nearsighted | miopía Condición en la que una persona ve con claridad los objetos cercanos y ve borrosos los objetos lejanos.

nebula | nebulosa Gran nube de gas y polvo en el espacio.

negative feedback | reacción negativa Proceso en el cual un sistema cesa de funcionar debido a la condición que produce.

nekton | *nekton* Animales que nadan libremente y pueden desplazarse por la columna de agua.

nephron | nefrona Estructura diminuta de filtración ubicada en los riñones, que elimina los desechos de la sangre y produce la orina.

neritic zone | zona nerítica Área del océano que se extiende desde la línea de bajamar hasta el borde de la plataforma continental.

nerve | nervio Conjunto de fibras nerviosas.

nerve impulse | impulso nervioso Mensaje que una neurona transporta.

nervous system | sistema nervioso Sistema de órganos que recibe información del medio ambiente y coordina una respuesta.

nervous tissue | tejido nervioso Tejido del cuerpo que transporta impulsos eléctricos entre el cerebro y otras partes del cuerpo.

net force | fuerza neta Fuerza total que se ejerce sobre un cuerpo cuando se suman las fuerzas individuales que actúan sobre él.

neuron | neurona Célula que transporta información a través del sistema nervioso.

neutralization | neutralización Reacción de un ácido con una base, que produce una solución que no es ácida ni básica, como lo eran las soluciones originales.

neutron | neutrón Partícula pequeña en el núcleo del átomo, que no tiene carga eléctrica.

neutron star | estrella de neutrones Restos pequeños y densos de una estrella de gran masa tras ocurrir una supernova.

newton | newton Unidad de medida equivalente a la fuerza necesaria para acelerar 1 kilogramo de masa a 1 metro por segundo cada segundo.

Newton's first law of motion | Primera ley de movimiento de Newton Ley científica que establece que un cuerpo en reposo se mantendrá en reposo y un cuerpo en movimiento se mantendrá en movimiento con una velocidad y dirección constantes a menos que se ejerza una fuerza sobre él.

niche | nicho Forma en que un organismo vive e interactúa con los factores bióticos y abióticos de su hábitat.

nitrogen bases | bases nitrogenadas Moléculas que contienen nitrógeno y otros elementos.

nitrogen fixation | fijación del nitrógeno Proceso que consiste en transformar el gas de nitrógeno libre en compuestos de nitrógeno que las plantas pueden absorber y usar.

noble gas | gas noble Elemento del Grupo 18 de la tabla periódica.

node | nodo Punto de amplitud cero de una onda estacionaria.

nodule | nódulo Protuberancia formada en el suelo oceánico cuando metales, como el manganeso, se depositan sobre pedazos de concha.

noninfectious disease | enfermedad no infecciosa Enfermedad que no es causada por un patógeno.

nonpoint source | fuente dispersa Fuente muy extendida de contaminación que es difícil vincular a un punto de origen específico.

nonpolar bond | enlace no polar Enlace covalente en el que los electrones se comparten por igual.

normal fault | falla normal Tipo de falla en la cual el labio elevado o subyacente se desliza hacia abajo como resultado de la tensión de la corteza.

notochord | notocordio Cilindro flexible que sostiene la columna de un cordado, debajo del cordón nervioso.

nuclear energy | energía nuclear Energía potencial almacenada en el núcleo de un átomo.

nuclear fission | fisión nuclear Separación del núcleo de un átomo en núcleos y neutrones más pequeños, en la cual se libera una gran cantidad de energía.

nuclear fusion | fusión nuclear Unión de dos núcleos atómicos que produce un elemento con una mayor masa atómica y que libera una gran cantidad de energía; el proceso mediante el cual las estrellas producen energía.

nuclear reaction | reacción nuclear Reacción en la que intervienen las partículas del núcleo de un átomo que puede transformar un elemento en otro.

nucleic acid | ácido nucleico Molécula muy grande formada por carbono, oxígeno, hidrógeno y fósforo, que porta las instrucciones necesarias para que las células realicen todas las funciones vitales.

nucleus | núcleo 1. En las células, orgánulo grande y ovalado que contiene el material genético de la célula en forma de ADN y que controla muchas de las funciones celulares. 2. Parte central del átomo que contiene los protones y los neutrones. 3. Centro sólido de un cometa.

nutrient | nutriente 1. Sustancia como el nitrógeno o el fósforo que hace posible que las plantas y algas crezcan. 2. Sustancias de los alimentos que dan el material y la energía que un organismo necesita para sus funciones vitales.

nutrient depletion | agotamiento de nutrientes Situación que se produce cuando se usan más nutrientes del suelo de lo que los descomponedores pueden proporcionar.

nymph | ninfa Estado de la metamorfosis incompleta que generalmente se asemeja al insecto adulto.

O

objective | objetivo 1. Lente que reúne la luz de un objeto y forma una imagen real. 2. Describe el acto de tomar una decisión o llegar a una conclusión basándose en la evidencia disponible.

obsolete | obsoleto Que ya no está en uso.

occluded | ocluido Aislado o cerrado, como un frente donde una masa de aire cálido queda atrapada entre dos masas de aire más frío.

Ohm's law | ley de Ohm Regla que establece que la resistencia en un circuito es equivalente al voltaje dividido por la corriente.

omnivore | omnívoro Consumidor que come plantas y animales para obtener energía.

Oort cloud | nube de Oort Región esférica de cometas que rodea al sistema solar.

opaque | material opaco Material que refleja o absorbe toda la luz que llega a él.

open circulatory system | sistema circulatorio abierto Sistema circulatorio en el que el corazón bombea la sangre a espacios abiertos del cuerpo y ésta no se limita a los vasos sanguíneos.

open cluster | cúmulo abierto Cúmulo de estrellas que tiene una apariencia no compacta y desorganizada, y que no contiene más de unas pocos miles de estrellas.

open system | sistema abierto Sistema en el que la materia puede escapar a sus alrededores o entrar desde ahí.

open-ocean zone | zona de mar abierto Zona más profunda y oscura del océano, más allá de la plataforma continental.

optic nerve | nervio óptico Nervio corto y grueso que lleva señales del ojo al cerebro.

optical axis | eje óptico Recta imaginaria que divide un espejo por la mitad.

optical telescope | telescopio óptico Telescopio que usa lentes o espejos para captar y enfocar la luz visible.

orbit | órbita Trayectoria de un cuerpo a medida que gira alrededor de otro en el espacio.

orbital velocity | velocidad orbital Velocidad que un cohete debe alcanzar para establecer una órbita alrededor de un cuerpo en el espacio.

organ | órgano Estructura del cuerpo compuesta de distintos tipos de tejidos que trabajan conjuntamente.

organ system | sistema de órganos Grupo de órganos que trabajan juntos para realizar una función importante.

organelle | orgánulo Estructura celular diminuta que realiza una función específica dentro de la célula.

organic rock | roca orgánica Roca sedimentaria que se forma cuando los restos de organismos se depositan en capas gruesas.

osmosis | ósmosis Difusión de moléculas de agua a través de una membrana permeable selectiva.

outer core | núcleo externo Capa de hierro y níquel fundidos que rodea el núcleo interno de la Tierra.

output | salida Material, energía, resultado o producto que un sistema produce.

output force | fuerza desarrollada Fuerza que una máquina ejerce sobre un cuerpo.

ovary | ovario 1. Estructura de una flor que encierra y protege a los óvulos y las semillas durante su desarrollo. 2. Órgano del sistema reproductivo femenino en el que se producen los óvulos y el estrógeno.

overtone | armónico Frecuencia natural que es un múltiplo de la frecuencia del tono fundamental.

ovulation | ovulación Proceso en el cual el óvulo maduro sale del ovario y pasa a las trompas de falopio.

ovule | óvulo Estructura vegetal de las plantas de semilla que produce el gametofito femenino; contiene una célula reproductora femenina.

oxbow lake | lago de recodo Meandro que ha quedado aislado de un río.

oxidation | oxidación Cambio químico en el cual una sustancia se combina con el oxígeno, como cuando el hierro se oxida, y produce herrumbre.

ozone | ozono Forma de oxígeno que tiene tres átomos de oxígeno en cada molécula, en vez de dos; donde se forma en la superficie terrestre, es tóxico para los organismos.

ozone layer | capa de ozono Capa superior de la atmósfera que contiene una concentración mayor de ozono que el resto de la atmósfera.

P

P wave | onda P Tipo de onda sísmica que comprime y expande el suelo.

pacemaker | marcapasos Grupo de células ubicado en la aurícula derecha que envía señales para que el músculo cardiaco se contraiga, y que regula el ritmo cardiaco.

paleontologist | paleontólogo Científico que estudia fósiles para aprender acerca de los organismos que vivieron hace mucho tiempo.

pancreas | páncreas Órgano triangular ubicado entre el estómago y la parte superior del intestino delgado; produce enzimas digestivas que descomponen los nutrientes.

Pangaea | Pangea Nombre de la masa de tierra única que empezó a dividirse hace 200 millones de años y que le dio origen a los continentes actuales.

parallax | paralaje Cambio aparente en la posición de un cuerpo cuando es visto desde distintos lugares.

parallel circuit | circuito paralelo Circuito eléctrico en el que las distintas partes del circuito se encuentran en ramas separadas.

parasite | parásito Organismo que se beneficia al vivir dentro de o sobre un huésped en una relación parasítica.

parasitism | parasitismo Tipo de relación simbiótica en la cual un organismo vive con o en un huésped y le hace daño.

passive immunity | inmunidad pasiva Inmunidad en la que una persona recibe anticuerpos en vez de producirlos en su propio cuerpo.

passive transport | transporte pasivo Movimiento de materiales a través de una membrana celular sin usar energía celular.

pasteurization | pasteurización Proceso de calentamiento de los alimentos a una temperatura suficientemente alta como para matar la mayoría de las bacterias dañinas sin que cambie el sabor.

pathogen | patógeno Organismo que causa enfermedades.

peat | turba Capas comprimidas de musgos esfagnáceos muertos que se acumulan en las marismas.

pedigree | genealogía Diagrama que muestra la presencia o ausencia de un rasgo según las relaciones familiares a través de varias generaciones.

penumbra | penumbra Parte de la sombra que rodea su parte más oscura.

Percent Daily Value | porcentaje del valor diario Valor que muestra cómo el contenido nutricional de una porción de alimento se corresponde con la dieta de una persona que consume 2,000 calorías al día.

percent error | error porcentual Cálculo usado para determinar cuán exacto, o cercano al valor verdadero, es realmente un valor experimental.

period | período 1. Fila horizontal de los elementos de la tabla periódica. 2. Una de las unidades del tiempo geológico en las que los geólogos dividen las eras.

peripheral nervous system | sistema nervioso periférico División del sistema nervioso formada por todos los nervios ubicados fuera del sistema central nervioso.

peristalsis | peristalsis Contracciones progresivas de músculo liso que mueven el alimento por el esófago hacia el estómago.

permafrost | permagélido Suelo que está permanentemente congelado y que se encuentra en el bioma climático de la tundra.

permeable | permeable Característica de un material que contiene diminutos espacios de aire, o poros, conectados por donde se puede filtrar el agua.

petrified fossil | fósil petrificado Fósil en el cual los minerales reemplazan todo el organismo o parte de él.

petrochemical | petroquímico Compuesto que se obtiene del petróleo.

petroleum | petróleo Combustible fósil líquido.

pH scale | escala de pH Rango de valores que se usa para indicar cuán ácida o básica es una sustancia; expresa la concentración de iones hidrógeno de una solución.

phagocyte | fagocito Glóbulo blanco que destruye los patógenos envolviéndolos y descomponiéndolos.

pharynx | faringe Garganta; parte de los sistemas respiratorio y digestivo.

phase | fase Una de las distintas formas aparentes de la Luna vistas desde la Tierra.

phenotype | fenotipo Apariencia física, o rasgos visibles, de un organismo.

pheromone | feromona Sustancia química que produce un animal y que afecta el comportamiento de otro animal de la misma especie.

phloem | floema Tejido vascular de algunas plantas por el que circulan los alimentos.

photochemical smog | neblina tóxica fotoquímica Nubosidad gruesa de color marrón, resultado de la mezcla del ozono y otras sustancias químicas que se forman cuando los contaminantes reaccionan a la luz del sol.

photoelectric effect | efecto fotoeléctrico Expulsión de electrones de una sustancia al ser iluminada.

photon | fotón Partícula diminuta o paquete de energía luminosa.

photoperiodism | fotoperiodicidad Respuesta de una planta a los cambios estacionales del día y de la noche.

photosphere | fotósfera Capa más interna de la atmósfera solar que provoca la luz que vemos; superficie del Sol.

photosynthesis | fotosíntesis Proceso por el cual las plantas y otros autótrofos absorben la energía de la luz para producir alimentos a partir del dióxido de carbono y el agua.

physical change | cambio físico Cambio que altera la forma o apariencia de un material, pero que no convierte el material en otra sustancia.

physical property | propiedad física Característica de una sustancia pura que se puede observar sin convertirla en otra sustancia.

pigment | pigmento 1. Compuesto químico que absorbe luz. 2. Sustancia de color que se usa para teñir otros materiales.

pioneer species | especies pioneras La primera especie que puebla un área durante la sucesión.

pipe | chimenea Largo tubo por el que el magma sube desde la cámara magmática hasta la superficie de la tierra.

pistil | pistilo Parte reproductora femenina de una flor.

pitch | tono Descripción de un sonido que se percibe como alto o bajo.

pituitary gland | glándula pituitaria Glándula endocrina que regula muchas actividades corporales y controla las acciones de varias otras glándulas endocrinas.

pixel | pixel Trozo pequeño de una imagen digital que a menudo aparece como un cuadrado o punto pequeño.

placenta | placenta Órgano de la mayoría de los mamíferos preñados, incluyendo a los seres humanos, que conecta a la madre con el embrión en desarrollo y que permite el intercambio de materiales.

placental mammal | mamífero placentario Mamífero que se desarrolla dentro del cuerpo de la madre hasta que sus sistemas puedan funcionar por sí solos.

plain | llanura Accidente geográfico que consiste en un terreno plano o ligeramente ondulado con un relieve bajo.

plane mirror | espejo plano Espejo liso que produce una imagen virtual vertical del mismo tamaño que el objeto.

planet | planeta Cuerpo que orbita alrededor de una estrella, que tiene suficiente masa como para permitir que su propia gravedad le dé una forma casi redonda, y que además ha despejado las proximidades de su órbita.

planetesimal | planetesimal Uno de los cuerpos pequeños parecidos a asteroides que dieron origen a los planetas.

plankton | plancton Algas y animales diminutos que flotan en el agua a merced de las olas y las corrientes.

plasma | plasma 1. Parte líquida de la sangre. 2. Materia gaseosa compuesta de la mezcla de electrones libres y átomos que han perdido sus electrones.

plate | placa Sección de la litósfera que se desplaza lentamente sobre la astenósfera y que se lleva consigo trozos de la corteza continental y de la oceánica.

plate tectonics | tectónica de placas Teoría según la cual las partes de la litósfera de la Tierra están en continuo movimiento, impulsadas por las corrientes de convección del manto.

plateau | meseta Accidente geográfico que tiene una elevación alta y cuya superficie está más o menos nivelada.

platelet | plaqueta Fragmento de la célula que juega un papel muy importante en la formación de coágulos sanguíneos.

plucking | extracción Proceso por el cual un glaciar arranca las rocas al fluir sobre la tierra.

point source | fuente localizada Fuente específica de contaminación que puede identificarse.

polar bond | enlace polar Enlace covalente en el que los electrones se comparten de forma desigual.

polar zones | zona polar Áreas cercanas a los polos desde unos 66.5° a 90° de latitud norte y 66.5° a 90° de latitud sur.

polarization | polarización Proceso por el cual un campo eléctrico externo atrae o repele a los electrones y hace que éstos se muevan dentro de su átomo.

polarized light | luz polarizada Luz que se ha filtrado de manera que sus ondas queden paralelas unas con otras.

pollen | polen Diminuta estructura (gametofito masculino) producida por las plantas de semilla que contiene la célula que más adelante se convertirá en un espermatozoide.

pollination | polinización Transferencia del polen de las estructuras reproductoras masculinas de una planta a las estructuras reproductoras femeninas.

polyatomic ion | ión poliatómico Ión formado por más de un átomo.

polygenic inheritance | herencia poligénica Herencia de los rasgos controlados por dos o más genes, como la altura en los seres humanos.

polyp | pólipo Cnidario con cuerpo de forma tubular y que está adaptado para vivir fijo en un fondo acuático.

population | población Todos los miembros de una especie que viven en el mismo lugar.

population density | densidad de población Número de individuos en un área de un tamaño específico.

potential energy | energía potencial Energía que tiene un cuerpo por su posición; también es la energía interna almacenada de un cuerpo, como la energía almacenada en los enlaces químicos.

power | potencia Rapidez de la conversión de una forma de energía en otra.

precipitate | precipitado Sólido que se forma de una solución durante una reacción química.

precision | precisión Cuán cerca se encuentran un grupo de medidas.

predation | depredación Interacción en la cual un organismo mata a otro para alimentarse u obtener nutrientes de él.

predator | depredador Organismo que mata durante la depredación.

pressure | presión Fuerza que actúa contra una superficie, dividida entre el área de esa superficie.

prey | presa Organismo que es consumido por otro organismo en el proceso de depredación.

primary succession | sucesión primaria Serie de cambios que ocurren en un área donde no existe suelo ni organismos.

prime meridian | meridiano cero Línea que forma un medio círculo desde el polo norte al polo sur y que pasa por Greenwich, Inglaterra.

producer | productor Organismo que puede generar su propio alimento.

product | producto Sustancia formada como resultado de una reacción química.

prokaryote | procariota Organismo unicelular que carece de un núcleo y otras estructuras celulares.

prominence | prominencia Enorme burbuja de gas rojiza que sobresale de la superfice solar, y conecta partes de las manchas solares.

protein | proteína Molécula orgánica grande compuesta de carbono, hidrógeno, oxígeno, nitrógeno y, a veces, sulfuro.

protist | protista Organismo eucariótico que no se puede clasificar como animal, planta ni hongo.

protons | protones Partículas pequeñas de carga positiva que se encuentran en el núcleo de un átomo.

protostar | protoestrella Nube de gas y polvo que se contrae, con suficiente masa como para formar una estrella.

prototype | prototipo Modelo funcional usado para probar un diseño.

protozoan | protozoario Protista unicelular con características animales.

pseudopod | seudópodo "Pie falso" o abultamiento temporal del citoplasma que algunos protozoarios usan para alimentarse o desplazarse.

psychrometer | psicrómetro Instrumento que se usa para medir la humedad relativa.

pulley | polea Máquina simple que consiste en una rueda con un surco en el que yace una cuerda o cable.

pulsar | pulsar Estrella de neutrones que gira rápidamente y produce ondas de radio.

punctuated equilibrium | equilibrio puntual Patrón de la evolución en el que los períodos largos estables son interrumpidos por breves períodos de cambio rápido.

Punnett square | cuadrado de Punnett Tabla que muestra todas las combinaciones posibles de los alelos que se pueden derivar de un cruce genético.

pupa | pupa Tercera etapa de la metamorfosis completa, en la que la larva se convierte en insecto adulto.

pupil | pupila Apertura en el centro del iris por donde entra la luz al ojo.

purebred | raza pura Descendiente de cruces, que tiene los mismos rasgos.

pyroclastic flow | flujo piroclástico Flujo de ceniza, escoria, bombas y gases que corre por las laderas de un volcán durante una erupción explosiva.

Q

qualitative observation | observación cualitativa Observación que se centra en las características que no se pueden expresar con números.

quantitative observation | observación cuantitativa Observación que se centra en un número o cantidad.

quasar | quásar Galaxia extraordinariamente luminosa y distante con un agujero negro gigante en el centro.

R

radial symmetry | simetría radiada Esquema del cuerpo en el que cualquier número de líneas imaginarias que atraviesan un punto central dividen a un animal en dos partes que son el reflejo la una de la otra.

radiation | radiación Transferencia de energía por medio de ondas magnéticas.

radiation zone | zona radioactiva Región al interior del Sol de gases densamente acumulados y donde se transmite energía principalmente en la forma de radiación electromagnética.

radio telescope | radiotelescopio Aparato usado para detectar ondas de radio de los cuerpos en el espacio.

radio waves | ondas de radio Ondas electromagnéticas con las longitudes de onda más largas y las frecuencias más bajas.

radioactive dating | datación radiactiva Proceso para determinar la edad de un objeto usando la vida media de uno o más isótopos radiactivos.

radioactive decay | desintegración radiactiva Proceso de descomposición del núcleo de un elemento radiactivo que libera partículas de movimiento rápido y energía.

radioactivity | radiactividad Emisión espontánea de radiación por un núcleo atómico inestable.

radon | radón Gas radioactivo que no tiene color ni olor.

radula | rádula Hilera flexible de minúsculos dientes de los moluscos.

rain forest | selva tropical Bosque donde caen al menos 2 metros de lluvia al año, principalmente en la zona climática tropical húmeda.

range | rango Diferencia entre el mayor y el menor valor de un conjunto de datos.

rarefaction | rarefacción Parte de una onda longitudinal donde las partículas del medio están muy apartadas entre sí.

ray | rayo Línea recta que se usa para representar una onda de luz.

reactant | reactante Sustancia que interviene en una reacción química.

reactivity | reactividad Facilidad y rapidez con las que un elemento se combina, o reacciona, con otros elementos y compuestos.

reactor vessel | cuba de reactor Parte de un reactor nuclear donde ocurre la fisión.

real image | imagen real Imagen invertida formada en el punto de encuentro de los rayos de luz.

recessive allele | alelo recesivo Alelo que se no manifiesta cuando el alelo dominante está presente.

red blood cell | glóbulo rojo Célula sanguínea que capta el oxígeno de los pulmones y lo lleva a las células de todo el cuerpo.

reference point | punto de referencia Lugar u objeto usado como medio de comparación para determinar si un objeto está en movimiento.

refinery | refinería Planta en la que el petróleo crudo se calienta y fracciona en combustibles y otros productos.

reflecting telescope | telescopio de reflexión Telescopio que usa un espejo curvado para captar y enfocar la luz.

reflection | reflexión Rebote de un cuerpo o una onda al golpear una superficie que no puede atravesar.

reflex | reflejo Respuesta automática que ocurre rápida e involuntariamente.

refracting telescope | telescopio de refracción Telescopio que usa lentes convexas para captar y enfocar la luz.

refraction | refracción Cambio de dirección de las ondas al entrar en un nuevo medio con un determinado ángulo, y a consecuencia de un cambio de velocidad.

regular reflection | reflexión regular Reflexión que ocurre cuando rayos de luz paralelos chocan contra una superficie lisa y se reflejan en el mismo ángulo.

relative age | edad relativa Edad de una roca comparada con la edad de otras rocas.

relative humidity | humedad relativa Porcentaje de vapor de agua del aire comparado con la cantidad máxima de vapor de agua que puede contener el aire a una temperatura particular.

relief | relieve Diferencia de elevación entre las partes más altas y más bajas de un área.

remote sensing | percepción remota Recolección de información sobre la Tierra y otros cuerpos del espacio usando satélites o sondas.

replacement | sustitución Reacción en la que un elemento reemplaza a otro en un compuesto o en la que se intercambian dos elementos de diferentes compuestos.

replication | replicación Proceso en el que la célula copia el ADN de su núcleo antes de la división celular.

reptile | reptil Vertebrado cuya temperatura corporal es determinada por la temperatura de su medio ambiente, que tiene pulmones y piel escamosa y que pone huevos en la tierra.

reservoir | embalse Lago que almacena agua para el uso humano.

resistance | resistencia Medida de la dificultad de una carga eléctrica para fluir por un cuerpo.

resonance | resonancia Aumento en la amplitud de vibración que ocurre cuando vibraciones externas corresponden con la frecuencia natural de un cuerpo.

respiratory system | sistema respiratorio Sistema de órganos que permite al organismo intercambiar gases con su entorno.

responding variable | variable de respuesta Factor que cambia como resultado del cambio de la variable manipulada, o independiente, en un experimento; también llamada variable dependiente.

response | respuesta Acción o cambio del comportamiento que ocurre como resultado de un estímulo.

retina | retina Capa de células receptoras de la parte posterior del ojo donde se enfoca una imagen.

reverse fault | falla inversa Tipo de falla en la cual el labio superior se desliza hacia arriba como resultado de compresión de la corteza.

revolution | revolución Movimiento de un cuerpo alrededor de otro.

rhizoid | rizoide Estructura fina parecida a una raíz que sujeta un musgo al suelo, y que absorbe el agua y los nutrientes para la planta.

ribosome | ribosoma Orgánulo pequeño con forma de grano en el citoplasma de una célula que produce proteínas.

Richter scale | escala de Richter Escala con la que se mide la magnitud de un terremoto según el tamaño de sus ondas sísmicas.

rift valley | valle de fisura Valle profundo que se forma cuando dos placas se separan.

rill | arroyo Pequeño surco en el suelo causado por el paso del agua.

ring | anillo Disco fino de pequeñas partículas de hielo y roca que rodea un planeta.

rip current | corriente de resaca Corriente fuerte que fluye por un canal estrecho desde la costa hacia el mar abierto.

risk-benefit analysis | análisis de riesgo y beneficios Proceso por el cual se evalúan los posibles problemas de una tecnología y se compara con las ventajas deseadas.

rock cycle | ciclo de la roca Serie de procesos en la superficie y dentro de la Tierra por medio del cual un tipo de roca se convierte lentamente en otro tipo.

rock-forming mineral | minerales formadores de rocas Uno de los minerales comunes de los que están compuestas la mayoría de las rocas de la corteza de la Tierra.

rods | bastones Células de la retina que detectan la luz tenue.

rolling friction | fricción de rodamiento Fricción que ocurre cuando un cuerpo rueda sobre una superficie.

root cap | cofia Estructura que cubre la punta de una raíz y la protege de cualquier daño mientras crece en la tierra.

rotation | rotación Movimiento giratorio de un planeta sobre su eje.

rover | rover Pequeña sonda espacial robótica que puede desplazarse sobre la superficie de un planeta o sobre la Luna.

runoff | escurrimiento Agua que fluye sobre la superficie en lugar de ser absorbida por el suelo.

S

S wave | onda S Tipo de onda sísmica que hace que el suelo se mueva en una dirección perpendicular a la onda.

salinity | salinidad Cantidad total de sales disueltas en una muestra de agua.

salt | sal Compuesto iónico formado por la neutralización de un ácido con una base.

sanitary landfill | relleno sanitario Vertedero que contiene desechos que no son peligrosos, como desechos sólidos municipales, de construcción y algunos tipos de desechos industriales y resultantes de la agricultura.

satellite | satélite 1. Cuerpo que orbita alrededor de un planeta. 2. Cualquier cuerpo que orbita alrededor de otro cuerpo en el espacio.

saturated solution | solución saturada Mezcla que contiene la mayor cantidad posible de soluto disuelto a una temperatura determinada.

saturated zone | zona saturada Área de roca o suelo permeable cuyas grietas y poros están totalmente llenos de agua.

savanna | sabana Pradera que puede tener arbustos y árboles pequeños, ubicada cerca del ecuador y donde pueden caer hasta 120 centímetros de lluvia al año.

scale | escala Se usa para relacionar la distancia de un mapa o globo terráqueo con la distancia de la superficie de la Tierra.

scattering | dispersión Reflexión de la luz en todas las direcciones.

scavenger | carroñero Carnívoro que se alimenta de los restos de organismos muertos o en descomposición.

scientific law | ley científica Enunciado que describe lo que los científicos esperan que suceda cada vez que se da una serie de condiciones determinadas.

scientific notation | notación científica Método matemático de escritura de números que usa la potencia de diez.

scientific theory | teoría científica Explicación comprobada de una gran variedad de observaciones o resultados de experimentos.

scrotum | escroto Bolsa de piel externa en donde se encuentran los testículos.

sea breeze | brisa marina Flujo de aire frío procedente de un océano o lago hacia la costa.

sea-floor spreading | despliegue del suelo oceánico Proceso mediante el cual la materia fundida añade nueva corteza oceánica al suelo oceánico.

seamount | montaña marina Montaña muy inclinada de origen volcánico cuya base es el fondo del mar.

secondary succession | sucesión secundaria Serie de cambios que ocurren en un área después de la perturbación de un ecosistema, pero donde todavía hay suelo y organismos.

sediment | sedimento Trozos pequeños y sólidos de materiales que provienen de las rocas o de los restos de organismos; materiales terrestres depositados por la erosión.

sedimentary rock | roca sedimentaria
Tipo de roca que se forma a partir de la compactación y unión de partículas de otras rocas o restos de plantas y animales.

seismic wave | ondas sísmicas Vibraciones que se desplazan por la Tierra, y que llevan la energía liberada durante un terremoto.

seismogram | sismograma Registro producido por un sismógrafo de las ondas sísmicas de un terremoto.

seismograph | sismógrafo Aparato con el que se registran los movimientos del suelo ocasionados por las ondas sísmicas a medida que éstas se desplazan por la Tierra.

selective breeding | cruce selectivo Técnica reproductiva por medio de la cual sólo los organismos con rasgos deseados producen la próxima generación.

selective cutting | tala selectiva Proceso que consiste en cortar solo algunas especies de árboles de un área.

selectively permeable | permeabilidad selectiva Propiedad de las membranas celulares que permite el paso de algunas sustancias y no de otras.

semicircular canals | canales semicirculares Estructuras del oído interno responsables por el sentido del equilibrio.

semiconductor | semiconductor Sustancia que puede conducir una corriente eléctrica bajo ciertas condiciones.

sensory neuron | neurona sensorial Neurona que recoge los estímulos del medio ambiente interno o externo y convierte a cada estímulo en un impulso nervioso.

sepal | sépalo Estructura similar a una hoja que encierra y protege el capullo de una flor.

series circuit | circuito en serie Circuito eléctrico en el que todas las partes se conectan una tras otra en una trayectoria.

sex chromosomes | cromosomas sexuales Par de cromosomas portadores de genes que determinan el sexo (masculino o femenino) de una persona.

sex-linked gene | gen ligado al sexo Gen de un cromosoma sexual (X o Y).

sexual reproduction | reproducción sexual Proceso de reproducción que involucra a dos reproductores que combinan su material genético para producir un nuevo organismo que es distinto a los dos reproductores.

shared derived characteristic | característica derivada compartida Característica o rasgo, como el pelaje, del ancestro común de un grupo que éste pasa a sus descendientes.

shearing | cizallamiento Fuerza que presiona masas de roca en sentidos opuestos, de lado a lado.

shield volcano | volcán en escudo Montaña ancha de pendientes suaves, compuesta por capas de lava y formada durante erupciones que no son violentas.

short circuit | cortocircuito Conexión que permite que la corriente siga el camino de menor resistencia.

short-day plant | planta de día corto Planta que florece cuando la duración de la noche es más larga que la duración crítica.

significant figures | cifras significativas En una medida, todos los dígitos que se han medido con exactitud, más un dígito cuyo valor se ha estimado.

silica | sílice Material presente en el magma, compuesto por los elementos oxígeno y silicio; es el componente más común de la corteza y el manto de la Tierra.

sill | dique concordante Placa de roca volcánica formada cuando el magma a través de capas de roca.

skeletal muscle | músculo esquelético Músculo que está conectado a los huesos del esqueleto y que proporciona la fuerza que mueve los huesos; llamado también músculo estriado.

sliding friction | fricción de deslizamiento Fricción que ocurre cuando una superficie sólida se desliza sobre otra.

small intestine | intestino delgado Parte del sistema digestivo en la que ocurre la mayoría de la digestión química.

smooth muscle | músculo liso Músculo involuntario que se halla dentro de muchos órganos internos del cuerpo.

society | sociedad Grupo de animales de la misma especie y estrechamente vinculados que trabajan conjuntamente de manera organizada para el beneficio del grupo.

soil horizon | horizonte de suelo Capa de suelo de color y textura diferentes a las capas que tiene encima o abajo.

solar eclipse | eclipse solar Bloqueo de la luz solar que ilumina la Tierra que ocurre cuando la Luna se interpone entre el Sol y la Tierra.

solar flare | destello solar Erupción de los gases de la superficie solar que ocurre cuando las burbujas de las manchas solares se conectan repentinamente.

solar wind | viento solar Flujo de partículas cargadas que emanan de la corona del Sol.

solenoid | solenoide Bobina de alambre con una corriente.

solstice | solsticio Uno de los dos días del año en el que el Sol alcanza la mayor distancia al norte o al sur del ecuador.

solubility | solubilidad Medida de cuánto soluto se puede disolver en un solvente a una temperatura dada.

solute | soluto Parte de una solución que se disuelve en un solvente.

solution | solución Mezcla que contiene un solvente y al menos un soluto, y que tiene propiedades uniformes; mezcla en la que una sustancia se disuelve en otra.

solvent | solvente Parte de una solución que, por lo general, está presente en la mayor cantidad y que disuelve a un soluto.

somatic nervous system | sistema nervioso somático Grupo de nervios del sistema nervioso periférico que controla las acciones voluntarias.

sonar | sónar Sistema que usa ondas sonoras reflejadas para detectar y localizar objetos bajo agua.

sonogram | sonograma Formación de una imagen usando ondas de ultrasonido reflejadas.

space probe | sonda espacial Nave espacial que tiene varios instrumentos científicos que pueden reunir datos e imágenes, pero que no tiene una tripulación.

species | especie Grupo de organismos semejantes que pueden cruzarse y producir descendencia fértil.

specific heat | calor específico Cantidad de calor que se requiere para elevar la temperatura de 1 kilogramo de un material en 1°C.

spectrograph | espectrógrafo Instrumento que separa la luz en colores y crea una imagen del espectro resultante.

spectrum | espectro Gama de las longitudes de ondas electromagnéticas.

speed | rapidez Distancia que viaja un objeto por unidad de tiempo.

spinal cord | médula espinal Columna gruesa de tejido nervioso que une al encéfalo con la mayoría de los nervios del sistema nervioso periférico.

spiral galaxy | galaxia espiral Galaxia con una protuberancia en el centro y brazos que giran en espiral hacia el exterior, como un remolino.

spit | banco de arena Playa formada por la deriva litoral, que se proyecta como un dedo dentro del agua.

spongy bone | hueso esponjoso Capa de tejido óseo que tiene muchos orificios pequeños y que se encuentra próxima a la capa de hueso compacto.

spontaneous generation | generación espontánea Idea equivocada de que los seres vivos surgen de fuentes inertes.

spore | espora En las bacterias, los protistas y los hongos, una minúscula célula de paredes gruesas capaz de sobrevivir condiciones desfavorables y crecer hasta convertirse en un organismo.

sporophyte | esporofito Etapa del ciclo vital de una planta en la que produce esporas.

spring tide | marea viva Marea con la mayor diferencia entre las mareas altas y bajas consecutivas.

stalactite | estalactita Estructura en forma de carámbano que cuelga del techo de una caverna.

stalagmite | estalagmita Estructura en forma de columna que crece hacia arriba desde el suelo de una caverna.

stamen | estambre Parte reproductora masculina de una flor.

standing wave | onda estacionaria Onda que parece permanecer en un lugar, y que en realidad es la interferencia de dos ondas que se atraviesan.

star | estrella Bola de gases calientes, principalmente hidrógeno y helio, en cuyo interior se produce una fusión nuclear.

static discharge | descarga estática Pérdida de la electricidad estática cuando las cargas eléctricas se transfieren de un cuerpo a otro.

static electricity | electricidad estática Acumulación de cargas eléctricas en un cuerpo.

static friction | fricción estática Fricción que actúa sobre los cuerpos que no están en movimiento.

steppe | estepa Pradera o pastizal que se encuentra en las regiones semiáridas.

stimulant | estimulante Droga que acelera los procesos del cuerpo.

stimulus | estímulo Cualquier cambio o señal del medio ambiente que puede causar una reacción en un organismo.

stoma | estomas Pequeños orificios en la superficie inferior de la hoja a través de los cuales ocurre el intercambio de oxígeno y dióxido de carbono.

stomach | estómago Órgano en forma de bolsa muscular donde se descomponen los alimentos; ubicado en el abdomen.

storm surge | marejadas "Cúpula" de agua que se desplaza a lo largo de la costa donde aterriza un huracán.

stratosphere | estratósfera Segunda capa de la atmósfera de la Tierra.

stratus | estratos Nubes que aparecen como capas planas y que a menudo cubren gran parte del cielo.

streak | raya Color del polvo de un mineral.

stress | esfuerzo 1. Fuerza que actúa sobre las rocas y que cambia su forma o volumen. 2. Reacción del cuerpo de un individuo a sucesos como posibles amenazas, desafíos o trastornos.

striated muscle | músculo estriado Músculo con forma de franjas; también se llama músculo esquelético.

strike-slip fault | falla transcurrente Tipo de falla en la cual las rocas a ambos lados se deslizan horizontalmente en sentidos opuestos, con poco desplazamiento hacia arriba o abajo.

subarctic | subártico Zona climática situada al norte de las regiones de clima continental húmedo.

subduction | subducción Proceso mediante el cual la corteza oceánica se hunde debajo de una fosa oceánica profunda y vuelve al manto por el borde de una placa convergente.

sublimation | sublimación Cambio del estado sólido directamente a gas, sin pasar por el estado líquido.

subscript | subíndice Número en una fórmula química que indica el número de átomos que tiene una molécula o la razón de elementos en un compuesto.

subsoil | subsuelo Capa de suelo debajo del suelo superior que tiene menos materia de plantas y animales que el suelo superior, y que principalmente contiene arcilla y otros minerales.

substance | sustancia Tipo único de materia que es pura y tiene propiedades específicas.

succession | sucesión Serie de cambios predecibles que ocurren en una comunidad a través del tiempo.

sunspot | mancha solar 1. Área gaseosa oscura de la superficie solar, que es más fría que los gases que la rodean. 2. Región relativamente fría y oscura de la superficie solar.

supernova | supernova Explosión brillante de una estrella supergigante en extinción.

surface tension | tensión superficial Resultado de la atracción hacia el centro entre las moléculas de un líquido, que hace que las moléculas de la superficie se acerquen mucho, y que la superficie actúe como si tuviera una piel delgada.

surface wave | onda superficial Tipo de onda sísmica que se forma cuando las ondas P y las ondas S llegan a la superficie de la Tierra.

surveying | agrimensura Proceso que consiste en reunir información para un mapa y en el cual se determinan distancias y elevaciones usando instrumentos y principios geométricos.

suspension | suspensión Mezcla en la cual las partículas se pueden ver y separar fácilmente por fijación o por filtración.

sustainable use | uso sostenible Uso de un recurso que permite que ese recurso mantenga cierta calidad por un período de tiempo determinado.

sustainable yield | rendimiento sostenible Cantidad de un recurso renovable que puede ser recolectado constantemente sin reducir el abastecimiento futuro.

swim bladder | vejiga natatoria Órgano interno lleno de gas que ayuda a un pez con esqueleto a estabilizar su cuerpo a distintas profundidades.

symbiosis | simbiosis Cualquier relación en la cual dos especies viven muy cerca y al menos una de ellas se beneficia.

synapse | sinapsis Confluencia donde una neurona puede transferir un impulso a la siguiente estructura.

synthesis | síntesis Reacción química en la que dos o más sustancias simples se combinan y forman una sustancia nueva más compleja.

system | sistema 1. Partes de un grupo que trabajan en conjunto. 2. Grupo de partes relacionadas que trabajan conjuntamente para realizar una función o producir un resultado.

T

T cell | célula T Linfocito que identifica a los patógenos y distingue un patógeno de otro.

tar | alquitrán Sustancia oscura y pegajosa producida cuando se quema tabaco.

target cell | célula destinataria Célula del cuerpo que reconoce la estructura química de una hormona.

taste buds | papila gustativa Receptores sensoriales de la lengua que responden a las sustancias químicas de los alimentos.

taxonomy | taxonomía Estudio científico de cómo se clasifican los seres vivos.

temperate zones | área templada Áreas ubicadas entre las zonas tropical y polar.

temperature | temperatura Cuán caliente o frío es algo; medida de la energía de movimiento promedio de las partículas de una sustancia; medida de la energía cinética promedio de las partículas de una sustancia.

temperature inversion | inversión térmica Condición en la que una capa de aire caliente atrapa aire contaminado cerca de la superficie de la Tierra.

tendon | tendón Tejido conectivo resistente que une un músculo a un hueso.

tension | tensión Fuerza que estira una roca, de modo que es más delgada en el centro.

terrestrial planets | planetas telúricos Nombre dado normalmente a los cuatro planetas interiores: Mercurio, Venus, Tierra y Marte.

territory | territorio Área ocupada y defendida por un animal o grupo de animales.

testis | testículo Órgano del sistema reproductor masculino en el que se producen el esperma y la testosterona.

testosterone | testosterona Hormona producida por los testículos que controla el desarrollo del esperma y las características del hombre adulto.

thermal conductivity | conductividad térmica Capacidad de un objeto para transferir calor.

thermal energy | energía térmica Energía cinética y potencial total de las partículas de un cuerpo.

thermal expansion | expansión térmica Expansión de la materia cuando se calienta.

thermogram | termograma Imagen que muestra regiones de distintas temperaturas con distintos colores.

thermosphere | termósfera Capa exterior de la atmósfera de la Tierra.

thrust | empuje Fuerza de reacción que propulsa un cohete hacia delante.

till | arcilla glaciárica Sedimentos depositados directamente por un glaciar.

tissue | tejido Grupo de células semejantes que realizan una función específica.

tolerance | tolerancia Estado en el que un drogadicto necesita mayores cantidades de la droga para que su cuerpo experimente un efecto previsto.

topography | topografía Forma del terreno determinada por la elevación, el relieve y los accidentes geográficos.

topsoil | suelo superior Capa superior desmenuzable del suelo formada por arcilla, otros minerales y humus (nutrientes y materia orgánica de origen vegetal y animal).

tornado | tornado Nube con forma de embudo que gira rápidamente y que desciende hasta tocar la superficie terrestre.

toxin | toxina Veneno que puede dañar un organismo.

trace fossil | vestigios fósiles Tipo de fósil que presenta evidencia de las actividades de los organismos antiguos.

tracer | trazador Isótopo radiactivo que se puede seguir mediante los pasos de una reacción química o un proceso industrial.

trachea | tráquea Conducto por el cual circula el aire en el sistema respiratorio.

trait | rasgo Característica específica que un organismo puede transmitir a sus descendientes a través de los genes.

transfer RNA | ARN de transferencia Tipo de ARN del citoplasma que lleva un aminoácido al ribosoma durante la síntesis de proteínas.

transform boundary | borde de transformación Borde de una placa donde dos placas se deslizan, en sentidos opuestos, y se pasan la una a la otra.

transformer | transformador Aparato que aumenta o disminuye el voltaje, que consiste de dos bobinas de alambre aislado y devanado sobre un núcleo de hierro.

translucent | material traslúcido Material que dispersa la luz cuando ésta lo atraviesa.

transparent | material transparente Material que transmite luz sin dispersarla.

transpiration | transpiración Proceso por el cual las hojas de una planta pierden agua.

transverse wave | onda transversal Onda que desplaza a un medio perpendicularmente a la dirección en la que viaja la onda.

trench | fosa Cañón profundo, de lados empinados, en el suelo oceánico.

tributary | afluente Río o arroyo que desemboca en un río más grande.

triple bond | enlace triple Enlace químico formado cuando los átomos comparten tres pares de electrones.

tropical zone | zona tropical Área cercana al ecuador entre aproximadamente los 23.5° de latitud norte y los 23.5° de latitud sur.

tropism | tropismo Respuesta de una planta acercándose o apartándose del estímulo.

troposphere | troposfera Capa más inferior de la atmósfera de la Tierra.

trough | valle Parte más baja de una onda transversal.

tsunami | tsunami Ola gigantesca, generalmente provocada por un sismo que ocurrió debajo de la cuenca oceánica.

tundra | tundra Bioma de la región climática extremadamente fría y seca, que se caracteriza por veranos cortos y frescos e inviernos sumamente fríos.

U

ultrasound | ultrasonido Ondas sonoras con frecuencias mayores de 20,000 Hz.

umbra | umbra La parte más oscura de una sombra.

unconformity | discordancia Interrupción en el récord geológico que muestra dónde las capas rocosas se han perdido a causa de la erosión.

understory | sotobosque Capa de árboles de poca altura y plantas trepadoras que crecen bajo la sombra del dosel de un bosque.

uniformitarianism | uniformitarianismo Principio geológico que enuncia que los mismos procesos geológicos que cambian la superficie de la Tierra en la actualidad ocurrieron en el pasado.

unsaturated zone | zona insaturada Capa de rocas y suelo encima del nivel freático en la que los poros contienen aire además de agua.

upwelling | corriente de ascenso Movimiento ascendente de aguas frías desde las profundidades del mar, causado por los vientos.

urea | urea Sustancia química que resulta de la descomposición de proteínas.

ureter | uretra Conducto estrecho que lleva la orina desde uno de los riñones a la vejiga urinaria.

urethra | uretra Conducto pequeño a través del cual la orina sale del cuerpo.

urinary bladder | vejiga urinaria Órgano muscular con forma de saco que almacena la orina hasta que se elimine del cuerpo.

uterus | útero Órgano muscular hueco del sistema reproductor femenino en el que se desarrolla un óvulo fertilizado.

V

vaccination | vacunación Proceso por el cual antígenos inocuos se introducen deliberadamente en el cuerpo de una persona para producir una inmunidad activa; también se le llama inmunización.

vaccine | vacuna Sustancia que se inyecta en la vacunación; consiste de patógenos débiles o muertos que pueden estimular al cuerpo a producir sustancias químicas que destruyan esos patógenos.

vacuole | vacuola Orgánulo en forma de bolsa que almacena agua, alimentos y otros materiales.

vacuum | vacío Lugar en donde no existe materia.

valence electrons | electrones de valencia Electrones que tienen el nivel más alto de energía de un átomo y que intervienen en los enlaces químicos.

valley glacier | glaciar de valle Glaciar largo y estrecho que se forma por la acumulación de hielo y nieve en el valle de una montaña.

valve | válvula Lámina de tejido del corazón o de una vena que impide que la sangre fluya hacia atrás.

vaporization | vaporización Cambio del estado de líquido a gas.

variable | variable Factor que puede cambiar en un experimento.

variation | variación Cualquier diferencia entre individuos de la misma especie.

vascular tissue | tejido vascular Tejido interno de algunas plantas compuesto de estructuras tubulares que transportan agua, alimentos y minerales.

vein | vena 1. Placa delgada de un mineral que es marcadamente distinto a la roca que lo rodea. 2. Vaso sanguíneo que transporta la sangre al corazón.

velocity | velocidad Rapidez en una dirección dada.

vent | chimenea Abertura a través de la que la roca derretida y los gases salen de un volcán.

ventricle | ventrículo Cavidad inferior del corazón que bombea la sangre a los pulmones o el cuerpo.

vertebrae | vértebras Huesos que componen la columna vertebral de un organismo. En los humanos, cada uno de los 26 huesos que componen la columna vertebral.

vertebrate | vertebrado Animal con columna vertebral.

vibration | vibración Movimiento repetido hacia delante y hacia atrás o hacia arriba y hacia abajo.

villi | vellosidades Pequeñas estructuras con forma de dedo que cubren la superficie interna del intestino delgado y proporcionan una superficie amplia a través de la cual se absorbe el alimento digerido.

virtual image | imagen virtual Imagen vertical que se forma desde donde parecen provenir los rayos de luz.

virus | virus Partícula diminuta inerte que entra en una célula viva y luego se reproduce dentro de ella.

viscosity | viscosidad Resistencia a fluir que presenta un líquido.

visible light | luz visible Radiación electromagnética que se puede ver a simple vista.

volcanic neck | cuello volcánico Depósito de magma solidificada en la chimenea de un volcán.

voltage | voltaje Diferencia en el potencial eléctrico que hay entre dos áreas de un circuito.

voluntary muscle | músculo voluntario Músculo que se puede controlar conscientemente.

W

water cycle | ciclo del agua Circulación continua del agua por la atmósfera, los océanos y la superficie de la Tierra mediante la evaporación, la condensación y la precipitación.

water table | nivel freático Límite superior de la zona saturada, es decir de la profundidad de las aguas freáticas del subsuelo.

water vascular system | sistema vascular de agua Sistema de vasos llenos de líquido en el cuerpo de un equinodermo.

watershed | cuenca hidrográfica Área de terreno que suministra agua a un sistema fluvial.

watt | vatio Unidad de potencia equivalente a un julio por segundo.

wave | onda 1. Perturbación que transfiere energía de un lugar a otro. 2. Movimiento de energía por un fluido.

wave height | altura de una ola Distancia vertical desde la cresta de una ola hasta el valle.

wavelength | longitud de onda Distancia entre dos partes correspondientes de una onda, por ejemplo la distancia entre dos crestas.

weathering | desgaste Procesos químicos y físicos que erosionan la roca y descomponen otras sustancias.

wedge | cuña Máquina simple que consiste de un plano inclinado que se mueve.

weight | peso Medida de la fuerza de gravedad que actúa sobre un objeto.

wetland | tierra cenagosa Terreno cubierto por una capa poco profunda de agua durante todo el año o parte de éste.

wheel and axle | rueda y eje Máquina simple que consiste en dos objetos circulares o cilíndricos unidos, de diferente radio, que giran en torno a un eje común.

white blood cell | glóbulo blanco Célula sanguínea que protege al organismo de las enfermedades.

white dwarf | enana blanca Núcleo caliente y azul blanquecino de una estrella que queda después de que sus capas externas se han expandido y esparcido por el espacio.

wind | viento Movimiento horizontal de aire de un área de alta presión a una de menor presión.

wind-chill factor | factor de enfriamiento por viento Medida del enfriamiento que combina la temperatura y la velocidad del viento.

windward | barlovento Lado de una cadena montañosa donde pega el viento de frente.

work | trabajo Fuerza que se ejerce sobre un cuerpo para moverlo.

X

X-rays | rayos X Ondas electromagnéticas con longitudes de onda más cortas que los rayos ultravioleta pero más largas que los rayos gamma.

xylem | xilema Tejido vascular de algunas plantas por el que circulan agua y nutrientes.

Z

zygote | cigoto Óvulo fertilizado, producido por la unión de un espermatozoide y un óvulo.

Vietnamese
Tiếng Việt

interactive SCIENCE

A

abiotic factor | yếu tố vô sinh Phần không có sự sống trong môi trường của một sinh vật.

abrasion | sự mài mòn Khi một hòn đá bị mòn đi bởi các mảnh đá nhỏ khác cuốn theo trong nước, băng, hoặc gió.

absolute age | tuổi tuyệt đối Tuổi của một hòn đá tương ứng với số năm từ khi hòn đá đó được hình thành.

absolute brightness | độ sáng tuyệt đối Độ sáng của một ngôi sao giống như được trông thấy từ một khoảng cách chuẩn từ mặt đất.

absolute zero | không độ tuyệt đối Nhiệt độ tại điểm mà không còn chút năng lượng nào có thể lấy ra từ một vật chất.

absorption | sự hấp thụ 1. Một tiến trình làm cho các phân tử dinh dưỡng đi xuyên qua thành của hệ thống tiêu hóa để vào máu. 2. Một tiến trình làm cho một vật nhận (hoặc hấp) ánh sáng vào.

abyssal plain | đồng bằng biển thẳm Vùng gần như bằng phẳng trong lòng biển sâu.

acid rain | mưa axít Mưa hoặc một dạng ngưng tụ nào khác mang nhiều tính axít hơn bình thường, được tạo ra bởi việc thải xả ra không khí các phân tử điôxít lưu huỳnh và ôxít nitơ.

activation energy | năng lượng kích hoạt Năng lượng tối thiểu cần thiết để bắt đầu một phản ứng hóa học.

active immunity | miễn dịch chủ động Sự miễn dịch xuất hiện khi hệ miễn dịch trong cơ thể của một người sản xuất ra các kháng thể để chống lại mầm bệnh.

active transport | vận chuyển chủ động Hình thức vận chuyển các chất xuyên màng của một tế bào bằng năng lượng của tế bào.

adaptation | đặc điểm thích ứng Một hành vi hoặc một đặc tính vật lý nào đó được kế thừa từ thế hệ trước, giúp cho một sinh vật tồn tại và sinh sản trong môi trường mà sinh vật đó đang sống.

aerospace engineering | kỹ thuật hàng không Ngành kỹ thuật gồm có thiết kế, lắp đặt, và thử máy bay và phi thuyền.

air mass | khối khí Một khí thể (cụm không khí) rất lớn có cùng nhiệt độ, độ ẩm, và áp suất giống nhau tại một độ cao nhất định.

air pressure | áp suất không khí Áp suất được tạo ra bởi trọng lượng của một cột không khí đè lên một diện tích.

alloy | hợp kim Một hỗn hợp của hai nguyên tố hoặc nhiều hơn, ít nhất có một nguyên tố trong hỗn hợp đó là kim loại.

alluvial fan | quạt bồi tích Một lớp động trầm tích (cát, sạn, bùn) rộng và dốc được hình thành tại chân núi nơi dòng suối chảy ra.

alpha particle | hạt alpha Là hạt được tạo ra bởi hai hạt proton và hai hạt neutron trong quá trình phân rã phóng xạ (còn được gọi là phân rã hạt nhân).

alternating current | dòng điện xoay chiều Dòng điện có các hạt điện tích chuyển động tới lui trong một mạch điện.

alveoli | phế nang Các túi nhỏ của mô phổi có chức năng chuyên biệt là trao đổi chất khí giữa không khí và máu.

amniotic egg | trứng có màng ối Một quả trứng có vỏ cứng bên ngoài và vỏ màng bên trong để giữ ẩm cho phôi; một đặc điểm nổi bật thường thấy ở loài bò sát, chim, và các loài thú để trứng để thích ứng với việc sống trên cạn.

amniotic sac | túi ối Một túi chứa đầy chất lỏng để giữ êm và bảo vệ phôi hoặc bào thai đang phát triển trong tử cung.

amorphous solid | chất rắn vô định hình
Một chất rắn hình thành bởi nhiều hạt, và các hạt đó không được sắp xếp theo một dạng thứ tự nào.

amphibian | động vật lưỡng cư Một loại động vật có xương sống, thân nhiệt thay đổi theo nhiệt độ môi trường, và lúc nhỏ thì sống dưới nước và lúc trưởng thành thì sống trên cạn.

amplitude | biên độ 1. Chiều cao của sóng ngang đo từ tâm (đường chia đôi giữa đỉnh và bụng) đến đỉnh sóng hoặc bụng sóng. 2. Khoảng cách tối đa mà các hạt trong một môi trường chuyển động từ vị trí nghỉ ban đầu đến vị trí nghỉ sau cùng khi một gợn sóng dọc di chuyển qua môi trường đó.

amplitude modulation | điều biên độ Một phương pháp truyền tín hiệu bằng cách thay đổi biên độ sóng vô tuyến.

angiosperm | thực vật hạt kín Một loại thực vật có hoa tạo ra hạt được bảo vệ bên trong quả.

anomalous data | dữ liệu bất thường Loại dữ liệu không khớp với các dữ liệu khác trong một tập hợp dữ liệu.

antibiotic resistance | kháng thuốc kháng sinh Khả năng của vi khuẩn chịu đựng được tác động của thuốc kháng sinh.

antibody | kháng thể Một loại đạm được tiết ra bởi tế bào B trong hệ miễn dịch để tiêu diệt các mầm bệnh.

antigen | kháng nguyên Một phân tử mà hệ miễn dịch hoặc coi là một phần của cơ thể, hoặc coi là từ bên ngoài xâm nhập vào.

anus | hậu môn Lỗ ngay đầu cuối của hệ tiêu hóa của một sinh vật (được gọi là trực tràng trong cơ thể người), qua đó chất thải được đưa ra khỏi cơ thể.

aorta | động mạch chủ Động mạch to nhất trong cơ thể; nhận máu từ tâm thất trái.

apparent brightness | độ sáng biểu kiến Độ sáng của một ngôi sao được trông thấy từ trái đất.

aquifer | tầng ngậm nước Một lớp đá hoặc trầm tích dưới mặt đất có chứa nước.

artery | động mạch Mạch máu chở máu từ tim đến các bộ phận khác.

artesian well | giếng tự phun Giếng có nước dâng lên vì áp lực trong tầng ngậm nước.

arthropod | động vật có chân đốt Loại động vật không xương sống, có bộ xương ngoài, cơ thể phân đoạn, và các bộ phận nằm ngoài cơ thể cũng đều có đốt.

asexual reproduction | sinh sản vô tính Quá trình sinh sản chỉ có một cá thể "cha mẹ" sinh ra con giống hệt về mặt gen với cá thể đó.

asteroid | tiểu hành tinh Là một trong những thiên thạch di chuyển quanh mặt trời, vì quá nhỏ và số lượng quá đông nên không được gọi là hành tinh.

asthenosphere | quyển mềm Tầng mềm của lớp phủ, nổi lên tầng mềm này là tầng thạch quyển.

astronomical unit | đơn vị thiên văn Là đơn vị đo khoảng cách trung bình từ trái đất đến mặt trời, khoảng 150 triệu kilô mét.

atherosclerosis | xơ vữa động mạch Là tình trạng thành động mạch bị dày lên do mỡ đóng.

atmosphere | khí quyển Một lớp khí tương đối mỏng tạo thành tầng ngoài cùng của trái đất.

atom | nguyên tử Hạt cơ bản, và từ đó tất cả các nguyên tố được cấu thành; hạt nhỏ nhất của một nguyên tố mang đặc tính của nguyên tố đó.

atomic mass | nguyên tử lượng Khối lượng trung bình của tất cả các đồng vị của một nguyên tố.

atomic number | nguyên tử số Số lượng proton trong hạt nhân của một nguyên tử.

atrium | tâm nhĩ Buồng trên của tim, là nơi nhận máu từ khắp cơ thể.

autonomic nervous system | hệ thần kinh tự trị Nhóm dây thần kinh trong hệ thần kinh ngoại biên điều khiển các hoạt động vô thức.

autotroph | sinh vật tự dưỡng Một sinh vật có thể hấp thụ năng lượng từ ánh nắng hay hóa chất để dùng vào việc tự sản xuất thức ăn cho mình.

auxin | auxin Hoóc môn kích thích tốc độ tăng trưởng của tế bào thực vật và điều khiển việc thực vật phản ứng với ánh sáng.

axis | trục quay Một đường tưởng tượng xuyên qua tâm của trái đất và hai cực bắc nam, trái đất quay xung quanh trục này.

axon | sợi trục Bộ phận trông giống sợi chỉ mọc ra từ thân neuron, có chức năng truyền xung thần kinh ra từ thân tế bào.

B

B cell | tế bào B Một tế bào bạch huyết sản xuất các protein giúp tiêu diệt mầm bệnh.

bacteria | vi khuẩn Sinh vật đơn bào không có nhân; loại sinh vật nhân sơ.

basalt | đá bazan Loại đá macma màu xám đen, nặng đặc, có bề mặt mịn, được tìm thấy ở vỏ đại dương.

base | bazơ Một chất có vị đắng, sờ vào có cảm giác nhớt, đổi giấy quỳ từ màu tím sang màu xanh.

batholith | đá batholith Một mảng đá lớn được hình thành khi một dung thể macma to đông nguội trong lớp vỏ quả đất.

bedrock | đá gốc Đá tạo thành vỏ trái đất; cũng là tầng đá cứng nằm dưới lớp đất.

benthos | sinh vật đáy Các sinh vật sống ở đáy đại dương hay đáy các vùng nước khác.

beta particle | hạt beta Một hạt điện tử di chuyển tốc độ cao được phát ra dưới dạng phóng xạ hạt nhân.

big bang | vụ nổ lớn Vụ nổ đầu tiên dẫn đến việc hình thành và sự giãn nở của vũ trụ.

bilateral symmetry | tính đối xứng hai bên Hình dạng cơ thể có thể được chia đôi bằng một đường thẳng tưởng tượng thành hai bên phải trái là những hình ảnh phản chiếu với nhau.

bile | mật Một chất do gan tiết ra để làm tiêu các hạt mỡ nhỏ.

binary fission | phân đôi Một dạng sinh sản vô tính, trong đó một tế bào được chia đôi thành hai tế bào giống hệt nhau.

binary star | sao đôi Một hệ thống sao có hai ngôi sao.

binomial nomenclature | hệ danh pháp tên kép Hệ thống phân loại theo đó mỗi loại sinh vật được chỉ định một tên khoa học riêng biệt gồm hai phần để chỉ chi và loài.

biodiversity | sự đa dạng sinh học Tổng số các loài khác nhau trên trái đất, gồm cả trên cạn, dưới nước, và trên không.

bioengineering | kỹ thuật sinh học Là một ngành kỹ thuật áp dụng các nguyên tắc kỹ thuật vào lãnh vực sinh học và y học.

biogeography | địa lý sinh vật học Ngành nghiên cứu về nơi sống và sự bắt nguồn của các loài sinh vật.

biomass fuel | nhiên liệu sinh khối Nhiên liệu làm từ sinh vật.

biome | quần xã sinh vật Một tập hợp các hệ sinh thái có chung khí hậu và các sinh vật giống nhau.

biosphere | sinh quyển Những nơi trên quả đất có các sinh vật sinh sống.

biotic factor | nhân tố hữu sinh Các thành phần đã hoặc đang sống trong môi trường sống của một sinh vật.

birth rate | tỷ lệ sinh sản Con số sinh sản trên 1,000 cá thể trong một khoảng thời gian nhất định.

black hole | hố đen Một vật có lực hấp dẫn quá mạnh đến mức không một thứ gì, kể cả ánh sáng, có thể thoát nổi.

boiling point | nhiệt độ sôi Nhiệt độ làm một chất chuyển từ thể lỏng sang thể khí; nhiệt độ ngưng tụ cũng giống như thế, là nhiệt độ chuyển từ thể khí sang thể lỏng.

boreal forest | rừng phương bắc Rừng rậm cây thường xanh nằm ở những vùng phía trên của Bắc Bán Cầu.

Boyle's law | định luật Boyle Nguyên lý mô tả mối tương quan giữa áp suất và thể tích của một chất khí khi nhiệt độ không đổi.

brain | não bộ 1. Một tập hợp các tế bào thần kinh được sắp xếp trật tự trong đầu của một động vật theo kiểu đối xứng hai bên. 2. Một phần của hệ thần kinh trung ương nằm trong hộp sọ và điều khiển hầu hết các chức năng của cơ thể.

brain stem | thân não Phần não nằm giữa tiểu não và tủy sống, có chức năng điều khiển các hoạt động không tự chủ.

bronchi | phế quản Các ống dẫn không khí vào phổi.

bronchitis | viêm phế quản Tình trạng sưng tấy ở ống thở, khiến các ống vốn nhỏ này lại trở nên hẹp hơn bình thường và có thể bị nghẹt bởi chất nhầy.

budding | nảy chồi Một dạng sinh sản vô tính, trong đó một sinh vật mới nảy sinh ra từ thân của sinh vật mẹ.

C

caldera | lòng miệng núi lửa Hố to trên đỉnh núi lửa được tạo thành khi nóc buồng chứa macma sụp xuống.

cambium | thượng tầng Lớp tế bào trong thực vật tạo ra các tế bào libe và tế bào gỗ.

canopy | tầng tán Tầng lá cây tạo thành nóc che bởi những cây cao trong rừng mưa.

capillary | mao mạch Loại mạch máu cực nhỏ và là nơi trao đổi các chất giữa máu và tế bào cơ thể.

captive breeding | sinh sản nuôi nhốt Việc phối giống các động vật nuôi trong sở thú hoặc khu bảo tồn động vật hoang dã.

carbohydrate | hiđrat cácbon Một hợp chất hữu cơ chứa nhiều năng lượng, như đường hoặc tinh bột, được cấu thành bởi các nguyên tố cácbon, hyđrô, và ôxy.

carbon film | màng cácbon Một loại hóa thạch; đó là một màng cácbon cực mỏng bao phủ đá.

carbon monoxide | mônôxít cácbon Một chất khí không màu, không mùi được thải ra khi các chất liệu được đốt cháy – bao gồm thuốc lá.

carcinogen | chất gây ung thư Một chất liệu hoặc một tác nhân trong môi trường có thể gây ung thư.

cardiac muscle | cơ tim Loại cơ không chủ ý chỉ được tìm thấy ở tim.

cardiovascular system | hệ tim mạch Hệ thống cơ thể bao gồm tim, mạch máu và máu; còn được gọi là hệ tuần hoàn.

carrier | thể mang Người mang trong người một alen lặn và một alen trội đối với cùng một tính trạng.

carrying capacity | sức chứa Số lượng sinh vật nhiều nhất mà một môi trường nào đó có thể chứa được.

cartilage | sụn Loại mô liên kết dẻo hơn xương, có chức năng bảo vệ hai đầu xương khỏi bị chà xát vào nhau.

cast | hóa thạch khuôn trong Một loại hóa thạch là một bản sao ba chiều của một sinh vật, được hình thành khi khoáng chất thấm dần vào khuôn.

catalyst | chất xúc tác Một loại vật liệu làm tăng tốc độ phản ứng bằng cách hạ thấp năng lượng kích hoạt.

cell cycle | chu kỳ tế bào Một chuỗi sự kiện trong đó một tế bào tăng trưởng, chuẩn bị phân chia, và chia ra thành hai tế bào con.

cell membrane | màng tế bào Lớp ngăn dẻo, mỏng bao quanh một tế bào và kiểm soát những chất liệu nào được ra hoặc vào tế bào đó.

cell theory | học thuyết tế bào Một sự giải thích được công nhận về mối tương quan giữa tế bào và sinh vật.

cell wall | vách tế bào Lớp bảo vệ cứng bao quanh tế bào trong thực vật và một số sinh vật khác.

cellular respiration | hô hấp tế bào Tiến trình phóng thích năng lượng khi ôxy và glucose trải qua một chuỗi phản ứng hóa học phức tạp bên trong các tế bào.

Celsius scale | thang đo độ C Thang nhiệt độ có độ đông là 0°C và độ sôi là 100°C.

cementation | sự gắn kết Tiến trình mà trong đó các chất khoáng đã hòa tan kết tinh lại và làm dính các hạt nhỏ trầm tích thành một khối.

central nervous system | hệ thần kinh trung ương Một phần của hệ thần kinh, bao gồm não bộ và tủy sống.

centripetal force | lực hướng tâm Lực giữ cho một vật chuyển động theo vòng tròn.

cerebellum | tiểu não Phần não phối hợp các động tác cơ bắp và giúp giữ thăng bằng.

cerebrum | đại não Phần của não giải mã những thông tin nhận được từ các giác quan, điều khiển cử động, và xử lý những quá trình trí tuệ phức tạp.

Charles's law | định luật Charles Nguyên lý mô tả mối tương quan giữa nhiệt độ và thể tích của một chất khí có áp suất không đổi.

chemical bond | liên kết hóa học Lực hấp dẫn gắn chặt hai nguyên tử lại với nhau.

chemical change | biến đổi hóa học Một sự biến đổi trong đó một hay nhiều chất kết hợp hoặc tách ra thành một chất mới.

chemical energy | năng lượng hóa học Một dạng thế năng chứa trong các liên kết hóa học giữa các nguyên tử.

chemical engineering | kỹ thuật hóa học Một ngành kỹ thuật liên quan đến việc biến các hóa chất thành các sản phẩm hữu dụng.

chemical property | đặc tính hóa học Đặc điểm của một chất nói lên tính năng của chất đó có thể biến thành chất khác.

chemical reaction | phản ứng hóa học Một tiến trình biến những chất thành những chất mới mang các đặc tính hóa học khác.

chemical rock | đá trầm tích hóa học Là đá trầm tích khi những dung dịch khoáng chất kết tinh tạo thành.

chemical weathering | phong hóa hóa học Quá trình phân rã của đá qua những biến đổi hóa học.

chemistry | hóa học Môn học về những đặc tính của vật chất và cách biến đổi của chúng.

chemotherapy | hóa trị Việc sử dụng thuốc để điều trị các bệnh như ung thư.

chlorofluorocarbons | khí CFC Khí nhân tạo chứa clo và flo (còn được gọi là CFC) là nguyên nhân chính làm kiệt giảm tầng ôzôn.

chlorophyll | chất diệp lục Sắc tố quang hợp màu xanh lục được tìm thấy trong hạt diệp lục của thực vật, tảo, và một số loại vi khuẩn.

chloroplast | hạt diệp lục Bào quan trong tế bào thực vật và một số sinh vật khác có thể hấp thụ năng lượng từ ánh sáng mặt trời và biến thành dạng năng lượng khác để dùng trong việc tự tạo thức ăn.

chordate | động vật có dây sống Động vật có dây nguyên sống, tủy sống, và túi hầu vào một lúc nào đó trong đời sống.

chromosome | nhiễm sắc thể Cấu trúc hình sợi trong nhân tế bào chứa ADN được di truyền từ thế hệ này sang thế hệ sau.

chromosphere | quyển sắc Tầng giữa của khí quyển mặt trời.

cilia | tiêm mao Những sợi rất nhỏ, giống như những sợi lông, mọc quanh bên ngoài tế bào và chuyển động theo kiểu gợn sóng.

cinder cone | chóp đá bọt Đồi hoặc núi nhỏ có dốc đứng, có hình chóp nón, và được tạo thành bởi bụi tro, xỉ, và bom núi lửa nằm thành đống quanh miệng núi lửa.

circadian rhythm | nhịp ngày đêm Một chu kỳ hành vi diễn ra trong khoảng một ngày.

circulatory system | hệ tuần hoàn Một hệ thống cơ quan đưa các chất liệu cần thiết đến tế bào và đưa đi các chất thải.

cirrus | mây ti Những cụm mây mỏng, trông giống như lông chim do các tinh thể nước đá tạo thành, hình thành ở trên các tầng cao.

civil engineering | kỹ thuật công chánh Một ngành kỹ thuật gồm có thiết kế và xây dựng cầu, đường, và nhà cửa.

clastic rock | đá mảnh vụn Một loại đá trầm tích hình thành khi những mảnh đá vụn được nén chặt dưới một áp lực cao.

clear-cutting | chặt trắng Quá trình đốn cùng lúc tất cả các cây trong một khu vực.

cleavage | dạng cắt khai Tính chất của các khoáng vật có thể dễ tách ra theo đường mặt cắt khai.

clone | dòng vô tính Sinh vật có gen giống hệt với sinh vật dùng để nhân giống.

closed circulatory system | hệ tuần hoàn khép kín Một hệ tuần hoàn có máu lưu chuyển chỉ trong giới hạn của mạng lưới kết nối các ống mạch và tim.

closed system | hệ thống kín Một hệ thống không có vật chất nào được nhập vào hoặc thoát ra.

cnidarian | động vật ruột khoang Một loài động vật không xương sống, có thân thể hình dạng đối xứng xuyên tâm, sử dụng các tế bào gây đau nhức để bắt mồi và tự vệ.

cochlea | ốc tai Khoang chứa chất lỏng trong lỗ tai có hình vỏ ốc và được nối thẳng với các tế bào thụ thể có chức năng tiếp thu âm thanh.

codominance | tính đồng trội Hiện tượng cả hai alen của một gen được biểu hiện bằng nhau.

coefficient | hệ số Số đứng trước một công thức hóa học trong một phương trình là số phân tử hoặc nguyên tử của từng chất phản ứng và sản phẩm cho ra trong cuộc phản ứng.

colloid | chất keo Một hợp chất có nhiều hạt nhỏ không hòa tan và không đọng lắng.

coma | đầu sao chổi Lớp mờ bên ngoài của sao chổi.

comet | sao chổi Một khối liên kết yếu của những cục băng và bụi di chuyển theo quỹ đạo quanh mặt trời, quỹ đạo này thường hẹp và dài.

commensalism | hiện tượng hội sinh Một loại quan hệ cộng sinh giữa hai loài vật có lợi cho một bên còn bên kia không được hưởng lợi nhưng cũng không bị hại.

compact bone | mô xương đặc Mô xương cứng và đặc, nhưng không phải là chất rắn, nằm dưới lớp màng bọc xương ngoài cùng.

compaction | nén ép Một quá trình nén ép các chất lắng trầm tích bởi chính trọng lượng của các chất đó.

compass | la bàn Loại dụng cụ có kim nam châm quay tự do; kim la bàn luôn luôn chỉ hướng bắc.

competition | cạnh tranh Sự tranh đấu để sinh tồn của các sinh vật bằng nỗ lực chiếm hữu những tài nguyên có hạn tại cùng một chỗ và cùng thời điểm.

complementary colors | màu bù Bất cứ hai màu nào hợp lại tạo thành ánh sáng trắng.

complete metamorphosis | biến thái hoàn toàn Dạng biến thái có bốn giai đoạn riêng biệt: trứng, ấu trùng, nhộng, và trưởng thành.

composite volcano | núi lửa thành tầng
Ngọn núi cao có đỉnh hình chóp, được tạo
thành bởi những lớp dung nham xen kẽ với
những lớp bụi tro và các chất liệu khác.

compound | hợp chất Một chất được tạo thành
từ hai nguyên tố trở lên bằng phương pháp hóa
học theo một tỉ lệ nhất định.

compression | sự nén/(vùng nén) 1. Lực
ép đá đến lúc gãy đôi hoặc vỡ từng mảnh.
2. Phần của sóng dọc mà các hạt trong môi
trường truyền dẫn ép sát vào nhau.

concave lens | thấu kính lõm Thấu kín có
tâm mỏng hơn ngoài rìa.

concave mirror | gương lõm Gương có mặt
lõm phản chiếu.

concentration | nồng độ Số lượng vật liệu
trong một vật liệu khác có một thể tích nhất
định.

concussion | sự chấn động Vết thương ở não,
giống vết bầm, xảy ra khi mô não mềm chạm
vào hộp sọ.

condensation | sự ngưng tụ Hiện tượng biến
đổi trạng thái từ thể khí sang thể lỏng.

conditioning | điều kiện hóa Quá trình tiếp
nhận nhằm liên kết một sự kích thích hoặc đáp
ứng với một kết quả tốt hoặc xấu.

conduction | tính dẫn 1. Sự truyền nhiệt năng
từ một hạt vật chất đến một hạt khác. 2. Một
phương pháp nạp điện bằng cách cho phép các
hạt điện tử chạy từ vật này sang vật khác qua
việc kết nối trực tiếp.

conductor | chất dẫn 1. Chất liệu dẫn nhiệt
tốt. 2. Chất liệu cho phép điện tích chạy tự do.

cone | quả nón Cơ cấu sinh sản của thực vật
hạt trần.

cones | tế bào hình nón Các tế bào trong
võng mạc có chức năng tiếp nhận và phân biệt
màu.

coniferous tree | cây có quả nón Một loại
cây sinh hạt trong quả nón và có lá kim được
phủ một lớp sáp bóng để giảm sự mất nước.

conjugation | sự tiếp hợp Một loại hình sinh
sản hữu tính mà một sinh vật đơn bào truyền
chất liệu gen của mình sang một sinh vật đơn
bào khác.

connective tissue | mô liên kết Loại mô nâng
đỡ cơ thể và liên kết các bộ phận với nhau.

conservation of charge | bảo toàn điện tích
Định luật nói rõ rằng điện tích không tự nhiên
mà có mà cũng không tự nhiên mất đi.

conservation plowing | cày xới bảo vệ đất
Một phương pháp bảo vệ đất bằng cách cày
dập cỏ dại và gốc hoa màu của vụ trước vào
trong đất.

constraint | giới hạn Bất cứ yếu tố nào giới
hạn một thiết kế.

constructive force | tác nhân hình thành
Bất cứ quá trình tự nhiên nào đưa đến sự hình
thành bề mặt của quả đất.

**constructive interference | giao thoa cộng
sóng** Giao thoa này xảy ra khi có hai sóng
kết hợp thành một sóng mới có biên độ lớn
hơn biên độ của hai sóng ban đầu.

consumer | sinh vật tiêu thụ Các sinh vật
kiếm năng lượng bằng cách ăn thịt các sinh
vật khác.

continental (air mass) | (khối khí) lục địa
Một khối không khí khô hình thành trên đất
liền.

continental climate | khí hậu lục địa Khí
hậu ở giữa các châu lục, mùa đông thì lạnh và
mùa hè thì nực hoặc nóng.

continental drift | thuyết trôi lục địa Giả
thuyết cho rằng các châu lục di chuyển dần
dần băng ngang bề mặt của trái đất.

continental glacier | sông băng lục địa Con
sông băng nằm trải gần hết một châu lục hoặc
một đảo lớn.

continental shelf | thềm lục địa Một vùng
biển cạn thoải dốc ra biển xuất phát từ rìa của
một châu lục.

continental slope | dốc thềm lục địa Vùng
dốc đứng của đáy biển bắt đầu từ rìa thềm lục
địa.

**contour interval | khoảng cách của đường
đồng mức** Sự chênh lệch độ cao từ đường
đồng mức này đến đường kế bên.

contour line | đường đồng mức Đường trên
một bản đồ địa hình nối các điểm có cùng độ
cao.

**contour plowing | cày theo đường đồng
mức** Việc cày dọc theo những đường cong
trên một sườn dốc để tránh bị mất đất.

contractile vacuole | không bào co bóp
Cấu trúc trong tế bào có chức năng thu thập
nước dư từ tế bào chất để thải ra ngoài.

control rod | thanh điều khiển Thanh cátmi
dùng trong lò phản ứng nguyên tử để hấp thụ
neutron từ các phản ứng phân hạch.

**controlled experiment | cuộc thí nghiệm có
đối chứng** Một cuộc thí nghiệm chỉ thay đổi
một biến số vào một lúc.

convection current | dòng đối lưu Sự chuyển động của chất lỏng được gây ra bởi sự khác biệt nhiệt độ và dẫn đến việc nhiệt độ được truyền từ chỗ này sang chỗ khác trong chất lỏng đó.

convection zone | vùng đối lưu Tầng ngoài cùng của cấu trúc trong mặt trời.

convergent boundary | ranh giới hội tụ Ranh giới mảng, nơi mà hai mảng chuyển dịch lại gần nhau.

convergent evolution | sự tiến hóa đồng quy Quá trình mà hai sinh vật không liên quan tiến hóa có các đặc tính tương tự.

convex lens | thấu kính lồi Loại thấu kính có tâm dầy hơn ngoài rìa.

convex mirror | gương lồi Gương có mặt lồi phản chiếu.

core | lõi Vùng trung tâm của mặt trời, nơi xảy ra phản ứng hợp hạch hạt nhân.

Coriolis effect | hiệu ứng Coriolis Hiệu ứng quay của trái đất ảnh hưởng đến hướng gió và dòng chảy.

cornea | giác mạc Mô trong suốt che phía trước tròng mắt.

corona | vầng hào quang Tầng ngoài cùng của khí quyển mặt trời.

coronary artery | động mạch vành tim Động mạch cung cấp máu đến cơ tim.

cosmic background radiation | bức xạ phông nền vũ trụ Bức xạ điện từ còn sót lại từ vụ nổ lớn.

cotyledon | lá mầm Lá mọc ra từ phôi mầm thực vật; đôi khi dự trữ chất dinh dưỡng.

covalent bond | liên kết cộng hóa trị Liên kết hóa học hình thành khi có hai nguyên tử cùng chia sẻ các hạt điện tử.

crater | hố lõm (miệng núi lửa) 1. Hố lõm tròn và rộng được tạo ra bởi sự va chạm của thiên thạch. 2. Vùng trũng có hình lòng chảo hình thành tại miệng phun của núi lửa.

critical night length | độ dài đêm tiêu chuẩn Số giờ trong bóng tối quyết định một cây sẽ ra hoa hay không.

crop rotation | luân canh Trồng các loại hoa màu khác nhau trên cùng một mảnh đất mỗi năm để giữ độ phì nhiêu của đất.

crust | vỏ Lớp đá tạo thành tầng trên của mặt trái đất.

crystal | tinh thể Một chất rắn mà trong đó các nguyên tử được sắp xếp theo thứ tự lặp lại nhiều lần.

crystalline solid | chất rắn tinh thể Một chất rắn được hợp thành bởi các tinh thể mà trong đó những hạt li ti được sắp xếp theo thứ tự đều đặn lặp lại nhiều lần.

crystallization | tinh thể hóa Quá trình sắp xếp các nguyên tử để hình thành một vật liệu có cấu trúc tinh thể.

cumulus | mây tích Những cụm mây trắng, bồng bềnh, thường có đáy phẳng trông giống như những đống bông gòn tròn.

current | hải lưu Một dòng nước có lưu lượng lớn lưu thông trong các đại dương.

cuticle | lớp biểu bì Lớp có kết cấu giống sáp, không thấm nước, bao quanh lá và cuống của phần lớn các loại cây.

cyclone | vòi rồng Tâm điểm xoáy lốc do áp thấp.

cytokinesis | sự phân chia tế bào chất Giai đoạn cuối cùng của chu kỳ tế bào, trong giai đoạn này tế bào chất được chia ra và các bào quan được phân phối cho hai tế bào con.

cytoplasm | tế bào chất Vùng chứa chất lỏng đặc nằm bên trong màng tế bào (trong tế bào nhân sơ) hoặc giữa màng tế bào và nhân (trong tế bào nhân chuẩn).

D

dark energy | năng lượng tối Một loại năng lượng chưa giải thích được có vẻ làm tăng tốc sự giãn nở của vũ trụ.

dark matter | vật chất tối Loại vật chất không phát ra bức xạ điện từ nhưng có rất nhiều trong vũ trụ.

day-neutral plant | thực vật trung tính Loại thực vật ra hoa không tùy thuộc vào chu kỳ sáng và tối.

death rate | tỷ lệ tử vong Số lượng chết trên 1,000 cá thể trong một khoảng thời gian nhất định.

decibel (dB) | đêxiben Đơn vị dùng để so sánh âm lượng của các âm thanh khác nhau.

deciduous tree | cây có lá rụng Cây rụng lá trong một mùa nhất định và mọc lá mới mỗi năm.

decomposer | sinh vật phân hủy Một loại sinh vật lấy năng lượng từ việc phân hủy chất thải sinh học và những sinh vật chết, và trả lại nguyên liệu cho đất và nước.

decomposition | sự phân ly Một phản ứng hóa học tách nhỏ các hợp chất thành những sản phẩm đơn giản hơn.

deductive reasoning | lập luận suy diễn Một cách giải thích sự việc theo kiểu đưa ra một ý tổng quát rồi dựa vào ý đó để đưa ra lời nhận xét cụ thể.

deep-ocean trench | rãnh đại dương Đường trũng sâu chạy dài trên đáy biển, dưới đường trũng này vỏ đại dương chìm dần vào lớp phủ.

deflation | sự thổi mòn Quá trình bào mòn do gió lấy đi vật liệu trên lớp mặt.

degree | độ Đơn vị dùng để đo các khoảng cách xung quanh một vòng tròn. Một độ bằng 1/360 của cả vòng tròn.

delta | châu thổ Vùng địa mạo được bồi đắp bởi phù sa trôi theo dòng sông trên đường chảy ra biển hoặc vào hồ.

dendrite | sợi nhánh Bộ phận trông giống sợi chỉ mọc ra từ thân neuron, có chức năng truyền xung thần kinh đến thân tế bào.

density | tỉ trọng Số đo khối lượng của một vật chất chứa trong một thể tích định sẵn.

deposition | sự bồi lắng Quá trình trầm tích lắng đọng tại vị trí mới.

depressant | thuốc giảm trì thần kinh Một loại thuốc làm cho hệ thần kinh trung ương hoạt động chậm lại.

dermis | hạ bì Lớp trong cùng của da.

desertification | sa mạc hóa Sự lấn dần của các hiện tượng tương tự sa mạc vào những vùng trước đây được coi là phì nhiêu; bị gây ra do canh tác trồng trọt và chăn nuôi trên đất quá mức, hạn hán, và biến đổi khí hậu.

destructive force | tác nhân tàn phá Tất cả những quá trình thiên nhiên phá vỡ hoặc tiêu mòn lớp mặt của trái đất.

destructive interference | giao thoa trừ sóng Giao thoa này xảy ra khi có hai sóng hợp lại thành một sóng mới có biên độ nhỏ hơn biên độ của hai sóng ban đầu.

development | sự phát triển Quá trình thay đổi trong thời gian sống của một sinh vật để có một sinh vật phức tạp hơn.

dew point | điểm sương Nhiệt độ mà ở đó hơi nước bắt đầu ngưng tụ thành nước lỏng.

diaphragm | cơ hoành Cơ to, hình vòm nằm ở ngay dưới phổi và giúp trong việc thở.

diatomic molecule | phân tử hai nguyên tử Một phân tử có hai nguyên tử.

dicot | song tử diệp Thực vật hạt kín có hai lá mầm.

Dietary Reference Intakes (DRIs) | Chế Độ Dinh Dưỡng Hợp Lý Quy chuẩn về lượng dinh dưỡng cần thiết cho người mỗi ngày.

diffraction | sự nhiễu xạ Hiện tượng các sóng được bẻ cong hoặc trải rộng khi đi vòng một vật cản hoặc đi xuyên qua một lỗ hổng.

diffuse reflection | phản chiếu khuếch tán Sự phản chiếu xảy ra khi các tia ánh sáng song song va chạm bề mặt không phẳng đều và tất cả đều phản chiếu theo các góc khác nhau.

diffusion | sự khuếch tán Quá trình trong đó các phân tử di chuyển từ vùng có nồng độ cao hơn đến vùng có nồng độ thấp hơn.

digestion | sự tiêu hóa Quá trình trong đó các phân tử thức ăn phức tạp được phân nhỏ thành các phân tử nhỏ hơn chứa chất dinh dưỡng.

digestive system | hệ tiêu hóa Một hệ thống cơ quan có các cấu trúc đặc biệt để nhận và tiêu hóa thức ăn.

digitizing | số hóa Việc biến thông tin thành những con số để sử dụng bằng máy tính.

dike | thể tường Một mảng đá núi lửa hình thành khi macma ép luồn qua những lớp đá.

dilute solution | dung dịch loãng Một hỗn hợp chỉ có ít chất tan hòa vào.

direct current | dòng điện một chiều Dòng điện có các hạt điện tích chỉ chạy theo một hướng trong một mạch điện.

directly proportional | tỷ lệ thuận Thuật ngữ dùng để mô tả mối quan hệ giữa hai ẩn số có đồ thị là đường thẳng xuyên qua điểm (0,0).

dispersal | sự phân tán Sự di chuyển của các sinh vật từ nơi này đến nơi khác.

divergent boundary | ranh giới phân kỳ Ranh giới mảng, nơi mà hai mảng di chuyển về hướng ngày càng xa nhau.

divide | đường phân thủy Một dải đất tách rời hai vùng lưu vực.

DNA | ADN Axít deoxyribonucleic; chất di truyền chứa thông tin về một sinh vật và được truyền từ cha mẹ đến con cái.

DNA replication | sự sao chép ADN Quá trình mà trong đó ADN tự sao chép mình trước khi tế bào phân chia.

dominant allele | alen trội Một alen luôn luôn thể hiện tính trạng khi alen đó có mặt trong một sinh vật.

Doppler effect | hiệu ứng Doppler Sự thay đổi tần số của một làn sóng khi nguồn của nó chuyển động tương đối với người quan sát.

dormancy | trạng thái ngủ Thời điểm mà sự phát triển hoặc hoạt động của một động vật ngừng hẳn.

dormant | ngủ Hiện tại không hoạt động nhưng có khả năng hoạt động trong tương lai (như trường hợp của núi lửa).

double bond | liên kết đôi Một liên kết hóa học hình thành khi các nguyên tử cùng chia sẻ hai cặp điện tử.

double helix | xoắn đôi Hình dạng của phân tử ADN.

duct | ống bài tiết Một ống cực nhỏ dẫn hóa chất được tiết ra từ một tuyến hạch.

ductile | dễ kéo sợi Từ được dùng để mô tả một vật liệu có thể kéo thành một sợi dài.

dwarf planet | hành tinh lùn Một thiên thể hình cầu, đi theo quỹ đạo quanh mặt trời, nhưng khu vực gần quỹ đạo của nó vẫn còn các vật thể có khối lượng đáng kể khác.

E

ear canal | ống tai Vùng hẹp dẫn từ ngoài vào đến màng nhĩ của tai người.

eardrum | màng nhĩ Màng nhỏ, căng tương tự như mặt trống ngăn phần ngoài tai với phần giữa tai, và rung khi có sóng âm thanh chạm vào.

echinoderm | động vật da gai Loại động vật thủy sinh không xương sống, có hình dạng đối xứng xuyên tâm, bên trong cơ thể có bộ xương và một hệ thống ống chứa chất lỏng.

echolocation | định vị bằng tiếng vang Việc sử dụng sóng âm dội lại để xác định khoảng cách hoặc định vị các vật.

eclipse | thiên thực Khi một thiên thể trong không gian bị che khuất một phần hoặc hoàn toàn bởi một thiên thể khác.

eclipsing binary | sao đôi thiên thực Một hệ sao đôi, theo chu kỳ, sao này che khuất sao kia.

ecological footprint | dấu chân sinh thái Diện tích đất và lượng nước mà các cá thể sử dụng để đáp ứng nhu cầu về tài nguyên và thấm hút chất thải do các cá thể đó thải ra.

ecology | sinh thái học Môn học về cách những sinh vật tương tác với nhau và với môi trường xung quanh.

ecosystem | hệ sinh thái Cộng đồng các sinh vật sống trong một nơi nào đó, cộng với các vật vô sinh trong môi trường xung quanh.

ectotherm | động vật ngoại nhiệt Động vật mà nhiệt độ thân thể thay đổi theo nhiệt độ môi trường.

efficiency | hiệu suất Tỷ lệ phần trăm của công đầu vào dùng để chuyển thành công đầu ra.

El Niño | El Nino Hiện tượng khí hậu bất thường xảy ra mỗi hai đến bảy năm trên vùng biển Thái Bình Dương, gây ra những thay đổi về gió, hải lưu, và chu kỳ thời tiết kéo dài từ một đến hai năm.

elastic potential energy | thế năng đàn hồi Năng lượng của những vật bị kéo giãn hoặc dồn nén.

electric circuit | mạch điện Một đường trọn vẹn, không đứt quãng để các hạt điện tích có thể chạy.

electric current | dòng điện Dòng có hạt điện tích chạy liên tục qua một chất liệu.

electric field | điện trường Vùng bao quanh một vật tích điện có điện lực tác động lên một vật tích điện khác.

electric force | điện lực Lực tác động giữa các vật tích điện.

electric motor | động cơ điện Thiết bị biến điện năng thành cơ năng.

electrical conductivity | sự dẫn điện Khả năng mang dòng điện của một vật.

electrical energy | điện năng Năng lượng của các hạt điện tích.

electrical engineering | kỹ thuật điện Một ngành kỹ thuật bao gồm việc thiết kế các hệ thống điện, trong đó có điện nguồn, hệ thống điều khiển, và viễn thông.

electromagnet | nam châm điện Nam châm được tạo ra bằng cách quấn một cuộn dây dẫn có dòng điện quanh một lõi sắt từ.

electromagnetic energy | năng lượng điện từ Năng lượng của ánh sáng và những dạng bức xạ khác di chuyển xuyên không gian bằng hình thức sóng.

electromagnetic induction | cảm ứng điện từ Quá trình phát ra dòng điện từ sự chuyển động của một dây dẫn xuyên qua từ trường.

electromagnetic radiation | bức xạ điện từ Năng lượng được lan truyền xuyên không gian bằng sóng điện từ.

electromagnetic spectrum | phổ điện từ
Toàn bộ dải sóng điện từ được sắp xếp theo thứ tự tần số tăng dần.

electromagnetic wave | sóng điện từ
1. Một loại sóng được tạo ra bởi sự kết hợp của sự dao động điện trường và từ trường.
2. Một loại sóng có thể truyền điện năng và từ năng xuyên qua chân không.

electromagnetism | hiện tượng điện từ Mối quan hệ giữa hiện tượng điện và hiện tượng từ.

electron | điện tử Một hạt rất nhỏ có điện tích âm và chuyển động quanh hạt nhân của một nguyên tử.

electron dot diagram | sơ đồ Lewis Một cách biểu thị bằng dấu chấm các điện tử hóa trị trong một nguyên tử.

element | nguyên tố Một chất liệu nguyên chất không thể chia nhỏ thành các chất khác được nữa, bằng phương pháp hóa học hay vật lý.

elevation | độ cao Độ cao so với mặt biển.

ellipse | hình bầu dục Hình giống trái xoan, có thể kéo dài ra hoặc gần giống hình tròn; hình quỹ đạo của các hành tinh.

elliptical galaxy | thiên hà bầu dục Thiên hà có hình quả bóng tròn hoặc dẹt, nói chung các thiên hà loại này thường chứa sao già.

embryo | phôi 1. Sinh vật non phát triển từ hợp tử. 2. Em bé đang phát triển trong bụng mẹ trong giai đoạn tám tuần lễ đầu tiên sau khi thụ thai.

emergent layer | tầng vượt tán Tầng cao nhất của rừng mưa và nhận được nhiều ánh nắng nhất.

emigration | sự xuất cư Việc các cá thể di chuyển ra khỏi một vùng.

emissions | khí thải Chất nhiễm xả ra không khí.

endangered species | loài nguy cấp Các loài đang gặp nguy cơ tuyệt chủng trong tương lai gần.

endocytosis | quá trình nhập bào Quá trình trong đó màng tế bào nhận các hạt vào tế bào bằng cách thay đổi hình thù và ôm nuốt các hạt đó.

endoplasmic reticulum | mạng lưới nội chất Bào quan tạo thành một mạng lưới đường truyền để các chất protein và những chất khác được đưa đi từ bộ phận này đến bộ phận khác của tế bào.

endoskeleton | bộ xương trong Bộ xương bên trong cơ thể; đây là hệ thống nâng đỡ cấu trúc cơ thể động vật.

endospore | nội bào tử Các sinh vật nhân sơ, thí dụ như vi khuẩn, sinh ra cấu trúc này khi gặp điều kiện không thuận lợi; cấu trúc này có vách dày bao bọc ADN và một phần tế bào chất của sinh vật đó.

endotherm | động vật nội nhiệt Loài động vật có thể tự điều hòa thân nhiệt bằng cách dùng nhiệt năng tự sản xuất trong cơ thể của mình.

endothermic change | quá trình thu nhiệt Quá trình hấp thụ năng lượng.

endothermic reaction | phản ứng thu nhiệt Một phản ứng hấp thụ nhiệt.

energy | năng lượng Khả năng tạo ra công hoặc gây ra sự biến đổi.

energy conservation | tiết kiệm năng lượng Thực hiện việc tiết giảm sử dụng năng lượng.

energy level | tầng năng lượng Một tầng của nguyên tử mà các hạt điện tử có cùng năng lượng có thể được tìm thấy ở đây.

energy pyramid | kim tự tháp năng lượng Một sơ đồ biểu thị số năng lượng dùng để chuyển từ mức dinh dưỡng này sang mức dinh dưỡng khác trong một mạng lưới thức ăn.

energy transformation | biến đổi năng lượng Sự chuyển đổi từ dạng năng lượng này sang dạng năng lượng khác; còn được gọi là chuyển đổi năng lượng.

engineer | kỹ sư Người sử dụng cả hai loại kiến thức vừa công nghệ vừa khoa học để giải quyết các vấn đề thực tế.

engineering | kỹ thuật Việc áp dụng khoa học để đáp ứng các nhu cầu hoặc để giải quyết vấn đề.

enzyme | enzym 1. Một loại chất đạm làm tăng tốc phản ứng hóa học trong một sinh vật. 2. Một chất xúc tác sinh học làm hạ mức năng lượng kích hoạt của các phản ứng trong tế bào.

epicenter | chấn tâm Điểm trên mặt đất nằm ngay trên tiêu điểm động đất (được gọi là chấn tiêu).

epidermis | biểu bì Lớp ngoài cùng của da.

epiglottis | nắp thanh quản Nắp mô có chức năng đóng kín khí quản và không cho thức ăn vào phổi.

epithelial tissue | mô biểu bì Loại mô phủ kín các bề mặt trong và ngoài cơ the.

equinox | điểm phân mùa Một trong hai ngày trong năm, không có bán cầu nào nghiêng về phía mặt trời hoặc nghiêng ra ngoài.

era | đại Một trong ba đơn vị dài trong hệ thống niên đại địa chất từ thời kỳ Tiền Cambri đến ngày nay.

erosion | sự xói mòn Quá trình nước, băng, gió, hoặc sức hút quả đất mang theo các hạt đá sỏi bị phong hóa.

esophagus | thực quản Ống cơ nối miệng với bao tử.

estrogen | estrogen Một loại hoóc môn do buồng trứng tiết ra để kiểm soát sự tăng trưởng của trứng và các đặc tính của giống cái trưởng thành.

estuary | cửa sông Vùng đất ngập nước hình thành ở nơi nước ngọt từ sông trộn lẫn với nước mặn từ biển.

eukaryote | sinh vật nhân chuẩn Sinh vật có tế bào chứa nhân.

eutrophication | hiện tượng phú dưỡng Việc các chất dinh dưỡng tồn đọng theo thời gian trong các ao hồ nước ngọt, làm cho tảo phát triển mạnh hơn.

evacuate | di tản Tạm thời dời đi chỗ khác khi sắp bị ảnh hưởng bởi thời tiết nghiêm trọng.

evaluating | đánh giá So sánh những điều quan sát được với dữ liệu để đưa ra kết luận.

evaporation | sự bốc hơi Quá trình trong đó các phân tử trên mặt của một chất lỏng hấp thụ đủ năng lượng để chuyển sang thể khí.

evolution | quá trình tiến hóa Sự biến đổi qua thời gian; tất cả các sinh vật hiện thời đã phát triển từ các sinh vật cổ theo quá trình này.

excretion | sự bài tiết Quá trình loại các chất thải ra khỏi cơ thể.

excretory system | hệ bài tiết Một hệ thống cơ quan có chức năng thải ra bên ngoài cơ thể các chất thải chứa nitơ cũng như muối và nước thừa.

exocytosis | quá trình xuất bào Quá trình trong đó một không bào bao bọc các hạt nhỏ gắn chặt lại với màng tế bào và thải các hạt bên trong ra ngoài tế bào.

exoskeleton | bộ xương ngoài Bộ xương ngoài cơ thể; một lớp vỏ cứng, không thấm nước, có chức năng bảo vệ, nâng đỡ, và giữ nước trong cơ thể của nhiều động vật không xương sống.

exosphere | tầng ngoại quyển Tầng nằm ngoài tầng nhiệt quyển.

exothermic change | quá trình tỏa nhiệt Quá trình phóng thích năng lượng.

exothermic reaction | phản ứng tỏa nhiệt Một loại phản ứng phóng thích năng lượng, thông thường dưới dạng nhiệt.

exotic species | loài ngoại lai Những loài được đưa đến chỗ mới bởi con người.

experimental bias | thiên lệch thí nghiệm Sự nhầm lẫn trong thiết kế một thí nghiệm mà gần như chắc chắn sẽ cho ra một kết quả nhất định.

exponential growth | tăng theo hàm mũ Là trạng thái tăng trưởng mà các cá thể thuộc một quần thể sinh sản theo một tỷ lệ không đổi, do đó quần thể càng đông thì tỷ lệ sinh sản càng nhanh.

external fertilization | thụ tinh ngoài Khi trứng được thụ tinh bên ngoài cơ thể của giống cái.

extinct | tuyệt chủng (đã tắt) 1. Thuật ngữ dùng để chỉ một nhóm sinh vật cùng loài đã bị diệt vong, không còn một cá thể nào sống. 2. Thuật ngữ mô tả một ngọn núi lửa không còn hoạt động nữa và gần như chắc chắn không phun nữa.

extinction | sự tuyệt chủng Sự biến mất khỏi trái đất của tất cả các cá thể trong một loài.

extrusion | thể phun trào Lớp đá macma hình thành khi dung nham trào lên trên mặt đất và đông lại.

extrusive rock | đá phun trào Đá macma được hình thành bởi dung nham trào lên mặt đất.

eyepiece | thị kính Thấu kính phóng đại hình ảnh được tạo thành bởi vật kính.

F

Fahrenheit scale | thang đo độ F Thang nhiệt độ có độ đông là 32°F và độ sôi là 212°F.

Fallopian tube | ống dẫn trứng Đường dẫn trứng từ buồng trứng đến tử cung.

farsighted | viễn thị Bệnh trạng mà một người có thể nhìn thấy rõ các vật ở xa nhưng những vật ở gần thì lại mờ.

farsightedness | tình trạng viễn thị Chứng bệnh mà một người có thể nhìn thấy rõ các vật ở xa nhưng những vật ở gần thì lại mờ.

fat | mỡ Chất dinh dưỡng chứa năng lượng bao gồm cácbon, ôxy, và hyđrô.

fault | đứt gãy Chỗ bị gãy ở vỏ trái đất; các tầng đá có thể di chuyển dọc theo chỗ gãy này.

feedback | phản hồi Đầu ra thay đổi hệ thống hoặc cho phép hệ thống tự điều chỉnh.

fermentation | lên men Quá trình trong đó các tế bào giải phóng năng lượng bằng cách phân rã phân tử thức ăn trong môi trường không có ôxy.

fertility | độ phì nhiêu Số đo cho biết độ tốt của đất để cây phát triển đến mức nào.

fertilization | thụ tinh Trong quá trình sinh sản hữu tính, đây là lúc tế bào trứng và tế bào tinh trùng kết hợp với nhau để tạo thành một tế bào mới.

fertilizer | phân bón Chất liệu cung cấp dinh dưỡng giúp hoa màu phát triển tốt hơn.

fetus | bào thai Em bé đang phát triển trong bụng mẹ từ chín tuần sau khi thụ thai đến lúc sinh ra.

field | thực địa Bất cứ vùng nào ngoài phòng thí nghiệm.

filter feeder | động vật ăn qua lọc Loại động vật gạn lọc thức ăn trong nước.

fishery | ngư trường Vùng biển có nhiều sinh vật quý.

flagellum | lông roi Cấu trúc hình roi dài giúp tế bào di chuyển.

flood plain | đồng bằng ngập lụt Vùng đất bằng rộng dọc theo một dòng sông.

flower | hoa Cấu trúc sinh dục của thực vật hạt kín.

fluid friction | ma sát của chất lỏng Lực ma sát xảy ra khi một vật di chuyển qua một chất lỏng.

focal point | điểm hội tụ Điểm mà ở đó các tia sáng song song với trục quang học gặp nhau hoặc có vẻ gặp nhau sau khi được phản chiếu (hoặc khúc xạ) bởi một tấm gương (hoặc một thấu kính).

focus | chấn tiêu Điểm dưới mặt đất có đá bắt đầu bị gãy do áp lực và gây ra động đất.

foliated | dạng phiến Thuật ngữ dùng để mô tả đá biến chất có hạt sắp xếp thành các lớp hoặc đường kẻ song song.

follicle | nang lông, tóc Cấu trúc trong lớp hạ bì của da; chân lông/tóc bắt đầu mọc ra từ cấu trúc này.

food chain | chuỗi thức ăn Chuỗi sự kiện xảy ra trong một hệ sinh thái theo đó các sinh vật truyền năng lượng cho nhau bằng cách ăn sinh vật khác hay bị sinh vật khác ăn mình.

food web | mạng lưới thức ăn Các mối quan hệ thức ăn hoặc chuỗi thức ăn chồng chéo lên nhau giữa các sinh vật trong một hệ sinh thái.

force | lực Sự đẩy hoặc kéo một vật.

fossil | hóa thạch Vết tích được bảo tồn của một sinh vật đã sống trước đây.

fossil fuel | nhiên liệu hóa thạch Than đá, dầu hỏa, hoặc khí thiên nhiên hình thành qua hàng triệu năm từ xác của những sinh vật cổ xưa; loại nhiên liệu này được đốt cháy để phóng thích năng lượng

fracture | chỗ gãy 1. Chỗ gãy của một khoáng vật khi bị lìa ra trông không đều. 2. Chỗ gãy xương.

free fall | rơi tự do Sự chuyển động của một vật đang rơi khi lực duy nhất tác động đến nó là trọng lực.

frequency | tần số Số gợn sóng hoàn chỉnh đi qua một điểm trong một khoảng thời gian nhất định.

frequency modulation | điều biến tần số Một phương pháp truyền tín hiệu bằng cách biến đổi tần số của một làn sóng.

friction | lực ma sát 1. Lực tác động qua lại giữa hai bề mặt khi chúng chà xát vào nhau. 2. Việc truyền hạt điện tử từ một vật không tích điện đến một vật không tích điện khác do sự chà xát.

frond | lá lược Lá cây dương xỉ.

front | frông Ranh giới gặp nhau, nhưng không trộn lẫn với nhau, của hai khối khí khác nhau.

frost wedging | nêm băng Quá trình tách vỡ đá khi nước rỉ vào các khe hở, sau đó đông đặc và nở ra.

fruit | trái cây Noãn chín cùng với những cấu trúc khác của một thực vật hạt kín, chứa một hay nhiều hạt.

fruiting body | thể quả Bộ phận sinh sản của nấm; bộ phận này chứa nhiều sợi nấm và sinh ra bào tử.

fuel rod | thanh nhiên liệu Một thanh urani trải qua quá trình phân hạch trong một lò phản ứng hạt nhân.

fulcrum | điểm tựa Điểm cố định để một đòn bẩy tựa vào.

fundamental tone | âm cơ bản Tần số tự nhiên thấp nhất của một vật.

fungus | nấm Một sinh vật nhân chuẩn có vách tế bào, sinh sản bằng bào tử, và là sinh vật dị dưỡng nuôi mình bằng cách hấp thụ thức ăn.

fuse | cầu chì Một thiết bị an toàn có một miếng kim loại mỏng sẽ bị nóng chảy khi cường độ quá lớn chạy qua một mạch điện.

G

galaxy | thiên hà Một nhóm khổng lồ của những ngôi sao đơn, các hệ sao, chùm sao, bụi, và khí liên kết với nhau bởi lực hấp dẫn.

gallbladder | túi mật Bộ phận cơ thể dùng để chứa mật sau khi được tiết ra từ gan.

galvanometer | dụng cụ đo điện Thiết bị sử dụng một nam châm điện để phát hiện những dòng điện yếu.

gametophyte | thể giao tử Giai đoạn trong chu trình sống của thực vật, trong đó thực vật sinh ra giao tử, hay các tế bào sinh dục.

gamma rays | tia gamma Sóng điện từ có bước sóng ngắn nhất và tần số cao nhất.

gas | thể khí Một thể của vật chất không có hình dạng hoặc thể tích nhất định.

gas giant | hành tinh khí khổng lồ Tên được đặt cho các hành tinh vòng ngoài: Sao Mộc, Sao Thổ, Sao Thiên Vương, Sao Hải Vương.

gasohol | xăng pha cồn Hỗn hợp giữa xăng và cồn.

gene | gen Một chuỗi ADN quyết định một tính trạng và được truyền từ cha mẹ đến con cái.

gene therapy | liệu pháp gen Thủ thuật biến đổi gen để chữa trị một căn bệnh hay tình trạng rối loạn y khoa. Trong thủ thuật này, gen bị thiếu hay có lỗi được thay thế bằng gen bình thường có khả năng hoạt động tốt.

generator | máy phát điện Thiết bị biến cơ năng thành điện năng.

genetic disorder | rối loạn gen Một chứng dị thường được di truyền từ cha mẹ đến con cái qua gen hoặc nhiễm sắc thể.

genetic engineering | kỹ thuật gen Việc lấy gen từ ADN của một sinh vật và ghép vào một sinh vật khác để cho ra một sinh vật có những tính trạng như mong muốn.

genetics | di truyền học Môn khoa học nghiên cứu sự di truyền.

genome | bộ gen Toàn bộ thông tin di truyền mà một sinh vật mang trong ADN của mình.

genotype | kiểu gen Kiểu hình của các gen tạo thành một sinh vật, hoặc các kết hợp alen.

genus | chi Một nhóm phân loại gồm có một số các loài tương tự, có liên hệ gần gũi với nhau.

geocentric | địa tâm Thuật ngữ dùng để mô tả một mô hình của vũ trụ lấy trái đất làm tâm quỹ đạo của các hành tinh và sao.

geode | hốc tinh thể Một hòn đá rỗng bên trong có các tinh thể khoáng vật kết tinh.

Geographic Information System | HệThống Thông Tin Địa Lý (GIS) Một hệ thống phần cứng và phần mềm máy tính dùng trong việc lập ra các bản đồ tương tác.

geologic time scale | hệ thống niên đại địa chất Hệ thống ghi lại những sự kiện và các dạng sự sống trong lịch sử quả đất.

geosphere | địa quyển Những phần đặc nhất của trái đất bao gồm vỏ, lớp phủ và lõi trong.

geostationary orbit | quỹ đạo địa tĩnh Quỹ đạo quanh trái đất mà vệ tinh di chuyển cùng tốc độ quay của trái đất, do đó vị trí của vệ tinh luôn cố định ở trên so với mặt đất.

geothermal energy | năng lượng địa nhiệt Nhiệt năng cực lớn từ lòng trái đất.

germination | nảy mầm Sự đâm chồi của mầm từ hạt; xảy ra khi mầm tiếp tục phát triển trở lại sau thời gian ngủ.

gestation period | thời kỳ thai nghén Trong các loài động vật có vú, đây là thời gian giữa lúc thụ tinh và lúc sinh nở.

gill | mang Cấu trúc hình răng lược có chức năng trao đổi khí giữa nước và máu.

gizzard | mề Một bộ phận cơ bắp, có thành dày co bóp và nghiền thức ăn chưa tiêu hết.

gland | tuyến hạch Một bộ phận cơ thể sản xuất và tiết ra hóa chất, hoặc qua các ống bài tiết hoặc trực tiếp vào dòng máu.

Global Positioning System | Hệ Thống Định Vị Toàn Cầu (GPS) Hệ thống dẫn đường sử dụng tín hiệu vệ tinh để định vị một máy thu sóng vô tuyến trên mặt đất.

global winds | hoàn lưu chung Gió thổi đều từ những hướng nhất định qua quãng đường dài.

globular cluster | quần tinh cầu Một cụm lớn, tròn, dày đặc các vì sao già.

glucose | glucoza 1. Một chất đường là nguồn năng lượng chính cho các tế bào trong cơ the. 2. Một chất hiđrat cacbon đơn giản; là chất đơn phân của nhiều đường phức hợp.

Golgi apparatus | thể Golgi Là một bào quan trong tế bào, cơ quan này tiếp nhận, đóng gói protein và các chất mới được tạo ra khác từ mạng lưới nội chất và phân phối các chất này đến những bộ phận khác của tế bào.

gradualism | thuyết tiệm tiến Quá trình tiến hóa trong đó những thay đổi nhỏ trong gen từ từ tích lũy đều đặn qua một thời gian dài.

grains | hạt Các hạt khoáng vật hoặc từ những loại đá khác làm nên kết cấu của một hòn đá.

granite | đá granít Một loại đá macma thường có màu nhạt và được tìm thấy trong vỏ lục địa.

grassland | thảo nguyên Vùng đất hầu như chỉ có cỏ và các loại cây không thân gỗ khác, lượng mưa hàng năm từ 25 đến 75 phân.

gravitational potential energy | thế năng trọng lực Thế năng tùy thuộc vào độ cao của một vật.

gravity | trọng lực Lực hấp dẫn giữa hai vật; lực di chuyển các vật xuống dốc.

greenhouse effect | hiệu ứng nhà kính Việc chặn giữ nhiệt gần bề mặt của một hành tinh bởi một số chất khí trong khí quyển của hành tinh đó.

greenhouse gases | khí nhà kính Những chất khí trong khí quyển chặn giữ năng lượng.

groin | đê chắn sóng Vách đá hoặc xi măng xây chĩa ra trên một bãi biển để làm giảm bớt sự xói mòn.

grounded | tiếp đất Cho phép các hạt điện tích chạy trực tiếp từ mạch điện đến dây tiếp đất trong nhà và sau đó xuống đất để đề phòng trường hợp chập mạch.

groundwater | nước ngầm Nước chứa trong các khe hở và khoảng trống trong lòng đất và các lớp đá.

group | nhóm Các nguyên tố được sắp xếp theo cùng cột trong bảng phân loại tuần hoàn; còn được gọi là họ.

gully | mương xói Là một rãnh đất dẫn nước chảy tràn đi sau cơn mưa.

gymnosperm | thực vật hạt trần Loại thực vật sinh hạt trực tiếp trên vảy quả nón—hạt không được chứa trong trái cây để được bảo vệ.

H

habitat | môi trường sống Một môi trường cung cấp những thứ cần thiết để sống, tăng trưởng, và sinh sản của một loài sinh vật nào đó.

half-life | thời gian bán hủy Khoảng thời gian cần thiết để phân hủy hết một phân nửa nguyên tử trong một nguyên tố phóng xạ.

hazardous waste | rác thải nguy hiểm Vật liệu có thể gây nguy hại nếu không được vứt bỏ đúng cách.

headland | mũi đất Một phần của bờ biển chĩa ra biển.

heat | sự nung Sự truyền nhiệt năng từ vật nóng hơn đến vật nguội hơn.

heliocentric | nhật tâm Thuật ngữ dùng để mô tả mô hình của hệ mặt trời mà trong đó trái đất và các hành tinh khác xoay quanh mặt trời.

hemoglobin | huyết cầu tố Protein chứa sắt có liên kết hóa học với các phân tử ôxy; là thành phần chính cấu thành các hồng huyết cầu.

heredity | sự di truyền Việc truyền các đặc điểm từ cha mẹ đến con cái.

hertz (Hz) | héc (Hz) Đơn vị đo tần số.

Hertzsprung-Russell diagram | biểu đồ Hertzsprung-Russell Đồ thị biểu diễn tương quan giữa nhiệt độ trên mặt và độ sáng tuyệt đối của các ngôi sao.

heterotroph | sinh vật dị dưỡng Các sinh vật không thể tự sản xuất thức ăn cho mình, nên kiếm thức ăn từ việc ăn những sinh vật khác.

heterozygous | dị hợp tử Hiện tượng có hai alen khác nhau của một gen cụ the.

hibernation | ngủ đông Trạng thái giảm tối đa hoạt động của một động vật xảy ra trong mùa đông.

histamine | histamin Hóa chất gây ra các triệu chứng khi bị dị ứng.

homeostasis | cân bằng nội môi Điều kiện môi trường bên trong một sinh vật được giữ ổn định bất chấp những thay đổi của môi trường bên ngoài.

homologous structures | các cấu trúc tương đồng Các cấu trúc tương tự mà những loài khác nhau đã thừa hưởng từ một tổ tiên chung.

homozygous | đồng hợp tử Hiện tượng có hai alen giống hệt nhau của một gen cụ thể.

hormone | hoóc môn 1. Hóa chất ảnh hưởng đến sự tăng trưởng và phát triển. 2. Hóa chất được sản xuất bởi các tuyến nội tiết.

host | vật chủ Một sinh vật có vật ký sinh sống cùng, trong, hoặc trên thân mình, và cung cấp nguồn năng lượng hoặc một môi trường phù hợp cho vật ký sinh đó sống.

hot spot | điểm nóng Chỗ mà macma từ sâu trong lòng lớp phủ chảy xuyên qua lớp vỏ bên trên.

Hubble's law | định luật Hubble Sự quan sát cho thấy một thiên hà càng ở xa thì di chuyển ra xa càng nhanh.

humid subtropical | cận nhiệt đới ẩm Khí hậu ướt và ấm được tìm thấy ở vùng ven nhiệt đới.

humidity | độ ẩm Lượng hơi nước trong một thể tích không khí nhất định.

humus | đất mùn Chất liệu hữu cơ màu tối trong đất.

hurricane | bão Bão nhiệt đới có gió khoảng 119 kilomét/giờ hoặc cao hơn.

hybrid | vật lai Con sinh ra từ việc phối giống và có hai alen khác nhau đối với cùng một tính trạng.

hybridization | lai giống Phương pháp gây giống chọn lọc trong đó hai cá thể có những tính trạng khác nhau được giao phối với nhau nhằm tạo ra thế hệ con mang những tính trạng có lợi của cả hai cha mẹ.

hydrocarbon | hyđrô cácbon Một hợp chất hữu cơ chỉ chứa các nguyên tử của cácbon và hyđrô.

hydroelectric power | thủy điện Điện được sản xuất bởi động năng của nước chảy xuống từ thác hoặc đập nước.

hydrogen ion | ion hyđrô Ion tích điện dương (H+) hình thành do một nguyên tử hyđrô bị lấy đi hạt điện tử.

hydrosphere | thủy quyển Phần trái đất có nước bằng nhiều dạng: nước biển, băng, sông, hồ, nước ngầm và hơi nước.

hydroxide ion | ion hydroxít Ion tích điện âm được cấu tạo bởi ôxy và hyđrô (OH-).

hypertension | huyết áp cao Bệnh trạng trong đó huyết áp của một người thường xuyên lên cao hơn bình thường; còn được gọi là cao máu.

hyphae | sợi nấm Những ống như sợi chỉ chia nhánh tạo thành thân của các loại nấm đa bào.

hypothalamus | vùng dưới đồi Phần não nối kết hệ thần kinh với hệ nội tiết.

hypothesis | giả thuyết Một cách giải thích có lý về một tập hợp các hiện tượng quan sát được, hoặc một câu trả lời đối với một câu hỏi khoa học; phải có khả năng kiểm chứng được.

igneous rock | đá macma Một loại đá hình thành từ đá nóng chảy và đông lại khi nguội trên mặt hoặc trong lòng đất.

I

image | hình ảnh Một bản sao của một vật được hình thành bởi các tia ánh sáng phản chiếu hoặc khúc xạ.

immigration | sự nhập cư Việc các cá thể di chuyển vào một vùng có sẵn một quần thể sinh vật đang cư trú ở đó.

immune response | phản ứng miễn dịch Một phần của hệ thống phòng vệ của cơ thể chống lại các mầm bệnh, trong đó các tế bào của hệ miễn dịch phản ứng với mỗi mầm bệnh bằng hình thức tự vệ riêng dành cho mầm bệnh đó.

immunity | miễn dịch Khả năng tiêu diệt mầm bệnh của cơ thể trước khi gây bệnh.

impermeable | chống thấm Một tính chất của các vật liệu như đất sét và đá granít, nước không đi xuyên qua được một cách dễ dàng.

imprinting | quá trình hòa đồng với đồng loại Hành vi được tiếp thu mà chim mới nở và thú mới sinh theo vật chuyển động đầu tiên mà chúng thấy.

impulse | xung động Một tín hiệu điện mang thông tin trong hệ thần kinh.

inbreeding | giao phối cận huyết Phương pháp gây giống chọn lọc trong đó hai cá thể có những bộ alen tương tự được giao phối với nhau.

incineration | thiêu Việc đốt ra tro chất thải rắn.

inclined plane | mặt phẳng nghiêng Máy cơ đơn giản là một mặt phẳng đặt dốc.

incomplete dominance | tính trội không hoàn toàn Tình trạng một alen không trội hẳn một alen khác.

incomplete metamorphosis | biến thái không hoàn toàn Dạng biến thái có ba giai đoạn riêng biệt: trứng, thiếu trùng, và trưởng thành.

index contour | đường đồng mức cơ bản Trên một bản đồ địa hình, đây là đường đồng mức có nét đậm hơn và có ghi độ cao.

index fossil | hóa thạch chỉ đạo Những hóa thạch của các sinh vật được phân bố rộng rãi và đã từng sinh sống trong một giai đoạn ngắn về mặt địa chất.

index of refraction | chiết suất khúc xạ Số đo mức bẻ cong của một tia ánh sáng khi di chuyển từ một môi trường sang môi trường khác.

indicator | chất chỉ thị Một hợp chất đổi màu khi tiếp xúc với một axít hoặc một bazơ.

induction | sự cảm ứng Một phương pháp phân phối lại điện tích trên một vật bằng cách dùng điện trường của một vật khác; những vật này không chạm trực tiếp.

inductive reasoning | lập luận quy nạp Sử dụng những quan sát cụ thể để suy ra một kết luận tổng quát.

inertia | quán tính Xu hướng cưỡng lại trong sự biến đổi chuyển động của một vật.

infectious disease | bệnh truyền nhiễm Bệnh gây ra bởi một sinh vật có mặt trong cơ thể mà sinh vật đó có thể lây truyền từ cơ thể này sang cơ thể khác.

inflammatory response | phản ứng viêm Một phần của hệ thống phòng vệ của cơ thể chống lại mầm bệnh, trong đó có chất lỏng và bạch cầu thoát ra từ các mạch máu vào mô và tiêu diệt các mầm bệnh bằng cách làm cho chúng phân rã.

infrared radiation | bức xạ hồng ngoại Sóng điện từ có bước sóng dài hơn bước sóng của ánh sáng thường nhưng ngắn hơn bước sóng vi ba.

infrared rays | tia hồng ngoại Sóng điện từ có bước sóng ngắn hơn và tần số cao hơn vi ba.

inhibitor | chất ức chế Chất giảm tốc độ của một phản ứng.

inner core | lõi trong Khối cầu sắt và kền dày đặc tại trung tâm quả đất.

inorganic | vô cơ Không phải từ các sinh vật đang sống hoặc xác chết.

input | đầu vào Vật liệu, năng lượng, hoặc thông tin được đưa vào một hệ thống.

input force | lực đầu vào Lực đặt lên một cái máy.

insight learning | học từ khả năng suy ra Quá trình học cách giải quyết vấn đề hoặc làm điều gì mới bằng cách áp dụng những cái đã biết.

instantaneous speed | vận tốc tức thời Vận tốc của một vật tại một khoảnh khắc cụ thể.

instinct | bản năng Một hành vi bẩm sinh của một động vật có thể thể hiện đúng ngay lần đầu tiên.

insulation | sự cách nhiệt Vật liệu kẹp giữ không khí để giúp ngăn chặn sự truyền nhiệt giữa không khí trong nhà và không khí bên ngoài.

insulator | chất liệu cách ly 1. Loại chất liệu không dẫn nhiệt tốt. 2. Loại chất liệu không cho phép các hạt điện tích chạy một cách dễ dàng.

insulin | insulin Một hoóc môn được sản xuất trong tuyến tụy và giúp các tế bào trong cơ thể lấy glucoza trong máu để sử dụng làm năng lượng.

intensity | cường độ Số lượng năng lượng trên mỗi giây được làn sóng mang qua một đơn vị diện tích.

interference | giao thoa Sự tương tác giữa các sóng khi gặp nhau.

internal fertilization | thụ tinh trong Khi trứng được thụ tinh bên trong cơ thể của giống cái.

interneuron | tế bào thần kinh trung gian Một loại tế bào thần kinh truyền xung điện từ tế bào thần kinh này đến tế bào thần kinh khác.

interphase | kỳ trung gian Giai đoạn đầu của chu kỳ tế bào xảy ra trước lúc phân bào, trong giai đoạn này tế bào phát triển và tạo một bản sao ADN của chính nó.

intertidal zone | vùng triều Vùng giữa mức cao nhất lúc triều lên và điểm trên thềm lục địa trồi lên lúc triều xuống thấp nhất.

intestine | ruột Một bộ phận cơ thể nơi mà sự tiêu hóa được hoàn tất và thức ăn được hấp thụ vào cơ thể.

intrusion | thể xâm nhập Lớp đá macma được hình thành khi dung nham đông cứng dưới mặt đất.

intrusive rock | đá xâm nhập Đá macma hình thành khi dung nham đông cứng bên dưới mặt đất.

inversely proportional | tỷ lệ nghịch Thuật ngữ dùng để mô tả mối quan hệ giữa hai ẩn số có tích số là một hằng số.

invertebrate | động vật không xương sống Các động vật không có xương sống.

involuntary muscle | cơ không chủ ý Cơ không được kiểm soát bằng ý thức.

ion | ion Một nguyên tử hay nhóm nguyên tử trở nên có điện tích.

ionic bond | liên kết ion Lực hút giữa hai ion có điện tích ngược nhau.

ionic compound | hợp chất ion Một hợp chất chứa các ion dương và ion âm.

ionosphere | tầng điện ly Phần dưới của tầng nhiệt quyển.

iris | mống mắt Là vòng cơ quanh con người có chức năng điều tiết lượng ánh sáng vào mắt; mầu của mống mắt cũng chính là màu của mắt.

irregular galaxy | thiên hà không đều Là một thiên hà không có hình dạng xác định.

island arc | vòng cung đảo Là một loạt những đảo núi lửa xếp thành do một mảng đại dương bị hút chìm xuống dưới mảng đại dương khác.

isobar | đường đẳng áp Là đường trên bản đồ khí tượng nối liền những nơi có cùng khí áp.

isotherm | đường đẳng nhiệt Là đường trên bản đồ khí tượng nối liền những nơi có cùng nhiệt độ.

isotope | chất đồng vị Là một nguyên tử có cùng số proton và khác số neutron với những nguyên tử khác của cùng một nguyên tố.

J

jet streams | gió bình lưu Những luồng gió mạnh ở độ cao khoảng 10 km trên mặt đất.

joule | jun Đơn vị đo công, bằng một Niutơn nhân với một mét.

K

karst topography | địa hình Karst Vùng có một lớp đá vôi gần mặt đất tạo thành các thung lũng sâu, hang động và hố sụt.

karyotype | kiểu nhân Hình ảnh cho thấy tất cả các nhiễm sắc thể người trong một tế bào xếp thành cặp và theo thứ tự từ lớn đến nhỏ.

Kelvin scale | thang nhiệt độ Kelvin Thang nhiệt độ mà độ không trên thang này là điểm khi vật chất không còn năng lượng để lấy ra được nữa.

kettle | lòng chảo Một chỗ đất trũng nhỏ hình thành khi một tảng băng còn đọng lại trong đất sét có từ thời kỳ sông băng.

keystone species | loài chủ chốt Là loài có ảnh hưởng đến sự tồn vong của những loài khác trong một hệ sinh thái.

kidney | thận Một bộ phận quan trọng trong hệ bài tiết; có chức năng lọc urê và các chất thải khác ra khỏi máu.

kinetic energy | động năng Năng lượng mà một vật có được là do sự chuyển động của nó.

Kuiper belt | vành đai kuiper Là vùng trải rộng từ ngoài quỹ đạo của sao Hải Vương vươn xa đến khoảng 100 lần khoảng cách từ trái đất đến mặt trời.

L

La Niña | La Nina Hiện tượng khí hậu trên biển Thái Bình Dương, trong đó lớp nước trên mặt biển lạnh hơn bình thường.

land breeze | gió đất Gió từ đất liền thổi ra nơi có mặt nước.

land reclamation | cải tạo đất Quá trình phục hồi đất trở lại trạng thái tự nhiên, cao năng suất hơn.

landform | địa mạo Một đặc điểm của địa hình được tạo ra qua các quá trình hình thành bề mặt của trái đất.

landform region | vùng địa mạo Một khu vực đất rộng có địa hình được tạo thành hầu như cùng một loại địa mạo.

large intestine | ruột già Đoạn cuối cùng của hệ tiêu hóa, tại đây nước được thẩm thấu vào dòng máu và chất còn lại được thải ra khỏi cơ thể.

larva | ấu trùng Giai đoạn non của một sinh vật trông rất khác với giai đoạn trưởng thành.

larynx | thanh quản Cơ quan phát âm; nằm ở vị trí phía trên khí quản và dưới nắp thanh quản.

latitude | vĩ độ Khoảng cách tính bằng độ về phía bắc hoặc phía nam so với đường xích đạo.

lava | dung nham Macma dạng lỏng trào lên mặt đất.

law of conservation of energy | định luật bảo toàn năng lượng Định luật nói rằng năng lượng không tự nhiên sinh ra mà cũng không tự nhiên mất đi.

law of conservation of mass | định luật bảo toàn khối lượng Nguyên lý nói rằng tổng số lượng vật chất không tự nhiên sinh ra mà cũng không tự nhiên mất đi trong bất cứ sự thay đổi nào về hóa tính hoặc lý tính.

law of conservation of momentum | định luật bảo toàn động lượng Quy luật nói rằng khi không có ngoại lực tác động, thì tổng động lượng của các vật cùng tương tác là không đổi.

law of superposition | nguyên lý chồng chất Nguyên lý về địa chất nói rằng trong các lớp đá trầm tích nằm ngang, lớp trên cùng có tuổi trẻ nhất, còn lớp dưới cùng có tuổi già nhất.

law of universal gravitation | định luật vạn vật hấp dẫn Định luật khoa học nói rằng mỗi vật trong vũ trụ đều có lực hấp dẫn mỗi vật khác.

leachate | nước rác Chất vẫn lỏng do nước chảy qua một bãi rác và hòa tan các chất hóa học từ những chất thải chôn trong đó.

learning | học tập Quá trình dẫn đến việc thay đổi hành vi do thực tập hay rút kinh nghiệm.

leeward | phía dưới gió Phía sườn núi có mặt hướng xuôi theo chiều gió thổi.

lens | thủy tinh thể 1. Cấu trúc dẻo có chức năng hội tụ các tia ánh sáng lọt vào trong mắt. 2. Một miếng thấu kính hoặc vật liệu trong khác có mặt cong được dùng để đổi hướng ánh sáng.

lever | đòn bẩy Máy cơ đơn giản bao gồm một thanh rắn được tựa vào một điểm cố định.

lichen | địa y Sự kết hợp giữa nấm và tảo hoặc vi khuẩn tự dưỡng sống chung trong mối quan hệ có lợi cho cả hai sinh vật đó.

ligament | dây chằng Mô liên kết dai có chức năng định vị xương trong các khớp di chuyển được.

light-year | năm ánh sáng Khoảng cách mà ánh sáng đi trong một năm, khoảng 9.5 triệu kilômét.

limiting factor | nhân tố giới hạn Nhân tố môi trường làm giảm số lượng của một quần thể.

lipid | lipit Hỗn hợp hữu cơ giàu năng lượng, như mỡ, dầu, hoặc sáp, được cấu tạo bởi cácbon, hyđrô, và ôxy.

liquid | chất lỏng Một thể của vật chất không có hình dạng nhất định nhưng có thể tích nhất định.

lithosphere | thạch quyển Tầng cứng bao gồm lớp phủ trên cùng nhất và lớp vỏ của quả đất.

litter | lớp đệm Lớp đất mặt phì nhiêu trên cùng do lá rụng và cỏ tạo thành.

liver | gan Bộ phận lớn nhất trong cơ thể; gan đóng vai trò trong nhiều tiến trình cơ thể, thí dụ như sản xuất mật cho hệ tiêu hóa.

loam | đất nhiều mùn Đất giàu dinh dưỡng, phì nhiêu chứa những thành phần như đất sét, cát và bùn đều nhau.

loess | hoàng thổ Đất bồi do gió mang những hạt mịn đất sét và bùn đến tích tụ.

long-day plant | thực vật ngày dài Loài cây ra hoa khi đêm ngắn hơn độ dài đêm tiêu chuẩn của loài cây này.

longitude | kinh độ Khoảng cách tính bằng độ về phía đông hoặc phía tây so với kinh tuyến gốc.

longitudinal wave | sóng dọc Làn sóng đẩy chất truyền dẫn theo hướng song song với hướng đi của sóng.

longshore drift | dịch chuyển ven bờ Sự dịch chuyển của nước và chất bồi dọc theo bãi biển bởi những đợt sóng xiên ập vào bờ.

loudness | âm lượng Sự cảm nhận năng lượng của một âm thanh.

lunar eclipse | nguyệt thực Hiện tượng che khuất ánh nắng mặt trời chiếu lên mặt trăng xảy ra khi trái đất nằm thẳng giữa mặt trời và mặt trăng.

lung | phổi 1. Một bộ phận cơ thể của các sinh vật có xương sống, thở bằng không khí. Bộ phận này trao đổi khí ôxy và cácbon điôxít trong máu. 2. Trong cơ thể người, đây là một trong hai cơ quan chính của hệ hô hấp.

luster | ánh Kiểu phản chiếu ánh sáng từ bề mặt của một khoáng vật.

lymph | bạch huyết Chất lỏng bao gồm nước và các chất hòa tan khác mà hệ bạch huyết thu thập và trả lại cho dòng máu cơ thể.

lymph node | hạch bạch huyết Một cục mô nhỏ trong hệ bạch huyết có chức năng lọc bạch huyết để chặn giữ vi khuẩn và các vi sinh vật gây bệnh khác.

lymphatic system | hệ bạch huyết Là một mạng lưới các ống mạch giống như tĩnh mạch, đưa trả chất lỏng rò ra từ các mạch máu trở lại cho dòng máu cơ thể.

lymphocyte | tế bào bạch huyết Loại bạch cầu có thể phân biệt giữa từng loại mầm bệnh.

lysosome | tiêu thể Bào quan của tế bào chứa các hóa chất phân hủy những hạt thức ăn lớn thành hạt nhỏ hơn để tế bào có thể sử dụng được.

M

machine | máy Dụng cụ thay đổi lực tác động, đường dài đi được do lực tác động, hoặc hướng di chuyển của lực tác động.

magma | macma Hỗn hợp nóng chảy gồm các chất tạo đá, khí và nước từ lớp phủ quả đất.

magnetic declination | độ từ thiên Góc độ giữa hướng chính bắc và hướng bắc kim la bàn.

magnetic field | từ trường Vùng có từ lực xung quanh một nam châm.

magnetic force | từ lực Lực sinh ra khi các từ cực tương tác.

magnetic pole | từ cực Những đầu có từ lực mạnh nhất của một vật có từ tính.

magnetism | hiện tượng từ tính Lực hút hoặc đẩy của những chất liệu có từ tính.

magnitude | cường độ Số đo độ mạnh của một trận động đất căn cứ trên sóng địa chấn và sự chuyển động dọc theo những đứt gãy.

main sequence | chuỗi chính Vệt dài chéo góc trên biểu đồ Hertzsprung-Russell bao gồm hơn 90 phần trăm của tất cả các sao.

malleable | dễ biến dạng Thuật ngữ dùng để mô tả vật liệu có thể đập hoặc cán thành miếng mỏng.

mammal | động vật có vú Động vật có xương sống, thân nhiệt được điều tiết bởi nội nhiệt, da có lông to hoặc lông mịn và có tuyến sữa để cho con bú.

mammary gland | tuyến vú Bộ phận có trong động vật cái có vú, có chức năng sinh sữa cho con bú.

manipulated variable | biến số quyết định Đây là yếu tố duy nhất mà nhà khoa học thay đổi trong cuộc thí nghiệm; còn được gọi là biến số độc lập.

mantle | lớp phủ Lớp vật liệu nóng và cứng nằm giữa vỏ và lõi của trái đất.

map projection | phép chiếu bản đồ Là một khung của những đoạn thẳng nối các điểm trên mặt cong của trái đất lên các điểm tương ứng trên một mặt phẳng.

maria | vùng tối Những vùng tối, phẳng trên mặt trăng được tạo thành do các dòng chảy dung nham từ xa xưa.

marine climate | khí hậu biển Khí hậu của một số vùng ven biển có mùa đông tương đối ấm và mùa hè tương đối mát.

marrow | tủy Mô liên kết mềm chiếm đầy các hốc trong xương.

marsupial | động vật có túi Loài động vật có vú sinh con còn trong giai đoạn non, thường tiếp tục tăng trưởng trong một cái túi trên thân mình của động vật mẹ.

mass | khối lượng Số đo mức định lượng của vật chất chứa trong một vật thể.

mass extinction | sự tuyệt chủng hàng loạt Khi nhiều loài sinh vật bị tuyệt chủng cùng một lúc với nhau.

mass movement | chuyển động khối Bất kể quá trình nào trong số các quá trình sạt lở trượt dốc do trọng lực.

mass number | số khối Là tổng số các proton và neutron trong hạt nhân của một nguyên tử.

matter | vật chất Bất cứ thứ gì có khối lượng và chiếm khoảng không gian.

mean | số bình quân Là số trung bình của một tập hợp số liệu.

meander | khúc quanh Đường cong uốn lượn của một đoạn con sông.

mechanical advantage | hiệu suất cơ học Số lần mà một lực được tăng lên khi tác động lên một chiếc máy.

mechanical energy | cơ năng Động năng hoặc thế năng có từ sự chuyển động hoặc vị trí của một vật.

mechanical engineering | kỹ thuật cơ khí Một ngành kỹ thuật liên quan đến thiết kế, chế tạo, và vận hành các cỗ máy.

mechanical wave | sóng cơ học Là loại sóng bắt buộc phải có một môi trường vật chất để đi qua.

mechanical weathering | phong hóa cơ học Một loại phong hóa theo kiểu đá vỡ ra thành những mảnh nhỏ theo quy luật tự nhiên.

median | số trung vị Số nằm giữa trong một tập hợp số liệu.

medium | môi trường truyền dẫn Vật liệu để một làn sóng đi qua.

medusa | dạng sứa Một trong những hình dạng cơ thể của động vật ruột khoang, trông giống như chiếc dù và dễ thích ứng với cuộc sống bơi tự do.

meiosis | giảm phân Quá trình xảy ra khi tế bào sinh dục (tinh trùng và trứng) được hình thành, khiến cho số nhiễm sắc thể trong mỗi tế bào được giảm phân nửa.

melanin | hắc tố Sắc tố làm cho da có màu.

melting point | độ nung chảy Nhiệt độ chuyển một vật chất từ thể rắn sang thể lỏng; giống như độ đông, là nhiệt độ chuyển vật chất từ thể lỏng sang thể rắn.

meniscus | mặt khum của chất lỏng Mặt cong phía trên của một chất lỏng trong một cột chất lỏng.

mercury barometer | khí áp kế thủy ngân Dụng cụ đo sự thay đổi áp suất trong không khí, gồm có một ống thủy tinh một phần chứa thủy ngân và úp đầu trống xuống trên một đĩa thủy ngân.

mesosphere | tầng trung lưu Tầng khí quyển của trái đất nằm ngay phía trên tầng bình lưu.

messenger RNA | ARN thông tin Loại ARN mang bản sao hướng dẫn về cách ghép axít amin thành protein từ ADN đến các ribô thể trong tế bào chất.

metabolism | sự chuyển hóa Sự kết hợp các phản ứng hóa học nhờ đó một sinh vật có thể tạo dựng hay phân rã các chất trong cơ thể.

metal | kim loại Một nhóm nguyên tố có những lý tính bao gồm có ánh kim, dễ biến dạng, dễ kéo sợi, và dễ dẫn.

metallic bond | liên kết kim loại Sự hấp dẫn giữa một ion kim loại dương và các điện tử xung quanh nó.

metalloid | á kim Một nguyên tố có một số đặc tính của cả hai vừa kim loại vừa phi kim loại.

metamorphic rock | đá biến chất Một loại đá hình thành từ đá đang tồn tại mà bị thay đổi do nhiệt, áp suất, hoặc phản ứng hóa học.

metamorphosis | biến thái Quá trình trong đó cơ thể của một động vật đổi hình dạng đáng kể trong chu kỳ sống của nó.

meteor | sao băng Một vệt sáng trên trời do một thiên thạch bị đốt cháy trong bầu khí quyển của trái đất.

meteorite | vẫn thạch Một thiên thạch đi qua bầu khí quyển và rơi xuống mặt đất.

meteoroid | thiên thạch Một khối đá hoặc bụi trong không gian, thường nhỏ hơn tiểu hành tinh.

metric system | hệ mét Một hệ đo lường dựa theo số 10.

microgravity | vi trọng lực Hiện tượng có cảm giác mất trọng lực trên quỹ đạo.

microorganism | vi sinh vật Một sin vật quá nhỏ, chỉ có thể thấy được bằng kính hiển vi.

microscope | kính hiển vi Một dụng cụ làm cho các vật nhỏ trông to hơn.

microwaves | sóng vi ba Sóng điện từ có bước sóng ngắn hơn và tần số cao hơn sóng vô tuyến.

mid-ocean ridge | sống núi giữa đại dương Một chuỗi các ngọn núi dưới biển, nơi tạo ra nền đáy biển mới, ranh giới mảng phân kỳ.

migration | sự di cư Việc một động vật di chuyển định kỳ theo mùa từ một môi trường sang môi trường khác để kiếm thức ăn hay sinh sản.

mineral | khoáng chất 1. Một loại chất rắn được tạo thành tự nhiên qua những quá trình vô cơ và có cấu trúc tinh thể và thành phần cấu tạo hóa học rõ ràng. 2. Chất dinh dưỡng cần thiết với số lượng nhỏ cho cơ thể, và không được tạo ra từ sinh vật.

mirage | ảo ảnh Ảnh của một vật ở xa được tạo ra do khúc xạ ánh sáng xuyên qua nhiều lớp không khí có nhiều nhiệt độ khác nhau.

mitochondria | ti thể Bào quan hình thanh biến năng lượng từ các phân tử thức ăn thành năng lượng cho tế bào sử dụng để thực hiện các chức năng của nó.

mitosis | nguyên phân Giai đoạn thứ hai của chu kỳ tế bào, trong giai đoạn này hạt nhân của tế bào tự chia thành hai hạt nhân mới và phân phát một bộ ADN cho một tế bào con.

mixture | hỗn hợp Hai hoặc nhiều chất tồn tại ở cùng một chỗ nhưng các tế bào không có liên kết hóa học.

mode | mode Số xuất hiện nhiều lần nhất trong một danh sách có nhiều số.

model | mô hình Là một công cụ dùng để thể hiện một vật hay một quy trình phức tạp nào đó nhằm giúp cho người ta hiểu một khái niệm mà họ không thể quan sát trực tiếp được.

Modified Mercalli scale | Thang đo Mercalli Là thang đo độ rung chuyển của một cơn động đất.

Mohs hardness scale | thang độ cứng Mohs Thang xếp độ cứng của các loại khoáng vật từ mềm nhất tới cứng nhất; được dùng để thử độ cứng của khoáng vật.

mold | hóa thạch khuôn ngoài Một loại hóa thạch; đó là một khoảng trống bên trong một phiến đất đá có hình dạng, toàn bộ hoặc một phần, của một sinh vật.

molecular compound | hợp chất phân tử Một hợp chất chứa nhiều phân tử.

molecule | phân tử Một tập hợp trung tính gồm từ hai nguyên tử trở lên được dính với nhau bởi các liên kết cộng hóa trị.

mollusk | động vật thân mềm Loại động vật không xương sống, cơ thể mềm, không phân đoạn; hầu hết được bảo vệ bởi một lớp vỏ cứng bên ngoài.

molting | thay vỏ Quá trình thay bộ xương ngoài để phát triển thêm.

moment magnitude scale | thang đo độ lớn mô men Thang đo dùng để đánh giá động đất bằng cách ước lượng tổng năng lượng trong một trận động đất.

momentum | động lượng Tích của khối lượng và vận tốc tuyến tính của một vật.

monocot | đơn tử diệp Thực vật hạt kín chỉ có một lá mầm.

monotreme | động vật đơn huyệt Động vật có vú mà để trứng.

monsoon | gió mùa Loại gió từ biển thổi vào hay từ đất thổi ra biển trên một vùng rộng và thay đổi hướng gió theo mùa.

moraine | băng tích Một dãy đất sét đọng nhỏ dọc theo rìa sông băng.

motion | sự chuyển động Trạng thái của một vật có khoảng cách đang thay đổi so với vật khác.

motor neuron | tế bào thần kinh vận động Loại tế bào thần kinh chở xung điện đến cơ bắp hay tuyến hạch, khiến cho cơ bắp hay tuyến hạch đó phản ứng lại.

mountain range | dãy núi Một tập hợp có nhiều núi có hình thù, cấu trúc, diện tích, và độ tuổi gần giống nhau.

mucus | nước nhầy Một chất sệt, trơn được tiết ra bởi cơ thể.

multiple alleles | đa alen Ba hoặc nhiều alen tiềm năng của một gen xác định một tính trạng.

municipal solid waste | chất thải rắn đô thị Chất thải cho ra từ các hộ gia đình, doanh nghiệp, trường học và các thực thể khác trong cộng đồng.

mutation | đột biến Bất cứ thay đổi nào trong ADN của một gen hay nhiễm sắc thể.

mutualism | sự hỗ sinh Một loại quan hệ cộng sinh, trong đó cả hai bên đều hưởng lợi từ việc chung sống với nhau.

N

natural selection | chọn lọc tự nhiên Quá trình trong đó các sinh vật nào thích ứng tốt nhất với môi trường cũng có khả năng sống sót và sinh sản nhiều nhất.

neap tide | triều kém Thủy triều có mức chênh lệch ít nhất giữa hai lúc triều xuống và triều lên liền kề nhau.

nearsighted | cận thị Bệnh trạng mà một người có thể nhìn thấy rõ các vật gần nhưng những vật ở xa thì thấy mờ.

nebula | tinh vân Một đám mây to trong không gian gồm chất khí và bụi.

negative feedback | phản hồi âm Quá trình mà một hệ thống bị tắt nguồn dựa theo điều kiện do chính hệ thống đó tạo ra.

nekton | động vật phiêu sinh Loài động vật bơi tự do có thể di chuyển bất cứ nơi nào trong một cột nước.

nephron | ống sinh niệu Một cấu trúc lọc nhỏ được tìm thấy trong thận có chức năng lọc chất thải từ máu và làm ra nước tiểu.

neritic zone | vùng ven bờ Là vùng biển bắt đầu từ đường thủy triều thấp nhất kéo dài ra đến tận rìa của thềm lục địa.

nerve | dây thần kinh Là một bó sợi thần kinh.

nerve impulse | xung động thần kinh Tín hiệu được truyền đi bởi tế bào thần kinh.

nervous system | hệ thần kinh Một hệ thống cơ quan có chức năng nhận thông tin từ môi trường và sắp xếp một sự phản ứng.

nervous tissue | mô thần kinh Một loại mô trong cơ thể mang các tín hiệu điện đi lại giữa não và các bộ phận khác trong cơ thể.

net force | lực tổng hợp Toàn lực tác động lên một vật, có được bằng cách cộng tất cả các lực tác động đơn lẻ lại với nhau.

neuron | tế bào thần kinh Loại tế bào truyền tải thông tin trong suốt hệ thần kinh.

neutralization | phản ứng trung hòa Là một phản ứng giữa axít và bazơ cho ra một dung dịch không phải là axít hoặc bazơ nữa.

neutron | neutron Một hạt nhỏ không tích điện trong hạt nhân của nguyên tử.

neutron star | sao neutron Những tàn tích nhỏ dày đặc của một ngôi sao có khối lượng lớn sau một vụ nổ siêu tân tinh.

newton | niutơn Một đơn vị đo lực bằng với lực cần thiết để tăng tốc một vật có khối lượng 1 kg trên 1 mét trong 1 giây trong một giây.

Newton's first law of motion | định luật thứ nhất của Niutơn về sự chuyển động Định luật khoa học nói rằng một vật ở vị trí nghỉ sẽ không chuyển động và một vật đang chuyển động sẽ tiếp tục chuyển động với tốc độ và hướng chuyển động không đổi trừ phi có một lực tác động lên vật đó.

niche | ổ sinh thái Cách kiếm sống của một sinh vật cũng như cách tương tác với các nhân tố hữu sinh và vô sinh trong môi trường sống của sinh vật đó.

nitrogen bases | bazơ nitơ Các phân tử có chứa nitơ và những nguyên tố khác.

nitrogen fixation | cố định đạm Quá trình biến khí nitơ tự do thành các hợp chất nitơ cho thực vật dễ hấp thu và tiêu thụ.

noble gas | khí hiếm Một nguyên tố thuộc nhóm 18 trên bảng phân loại tuần hoàn.

node | nút sóng Điểm có biên độ bằng không trên một sóng đứng.

nodule | kết hạch Vật có dạng cục dưới đáy đại dương được tạo thành bởi các kim loại như mangan kết tụ quanh những mảnh vỏ.

noninfectious disease | bệnh không truyền nhiễm Bệnh không phải do mầm bệnh gây ra.

nonpoint source | nguồn không tập trung Nguồn ô nhiễm phân tán rộng, khó xác định được nguồn gốc chính.

nonpolar bond | liên kết không phân cực Liên kết cộng hóa trị có các hạt điện tử được chia đều.

normal fault | đứt gãy thuận Loại đứt gãy có cánh treo sụt xuống; gây ra bởi sự căng giãn của lớp vỏ trái đất.

notochord | dây nguyên sống Trụ dẻo chạy dọc ngay dưới dây sống và đỡ lưng ở các động vật có dây sống.

nuclear energy | năng lượng nguyên tử Thế năng chứa trong hạt nhân của một nguyên tử.

nuclear fission | phân hạch hạt nhân Việc tách hạt nhân của một nguyên tử ra thành hai hạt nhân nhỏ hơn và một số neutron, nhờ đó phóng thích một lượng năng lượng lớn.

nuclear fusion | hợp hạch hạt nhân Quá trình hai hạt nhân nguyên tử kết hợp thành một hạt nhân to hơn, tạo thành một nguyên tố nặng hơn và phóng thích một lượng năng lượng khổng lồ; quá trình tạo ra năng lượng bên trong các vì sao.

nuclear reaction | phản ứng hạt nhân Một loại phản ứng giữa những hạt trong hạt nhân của một nguyên tử, và có thể biến một nguyên tố này thành một nguyên tố khác.

nucleic acid | axít nucleic Một phân tử hữu cơ rất lớn được cấu thành bởi cácbon, ôxy, hyđrô, nitơ, và phốtpho và chứa thông tin cần thiết để các tế bào có thể thực hiện tất cả các chức năng của sự sống.

nucleus | nhân 1. Đối với tế bào, nhân là một bào quan lớn, hình bầu dục chứa chất di truyền dưới dạng ADN và điều khiển nhiều hoạt động của tế bào. 2. Lõi trung tâm của nguyên tử, chứa các proton và neuron. 3. Lõi cứng của một sao chổi.

nutrient | chất dinh dưỡng 1. Một chất như nitơ hoặc phốtpho giúp cho cây và tảo phát triển. 2. Những chất trong thức ăn chứa các nguyên liệu và năng lượng cần thiết cho một sinh vật thực hiện những quá trình cần thiết.

nutrient depletion | suy thoái dinh dưỡng Tình trạng này xảy ra khi dinh dưỡng trong đất được sử dụng với số lượng nhiều hơn lượng dinh dưỡng được cấp lại từ các sinh vật phân hủy.

nymph | thiếu trùng Giai đoạn trong quá trình biến thái không hoàn toàn, thường trông giống với côn trùng trưởng thành.

O

objective | vật kính (khách quan) 1. Thấu kính tập hợp ánh sáng từ một vật và hình thành một ảnh thực. 2. Mô tả hành động đưa ra quyết định hoặc kết luận dựa trên chứng cứ hiện có.

obsolete | lỗi thời Không còn sử dụng nữa.

occluded | hấp lưu Hút giữ, khi nói về frông nơi có khối khí nóng bị kẹp giữa hai khối khí lạnh.

Ohm's law | định luật Ohm Định luật nói rằng điện trở trong một mạch điện bằng với điện thế chia cho cường độ.

omnivore | loài ăn tạp Các sinh vật tiêu thụ kiếm năng lượng bằng cách ăn cả thực vật và động vật.

Oort cloud | đám mây Oort Một vùng hình cầu chứa các sao chổi bao quanh hệ mặt trời.

opaque | chắn sáng Loại vật liệu phản chiếu hoạt hấp thụ hết tất cả ánh sáng chạm vào nó.

open circulatory system | hệ tuần hoàn hở
Một hệ thống lưu thông có tim bơm máu vào các khoảng trống trong cơ thể và máu không bị giữ trong các ống mạch.

open cluster | quần tinh mở Một chùm sao có hình dạng lỏng lẻo, không theo thứ tự và có không quá vài ngàn ngôi sao.

open system | hệ thống mở Một hệ thống mà vật chất có thể vào hoặc ra môi trường bên ngoài.

open-ocean zone | vùng biển khơi Khu vực sâu nhất, tối nhất của đại dương phía ngoài thềm lục địa.

optic nerve | thần kinh thị giác Dây thần kinh ngắn, to mang tín hiệu từ mắt vào não.

optical axis | trục quang học Một đường thẳng tưởng tượng chia đôi một tấm gương phản chiếu.

optical telescope | kính viễn vọng quang học Kính viễn vọng sử dụng thấu kính hoặc gương phản chiếu để tập hợp và hội tụ ánh sáng.

orbit | quỹ đạo Đường di chuyển của một vật thể quay quanh một vật thể khác trong không gian.

orbital velocity | vận tốc quỹ đạo Vận tốc mà một tên lửa phải đạt đến để hình thành một quỹ đạo quay xung quanh một thiên thể trong không gian.

organ | cơ quan Một cấu trúc cơ thể gồm có nhiều loại mô làm việc chung với nhau.

organ system | hệ cơ quan Một nhóm các cơ quan hoạt động phối hợp với nhau để thực hiện một chức năng chính.

organelle | bào quan Cấu trúc cực nhỏ của tế bào thực hiện một chức năng cụ thể trong tế bào đó.

organic rock | đá hữu cơ Đá trầm tích hình thành từ xác sinh vật được bồi tích thành những lớp dầy.

osmosis | sự thẩm thấu Hiện tượng phân tử nước khuếch tán qua một màng thấm chọn lọc.

outer core | lõi ngoài Lớp sắt và kền lỏng bao quanh lõi trong của trái đất.

output | đầu ra Vật liệu, năng lượng, kết quả, hoặc sản phẩm cho ra từ một hệ thống.

output force | lực đầu ra Lực tác động lên một vật bởi một cái máy.

ovary | bầu noãn (buồng trứng) 1. Cấu trúc trong bông hoa bao bọc và bảo vệ noãn và hạt trong quá trình phát triển. 2. Bộ phận thuộc hệ sinh sản của nữ giới, là nơi sản xuất trứng và estrogen.

overtone | bội âm Tần số tự nhiên là bội số của tần số cơ bản của một âm thanh.

ovulation | rụng trứng Quá trình giải phóng trứng trưởng thành từ buồng trứng vào ống dẫn trứng.

ovule | noãn Trong các loại cây có hạt, đây là cấu trúc sinh ra thể giao tử cái; chứa một tế bào trứng.

oxbow lake | hồ móng ngựa Một khúc quanh của con sông bị chặn lại thành hồ.

oxidation | ôxy hóa Một sự biến đổi hóa học mà một chất kết hợp với ôxy, như ôxít sắt, tạo thành chất rỉ sét.

ozone | ôzôn Một dạng ôxy có ba nguyên tử ôxy trong mỗi phân tử thay vì thông thường là hai; độc hại đối với các sinh vật nếu gần mặt đất.

ozone layer | tầng ôzôn Tầng lớp trong bầu khí quyển trên là nơi có nồng độ khí ôzôn cao hơn phần khí quyển còn lại.

P

P wave | sóng sơ cấp Một loại sóng địa chấn làm co giãn mặt đất.

pacemaker | trung tâm tạo nhịp Một nhóm tế bào tại tâm nhĩ phải truyền đi tín hiệu làm cho cơ tim co thắt và điều tiết nhịp tim.

paleontologist | nhà cổ sinh vật học Nhà khoa học nghiên cứu hóa thạch để tìm hiểu về các sinh vật cổ.

pancreas | tuyến tụy Một bộ phận cơ thể có hình tam giác nằm giữa dạ dày và đoạn đầu của ruột non; nó tiết ra enzym tiêu hóa để phân nhỏ các chất dinh dưỡng.

Pangaea | Siêu Lục Địa Tên được đặt cho một vùng đất đơn độc bắt đầu chia nhỏ ra cách đây 200 triệu năm và cho ra các châu lục như ngày hôm nay.

parallax | thị sai Sự thay đổi biểu kiến vị trí của một vật khi được nhìn thấy từ những nơi khác nhau.

parallel circuit | mạch song song Là một mạch điện có nhiều phần khác nhau được đấu nối theo các nhánh biệt lập trên mạch điện này.

parasite | ký sinh vật Một sinh vật hưởng lợi từ việc sống với, trên, hoặc trong cơ thể một sinh vật chủ theo kiểu tương tác ký sinh.

parasitism | hiện tượng ký sinh Một loại quan hệ cộng sinh trong đó một sinh vật sống với, trên hay trong cơ thể một sinh vật chủ và gây hại cho sinh vật đó.

passive immunity | miễn dịch thụ động Trạng thái miễn dịch xuất hiện khi các kháng thể được cung cấp cho một người thay vì tự trong cơ thể người đó sản xuất ra.

passive transport | vận chuyển thụ động Hình thức vận chuyển các chất hòa tan xuyên màng tế bào mà không cần năng lượng của tế bào.

pasteurization | tiệt trùng Một quá trình làm nóng thức ăn đến độ đủ cao để tiêu diệt hầu hết các loại vi khuẩn độc hại mà không bị mất đi mùi vị thức ăn.

pathogen | mầm bệnh Một loại sinh vật gây bệnh.

peat | than bùn Rong rêu chết thành những lớp chặt ở những nơi đầm lầy.

pedigree | phả hệ Biểu đồ cho thấy sự tồn tại hay biến mất của một tính trạng theo các quan hệ trong gia đình qua nhiều thế hệ.

penumbra | vùng nửa tối Phần bao quanh chỗ tối nhất của bóng tối.

Percent Daily Value | Phần Trăm Giá Trị Dinh Dưỡng Hàng Ngày Một con số cho biết trong một khẩu phần ăn có bao nhiêu giá trị dinh dưỡng cho một người cần 2,000 calori mỗi ngày.

percent error | phần trăm sai số Phép tính sử dụng cho việc xác định xem một giá trị thực nghiệm có độ chính xác so với giá trị thật như thế nào.

period | chu kỳ tuần hoàn (kỷ) 1. Dãy ngang của các nguyên tố trên bản phân loại tuần hoàn. 2. Một trong các đơn vị thời gian trong hệ thống niên đại địa chất, được các nhà địa chất học dùng để chia nhỏ đơn vị đại.

peripheral nervous system | hệ thống thần kinh ngoại biên Một phần của hệ thống thần kinh bao gồm tất cả các dây thần kinh nằm ngoài hệ thần kinh trung ương.

peristalsis | nhu động Những làn sóng co bóp lần lượt ở các cơ trơn giúp chuyển thức ăn qua thực quản vào bao tử.

permafrost | tầng đất đóng băng vĩnh cửu Đất đông triền miên được tìm thấy tại các vùng khí hậu đài nguyên.

permeable | tính thấm Một đặc tính của vật liệu chứa nhiều túi khí hoặc lỗ hổng nối kết với nhau, như vậy nước có thể chui lọt qua dễ dàng.

petrified fossil | hóa thạch Trong hóa thạch, khoáng chất thay thế tất cả hoặc một phần cơ thể sinh vật.

petrochemical | chất hóa dầu Một hợp chất sản xuất từ dầu mỏ.

petroleum | dầu mỏ Nhiên liệu hóa thạch dạng lỏng; còn được gọi là dầu.

pH scale | thang pH Một dãy giá trị dùng để biểu thị độ axít hay bazơ của một chất; biểu thị nồng độ của ion hyđrô trong một dung dịch.

phagocyte | thực bào Loại bạch cầu tiêu diệt các mầm bệnh bằng cách nuốt và phân hủy chúng.

pharynx | hầu Cổ họng; bộ phận của cả hai hệ hô hấp và hệ tiêu hóa.

phase | tuần trăng Một trong các hình dáng biểu kiến của mặt trăng thấy được từ mặt đất.

phenotype | kiểu hình Hình dạng bên ngoài của một sinh vật, hoặc nói cách khác là những tính trạng nhìn thấy được.

pheromone | chất dẫn dụ Chất hóa học do một động vật tiết ra tạo ảnh hưởng đến hành vi của một động vật cùng loài khác.

phloem | libe Mô mạch để truyền dẫn thức ăn trong một số loại cây.

photochemical smog | khói mù quang hóa Khói mù màu nâu dày đặc là một hỗn hợp của ôzôn và những hóa chất khác tạo thành khi những chất ô nhiễm phản ứng với ánh sáng mặt trời.

photoelectric effect | hiệu ứng điện quang Việc hạt điện tử phóng ra từ một chất khi có ánh sáng chiếu lên chất đó.

photon | quang tử Một hạt, hay còn gọi là "gói", của năng lượng ánh sáng.

photoperiodism | quang kỳ Phản ứng của thực vật khi độ dài của các khoảng thời gian sáng và tối thay đổi theo mùa.

photosphere | quyển sáng Lớp trong của khí quyển mặt trời cho ra ánh sáng thấy được bằng mắt thường; bề mặt của mặt trời.

photosynthesis | sự quang hợp Quá trình mà cây hoặc các sinh vật tự dưỡng khác nhận và sử dụng năng lượng ánh sáng để biến điôxít cácbon và nước thành thức ăn.

physical change | thay đổi vật lý Một sự thay đổi làm biến thể hay hình dạng của một chất liệu nhưng không làm cho chất liệu đó biến thành một chất khác.

physical property | lý tính Đặc tính của một chất nguyên chất có thể quan sát được mà không cần biến chất đó thành một chất khác.

pigment | sắc tố 1. Một hợp chất hóa học có màu sắc hấp thụ ánh sáng. 2. Một chất màu dùng để nhuộm màu các vật liệu khác.

pioneer species | loài tiên phong Loài đầu tiên đến định cư ở một vùng trong quá trình diễn thế.

pipe | ống Một ống dài để macma chảy qua từ lò macma lên mặt đất.

pistil | nhụy Bộ phận sinh dục cái của hoa.

pitch | âm vực Sự mô tả âm thanh được cảm nhận cao hay thấp.

pituitary gland | tuyến yên Tuyến nội tiết có chức năng điều tiết nhiều hoạt động cơ thể và kiểm soát hoạt động của một số tuyến nội tiết khác.

pixel | ảnh điểm Một phần ảnh số, thường thấy được là một điểm vuông nhỏ hay một dấu chấm nhỏ.

placenta | nhau Một bộ phận có trong hầu hết động vật có vú đang mang thai, kể cả con người. Bộ phận này liên kết giữa cơ thể mẹ và phôi đang phát triển và cho phép việc trao đổi chất giữa mẹ và con.

placental mammal | động vật nhau thai Loài động vật có vú phát triển trong bụng mẹ cho đến khi các hệ thống trong cơ thể có thể tự hoạt động độc lập được.

plain | đồng bằng Loại địa mạo có địa hình phẳng hoặc đất có dốc thoai thoải nhẹ.

plane mirror | gương phẳng Một tấm gương phẳng chiếu lại hình ảnh ảo cùng chiều, cùng cỡ với vật.

planet | hành tinh Một vật có quỹ đạo quanh một vì sao, có đủ kích cỡ để tự giữ hình cầu bằng chính lực hấp dẫn của nó, và khu vực gần quỹ đạo của nó không còn các vật thể khác có khối lượng đáng kể.

planetesimal | hạt giống hành tinh Một trong những thiên thể nhỏ, giống như tiểu hành tinh, làm vật liệu tạo thành các hành tinh.

plankton | phù du Tảo và các động vật cực nhỏ trôi nổi trong nước và được sóng và dòng chảy đưa đi.

plasma | huyết tương (thể plasma) 1. Phần chất lỏng trong máu. 2. Thể tương tự như thể khí của một vật chất bao gồm một hỗn hợp các hạt điện tử tự do và các nguyên tử đã mất điện tử.

plate | mảng địa tầng Một phần của thạch quyển di chuyển dần qua mặt quyển mềm, mang theo những mảnh vỏ của lục địa và của đại dương.

plate tectonics | kiến tạo địa tầng Một học thuyết cho rằng những mảng thạch quyển của trái đất luôn luôn chuyển động bởi những dòng đối lưu trong lớp phủ.

plateau | cao nguyên Vùng đất rộng lớn ở độ khá cao, tương đối bằng phẳng.

platelet | tiểu cầu Mảnh của tế bào đóng vai trò quan trọng cho việc đông máu cục.

plucking | sự cày mòn Quá trình sông băng lấy và mang theo đá khi chảy qua một vùng đất.

point source | nguồn tập trung Một nguồn ô nhiễm cụ thể có thể xác định được.

polar bond | liên kết phân cực Liên kết cộng hóa trị chia sẻ các hạt điện tử không đồng đều.

polar zones | vùng cực Những vùng gần hai cực từ khoảng 66.5 đến 90 vĩ độ bắc và 66.5 đến 90 vĩ độ nam.

polarization | sự phân cực Một quá trình mà các hạt điện tử bị hút hoặc đẩy bởi một điện trường bên ngoài, làm cho các hạt điện tử chuyển động trong nguyên tử.

polarized light | ánh sáng phân cực Ánh sáng được lọc để tất cả các tia sóng hướng phía song song với nhau.

pollen | phấn hoa Cấu trúc nhỏ (giao tử đực) do cây có hạt cho ra, nó chứa tế bào mà sau này trở thành tế bào tinh trùng.

pollination | thụ phấn Việc truyền phấn từ cấu trúc sinh sản đực sang cấu trúc sinh sản cái trong thực vật.

polyatomic ion | ion đa nguyên tử Một ion được tạo thành từ hai nguyên tử trở lên.

polygenic inheritance | di truyền đa gen Việc di truyền các tính trạng được kiểm soát bởi hai gen hay nhiều hơn, như là chiều cao của người chẳng hạn.

polyp | dạng thủy tức Một trong những hình dạng cơ thể của động vật ruột khoang, trông giống như một bình hoa đứng thẳng và thường dễ thích ứng với đời sống bám chặt vào một mặt nào đó dưới nước.

population | quần thể Tất cả các cá thể cùng loài sống trong cùng một vùng.

population density | mật độ quần thể Số cá thể ở một vùng có diện tích nhất định.

potential energy | thế năng Năng lượng của một vật có được vì vị trí của nó; cũng có nghĩa là nội năng chứa trong một vật, thí dụ như năng lượng chứa trong các liên kết hóa học.

power | công suất Tỷ lệ của một dạng năng lượng được sử dụng để biến thành một dạng năng lượng khác.

precipitate | chất kết tủa Chất rắn hình thành từ một dung dịch lúc xảy ra phản ứng hóa học.

precision | độ chính xác Độ gần nhau của một tập hợp số đo lường.

predation | sự săn mồi Một tương tác trong đó một sinh vật giết một sinh vật khác để ăn thịt hay kiếm chất dinh dưỡng từ nó.

predator | vật săn mồi Là sinh vật giết con mồi trong tương tác săn mồi.

pressure | áp suất Lực đè lên bề mặt được chia bởi diện tích của bề mặt đó.

prey | con mồi Sinh vật bị giết và bị ăn thịt bởi một sinh vật khác trong tương tác săn mồi.

primary succession | diễn thế nguyên sinh Một chuỗi diễn biến xảy ra trong một vùng chưa có đất hoặc sinh vật tồn tại.

prime meridian | kinh tuyến gốc Đường phân chia nửa vòng tròn từ bắc cực đến nam cực và đường đó đi ngang qua địa danh Greenwich của nước Anh.

producer | sinh vật sản xuất Một sinh vật có thể tự tạo ra thức ăn cho nó.

product | sản phẩm Chất được tạo thành do một phản ứng hóa học.

prokaryote | sinh vật nhân sơ Sinh vật đơn bào không có nhân và cũng thiếu một số cấu trúc tế bào khác.

prominence | tai lửa Vòng khí khổng lồ màu đỏ vòng ra từ bề mặt của mặt trời và kết nối các vùng vệt đen.

protein | protein Phân tử hữu cơ lớn được cấu tạo bởi cácbon, hyđrô, ôxy, nitơ, và đôi khi bởi lưu huỳnh.

protist | sinh vật đơn bào Loại sinh vật nhân chuẩn không thể xếp loại theo động vật, thực vật, hoặc nấm được.

protons | proton Hạt nhỏ tích điện dương được tìm thấy trong hạt nhân của một nguyên tử.

protostar | phôi sao Một đám mây khí và bụi gom tụ lại đến khi đủ khối lượng để hình thành một ngôi sao.

prototype | nguyên mẫu Một mô hình hoạt động dùng để thử nghiệm thiết kế.

protozoan | động vật nguyên sinh Sinh vật đơn bào (chỉ có một tế bào), tương tự loài động vật.

pseudopod | chân giả Một cái "chân giả" hoặc chỗ phình ra tạm thời chứa tế bào chất dùng để ăn và di chuyển trong một số động vật nguyên sinh.

psychrometer | máy đo độ ẩm Dụng cụ dùng đê đo độ ẩm tương đối.

pulley | ròng rọc Máy đơn giản gồm có một bánh răng có sợi dây thừng hoặc dây cáp vòng qua.

pulsar | ẩn tinh Ngôi sao neutron quay rất nhanh phát ra sóng vô tuyến.

punctuated equilibrium | giả thuyết cân bằng ngắt quãng Một mô hình tiến hóa trong đó những thời kỳ ổn định lâu dài thỉnh thoảng bị gián đoạn bởi những thời kỳ ngắn có nhiều thay đổi nhanh hơn.

Punnett square | bảng Punnett Một biểu đồ cho thấy tất cả các kết hợp alen có thể có được từ việc lai tạo gen.

pupa | nhộng Giai đoạn thứ ba trong quá trình biến thái hoàn toàn, trong đó ấu trùng phát triển thành côn trùng trưởng thành.

pupil | đồng tử Phần hở giữa mống mắt, nơi để ánh sáng xuyên vào bên trong mắt.

purebred | thuần chủng Con của bố mẹ có cùng tính trạng.

pyroclastic flow | dòng vụn núi lửa Dòng tro, xỉ, bom, và khí chảy xuống từ núi lửa trong lúc nổ tung.

Q

qualitative observation | quan sát định tính Một loại quan sát chú trọng đến những tính chất không thể biểu thị bằng số được.

quantitative observation | quan sát định lượng Một loại quan sát chú trọng đến con số hoặc số lượng.

quasar | chuẩn tinh Một thiên hà ở xa cực sáng và có một hố đen khổng lồ giữa trung tâm.

R

radial symmetry | tính đối xứng xuyên tâm
Hình dạng cơ thể mà nếu vẽ một đường tưởng tượng xuyên qua tâm theo bất cứ góc độ nào đi nữa thì vẫn chia động vật đó thành hai hình đối chiếu nhau.

radiation | bức xạ Sự lan truyền năng lượng bằng sóng điện tử.

radiation zone | vùng bức xạ Một vùng có khí dầy đặc trong vùng nội của mặt trời, tại vùng này năng lượng được truyền đi chủ yếu bằng bức xạ điện tử.

radio telescope | kính viễn vọng vô tuyến
Một dụng cụ dùng để phát hiện sóng vô tuyến từ các vật thể ngoài không gian.

radio waves | sóng vô tuyến Sóng điện từ có bước sóng dài nhất và tần số thấp nhất.

radioactive dating | định tuổi bằng phóng xạ Quá trình định tuổi của một vật bằng chu kỳ bán hủy của một hoặc nhiều đồng vị phóng xạ.

radioactive decay | phân rã phóng xạ Quá trình mà hạt nhân của những nguyên tố hóa học phân rã và cho ra năng lượng và các hạt chuyển động nhanh.

radioactivity | phóng xạ Việc một hạt nhân nguyên tử không ổn định tự nhiên phóng ra bức xạ.

radon | rađon Một khí phóng xạ không màu, không mùi.

radula | lưỡi gai Trong động vật thân mềm, đây là dải răng nhỏ và dẻo.

rain forest | rừng mưa Rừng có mưa ít nhất 2 mét một năm, thường thấy ở vùng nhiệt đới có khí hậu ẩm ướt.

range | khoảng biến thiên Khoảng giữa giá trị lớn nhất và giá trị nhỏ nhất trong một tập hợp số liệu.

rarefaction | vùng dãn Phần của sóng dọc mà các hạt trong môi trường truyền dẫn nằm cách xa ra.

ray | tia Một đường thẳng dùng để biểu thị sóng ánh sáng.

reactant | chất phản ứng Một chất tham gia vào một phản ứng hóa học.

reactivity | tính phản ứng Độ khó dễ và tốc độ nhanh, chậm của một nguyên tố khi kết hợp, hoặc phản ứng với những nguyên tố hoặc hợp chất khác.

reactor vessel | buồng phản ứng Một bộ phận của lò phản ứng nguyên tử, nơi mà phản ứng phân hạch xảy ra.

real image | ảnh thật Ảnh ngược chiều với vật, được hình thành khi các tia ánh sáng gặp nhau.

recessive allele | alen lặn Alen ẩn mình (không biểu hiện) khi có mặt alen trội.

red blood cell | hồng cầu Một tế bào trong máu mang ôxy từ phổi đến cho các tế bào của toàn cơ thể.

reference point | điểm quy chiếu Một nơi hoặc vật dùng để so sánh xem một vật thể có chuyển động hay không.

refinery | nhà máy lọc Một nhà máy đun nóng dầu thô để phân tách thành các loại nhiên liệu và những sản phẩm khác.

reflecting telescope | kính viễn vọng phản xạ Một loại kính viễn vọng sử dụng gương cong để thu và hội tụ ánh sáng.

reflection | sự phản xạ Sự dội lại của một vật hoặc một làn sóng khi chạm vào một bề mặt không xuyên qua được.

reflex | phản xạ Một phản ứng tự động xảy ra một cách nhanh chóng và không cần sự điều khiển của ý thức.

refracting telescope | kính viễn vọng khúc xạ Một loại kính viễn vọng sử dụng gương lồi để thu và hội tụ ánh sáng.

refraction | sự khúc xạ Hiện tượng các sóng bị bẻ cong do biến đổi tốc độ khi đi xuyên qua một môi trường mới theo một góc độ.

regular reflection | phản xạ đều Hiện tượng phản chiếu xảy ra khi các tia ánh sáng song song chạm vào một mặt phẳng và phản chiếu ra theo cùng một góc độ.

relative age | tuổi tương đối Tuổi của một hòn đá so với tuổi của các hòn đá khác.

relative humidity | độ ẩm tương đối Phần trăm hơi nước trong không khí so với lượng hơi nước tối đa mà không khí có thể chứa được tại một nhiệt độ nhất định.

relief | khoảng chênh lệch độ cao Sự chênh lệch độ cao giữa điểm cao nhất và điểm thấp nhất trên một khu vực.

remote sensing | cảm ứng từ xa Việc thu thập thông tin về trái đất và những thiên thể khác trong không gian bằng cách sử dụng vệ tinh hoặc máy dò.

replacement | phản ứng thay thế Một loại phản ứng mà trong đó có một nguyên tố thay thế một nguyên tố khác trong một hợp chất, hoặc hai nguyên tố trong các hợp chất khác nhau đổi chỗ cho nhau.

replication | nhân bản Quá trình mà một tế bào tự sao y bản ADN trong hạt nhân của nó trước khi phân bào.

reptile | loài bò sát Một loại động vật có xương sống, thân nhiệt được điều chỉnh theo môi trường, có phổi và da vảy, và đẻ trứng trên bờ.

reservoir | hồ chứa Hồ chứa nước cho con người sử dụng.

resistance | điện trở Số đo lực cản các hạt điện tích khi chạy qua một vật.

resonance | sự cộng hưởng Hiện tượng tăng biên độ giao động của một vật xảy ra khi có một sự giao động khác từ bên ngoài trùng khớp với tần số tự nhiên của vật đó.

respiratory system | hệ hô hấp Một hệ thống cơ quan giúp cho sinh vật trao đổi khí với môi trường xung quanh.

responding variable | biến số đáp ứng Trong các cuộc thí nghiệm, đây là yếu tố thay đổi do tác động của việc thay đổi biến số quyết định, tức là biến số độc lập; còn được gọi là biến số phụ thuộc.

response | đáp ứng Một hành động hoặc thay đổi hành vi xảy ra do tác động của một sự kích thích.

retina | võng mạc Lớp tế bạo cảm thụ nằm phía sau mắt, nơi hình ảnh được hội tụ.

reverse fault | đứt gãy nghịch Loại đứt gãy có cánh treo trượt lên trên; gây ra bởi chuyển động nén ép của vỏ trái đất.

revolution | chuyển động theo vòng Sự chuyển động của một vật quanh một vật khác.

rhizoid | rễ giả Cấu trúc mỏng, giống rễ, làm cho rêu bám được và hút nước và dinh dưỡng để nuôi thân.

ribosome | ribô thể Một bào quan nhỏ có dạng hạt trong tế bào chất của một tế bào và có chức năng sản xuất ra protein.

Richter scale | thang đo Richter Thang đo cường độ động đất dựa theo kích cỡ của sóng địa chấn.

rift valley | thung lũng tách giãn Thung lũng sâu hình thành tại nơi có hai mảng địa tầng di chuyển ra xa nhau.

rill | rãnh nước xói Một rãnh nhỏ trên đất được tạo ra do dòng nước.

ring | vành đai Vành mỏng có băng và hạt đá vây quanh một hành tinh.

rip current | dòng rút Dòng nước hẹp và mạnh, chảy xiết trong khoảng thời gian ngắn từ bờ hướng ra biển xé qua một khe nhỏ.

risk-benefit analysis | phân tích rủi ro-lợi ích Quá trình đánh giá những vấn đề về công nghệ có thể xảy ra so với những lợi ích đang mong đợi.

rock cycle | chu kỳ của đá Một chuỗi các quá trình xảy ra trên mặt và trong lòng đất dần dần chuyển đổi đá từ dạng này sang dạng khác.

rock-forming mineral | khoáng chất tạo thành đá Bất cứ các khoáng chất thông thường nào tạo thành hầu hết các loại đá có trong vỏ trái đất.

rods | tế bào hình que Các tế bào trong võng mạc cảm thụ ánh sáng mờ.

rolling friction | ma sát lăn Lực ma sát sinh ra khi một vật lăn trên một mặt phẳng.

root cap | chóp rễ Lớp kết cấu bao phủ đầu rễ, bảo vệ rễ khỏi bị hư khi chui xuyên theo đất.

rotation | chuyển động xoay Chuyển động xoay quanh trục của chính một hành tinh.

rover | xe tự hành Một loại robốt thám hiểm nhỏ có thể di chuyển trên bề mặt của mặt một hành tinh hay mặt trăng.

runoff | nước chảy tràn Nước chảy tràn trên mặt đất thay vì thấm vào đất.

S

S wave | sóng thứ cấp Một loại sóng địa chấn xảy ra khi hướng rung vuông góc với hướng đi của sóng.

salinity | độ mặn Tổng lượng muối hòa tan trong một mẫu nước.

salt | muối Một hợp chất ion cho ra từ sự trung hòa giữa axít và bazơ.

sanitary landfill | bãi chôn lấp hợp vệ sinh Bãi chôn lấp chứa các loại chất thải không độc hại như chất thải rắn đô thị, mảnh vụn xây dựng, và một số chất thải công nghiệp và nông nghiệp.

satellite | vệ tinh 1. Một vật di chuyển theo quỹ đạo quanh một hành tinh. 2. Bất cứ thiên thể nào di chuyển theo quỹ đạo quanh một thiên thể khác trong không gian.

saturated solution | dung dịch bão hòa Một hỗn hợp chứa chất hòa tan tối đa tại một nhiệt độ nhất định.

saturated zone | đới bão hòa Khu vực có đá hoặc đất đã có nước thấm đầy các khe hở và lỗ hốc.

savanna | thảo nguyên nhiệt đới Vùng đất cỏ mọc gần đường xích đạo có thể có một số bụi cây và cây thấp tán và mỗi năm có mưa đến 120 cm.

scale | tỷ lệ xích Dùng để chỉ mối tương quan về khoảng cách trên bản đồ hoặc quả bóng địa cầu với khoảng cách thật trên mặt đất.

scattering | tán xạ Hiện tượng phản xạ ánh sáng theo nhiều hướng khác nhau.

scavenger | loài ăn xác thối Loài thú ăn thịt, thức ăn là xác còn tươi hay đã phân hủy của các sinh vật chết.

scientific law | định luật khoa học Một câu mô tả những gì mà các nhà khoa học kỳ vọng sẽ xảy ra, và luôn luôn xảy ra giống nhau nếu dựa theo một tập hợp các điều kiện cụ thể.

scientific notation | ký hiệu khoa học Một phương pháp viết số toán học sử dụng lũy thừa mười.

scientific theory | lý thuyết khoa học Một sự giải thích đã được kiểm chứng kỹ đối với các quan sát hoặc kết quả thực nghiệm từ nhiều lãnh vực khác nhau.

scrotum | bìu dái Túi da ngoài bọc các tinh hoàn bên trong.

sea breeze | gió biển Gió mát từ biển hoặc hồ thổi vào đất liền.

sea-floor spreading | sự tách giãn đáy biển Quá trình thêm vật liệu nóng chảy vào vỏ đại dương trên đáy biển.

seamount | núi ngầm Núi lửa dốc đứng mọc lên từ đáy sâu của đại dương.

secondary succession | diễn thế thứ sinh Một chuỗi diễn biến xảy ra trong một vùng có hệ sinh thái bị xáo trộn, nhưng đất và sinh vật vẫn còn tồn tại.

sediment | chất trầm tích Những mảnh vật liệu nhỏ, rắn từ đá hoặc xác sinh vật; vật liệu của trái đất bồi lắng do sự xói mòn.

sedimentary rock | đá trầm tích Loại đá hình thành khi những hạt nhỏ từ đá khác hoặc xác của động, thực vật bị đè nén và đóng chặt vào nhau.

seismic wave | sóng địa chấn Sự rung chuyển xuyên lòng đất mang theo năng lượng được phóng thích trong một trận động đất.

seismogram | biểu đồ địa chấn Sự ghi lại sóng địa chấn trong một trận động đất bằng máy ghi địa chấn.

seismograph | máy ghi địa chấn Dụng cụ ghi lại sự chuyển động của mặt đất bởi sóng địa chấn di chuyển xuyên lòng đất.

selective breeding | gây giống chọn lọc Phương pháp gây giống trong đó chỉ những sinh vật nào có các tính trạng mong muốn được phép sinh ra thế hệ sau.

selective cutting | chặt chọn Quá trình đốn tuyển một số loài cây trong một khu vực.

selectively permeable | tính thấm chọn lọc Tính chất của các màng tế bào cho phép một số chất thấm qua nhưng những chất khác thì không.

semicircular canals | ống bán khuyên Cấu trúc tai trong có chức năng tạo cảm giác thăng bằng.

semiconductor | chất bán dẫn Một chất liệu có thể dẫn điện khi hội đủ một số điều kiện nhất định.

sensory neuron | tế bào thần kinh cảm giác Tế bào thần kinh cảm thụ những kích thích từ trong cơ thể hoặc từ môi trường bên ngoài và biến những kích thích đó thành xung động thần kinh.

sepal | đài hoa Cấu trúc hình lá bao bọc và bảo vệ nụ hoa.

series circuit | mạch nối tiếp Một mạch điện mà tất cả các bộ phận nối đuôi nhau thành một chuỗi dọc theo đường dẫn.

sex chromosomes | nhiễm sắc thể giới tính Đôi nhiễm sắc thể mang gen xác định một người mang giới tính nam hay nữ.

sex-linked gene | gen liên hệ với giới tính Một gen trên nhiễm sắc thể giới tính (X hay Y).

sexual reproduction | sinh sản hữu tính Quá trình sinh sản có hai sinh vật bố và mẹ kết hợp vật chất di truyền của mình để sinh ra một sinh vật mới khác với cả bố và mẹ.

shared derived characteristic | đặc tính dẫn xuất chung Một đặc điểm hay tính trạng, thí dụ như lông, mà một tổ tiên chung của một nhóm đã từng có và truyền xuống cho các thế hệ sau.

shearing | lực cắt Lực ứng suất đẩy các khối đá theo các hướng ngược nhau, chuyển dịch theo hướng ngang.

shield volcano | núi lửa hình khiên Ngọn núi rộng, có dốc thoải, được cấu tạo bởi nhiều lớp dung nham và hình thành bởi những đợt phun trầm lặng.

short circuit | chập mạch Một mối nối cho phép dòng điện chạy theo đường có ít điện trở nhất.

short-day plant | thực vật ngày ngắn Loại cây ra hoa khi đêm dài hơn độ dài đêm tiêu chuẩn của loại cây này.

significant figures | chữ số có nghĩa Tất cả các chữ số trong một số đo đã được đo chính xác, thêm một chữ số được làm tròn theo sự ước chừng.

silica | điôxít silic Loại vật liệu được tìm thấy trong macma và được hình thành bởi hai nguyên tố ôxy và silicon; đây là chất liệu chính trong lớp vỏ và lớp phủ của trái đất.

sill | thể vỉa Một mảng đá núi lửa hình thành khi macma ép luồn giữa các lớp đá.

skeletal muscle | cơ xương Cơ bắp dính liền với xương và cung cấp lực để xương cử động; còn được gọi là cơ vân.

sliding friction | ma sát trượt Lực ma sát sinh ra khi một mặt phẳng rắn trượt trên một mặt phẳng rắn khác.

small intestine | ruột non Bộ phận của hệ tiêu hóa, trong bộ phận này hầu hết sự tiêu hóa hóa học xảy ra.

smooth muscle | cơ trơn Cơ không chủ ý được tìm thấy trong nhiều cơ quan bên trong cơ thể.

society | xã hội, quần xã Một nhóm các động vật cùng loài hay người có quan hệ họ hàng gần cùng hợp tác với nhau một cách có tính tổ chức cao để mang lại lợi ích cho cả nhóm.

soil horizon | tầng thổ nhưỡng Tầng đất có màu và kết cấu khác với tầng trên và tầng dưới nó.

solar eclipse | nhật thực Hiện tượng che khuất ánh nắng mặt trời chiếu xuống trái đất xảy ra khi mặt trăng nằm thẳng giữa trái đất và mặt trời.

solar flare | lưỡi lửa mặt trời Hiện tượng phụt khí từ bề mặt của mặt trời xảy ra khi các vòng trong vùng vệt đen thình lình nối lại.

solar wind | gió mặt trời Một luồng hạt điện tích phát ra từ vầng hào quang của mặt trời.

solenoid | sôlênôit Cuộn dây dẫn có dòng điện.

solstice | điểm chí Một trong hai ngày trong năm khi mặt trời ở vị trí xa xích đạo nhất về phía bắc hoặc về phía nam.

solubility | độ hòa tan Số đo lường mức độ mà một chất có thể hòa tan bao nhiêu trong dung môi tại một nhiệt độ nhất định.

solute | chất hòa tan Phần trong dung dịch bị hòa tan trong dung môi.

solution | dung dịch Một hỗn hợp có một chất dung môi và ít nhất một chất hòa tan có những tính chất đồng nhất; một hỗn hợp mà trong đó một chất bị hòa tan trong một chất khác.

solvent | dung môi Phần của một dung dịch, thường là chất có số lượng nhiều nhất và làm tan một chất hòa tan.

somatic nervous system | hệ thần kinh bản thể Nhóm dây thần kinh trong hệ thần kinh ngoại biên điều khiển những động tác có chủ ý.

sonar | sonar (thiết bị định vị bằng âm thanh) Một hệ thống sử dụng phản xạ của sóng âm để xác định vị trí và khoảng cách của một vật dưới nước.

sonogram | ảnh siêu âm Ảnh hình thành do sóng siêu âm phản xạ lại.

space probe | tàu thăm dò vũ trụ Con tàu vũ trụ có nhiều thiết bị khoa học để thu thập số liệu, bao gồm cả hình ảnh, nhưng không có phi hành đoàn.

species | loài Một nhóm gồm các sinh vật tương tự có thể phối giống với nhau và sinh sản ra con và con đó cũng có thể phối giống và sinh sản tiếp.

specific heat | nhiệt dung riêng Số lượng nhiệt năng cần thiết để tăng nhiệt độ của 1 kilogram vật liệu lên 1 độ kelvin, tương đương với 1°C.

spectrograph | máy quang phổ Dụng cụ tách ánh sáng ra thành các màu và xếp thành ảnh của phổ sau khi tách màu.

spectrum | phổ Một dải bước sóng của sóng điện tử.

speed | tốc độ Khoảng cách mà một vật di chuyển được trong một đơn vị thời gian nhất định.

spinal cord | tủy sống Cột dày của mô dây thần kinh nối liền từ não đến hầu hết các dây thần kinh trong hệ thần kinh ngoại biên.

spiral galaxy | thiên hà hình xoắn Một thiên hà có bụng phình ra ở giữa và các chi xoắn ra theo kiểu vòng pháo hoa.

spit | mũi cát Bãi biển hình thành bởi sự dịch chuyển ven bờ, chĩa ra như một ngón tay chọc vào nước.

spongy bone | chất xốp của xương Lớp mô xương có nhiều lỗ hổng nhỏ và nằm ngay sát bên trong lớp xương đặc.

spontaneous generation | thuyết tự sinh Ý tưởng sai lầm cho rằng sinh vật có thể sinh ra từ các nguồn vô sinh.

spore | bào tử Trong vi khuẩn, sinh vật đơn bào, và nấm, đây là một tế bào nhỏ, có màng dày, có khả năng sinh tồn trong những điều kiện không thuận lợi và sau đó phát triển thành một sinh vật mới.

sporophyte | thể bào tử Là giai đoạn trong chu kỳ sống của một thực vật, trong giai đoạn này thực vật sinh ra bào tử.

spring tide | triều cường Thủy triều có mức chênh lệch lớn nhất giữa hai lúc triều xuống và triều lên liền kề nhau.

stalactite | nhũ đá Cấu trúc giống như giọt nước đóng băng thòng xuống từ nóc hang động.

stalagmite | măng đá Cấu trúc giống như chiếc cột mọc lên từ nền hang động.

stamen | nhị hoa Bộ phận sinh dục đực của hoa.

standing wave | sóng đứng Một loại sóng trông như đứng lại một chỗ, mặc dù đó là hai làn sóng đang giao thoa khi đang đi ngược chiều với nhau.

star | sao Một quả cầu khí nóng, cơ bản là hyđrô và hêli, đang xảy ra phản ứng hợp hạch.

static discharge | sự phóng tĩnh điện Hiện tượng mất đi tĩnh điện khi điện tích truyền từ vật này sang vật khác.

static electricity | tĩnh điện Sự tích tụ điện trên một vật.

static friction | ma sát tĩnh Lực ma sát tác động giữa hai vật không chuyển động.

steppe | thảo nguyên Đồng cỏ hoặc bãi cỏ thường gặp ở những vùng bán khô hạn.

stimulant | chất kích thích Thuốc làm tăng tốc các quá trình hoạt động của cơ thể.

stimulus | tác nhân kích thích Bất cứ biến đổi hoặc tín hiệu nào trong môi trường có thể làm một sinh vật phản ứng theo một kiểu nhất định.

stoma | lỗ khí Một lỗ nhỏ trên mặt dưới của lá, thông qua lỗ này ôxy, nước và điôxít cácbon có thể di chuyển.

stomach | bao tử Một cơ quan dạng túi cơ nằm trong bụng, và là nơi mà thức ăn được phân rã.

storm surge | nước dâng do bão Một "vòm" nước dâng ngập vùng bờ biển có bão kéo đến.

stratosphere | tầng bình lưu Tầng kế tầng thấp nhất trong bầu khí quyển của trái đất.

stratus | mây tầng Những đám mây tạo thành tầng và thường che phủ gần hết bầu trời.

streak | vệt Màu của bột khoáng.

stress | ứng suất (sự căng thẳng) 1. Lực tác động lên đá làm thay đổi hình dạng hoặc thể tích. 2. Trong người, đây là phản ứng của cơ thể đối với các sự kiện có vẻ đe dọa, thách thức, hoặc xáo trộn tinh thần.

striated muscle | cơ vân Loại cơ trông như có sọc; còn được gọi là cơ xương.

strike-slip fault | đứt gãy ngang Một loại đứt gãy mà cả hai cánh di chuyển ngang, ngược chiều với nhau, chỉ hướng lên hoặc xuống một ít.

subarctic | cận bắc cực Vùng khí hậu nằm phía bắc của vùng khí hậu lục địa ẩm.

subduction | sự hút chìm Quá trình vỏ đại dương chìm xuống rãnh sâu của đại dương và trở vào lớp phủ tại ranh giới mảng hội tụ.

sublimation | quá trình thăng hoa Hiện tượng biến đổi trạng thái từ thể rắn trực tiếp sang thể khí mà không qua thể lỏng.

subscript | chỉ số dưới Số trong một công thức hóa học biểu thị số các nguyên tử trong một phân tử hoặc tỷ lệ các nguyên tố trong một hợp chất.

subsoil | tầng đất cái Tầng đất dưới lớp đất mặt, tầng này có ít chất dinh dưỡng cho sinh vật hơn tầng đất mặt, nó chứa hầu hết là đất sét và các khoáng chất khác.

substance | chất Một nguyên chất có một tập hợp các đặc tính riêng.

succession | sự diễn thế Một chuỗi các biến đổi tuần tự xảy ra trong một quần thể qua thời gian.

sunspot | vệt đen mặt trời 1. Vùng khí đen trên bề mặt của mặt trời có nhiệt độ nguội hơn các chất khí xung quanh. 2. Vùng tương đối tối, nguội trên bề mặt của mặt trời.

supernova | siêu tân tinh Vụ nổ lóe sáng của một siêu sao khổng lồ đang chết.

surface tension | sức căng bề mặt Kết quả của lực kéo vào nhau giữa các phân tử của chất lỏng làm cho khoảng cách giữa các phân tử đó gần lại nhau hơn; làm cho bề mặt có vẻ như một lớp da mỏng.

surface wave | sóng bề mặt Một loại sóng địa chấn hình thành khi sóng sơ cấp và sóng thứ cấp đến mặt đất.

surveying | trắc địa Quá trình thu thập dữ liệu để vẽ bản đồ bằng cách dùng những dụng cụ và các nguyên lý hình học để tính khoảng cách và độ cao.

suspension | thể vẩn Một hỗn hợp có các hạt nhỏ có thể trông thấy bằng mắt thường và dễ tách rời bằng cách lắng hoặc lọc.

sustainable use | sử dụng bền vững Việc dùng tài nguyên nhằm duy trì nguồn tài nguyên còn giữ được chất lượng nhất định và trong một khoảng thời gian nhất định.

sustainable yield | sản lượng bền vững Số lượng tài nguyên tái tạo có thể thu hoạch thường xuyên mà không làm giảm đi nguồn cung cấp trong tương lai.

swim bladder | bóng cá Cơ quan nội tạng chứa khí giúp cho cá có xương bình ổn cơ thể ở các độ sâu khác nhau trong nước.

symbiosis | hiện tượng cộng sinh Bất cứ mối tương quan nào mà hai loài sống gần nhau và ít nhất một loài được hưởng lợi.

synapse | khớp thần kinh Nơi một tế bào thần kinh có thể truyền xung động đến tế bào khác.

synthesis | tổng hợp hóa học Phản ứng hóa học của hai chất đơn giản được kết hợp để cho ra một chất mới, phức tạp hơn.

system | hệ thống 1. Một tập hợp các bộ phận cùng hoạt động như cùng một khối. 2. Một nhóm các phần liên quan với nhau và hoạt động phối hợp với nhau để thực hiện một chức năng hoặc đưa đến một kết quả.

T

T cell | tế bào T Loại tế bào bạch huyết phát hiện mầm bệnh và biết phân biệt từng mầm bệnh khác nhau.

tar | nhựa thuốc lá Chất dính có màu đen hình thành từ khói thuốc lá.

target cell | tế bào đích Loại tế bào trong cơ thể có thể nhận dạng cấu tạo hóa học của một hoóc môn.

taste buds | nụ vị giác Cơ quan cảm thụ trên lưỡi đáp ứng với các chất hóa học trên thức ăn.

taxonomy | phân loại học Môn khoa học nghiên cứu về cách xếp loại sinh vật.

temperate zones | vùng ôn đới Các vùng nằm giữa vùng nhiệt đới và vùng cực.

temperature | nhiệt độ Độ nóng hoặc lạnh của một vật; số đo năng lượng trung bình của sự chuyển động của các hạt trong một chất; số đo động năng trung bình của các hạt trong một chất.

temperature inversion | nghịch nhiệt Tình trạng mà tầng không khí ấm giữ lại lớp không khí ô nhiễm gần mặt đất.

tendon | gân Mô dai và chắc liên kết cơ với xương.

tension | lực căng Lực kéo căng đá đến khi đá có hình dạng mỏng ở giữa.

terrestrial planets | hành tinh đất đá Tên được đặt cho bốn hành tinh vòng trong của hệ mặt trời: Sao Thủy, Sao Kim, Trái Đất, và Sao Hỏa.

territory | lãnh thổ Một vùng cụ thể do một động vật hay nhóm động vật cư trú và bảo vệ.

testis | tinh hoàn Bộ phận thuộc hệ sinh sản của giống đực, là nơi sản xuất ra tinh trùng và kích thích tố sinh dục đực.

testosterone | kích thích tố sinh dục đực Hoóc môn được sản xuất bởi tinh hoàn, chất này kiểm soát sự phát triển của tinh trùng và các đặc tính của giống đực trưởng thành.

thermal conductivity | tính dẫn nhiệt Khả năng truyền nhiệt của một vật.

thermal energy | nhiệt năng Tổng động năng và thế năng của tất cả các hạt trong một vật.

thermal expansion | giãn nở nhiệt Sự giãn nở của một vật khi vật đó được cấp nhiệt.

thermogram | ảnh nhiệt Hình ảnh có nhiều chỗ có màu khác nhau theo nhiệt độ khác nhau.

thermosphere | tầng nhiệt quyển Lớp khí quyển ngoài cùng của bầu khí quyển trái đất.

thrust | lực đẩy Phản lực đẩy tên lửa đi về phía trước.

till | đất sét sông băng Chất trầm tích được bồi động trực tiếp từ sông băng.

tissue | mô Một nhóm tế bào tương tự hợp tác cùng nhau để thực hiện một chức năng cụ thể.

tolerance | sự kháng thuốc Trạng thái mà một người sử dụng thuốc cần ngày càng nhiều thuốc hơn để có được cùng một mức hiệu quả như trước đó.

topography | địa hình Hình dạng mặt đất được xác định bởi độ cao, khoảng chênh lệch độ cao, và địa mạo.

topsoil | tầng đất mặt Lớp đất rời trên cùng được cấu tạo bởi đất sét, khoáng chất và mùn (các chất dinh dưỡng và sinh vật phân rã).

tornado | lốc Mây hình phễu xoáy mạnh, chạm xuống mặt đất.

toxin | độc tố Chất độc làm hại đến sinh vật.

trace fossil | hóa thạch dấu vết Loại hóa thạch cung cấp chứng cớ về các sinh hoạt của những sinh vật cổ.

tracer | chất phóng xạ đánh dấu Chất đồng vị phóng xạ có thể được theo dấu thông qua các bước phản ứng hóa học hoặc một quy trình kỹ nghệ.

trachea | khí quản Ống khí; ống dẫn không khí vào hệ hô hấp.

trait | tính trạng Đặc tính riêng của một sinh vật có thể truyền cho các thế hệ con sau này thông qua gen.

transfer RNA | ARN vận chuyển Loại ARN trong tế bào chất chuyên chở axít amin đến ribô thể trong quá trình tổng hợp protein.

transform boundary | ranh giới chuyển dạng Ranh giới mảng có hai mảng di chuyển ngược chiều và qua mặt nhau.

transformer | máy biến thế Thiết bị tăng hoặc giảm điện thế, thiết bị này có hai cuộn dây cách điện độc lập và quấn quanh một lõi sắt.

translucent | trong mờ Loại vật liệu tán xạ ánh sáng khi ánh sáng đi xuyên qua.

transparent | trong suốt Loại vật liệu truyền ánh sáng nhưng không tán xạ ánh sáng.

transpiration | sự thoát hơi nước Quá trình làm mất nước qua lá của cây.

transverse wave | sóng ngang Làn sóng đẩy chất truyền dẫn theo hướng vuông góc với hướng đi của sóng.

trench | rãnh Hẻm sâu, có vách dốc đứng trên đáy đại dương.

tributary | nhánh Lạch hoặc sông chảy ra con sông lớn hơn.

triple bond | liên kết ba Liên kết hóa học hình thành khi các nguyên tử cùng chia nhau ba cặp điện tử.

tropical zone | vùng nhiệt đới Vùng gần xích đạo có vĩ độ khoảng 23.5 vĩ bắc và 23.5 vĩ nam.

tropism | tính hướng động Đáp ứng của cây hướng tới gần hoặc ra xa một tác nhân kích thích.

troposphere | tầng đối lưu Tầng thấp nhất trong khí quyển của trái đất.

trough | bụng sóng Phần thấp nhất trong sóng ngang.

tsunami | sóng thần Sóng khổng lồ thường gây ra bởi động đất dưới đáy biển.

tundra | đài nguyên Vùng khí hậu cực lạnh và khô, được đặc trưng bởi mùa hè ngắn, mát và mùa đông buốt giá.

U

ultrasound | siêu âm Sóng âm có tần số trên 20,000Hz.

umbra | bóng tối sẫm Phần tối nhất của bóng tối.

unconformity | không chỉnh hợp Sự gián đoạn trong địa tầng, chỗ có những lớp đá bị mất đi do bị xói mòn.

understory | tầng dưới tán Lớp cây và dây leo thấp hơn mọc trong bóng che của tầng tán rừng.

uniformitarianism | thuyết hiện tại Nguyên lý địa chất nói rằng những quá trình địa chất làm thay đổi mặt đất hôm nay thì giống với những quá trình đã làm thay đổi mặt đất trong quá khứ.

unsaturated zone | đới chưa bão hòa Lớp đất đá nằm trên mực nước ngầm mà trong đó có các túi chứa không khí và nước.

upwelling | nước trồi Hiện tượng nước lạnh từ nơi sâu trong đại dương di chuyển lên trên do gió gây nên.

urea | chất urê Loại hóa chất có từ sự phân rã protein.

ureter | niệu quản Ống nhỏ dẫn nước tiểu từ thận đến bàng quang.

urethra | niệu đạo Ống nhỏ dẫn nước tiểu từ bàng quang ra ngoài.

urinary bladder | bàng quang Một bộ phận cơ thể có cơ, hình túi, chứa nước tiểu đến khi được thải ra ngoài.

uterus | tử cung Bộ phận cơ rỗng trong hệ sinh sản của giống cái, trứng đã được thụ tinh phát triển trong bộ phận này.

V

vaccination | chích ngừa Quá trình cố tình đưa kháng nguyên vô hại vào cơ thể một người để tạo sự miễn dịch chủ động. còn được gọi là tiêm chủng.

vaccine | thuốc ngừa Một chất dùng để chích ngừa chứa các mầm bệnh đã bị làm yếu hoặc bị giết chết nhưng vẫn có thể kích thích cơ thể tạo ra chất hóa học tiêu diệt mầm bệnh.

vacuole | không bào Bào quan hình túi chứa nước, thức ăn và những vật liệu khác.

vacuum | chân không Nơi không chứa bất cứ vật chất nào.

valence electrons | điện tử hóa trị Những điện tử nằm ở tầng năng lượng cao nhất của một nguyên tử và tham gia vào sự liên kết hóa học.

valley glacier | sông băng thung lũng Sông băng dài và hẹp được hình thành khi tuyết và băng tích tụ trong một thung lũng núi.

valve | van Nắp mô trong tim hoặc tĩnh mạch có chức năng ngăn máu chảy ngược lại.

vaporization | sự bốc hơi Hiện tượng biến đổi trạng thái từ thể lỏng sang thể khí.

variable | biến số Yếu tố có thể biến đổi trong một thí nghiệm.

variation | sự biến đổi Bất cứ sự khác biệt nào giữa các cá thể cùng chung một loài.

vascular tissue | mô mạch Mô vận chuyển bên trong một vài thực vật, mô này được cấu thành bởi các cấu trúc hình dạng ống để vận chuyển nước, thức ăn, và chất khoáng.

vein | mạch (tĩnh mạch) 1. Đường tích đọng chất khoáng trông rất khác với chất đá xung quanh. 2. Mạch máu chở máu từ các bộ phận cơ thể trở lại tim.

velocity | vận tốc tuyến tính Tốc độ đi theo một hướng định sẵn.

vent | lỗ thông Lỗ thông cho đá nóng chảy và khí phun ra khỏi núi lửa.

ventricle | tâm thất Buồng tim dưới có chức năng bơm máu ra khỏi tim đến phổi hay các bộ phận cơ thể khác.

vertebrae | đốt sống Xương làm thành cột sống của một sinh vật. Trong cơ thể người, đây là một trong 26 xương làm thành cột sống.

vertebrate | động vật có xương sống Các động vật có xương cột sống.

vibration | sự rung Chuyển động lặp lại tới lui hoặc lên xuống.

villi | nhung mao Cấu trúc hình ngón tay nhỏ li ti ở khắp thành bên trong ruột non và cung cấp một diện tích bề mặt lớn cho thức ăn đã được tiêu hóa thấm qua.

virtual image | ảnh ảo Ảnh cùng chiều với vật, được tạo thành ở nơi mà những tia sáng có vẻ như cùng đi ra từ nơi đó.

virus | virút Hạt li ti, không có sự sống, xâm nhập và nhân bản trong một tế bào đang sống.

viscosity | tính nhớt Sự cản dòng chảy trong chất lỏng.

visible light | ánh sáng thường Bức xạ điện từ có thể thấy được bằng mắt thường.

volcanic neck | họng núi lửa Chỗ đọng đá macma cứng lại trong ống của núi lửa.

voltage | điện thế Sự khác biệt thế năng của mỗi điện tích giữa hai vị trí trong một mạch điện.

voluntary muscle | cơ chủ ý Cơ được điều khiển bởi ý thức.

W

water cycle | chu kỳ của nước Sự chuyển biến không ngừng của nước giữa bầu khí quyển, đại dương, và mặt đất qua sự bốc hơi và ngưng tụ.

water table | mực nước ngầm Trên cùng của đới bão hòa, hoặc độ sâu từ mặt đất đến nước ngầm.

water vascular system | hệ ống nước Một hệ thống các ống đầy nước trong cơ thể của một động vật da gai.

watershed | vùng lưu vực Khu vực cấp nước cho hệ thống sông ngòi.

watt | oát Đơn vị đo công suất khi một jun công được thực hiện trong một giây.

wave | sóng 1. Một sự nhiễu loạn truyền đi năng lượng từ nơi này đến nơi khác. 2. Sự di chuyển năng lượng xuyên qua một thể khối nước.

wave height | chiều cao của sóng Khoảng cách chiều cao từ đỉnh tới bụng sóng.

wavelength | bước sóng Khoảng cách giữa hai phần giống nhau của một làn sóng, ví dụ khoảng cách giữa hai đỉnh sóng.

weathering | sự phong hóa Những quá trình hóa học hay vật lý phân nhỏ đá và những chất khác.

wedge | cái nêm Một máy cơ đơn giản là một mặt phẳng nghiêng di chuyển được.

windward | barlovento Lado de una cadena montañosa donde pega el viento de frente.

work | trabajo Fuerza que se ejerce sobre un cuerpo para moverlo.

X

X-rays | rayos X Ondas electromagnéticas con longitudes de onda más cortas que los rayos ultravioleta pero más largas que los rayos gamma.

xylem | xilema Tejido vascular de algunas plantas por el que circulan agua y nutrientes.

Z

zygote | cigoto Óvulo fertilizado, producido por la unión de un espermatozoide y un óvulo.